그림과 실습으로 배우는
깃&깃허브 입문
처음부터 제대로 배우는
개발자 필수 도구 Git/GitHub

그림과 실습으로 배우는

깃&깃허브 입문
처음부터 제대로 배우는
개발자 필수 도구 Git/GitHub

지은이 한재원

펴낸이 박찬규 **엮은이** 이대엽 **디자인** 북누리 **표지디자인** Arowa & Arowana

펴낸곳 위키북스 **전화** 031-955-3658, 3659 **팩스** 031-955-3660
주소 경기도 파주시 문발로 115, 311호 (파주출판도시, 세종출판벤처타운)

가격 27,000 **페이지** 324 **책규격** 175 x 235mm

초판 발행 2024년 09월 12일
ISBN 979-11-5839-524-7 (93000)

등록번호 제406-2006-000036호 **등록일자** 2006년 05월 19일
홈페이지 wikibook.co.kr **전자우편** wikibook@wikibook.co.kr

Copyright © 2024 by 한재원
All rights reserved.
Printed & published in Korea by WIKIBOOKS

이 책의 한국어판 저작권은 저작권자와 독점 계약한 위키북스에 있습니다.
신저작권법에 의해 한국 내에서 보호를 받는 저작물이므로 무단 전재와 복제를 금합니다.
이 책의 내용에 대한 추가 지원과 문의는 위키북스 출판사 홈페이지 wikibook.co.kr이나
이메일 wikibook@wikibook.co.kr을 이용해 주세요.

 그림과 실습으로 배우는

깃 & 깃허브 입문

— 한재원 지음 —

처음부터 제대로 배우는 개발자 필수 도구 Git / GitHub

위키북스

서문

저는 비교적 늦은 나이에 개발자 커리어를 시작했습니다. 애드테크(Adtech) 회사인 데이블에서 프런트엔드 개발자로 커리어를 시작했는데, 취업 준비를 하면서 같은 처지의 동료들과 주먹구구식으로 Git과 깃허브를 다뤘던 기억이 납니다. 막상 실무에 투입됐을 때 너무나 당황스러웠는데, 제품(회사의 서비스)의 규모가 방대하다 보니 함께하는 동료도 훨씬 많았고, 그만큼 Git의 브랜치나 커밋들이 합쳐지고 충돌하는 일이 빈번했습니다.

동료와 협업하는 과정에서 커밋이 완전히 꼬이는 일도 겪었는데, 어찌저찌 문제는 해결했지만 이때부터 Git을 다루는 데 조심스러워졌습니다. 만약 그때 심각성을 인지하지 못하고 실무를 그대로 이어나갔다면 저는 여전히 Git을 두려운 존재나 살짝만 건드려도 예민하게 반응하는 까칠한 녀석으로 치부했을 테죠.

Git을 제대로 알아둬야겠다는 생각이 들었습니다. 마침 데이블의 CPO이자 당시 프런트엔드 팀 리드였던 군우 님께서 Git을 학습한 내용을 사내 팀원에게 공유해 보면 어떻겠냐고 제안했습니다. 혼자 공부하는 것보다 누군가에게 가르쳐준다고 생각하고 공부하는 것은 학습 밀도가 완전히 다르기에 이참에 제대로 공부해보자는 생각에 수락했죠.

Git을 공부하면서 개념과 원리를 학습하는 과정에서 조금은 놀랐습니다. 원리를 이해하니까 Git 자체는 너무도 쉽고 편리한 도구였던 것을 깨달았기 때문입니다. 번쩍! 하는 느낌이 들었습니다. 정말로요! Git을 처음 접했을 때 '괜히 이런 걸 만들어서 오히려 복잡하고 일만 늘었네!'라고 생각했던 스스로를 반성하게 됐습니다. Git은 너무나도 훌륭한 도구이고 현대 소프트웨어 프로젝트에서 사용하지 않으면 안 될 정도로 효율적이고 편리한 도구였습니다.

Git의 원리를 깨달음과 동시에 동료들에게 알려줘야겠다고 생각하니 쉽게 이해할 수 있는 설명과 비유 등을 고민하게 됐습니다. 그런 점에서 시중에 출간된 입문자를 위한 Git 서적은 조금 아쉬웠습니다. 원리만 알면 너무나도 쉬운 도구이고 CLI(예: 명령 프롬프트, 터미널 등)를 통해서도 충분히 활용할 수 있다고 생각합니다. Git을 설명할 때 초반부터 입문자에게는 다소 낯선 용어로 설명하고 곧장 GUI(예: GitHub Desktop, Sourcetree 등)를 통해 Git을 활용하는 기존의 자료들이 아쉬웠습니다.

그래서 이 책은 다른 Git 입문서와는 다른 결을 가지고 있습니다. 각 장마다 앞에서 충분히 원리를 소개하고 실습을 이어가는 형태로 구성돼 있습니다. 원리를 소개할 때는 쉽게 이해할 수 있도록 적절한 비유와 그림을 곁들여 설명합니다. 이를 통해 Git을 활용할 때 특정 도구에 의존하는 것이 아니라 사용자 스스로가 문제를 해결해 나갈 수 있게 됩니다. 이후 완전히 원리를 이해한 상태에서 깃허브 데스크톱(GitHub Desktop)과 같은 GUI 도구를 활용할 수 있도록 GUI 활용법에 관한 내용은 뒤에 배치했습니다.

또한 실무에서 자주 사용하는 Git 명령어와 자주 마주치는 문제를 어떻게 해결해 나가는지도 다룹니다. 더불어 깃허브를 통해 협업하는 과정을 상세하게 다루고 있으며, 오픈소스 프로젝트에 기여하는 방법과 독자분들이 직접 오픈소스 프로젝트에 기여할 수 있도록 실습 과제도 마련했습니다. 또한 이 책의 내용 중 핵심적인 Git 사용법, 명령어 등을 빠르게 찾을 수 있도록 부록으로 마련했습니다.

Git 입문자 시절에 겪었던 어려움이 있었기에 Git이 낯선 사람들의 마음을 충분히 이해하고 있습니다. 이 책은 그러한 분들의 눈높이에 맞춰 집필했기 때문에 입문자가 이 책을 통해 Git을 완전히 이해할 수 있으리라 확신합니다.

치열하게 개발에 몰입할 수 있도록 만들어준 개발 부트캠프 바닐라코딩의 파운더이신 켄 님, 이 책이 세상에 나오기까지 실질적인 방아쇠 역할을 해준 데이블 CPO 김군우 님, 함께 있는 것만으로도 많은 배움이 되고 여전히 개발을 놀이로 생각하시며 동기부여를 해주신 데이블 프런트엔드 리드 김태곤 님, 1년이 훌쩍 넘는 긴 시간 동안 책 집필을 묵묵히 기다리며 이 책을 쓸 수 있도록 기회를 주신 위키북스 테크니컬 에디터 이대엽 님께 감사드립니다.

— 한재원

목·차

01 기초편

1. 들어가며   2
   1.1 Git이 없던 회사   3
   1.2 리더의 제안   6
   1.3 Git 설치   7
      1.3.1 윈도우 환경에서 Git 설치하기   7
      1.3.2 macOS 환경에서 Git 설치하기   11
   1.4 VS Code 설치   14

2. 전지전능한 관찰자 Git   19
   2.1 Git과 계약을 맺다 – git init   20
   2.2 내 프로젝트에 Git 설정하기 – CLI   21
      2.2.1 윈도우 환경에서 명령 프롬프트 실행하기   21
      2.2.2 macOS 환경에서 터미널 실행하기   23
      2.2.3 Git 최초 설정 – 사용자 정보 등록   24
      2.2.4 작업할 프로젝트 디렉터리 생성   25
      2.2.5 Git 저장소 생성 – git init   29
   2.3 내 프로젝트에 Git 설정하기 – VS Code   29

3. Git의 원리   34
   3.1 Git의 세 가지 영역과 Git의 흐름   34
   3.2 Git이 차곡차곡 쌓아둔 상자, 커밋(Commit)   37
   3.3 내 프로젝트에서 커밋해보기 – CLI   40
      3.3.1 git status – 현재 상황 확인   40
      3.3.2 git add – 스테이징 영역에 추가하기   41

3.3.3 git commit – 변경 사항 기록하기 · · · · · 42
3.3.4 git log – 커밋 메시지 확인 · · · · · 43
3.4 내 프로젝트에서 커밋해보기 – VS Code · · · · · 43
　　3.4.1 git status – 현재 상황 확인 · · · · · 44
　　3.4.2 git add – 스테이징 영역에 추가하기 · · · · · 45
　　3.4.3 git commit – 변경 사항 기록하기 · · · · · 46
　　3.4.4 VS Code 내장 터미널로 커밋 메시지 확인 · · · · · 47
　　3.4.5 Git Graph로 커밋 메시지 확인 · · · · · 48

4. 복잡한 문제를 해결하는 브랜치 · · · · · 53
4.1 브랜치로 복잡한 문제를 해결하다 · · · · · 54
4.2 Git 브랜치를 가리키는 HEAD · · · · · 62
4.3 브랜치를 자유자재로 다루기 – CLI · · · · · 67
　　4.3.1 초기 커밋 · · · · · 68
　　4.3.2 git branch 〈브랜치명〉 – 브랜치 생성하기 · · · · · 72
　　4.3.3 git branch – 모든 브랜치 확인 · · · · · 72
　　4.3.4 git switch – 브랜치 전환하기(HEAD 이동) · · · · · 73
　　4.3.5 git log --oneline – 커밋 내역 간략하게 보기 · · · · · 74
　　4.3.6 git switch -c – 브랜치를 생성하고 전환하기 · · · · · 76
　　4.3.7 git merge 〈병합할 브랜치명〉 – 병합하기 · · · · · 79
　　4.3.8 충돌 해결하기 · · · · · 81
4.4 브랜치를 자유자재로 다루기 – VS Code · · · · · 90
　　4.4.1 충돌 해결하기 · · · · · 102
4.5 Git 브랜치 전략 · · · · · 107
　　4.5.1 Git 플로우 전략 · · · · · 107
　　4.5.2 깃허브 플로우 전략 · · · · · 109

5. 진짜 협업의 시작, 깃허브 — 111

5.1 왜 깃허브를 써야 할까? — 113

5.2 깃허브를 활용한 작업 프로세스 — 117
- 5.2.1 git push – 로컬에서 새로운 변경 사항을 깃허브에 올리기 — 117
- 5.2.2 git pull – 깃허브의 새로운 변경 사항을 로컬로 가져오기 — 118

5.3 깃허브 계정 생성 — 121
- 5.3.1 내 프로젝트를 깃허브와 연결하기 — 129
- 5.3.2 git remote – 현재 로컬 리포지터리에 등록된 원격 리포지터리 — 135
- 5.3.3 git remote add ⟨name⟩ ⟨URL⟩ – 로컬 리포지터리에 원격 리포지터리 추가하기 — 136
- 5.3.4 git clone ⟨URL⟩ – 원격 리포지터리를 로컬에 복제하기 — 142

5.4 깃허브 활용 실습 — 144
- 5.4.1 git push – 로컬의 새로운 변경 사항을 깃허브에 올리기 — 144
- 5.4.2 git fetch – 깃허브에 새로운 변경 사항을 로컬로 가져오기 — 148
- 5.4.3 git pull – 깃허브의 새로운 변경 사항을 로컬로 가져온 후에 병합하기 — 155

5.5 풀 리퀘스트로 탄탄하게 협업하기 — 157
- 5.5.1 깃허브에 PR 과정을 포함한 새로운 변경 사항 업로드하기 — 159
- 5.5.2 풀 리퀘스트 생성 – 변경 사항 공유 및 제안하기 — 162

5.6 커밋과 PR을 효과적으로 작성하기 — 174
- 5.6.1 효과적으로 커밋 메시지 작성하기 — 174
- 5.6.2 효과적으로 PR 작성하기 — 178

02 실전편

6. 오픈소스에 기여하기: 명언 백과사전   182
    6.1 명언 백과사전이란?   183
    6.2 프로젝트 포크   185
    6.3 프로젝트 브랜치와 파일 만들기   188
    6.4 명언 작성과 커밋   190
    6.5 풀 리퀘스트를 생성하고 프로젝트에 기여하기   192

7. 실무에서 자주 사용하는 Git 명령어   199
    7.1 브랜치의 생성, 수정, 삭제: git branch   199
       7.1.1 git branch -m 〈브랜치명〉 - 현재 브랜치명 변경   201
       7.1.2 git branch -d 〈브랜치명〉 - 브랜치 삭제   201
       7.1.3 git branch -r - 원격 리포지터리의 브랜치 목록 표시   202
       7.1.4 git branch -a - 로컬과 원격 리포지터리 브랜치 목록 표시   203
    7.2 브랜치 이동과 작업 디렉터리 파일 복원하기:
       git checkout, git switch, git restore   204
       7.2.1 git checkout - 이동과 복원을 모두 수행하는 기능   204
       7.2.2 git switch - 브랜치 전환하기   207
       7.2.3 git restore - 작업 파일 복원하기   207
    7.3 최신 커밋을 덮어씌우거나 수정하기: git commit --amend   208
       7.3.1 아무런 수정사항 없이 저장하기   210
       7.3.2 커밋 메시지를 수정하고 저장하기   210
       7.3.3 저장하지 않고 편집기 종료하기   210
       7.3.4 편집기 없이 바로 git commit --amend 명령어 수행하기   213

7.4	**특정 커밋만 떼내어 가져오기: git cherry-pick**	214
	7.4.1 git cherry-pick --continue - 충돌 해결 후 이어서 병합하기	216
	7.4.2 git cherry-pick --abort - cherry-pick 중단하기	216
	7.4.3 git cherry-pick --no-commit 〈커밋〉 - 커밋하지 않고 cherry-pick하기	217
7.5	**내가 작업하고 있는 부분을 임시 저장소에 잠깐 두기: git stash**	217
	7.5.1 git stash list - 임시로 보관한 변경 사항 확인하기	218
	7.5.2 git stash apply - 스태시에 보관한 변경 사항 적용하기	219
	7.5.3 git stash pop - 스태시에 보관한 변경 사항 적용하고 제거하기	221
	7.5.4 git stash drop - 스태시에 보관한 변경 사항 제거하기	222
7.6	**예전 작업 상태로 돌아가기: git reset, git revert**	223
	7.6.1 git reset - 커밋을 취소하거나 변경 사항 되돌리기	223
	7.6.2 git revert - 커밋을 삭제하지 않고 특정 커밋을 취소하거나 변경 사항 되돌리기	226
	7.6.3 git reset과 git revert의 차이점과 사용시 주의할 점	227
7.7	**Git 히스토리를 합치고, 수정하고, 삭제하고: git rebase**	230
	7.7.1 병합 기능	230
	7.7.2 Git 히스토리를 수정, 삭제하는 기능	234
	7.7.3 한꺼번에 처리하기	240
7.8	**Git의 모든 동작이 기록된 곳: git reflog**	241

03 GUI편

8. GUI와 깃허브 데스크톱   246
- 8.1 깃허브 데스크톱이란?   247
- 8.2 깃허브 데스크톱 설치   248
- 8.3 깃허브 데스크톱 살펴보기   252
- 8.4 로컬에 새로운 리포지터리 만들기   254
- 8.5 로컬 리포지터리를 깃허브에 업로드하기   258
- 8.6 리포지터리를 가져오는 2가지 방법   260

9. 깃허브 데스크톱으로 협업하기   260
- 9.1 새로운 변경 사항 가져오기   269
- 9.2 새로운 브랜치 생성하기   272
- 9.3 커밋하고 PR 생성하기   274
- 9.4 Git 명령어 손쉽게 사용하기   281

부록

Git 명령어 노트 — 298
- **A.1** 설정 명령어 — 298
- **A.2** 기본 명령어 — 300
- **A.3** 응용 명령어 — 303

01부

기초편

1부인 기초편에서는 Git을 다룰 때 필수적으로 사용되는 개념을 배우며, 이해하기 쉽도록 적절한 비유를 통해 소개합니다. 또한 명령줄 인터페이스(Command Line Interface; CLI)와 개발자용 텍스트 편집기인 비주얼 스튜디오 코드(Visual Studio Code, 이하 VS Code)에서 실습을 토대로 Git의 개념을 배웁니다.

이어서 더 나은 협업을 위해 Git 기반의 프로젝트 호스팅 서비스인 깃허브(GitHub)를 살펴보고 깃허브를 통해 소스코드를 관리하고 다른 개발자와 협업하는 방법을 배웁니다.

1 들어가며

2 전지전능한 관찰자 Git

3 Git의 원리

4 복잡한 문제를 해결하는 브랜치

5 진짜 협업의 시작, 깃허브

1
들어가며

먼저 코드를 작성하는 환경을 현실 세상에 빗대어 봅시다. 그리고 이 세상에 Git이 존재하기 전과 후로 나누어 봅시다[1]. Git이 없던 시절을 대학생 박길동의 하루 일과로 한번 묘사해보겠습니다.

> 박길동은 아침 일찍 일어나 급하게 라면을 끓인다. 오전 수업을 위해 허겁지겁 라면을 먹는다. 테이블에 놓인 달걀이 보인다. 아차, 달걀을 넣는다는 것을 깜빡했다. 어쨌든 급히 식사를 마치고 학교를 가기 위해 버스를 탄다. 버스 안에서 친구에게 빌렸던 책을 집에 두고 왔다는 것이 생각났다. 하지만 이미 멀리 와 버렸기에 어쩔 수 없이 학교로 간다. 오늘 오전 수업에 조별 과제 발표가 있기 때문이다. 우리 조의 발표 차례가 와서 강단에 올라가려고 하는데 우리 조의 팀원 정선배가 올라간다. 그가 발표를 맡기로 했단다. 어이가 없었다. 분명 길동이가 발표한다고 말했는데 말이다. 엉겁결에 길동이는 정선배에게 발표 스크립트를 건네며 필요한 내용이 있으면 참고하라고 했다. 길동이의 스크립트와 정선배가 준비한 내용이 짬뽕이 되어 발표를 망쳤다. 저녁이 되고 잠자리에 든 길동이는 하루를 되돌아보며 오늘 하루가 아주 엉망진창이라는 생각과 함께 복잡한 마음으로 잠을 청한다.

---

[1] Git이 나오기 전에도 Git과 동일한 역할을 하는 버전 관리 시스템은 있었습니다. 여기서는 편의상 Git을 최초의 버전 관리 시스템이라 생각하고 읽어 주시길 바랍니다.

길동이의 하루는 어땠나요? 우리 삶에서 있을 법한 한 사람의 하루가 아닌가요? 이제 Git 이 존재한다면 위와 같은 일과가 어떻게 변할 수 있는지 다시 한번 살펴보겠습니다.

> 박길동은 아침 일찍 일어나 급하게 라면을 끓인다. 오전 수업을 위해 허겁지겁 라면을 먹는다. 테이블에 놓인 달걀이 보인다. 길동이는 달걀을 넣는다는 것을 깜빡했다. **다시 5분 전으로 되돌아가 달걀을 넣는다. 그리고 현재로 돌아와 라면을 맛있게 먹는다.** 식사를 마치고 학교를 가기 위해 버스를 탄다. 버스 안에서 친구에게 빌렸던 책을 집에 두고 왔다는 것이 생각났다. **세상을 일시 정지시키고 순간이동해서 집으로 가서 책을 챙겨 버스로 돌아온다.** 오늘 오전 수업에는 발표가 있다. 우리 조가 발표할 차례다. 강단에 오르기 전 길동이의 발표 스크립트와 정선배의 발표 스크립트 이외에 **다른 팀원들의 발표 자료와 생각들을 하나로 합친다.** 발표가 순조롭게 끝났다. 저녁이 되고 잠자리에 든 길동이는 하루를 되돌아본다. 아침에 라면을 먹을 때 대파도 넣는 게 좋았겠다고 생각해서 **잠시 아침으로 돌아가 대파를 넣는다.** 역시 더 맛있는 라면이 됐다. 그리고 친구에게 빌린 책이 1권이 아니라 2권이었기 때문에 **버스에서 집으로 순간이동했던 때로 돌아가 1권을 더 챙겨 친구에게 2권을 모두 전달한다.** 그리고 성공적으로 발표한 수업을 떠올리며 잠을 청한다.

현실에서는 말도 안 되는 일이죠? 하지만 Git이 있는 세상에서는 이 같은 일이 실제로 흔히 일어납니다. Git의 원리와 개념을 잘 이해한다면 소프트웨어를 개발하면서 이 같은 일들이 충분히 일어나게 할 수 있습니다. 지금부터 이 책의 내용을 차근차근 잘 따라 오신다면 여러분도 충분히 할 수 있으리라 확신합니다.

1.1 Git이 없던 회사

박길동의 이야기로 좀 더 이어가겠습니다. 길동이는 오랜 취업 준비 끝에 당당하게 위키프렌즈라는 회사에 개발자로 입사했습니다. 개발자는 본인을 포함해서 총 2명이었죠. 나머지 개발자 동료인 최사원도 입사한 지 3개월밖에 되지 않은 신입 개발자였습니다. 회사는 이제 막 개발팀을 꾸리는 중이었죠. 신입 개발자 길동이는 모든 것이 새로웠고 자기가 갈고닦았던 실력을 낱낱이 보여줄 날을 고대하고 있었습니다.

몇 주 뒤 길동이는 첫 프로젝트를 배정받았습니다. 이 프로젝트는 하나뿐인 개발팀 동료 최사원과 함께 진행하는 프로젝트였습니다. 최사원은 프로젝트에 대해 길동이에게 설명했습니다. 길동이는 최사원에게 물었습니다.

> **박길동**: 저는 어떤 작업을 하면 될까요?
>
> **최사원**: 일단 첫 번째 작업 영역에서 저는 왼쪽에 노출되는 표를 작업할 테니, 길동 님은 오른쪽에 나올 그래프를 작업해주세요. 다음 작업은 그때 또다시 얘기해봐요.
>
> **박길동**: 네, 맡겨만 주세요!

길동이는 그래프 작업을 해본 경험이 있었던 터라 별다른 걱정 없이 순조롭게 코드를 작성할 수 있었습니다. 취업 전, 열심히 이력서를 준비하면서 공부하고 진행했던 개인 프로젝트에 비하면 첫 프로젝트의 난이도는 생각보다 높지 않았습니다.

> '뭐야, 이거 할 만하잖아? 예정된 기간 내에 금방 끝낼 수 있겠어!'

길동이는 자신만만했습니다. 프로젝트의 목표 기간 안에 충분히 끝낼 수 있을 것 같다는 생각이 들었죠. 얼마 후 길동이는 자신이 담당한 기능의 개발을 모두 끝냈습니다. 그러고 나서 길동이는 최사원에게 말했습니다.

> **박길동**: 저... 그래프 기능 작업을 모두 완료했는데요.
>
> **최사원**: 오, 벌써 다 하셨군요? 빠른데요. 일단 작업하신 파일을 주시겠어요?
>
> **박길동**: 어떻게 드리면 될까요?
>
> **최사원**: 그냥 파일을 회사 메신저로 전달해주세요. 아, 파일이 여러 개면 압축해서 주시고요.
>
> **박길동**: 네. 알겠습니다.

최사원은 아직 자기 업무는 진행 중이니 길동이의 작업 파일을 합쳐서 작업하겠다고 말했습니다. 길동이는 최사원에게 파일을 압축해 전달했습니다. 몇 분 뒤, 최사원이 길동이에게 찾아왔습니다.

> **최사원**: 저, 길동님. 전달 주신 파일을 살펴봤는데요.
> **박길동**: 아, 네!

길동이는 뭔가 실수한 게 있나 싶어 침을 꼴깍 삼켰습니다.

> **최사원**: 문제가 있는 건 아니고 코드 스타일이나 리팩터링[2] 관련해서 조금 수정하면 좋을 게 있어서요. 제가 방금 메신저로 파일을 하나 전달 드렸는데, 주석으로 코멘트를 달아놨거든요. 확인해 보시고 수정해서 주실 수 있을까요?
> **박길동**: 그렇군요. 네. 확인하고 수정해서 드릴게요!

길동이는 취업 준비를 하면서 실무에서는 이처럼 코드 스타일을 맞추거나 코드 리뷰도 많이 한다고 들은 기억이 났습니다. 그래서 대수롭지 않게 생각하고 코드를 수정하기 위해 파일을 열어 주석을 하나씩 살펴보기 시작했습니다.

> '음, 최사원 님의 코드 스타일은 이렇구나. 내가 쓰는 방식과 약간 차이가 있군.'

코드 스타일을 수정하는 작업은 쉬운 편이라 빠르게 끝냈습니다.

> '아, 이건 내가 처음에 작성할 때 했던 방법인데 그대로 둘 걸 그랬네. 이것도!'

코드 스타일 수정을 제외한 최사원의 코멘트는 대부분 길동이에게 어렵지 않은 내용이었습니다. 특히 몇몇은 길동이가 처음에 작성한 코드와 비슷한 형태였죠. 길동이는 자신이 작성한 초기의 코드를 그대로 두지 않은 것을 후회했습니다. 어쨌든 길동이는 최사원의 코멘트대로 코드를 수정하고 저장한 파일을 전달했습니다.

잠시 후 최사원이 다시 길동이를 찾아왔습니다.

> **최사원**: 길동 님, 죄송해요. 제가 미처 말씀을 못 드린 게 있는데요, 제가 작업하는 표의 데이터에 따라 길동님이 만든 그래프가 변화해야 되는데, 약간 안 맞는 게 있어서요. 그러니까...

---

[2] 기능에 변화는 없으나 코드의 구조를 변경해 코드의 가독성을 높이거나 유지보수를 용이하게 하는 일

이후 며칠 동안 박길동과 최사원은 각자의 작업물을 합치고, 충돌한 부분을 고치고, 다시 파일을 합치는 작업을 반복했습니다. 길동이는 실무에서는 코드만 작성하면 될 줄 알았는데 다른 사람과 코드를 합치는 작업이 꽤 어려웠기에 비효율적이라 생각했습니다. 차라리 혼자 하는 게 낫겠다고 생각했을 정도죠.

1.2 리더의 제안

그렇게 일주일이 흘러 월요일이 찾아왔습니다. 이 날은 위키프렌즈의 개발팀을 이끌 김리더가 첫 출근하는 날이었습니다. 길동은 여전히 최사원과 작업을 분담해서 진행하는 데 어려움이 컸습니다. 코드 스타일은 어느 정도 일관성을 유지할 수 있게 됐는데 기능적으로 충돌하는 코드가 많았습니다. 현재 서로가 합의한 방법은 길동이가 자신이 맡은 작업을 일정 부분 끝낸 후, 파일을 최사원에게 전달하고, 최사원이 파일을 합친 후 충돌을 해결하고 고친 다음, 자신이 작업한 기능이 포함된 파일을 다시 길동이에게 전달하는 과정을 반복하는 방식이었습니다. 중간에 서로의 작업물을 기다리는 시간이 낭비라고 생각했지만 어쩔 도리가 없었죠.

개발팀으로 온 김리더는 박길동과 최사원과 인사를 하고 서로 자기소개와 간단한 이야기를 나눴습니다. 김리더는 위키프렌즈에 아직 개발 프로세스가 제대로 잡혀 있지 않아 개발팀을 세팅하는 업무를 해야 한다는 이야기를 들었다고 말했습니다.

> **김리더**: 제가 차차 개발 프로세스를 세팅할 텐데, 현재 진행 중인 프로젝트가 있다고 들었어요. 혹시 업무 중에 가장 어려웠던 점이 무엇인가요?

박길동과 최사원은 서로를 마주보았습니다. 서로 같은 생각을 하고 있다는 듯 비장한 눈으로 고개를 끄덕였습니다. 그리고 그간 있었던 일을 김리더에게 말했습니다. 한참을 듣던 김리더가 고개를 갸우뚱하며 박길동과 최사원에게 물었습니다.

> **김리더**: 버전 관리 시스템을 사용하지 않으셨나요?

박길동과 최사원은 이번에도 서로를 마주보았습니다. 역시 같은 생각을 하고 있는 듯했지만 눈빛은 좀 전과는 다르게 휘둥그레졌습니다. 박길동이 물었습니다.

> **박길동**: 버전 관리 시스템이요?

김리더는 답했습니다.

> **김리더**: 네. Git 같은 거요.

1.3 Git 설치

리눅스를 만든 리누스 토르발스(Linus Torvalds)가 2005년 세상에 선보인 Git은 앞 절에서 설명한 것처럼 버전 관리 시스템(Version Control System; VCS)의 일종입니다. 여기서 버전 관리 시스템이란 문서, 소스코드 등의 변화를 관리해주는 시스템을 말합니다.

갑자기 어려운 용어가 나와서 아직 감이 잘 안 잡힐 수도 있을 텐데, 걱정하지 않으셔도 됩니다. 이후에 나올 내용을 차근차근 따라오신다면 쉽게 Git에 대해 이해할 수 있을 것입니다. Git에 관해 이해하고 사용해 보려면 먼저 설치할 필요가 있습니다. 이번 절에서는 윈도우 환경과 macOS 환경에서 Git을 설치하는 방법을 알아보겠습니다.

그림 1.1 Git 로고

1.3.1 윈도우 환경에서 Git 설치하기

먼저 윈도우 환경에서 Git을 설치해보겠습니다. 검색 엔진에서 'git' 또는 'git windows'를 검색합니다. 여기서는 ❶ 'git windows'라고 검색해보겠습니다. 검색 결과에서 ❷ Git -

Downloading Package를 클릭합니다. 또는 다음 URL로 이동합니다.

- **Git 다운로드 페이지**: https://git-scm.com/download/win

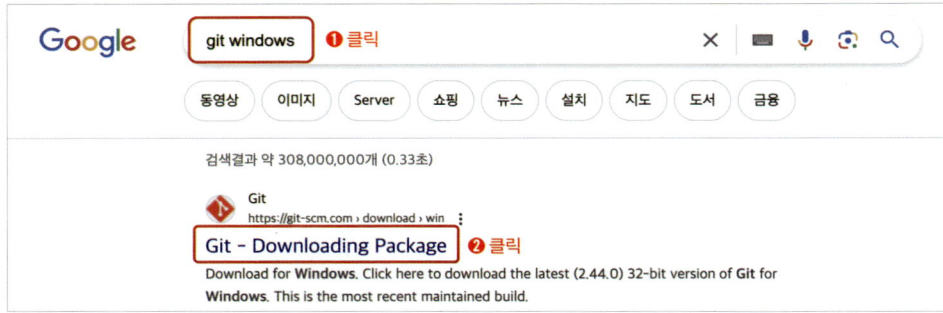

그림 1.2 구글에서 'git windows'를 검색한 결과

다운로드 페이지가 나오면 Standalone Installer에서 ❸ 본인의 환경에 맞는 링크를 클릭해 설치 프로그램을 내려받습니다.

그림 1.3 Git 다운로드 페이지

내려받은 설치 프로그램을 실행합니다. 다음과 같은 설치 화면이 나타나면 [Next] 버튼을 눌러 설치를 진행합니다.

1. 들어가며

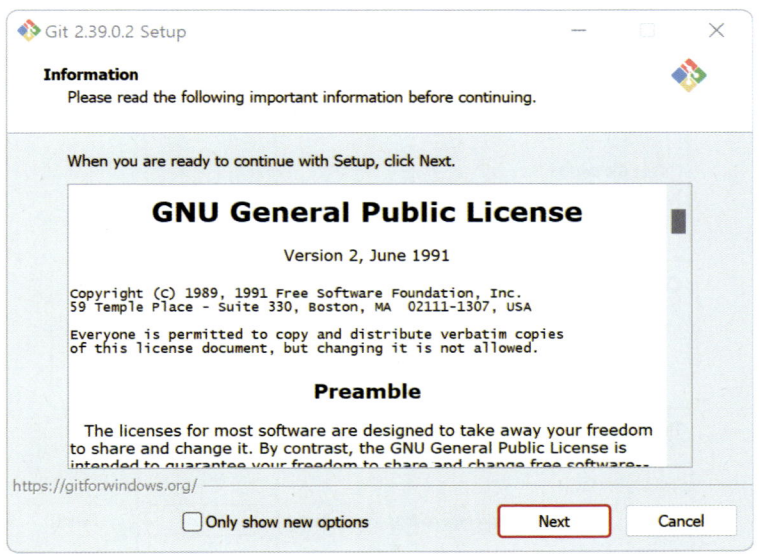

그림 1.4 Git 설치 화면

다음과 같은 화면이 나올 때까지 계속 [Next] 버튼을 눌러 설치를 진행합니다. 이 화면에서는 'Override the default branch name for new repositories'를 선택합니다. 이 항목을 선택하면 초기 브랜치(branch)의 이름을 'master'가 아닌 원하는 이름으로 변경할 수 있습니다.[3] 여기서는 기본 설정인 'main'으로 두고 [Next] 버튼을 눌러 다음 단계로 진행합니다.

---

3 브랜치의 개념에 관해서는 뒤에서 자세히 설명하겠습니다. 여기서 짚고 넘어갈 부분은 'master'를 사용하지 않는 것입니다. 'master'라는 단어가 역사적으로 'slave(노예)'라는 단어와 짝지어져 소유권이나 지배 관계를 지칭할 때 사용됐기 때문에 이러한 연관성을 피하고자 'main'이라는 중립적인 단어를 사용하도록 권장합니다. 이후 본문에서는 master 대신 main으로 표기하겠습니다. 참고: https://github.com/github/renaming

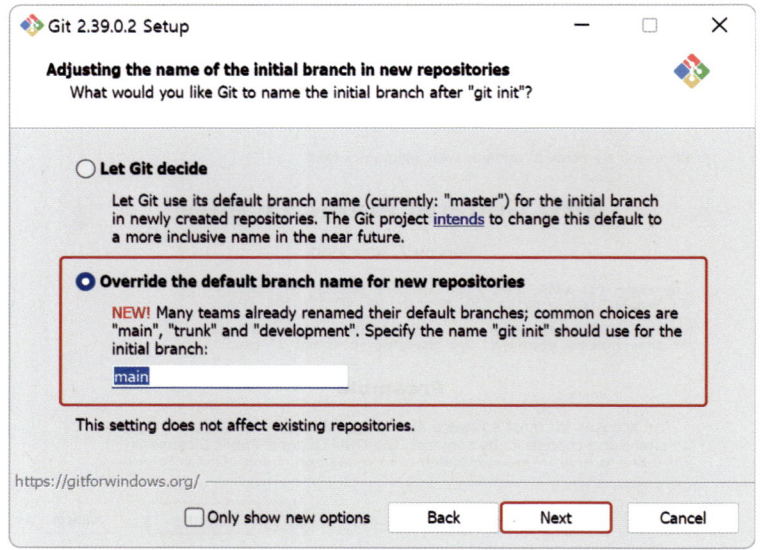

그림 1.5 Git의 기본 브랜치 이름 설정

계속해서 [Next] 버튼을 클릭해 설치를 진행하고, 마지막으로 다음과 같은 설치 완료 화면이 나오면 'View Release Notes'의 체크를 해제하고, [Finish] 버튼을 클릭합니다. 이렇게 해서 윈도우 환경에서 Git을 사용할 준비를 마쳤습니다.

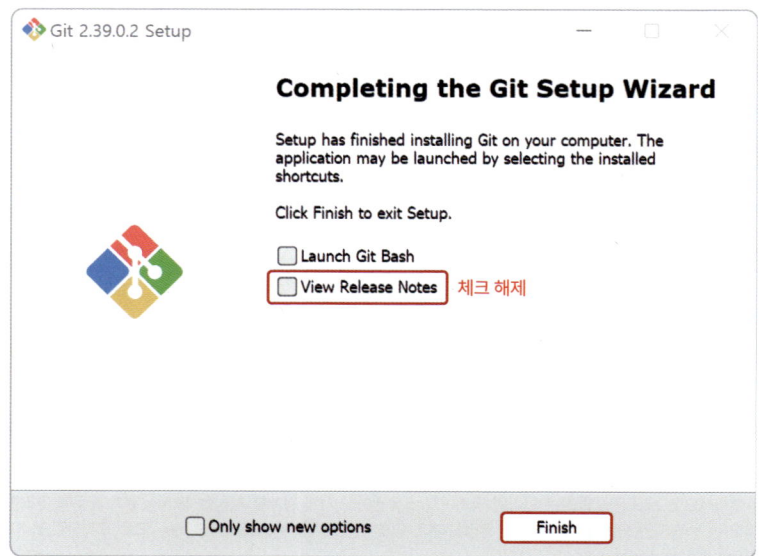

그림 1.6 Git 설치 완료

1.3.2 macOS 환경에서 Git 설치하기

macOS 환경에서 Git을 설치할 때는 윈도우 환경과 약간의 차이점이 있습니다. 즉, Git을 설치하기 전에 먼저 패키지 설치 관리자[4]인 '홈브루(homebrew)'를 설치해야 합니다. 검색 엔진에서 ❶ 'homebrew'를 검색합니다. 검색 결과에서 ❷ 'macOS 용 패키지 관리자'를 클릭하거나 다음 URL로 이동합니다.

- 홈브루 다운로드 페이지: https://brew.sh/ko

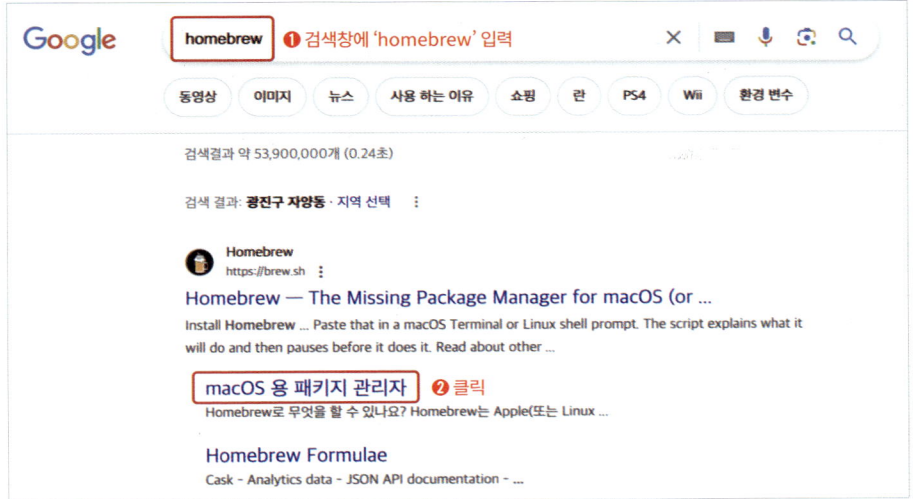

그림 1.7 검색 엔진에서 'homebrew'를 검색한 결과

홈브루 사이트에 접속하면 'Homebrew 설치하기'라고 적힌 항목이 있습니다. 그 아래에 터미널(macOS의 명령줄 인터페이스) 명령어가 표시돼 있는데, 오른쪽의 복사 아이콘을 클릭해 명령어를 복사합니다. 이제 터미널을 열어서 이 명령어를 붙여넣어 실행합니다.

---

4 패키지 설치 관리자는 사용자가 손쉽게 소프트웨어를 설치, 업데이트, 제거할 수 있도록 도와주는 프로그램입니다. macOS에서는 기본적으로 패키지 관리자를 제공하지 않으므로 홈브루 같은 패키지 관리자를 사용합니다.

그림 1.8 홈브루 홈페이지

macOS에서 터미널을 실행하는 방법은 뒤에서 자세히 설명하겠지만 'command + 스페이스 바'를 눌러서 스포트라이트(Spotlight) 창을 열고 '터미널' 또는 'terminal'을 입력하고 엔터를 누릅니다.

그림 1.9 macOS의 스포트라이트

터미널이 실행되면 방금 복사한 명령어를 붙여넣습니다(command + V). 그러고 나서 엔터를 입력합니다.

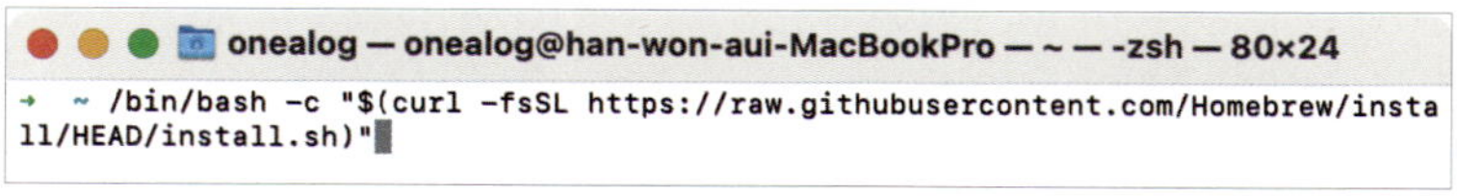

그림 1.10 홈브루 설치

그럼 다음과 같이 패스워드를 입력하라는 문구가 표시됩니다. 이때 macOS에 로그인한 유저의 패스워드를 입력하면 됩니다. 참고로 패스워드를 입력해도 보안상 화면에 표시되지 않습니다. 예를 들어, 패스워드가 '1234'라면 키보드로 '1234'를 입력해도 터미널에서는 표시되지 않지만 실제로는 입력됐기 때문에 패스워드를 입력한 후 엔터를 치면 다음 과정으로 넘어갑니다.

```
onealog — /bin/bash -c — /bin/bash — sudo ◂ bash -c #!/bin/bash\012\012...
→  ~ /bin/bash -c "$(curl -fsSL https://raw.githubusercontent.com/Homebrew/insta
ll/HEAD/install.sh)"
==> Checking for `sudo` access (which may request your password)...
Password:
```

패스워드 입력 후 엔터를 입력

그림 1.11 홈브루 설치 – 패스워드 입력

아래와 같은 화면이 나오면 엔터를 한 번 더 입력합니다.

```
onealog — /bin/bash -c — /bin/bash — bash -c #!/bin/bash\012\012# We d...
→  ~ /bin/bash -c "$(curl -fsSL https://raw.githubusercontent.com/Homebrew/insta
ll/HEAD/install.sh)"
==> Checking for `sudo` access (which may request your password)...
Password:
==> This script will install:
/opt/homebrew/bin/brew
/opt/homebrew/share/doc/homebrew
/opt/homebrew/share/man/man1/brew.1
/opt/homebrew/share/zsh/site-functions/_brew
/opt/homebrew/etc/bash_completion.d/brew
/opt/homebrew

Press RETURN/ENTER to continue or any other key to abort:
```

다음 과정으로 넘어가면 한 번 더 엔터를 입력

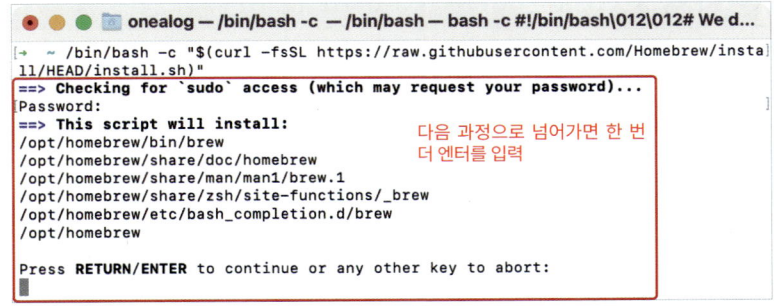

그림 1.12 홈브루 설치 – 패스워드 입력 후

홈브루가 잘 설치되면 최종적으로 다음과 같은 화면이 나옵니다.

```
==> Installation successful!

==> Homebrew has enabled anonymous aggregate formulae and cask analytics.
Read the analytics documentation (and how to opt-out) here:
  https://docs.brew.sh/Analytics
No analytics data has been sent yet (nor will any be during this install run).

==> Homebrew is run entirely by unpaid volunteers. Please consider donating:
  https://github.com/Homebrew/brew#donations

==> Next steps:
- Run these two commands in your terminal to add Homebrew to your PATH:
    (echo; echo 'eval "$(/opt/homebrew/bin/brew shellenv)"') >> /Users/onealog/.
zprofile
    eval "$(/opt/homebrew/bin/brew shellenv)"
- Run brew help to get started
- Further documentation:
    https://docs.brew.sh

→  ~
```

그림 1.13 홈브루 설치 완료

홈브루가 설치됐다면 터미널에서 `brew`라는 명령어를 사용할 수 있습니다. 이제 `brew`라는 명령어를 통해 Git을 설치할 것입니다. 앞서 열어둔 터미널에서 `brew install git`이라고 입력하고 엔터를 눌러 보세요. 약 몇 초에서 몇 분 동안 Git 설치가 진행되면서 여러 문구가 출력되는 모습을 확인할 수 있습니다.

```
$ brew install git
```

모든 과정이 끝나면 macOS에서 Git을 사용할 준비가 끝납니다.

1.4 VS Code 설치

VS Code(Visual Studio Code)는 마이크로소프트에서 개발한 소스코드 편집기입니다. 소스코드 편집기란 코드 작성을 좀 더 쉽고 편리하게 할 수 있도록 도와주는 프로그램이라고 이해하면 됩니다. 우리가 컴퓨터로 무언가를 메모할 때 보통 메모장 같은 텍스트 편집기에서 글을 작성하는데, 메모장에 코드를 작성하는 방법으로도 개발이 가능하다는 것을 알고 계시나요?

하지만 메모장으로 코드를 작성하려면 한계가 있습니다. 작성된 코드를 곧바로 실행하거나 코드를 문법에 맞춰 색상으로 구분하는 등 코드 작성에 필요한 기능이나 세세한 기능까지는 제공하지는 않기 때문입니다. 반면 VS Code는 소프트웨어 개발에 필요한 다양한 기능을 제공하는 텍스트 편집기입니다.

그럼 VS Code를 설치해 보겠습니다. 개발을 하고 계신 분이라면 이미 VS Code가 설치돼 있거나 다른 텍스트 편집기를 사용하고 있을 겁니다. 이 책에서는 기초적인 실습은 명령줄 인터페이스(CLI)로 진행하고 추가로 VS Code를 이용하기 때문에 주력으로 사용하는 텍스트 편집기가 VS Code가 아니더라도 괜찮습니다.

이 책에서 VS Code 설치 방법은 윈도우 환경을 기준으로 설명하겠습니다. 설치 방법은 macOS에서도 동일합니다. 검색 엔진에서 ❶ 'VS Code'를 검색합니다. 최상단의 ❷ 'Visual Studio Code – Code Editing. Redefined'를 클릭합니다.

1. 들어가며

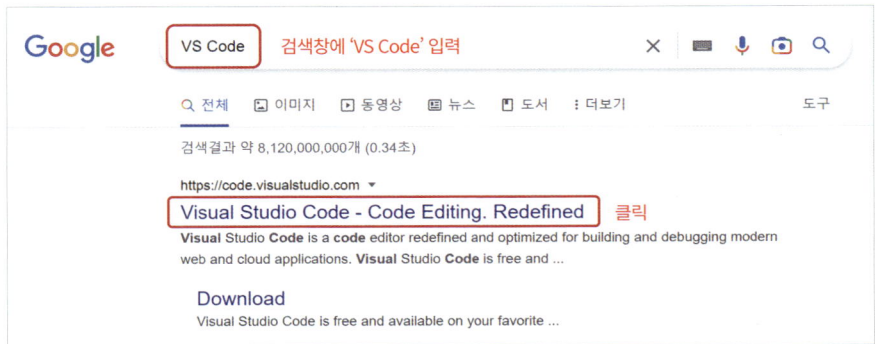

그림 1.14 구글에서 'VS Code' 검색

VS Code 홈페이지가 나오고 화면 상단에 'Download for Windows'라고 적힌 다운로드 버튼이 보입니다. 버튼을 클릭해 설치 프로그램을 내려받습니다.

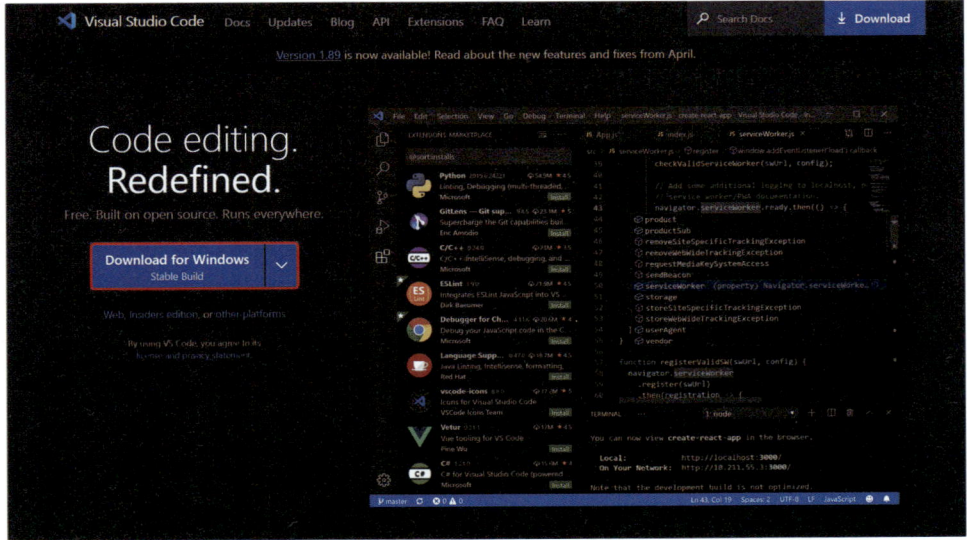

그림 1.15 VS Code 홈페이지와 다운로드 버튼

다운로드 후 설치 파일을 실행하면 설치 화면이 나옵니다. 여기서 ❶ '동의합니다'를 선택합니다. 그러고 나서 ❷ [다음] 버튼을 클릭해 다음 단계로 넘어갑니다.

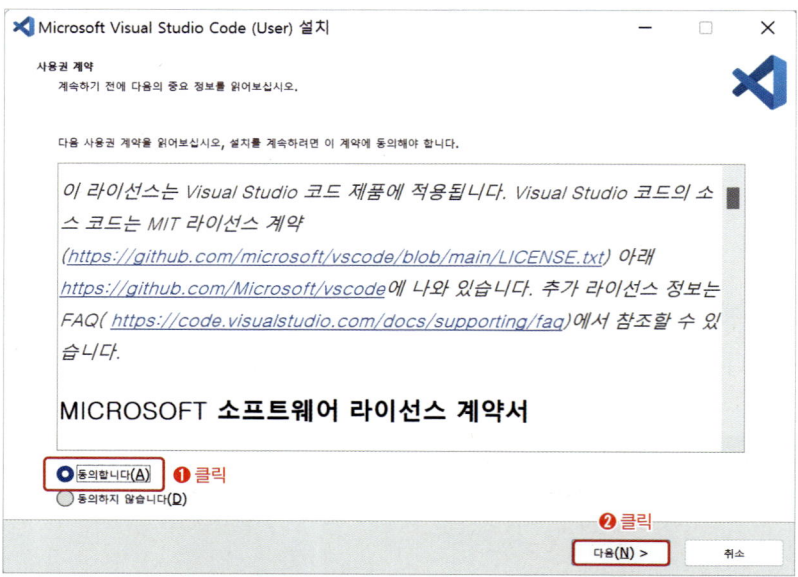

그림 1.16 VS Code 설치 – 사용권 동의 여부 체크

다음 단계는 파일의 경로를 지정하는 부분입니다. 따로 건드리지 않아도 되니 [다음] 버튼을 클릭해 넘어갑시다.

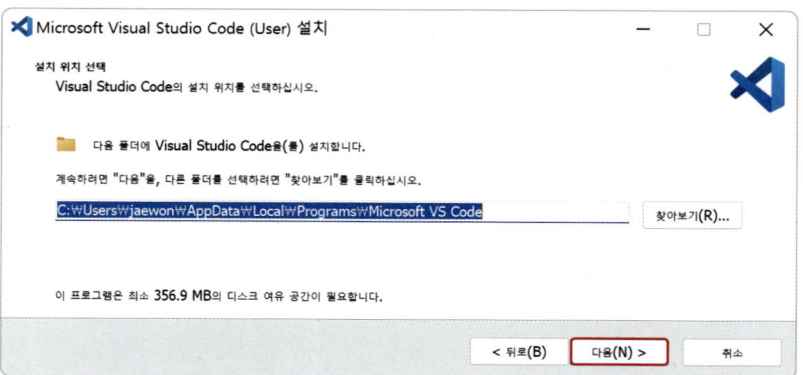

그림 1.17 VS Code 설치 – 설치 경로 지정

차례로 [다음] 버튼을 클릭해 설치 단계를 넘어가다 보면 다음과 같은 화면이 나옵니다. 다음 화면에서 몇 가지 항목은 체크가 해제돼 있는데, 이 책에서는 ❶ 모두 체크하겠습니다. 그러고 나서 ❷ [다음] 버튼을 클릭해 넘어갑니다.

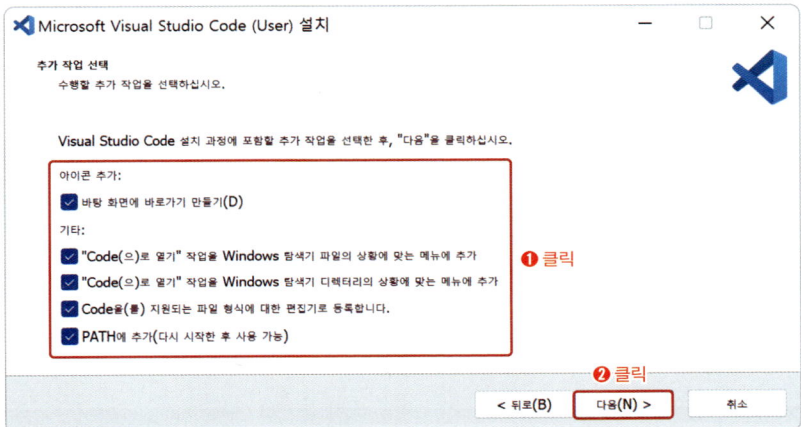

그림 1.18 VS Code 설치 – 옵션 체크

마지막 설치 단계에서 [종료] 버튼을 누르면 VS Code 설치가 완료됩니다. 'Visual Studio Code 실행' 항목이 기본으로 체크돼 있기 때문에 [종료] 버튼을 누르면 설치 프로그램이 종료되면서 VS Code가 자동으로 실행됩니다.

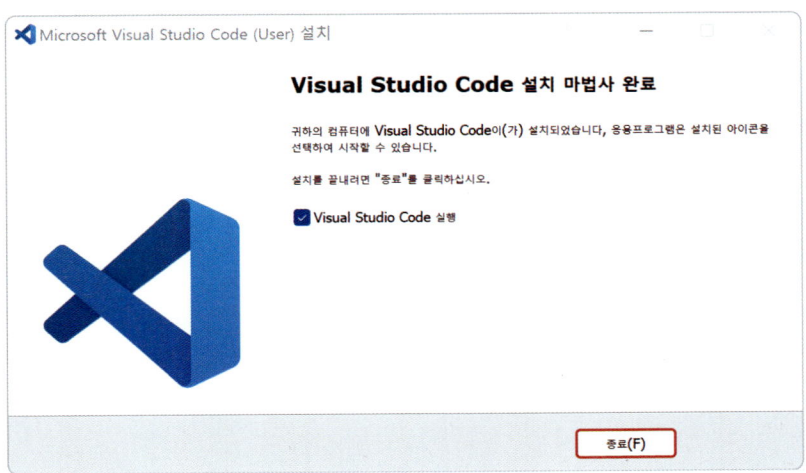

그림 1.19 VS Code 설치 완료

다음은 VS Code가 실행된 모습입니다.

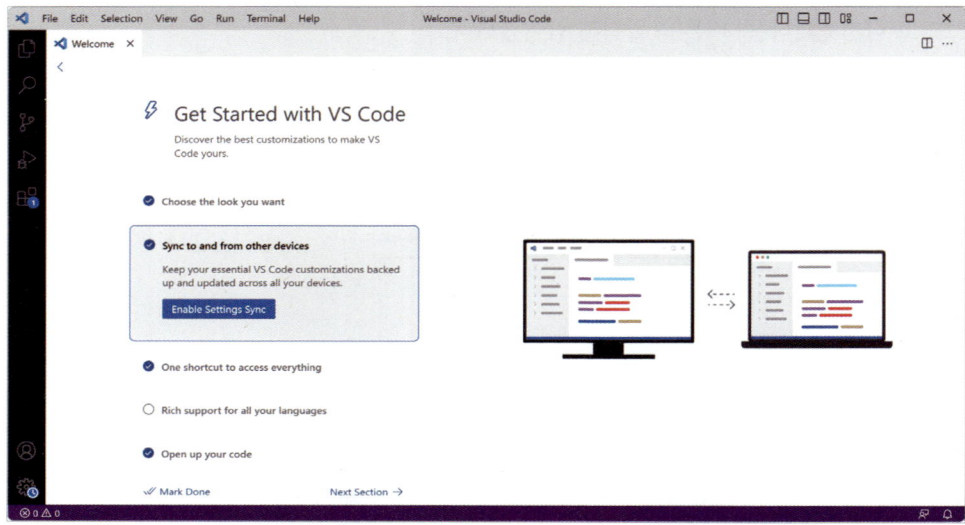

그림 1.20 VS Code를 처음으로 실행한 모습

2

전지전능한 관찰자
Git

그럼 Git이란 도대체 무엇일까요? 앞서 Git을 잠깐 소개하고 설치까지 해봤습니다. 하지만 처음 마주하는 사람에게는 여전히 낯설고 개념적으로 와 닿지 않을 수 있습니다. 그러나 원리를 제대로 이해한다면 어렵지 않습니다.

다시 위키프렌즈의 이야기로 돌아가 봅시다. 박길동과 최사원은 Git에 관해 아무것도 모르는 눈치였습니다. 김리더는 Git에 관해 설명해주기로 마음먹었습니다.

> **김리더**: Git은 비유하자면 **관찰자**예요.
>
> **박길동, 최사원**: 관찰자요?
>
> **김리더**: 네. 우리가 작성하는 코드는 작업 과정에서 수없이 변화해요. 수정하고, 고치고, 지우고, 더하고... 이 변화를 인간이 모두 기억할 수 있을까요? 불가능합니다. 이런 작업들을 Git이라는 **전지전능한 관찰자가 대신 기억해주는 것**이죠.
>
> **김리더**: Git이 없어도 코드를 작성하고 개발할 수는 있습니다. 하지만 전지전능한 관찰자인 Git과 함께 한다면 순간순간 내가 작업한 코드를 기억하고, 저장하고, 다시 되돌아가는 등 Git을 통해 코드를 더 효율적으로 관리할 수 있습니다. 즉, Git은 내가 작업하는 공간 전체를 관찰하면서 내 명령에 따라 임무를 수행하는 고마운 파트너인 셈이죠.

이처럼 일단은 Git을 내 프로젝트를 모두 지켜보는 '관찰자'라는 개념으로만 알고 다음으로 넘어가 봅시다.

2.1 Git과 계약을 맺다 – git init

그럼 Git을 어떻게 사용할 수 있을까요? 단순히 개발 프로젝트를 진행하기 위해 디렉터리를 생성하고 곧바로 작업을 시작하면 자동으로 Git이 사용될까요? 당연히 아니겠죠. Git이라는 관찰자에게 도와 달라는 요청을 보내야 합니다. 앞서 1.3절 'Git 설치'에서 Git을 설치했기 때문에 Git에게 요청할 수 있는 조건은 갖춰진 셈입니다.

그래서 박길동은 이제 직접 Git을 사용해보려고 합니다. 이를 위해 컴퓨터의 명령줄 인터페이스를 실행하고 작업 중인 프로젝트 경로를 찾아갑니다. 그리고 다음과 같이 외칩니다.

> 'Git아! 내가 작업하고 있는 이 디렉터리의 변화를 모두 관찰해줘!'

이렇게 외치면 Git은 '알겠다'고 하며 등장하게 됩니다. 실제로 위와 같이 외치는 것은 당연히 아니고 'git init'이라는 명령어를 통해 관찰자 Git을 부르게 됩니다.

```
$ git init
```

즉, 작업 디렉터리 안에서 'git init'을 입력하는 순간 관찰자 Git이 짠! 하고 나타납니다. Git과 내가 일종의 계약을 맺은 것이죠. 이제부터는 Git과 나는 협업 관계가 되어 모든 작업에 Git이 따라다니게 됩니다.

> ✅ **Check, Git과의 계약**
> 1. Git과 계약을 맺을 때는 프로젝트의 최상위 디렉터리에서 'git init'을 입력하세요.
> 2. 프로젝트 디렉터리에서 'git init'을 실행하고 나면 다시 이 명령어를 실행할 필요는 없습니다. 이미 전지전능한 관찰자 Git과 계약을 맺었기 때문에 더 이상의 계약은 불필요합니다.

그로부터 박길동이 Git을 사용한 지 몇 달이 지났습니다. 그러다 문득 이런 생각이 들었죠.

> '와 이걸 이제 알았다니, 진작 썼으면 좋았을 걸!'

그동안 어떤 일이 벌어진 걸까요? 박길동은 자신이 작성한 코드를 더 이상 하나하나 비효율적으로 관리할 필요가 없어졌습니다. Git이 알아서 관찰하고 기록해줬기 때문이죠. 본인이 작성하거나 수정한 코드를 Git이 모두 알고 있고 필요할 때마다 꺼내서 확인하면 됩니다. 잘못 작성한 코드로 인해 프로그램이 망가져도 망가지기 전의 버전으로 손쉽게 되돌아갈 수 있습니다. 하루, 한 달, 심지어 일년 전 자신이 작성한 코드로 되돌아갈 수도 있죠.

이제 박길동은 Git이 없는 세상을 상상할 수 없게 됐습니다. 여태껏 쓰지 않았던 게 이상할 정도였으니까요. 길동이의 업무 속도는 향상됐고 개발하는 데 자신감이 생겼습니다.

2.2 내 프로젝트에 Git 설정하기 – CLI

앞에서 Git을 설치했으니 이제 본격적으로 프로젝트에 Git을 사용해봅시다.

여기서는 먼저 메모장과 명령줄 인터페이스(CLI)를 이용해 Git을 설정해보고, 이어서 VS Code를 통해 설정해보겠습니다.

2.2.1 윈도우 환경에서 명령 프롬프트 실행하기

윈도우 환경에서 제공하는 CLI로 명령 프롬프트(cmd)가 있습니다. 명령 프롬프트를 실행하는 방법은 크게 두 가지가 있는데, 첫 번째는 실행 창을 이용한 방법입니다. 먼저 ❶ 키보드의 Windows + R 키를 눌러 실행 창을 엽니다. 그리고 나서 열기 옆의 텍스트 입력창에 ❷ 'cmd'를 입력하고 ❸ [확인] 버튼을 누릅니다.

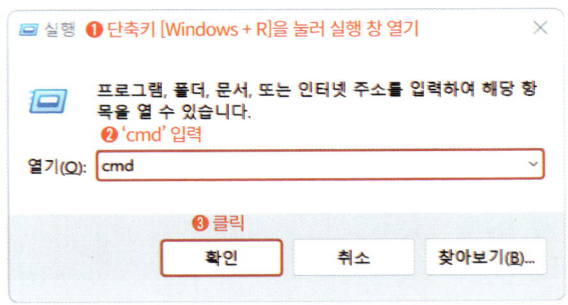

그림 2.1 윈도우 환경에서 명령 프롬프트 실행하기 – 실행 창을 이용한 방법

두 번째 방법은 검색 창에 직접 입력하는 방법입니다. 윈도우의 ❶ 시작 버튼을 누르면 나오는 화면에서 상단의 텍스트 입력 창에 ❷ 'cmd'를 입력합니다. 검색 결과에서 ❸ '명령 프롬프트'를 선택합니다.

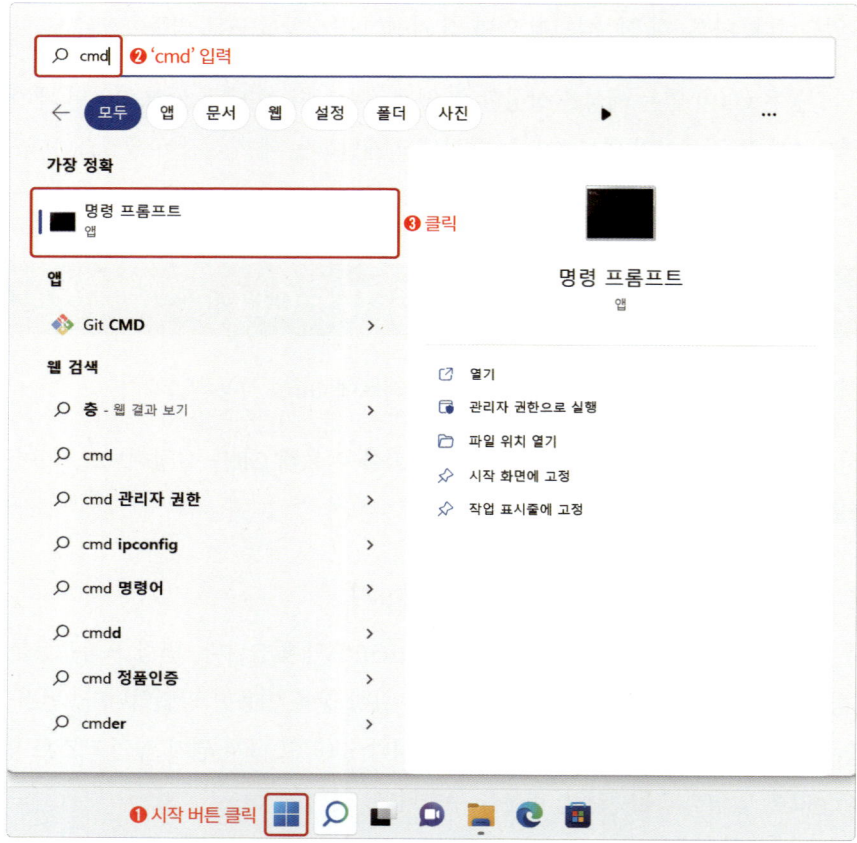

그림 2.2 윈도우 환경에서 명령 프롬프트 실행하기 – 검색 창을 이용한 방법

그럼 다음과 같이 명령 프롬프트가 열리는 모습을 볼 수 있습니다.

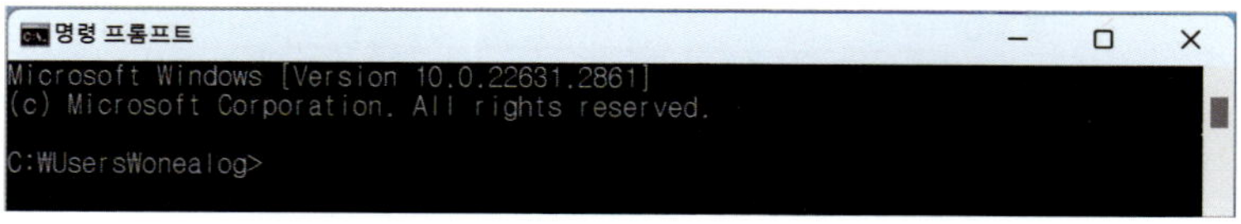

그림 2.3 명령 프롬프트

2.2.2 macOS 환경에서 터미널 실행하기

macOS 환경에서 터미널을 실행하는 방법 또한 두 가지가 있습니다. 첫 번째 방법은 앞에서 잠깐 소개한 스포트라이트를 이용한 방법입니다. 키보드에서 [command + 스페이스 바]를 눌러 스포트라이트 창을 엽니다. 그러고 나서 입력 창에 '터미널' 또는 'terminal'을 입력하고 검색 결과로 나오는 '터미널'을 클릭합니다.

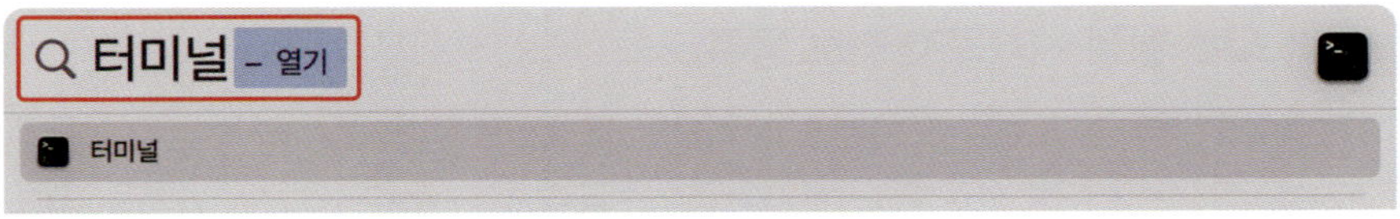

그림 2.4 macOS 환경에서 터미널 실행하기 – 스포트라이트를 이용한 방법

두 번째 방법은 런치패드(Launchpad)에서 찾는 방법입니다. ❶ macOS 바탕화면 하단의 독에서 런치패드를 열고 ❷ '기타' 폴더를 선택한 다음 '터미널'을 찾아 실행합니다.

그림 2.5 macOS 환경에서 터미널 실행하기 – 런치패드를 이용한 방법

그럼 다음과 같이 터미널이 열리는 모습을 볼 수 있습니다.

그림 2.6 macOS 환경의 터미널

2.2.3 Git 최초 설정 – 사용자 정보 등록

이제 윈도우의 명령 프롬프트를 기준으로 Git을 설정해보겠습니다. 참고로 Git에서 사용하는 명령어는 윈도우, macOS 모두 동일합니다. 하지만 다음과 같이 두 운영체제의 명령줄 인터페이스마다 자체적으로 사용하는 명령어가 조금씩 다르기 때문에 이 점에 유의해서 따라하시기 바랍니다.

표 2.1 윈도우와 macOS 환경의 명령어

명령어	명령 프롬프트(윈도우)	터미널(macOS)
현재 디렉터리의 파일 보기	dir	ls
현재 디렉터리 위치 보기	cd	pwd
디렉터리 이동	cd [이동할 디렉터리]	cd [이동할 디렉터리]
디렉터리 생성	mkdir [디렉터리 이름]	mkdir [디렉터리 이름]
디렉터리 삭제	rmdir [디렉터리 이름]	rmdir [디렉터리 이름]
화면 기록 지우기	cls	clear

Git을 설치하고 나면 가장 먼저 사용자 정보를 등록해야 합니다. 명령 프롬프트 같은 CLI를 열고 다음과 같이 사용자 정보를 등록하는 명령어를 입력합니다.

```
$ git config --global user.name "사용자 이름"
$ git config --global user.email "사용자 이메일"
```

Git을 사용하게 되면 작업 도중에 Git을 통해 변경 사항을 저장할 수 있게 되는데(이를 커밋이라 하며, 뒤에 자세히 다룰 예정입니다), 이때 작업을 누가 수행했는지 추적하기 위해 설정하는 정보라고 생각하면 됩니다. 사용자 정보는 위와 같이 이름과 이메일을 각각 설정합니다.

사용자 정보를 확인하고 싶을 때는 다음과 같은 명령어를 입력하면 앞서 설정한 정보를 확인할 수 있습니다.

```
# 사용자 이름 확인
$ git config --global user.name
Jaewon Han

# 사용자 이메일 확인
$ git config --global user.email
oneadev@gmail.com
```

2.2.4 작업할 프로젝트 디렉터리 생성

다음으로 작업할 프로젝트 디렉터리를 만들어 봅시다. 간단하게 C 드라이브의 바로 아래에 Git-Directory라는 디렉터리를 만들고 그 안에 Project라는 디렉터리를 만들었습니다.

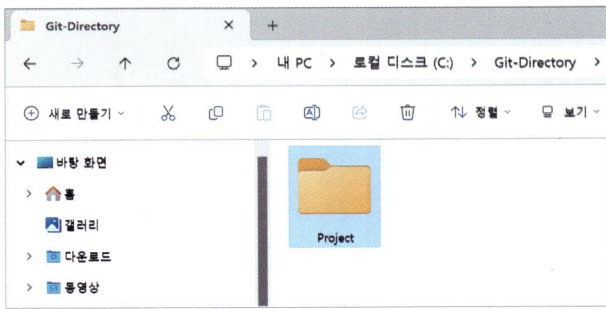

그림 2.7 Git-Directory 디렉터리 생성 후 내부에 Project 디렉터리 생성

다음으로 2.1절 'Git과 계약을 맺다 – git init'에서 살펴본 초기 설정을 위해 git init을 외쳐야 합니다. 이때 **git init은 아무 데서나 외치면 안 됩니다.** Git이 변경 사항을 관찰할 프로젝트 디렉터리 안에서 외쳐야 합니다. 여기서는 Git을 설정할 디렉터리인 Project 안에서 외쳐야겠죠.

명령 프롬프트를 열고 현재 위치를 파악합니다. 명령 프롬프트를 처음 실행하면 현재 위치가 Project 폴더가 아닐 것입니다. 따라서 Project 디렉터리까지 이동해야 합니다. 이를 위한 두 가지 방법을 살펴보겠습니다.

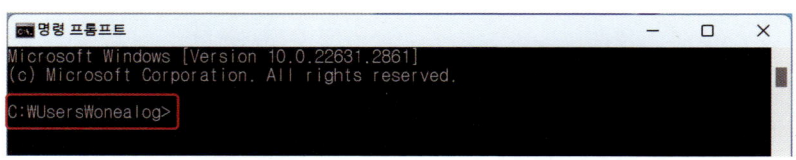

그림 2.8 명령 프롬프트를 처음 실행했을 때 표시되는 경로

첫 번째 방법은 cd 명령어를 사용하는 간단한 방법입니다. cd는 표 2.1에서 살펴봤듯이 '현재 디렉터리 위치 보기'를 의미합니다. 명령 프롬프트에서 cd라고 입력하고 한 칸 띄운 다음 이동하고자 하는 디렉터리의 경로 전체를 입력하면 해당 디렉터리로 이동하게 됩니다. 또는 그림 2.9와 같이 탐색기에서 Project 디렉터리를 창으로 드래그 앤드 드롭하면 전체 경로가 자동으로 입력됩니다.

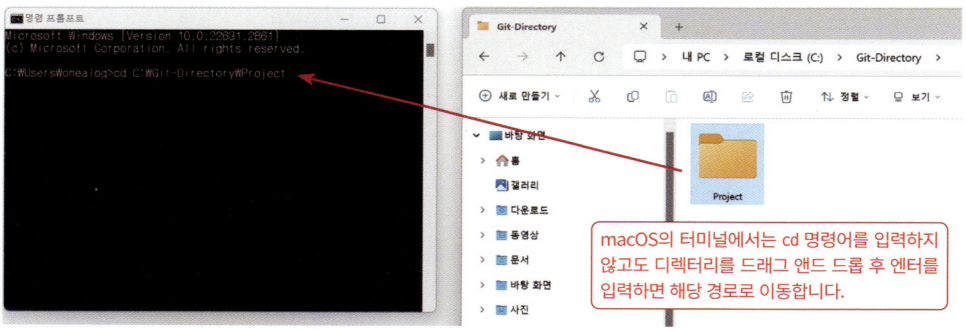

그림 2.9 Project 디렉터리를 드래그 앤드 드롭해서 전체 경로를 명령 프롬프트에 입력

명령 프롬프트에 전체 경로가 입력된 상태에서 엔터를 치면 Project 디렉터리로 이동합니다.

그림 2.10 현재 경로가 C:\Git-Directory\Project로 바뀐 모습

또 다른 방법은 기본적인 명령 프롬프트의 명령어를 숙지한 상태에서 Project 디렉터리가 있는 경로까지 직접 찾아가는 것입니다.

새로운 명령 프롬프트 창을 엽니다. 그럼 이전과 마찬가지로 C:\Users\<사용자명>과 같은 기본 경로에서 시작될 것입니다. 이번에는 프롬프트에서 dir이라고 쳐보세요.

```
$ dir
```

그럼 현재 위치의 파일과 디렉터리가 모두 나열됩니다. 여기서 우리가 찾아가야 할 곳은 Project 디렉터리인데, 경로가 C:\Git-Directory\Project이기 때문에 현재 위치에서는 당연히 Project 디렉터리가 보이지 않을 것입니다. 따라서 C:\Users\<사용자명>에서 Project 디렉터리로 이동하려면 먼저 루트 디렉터리인 C:\까지 이동한 후에 Git-Directory, Project 디렉터리로 차례로 찾아들어가야 할 것입니다.

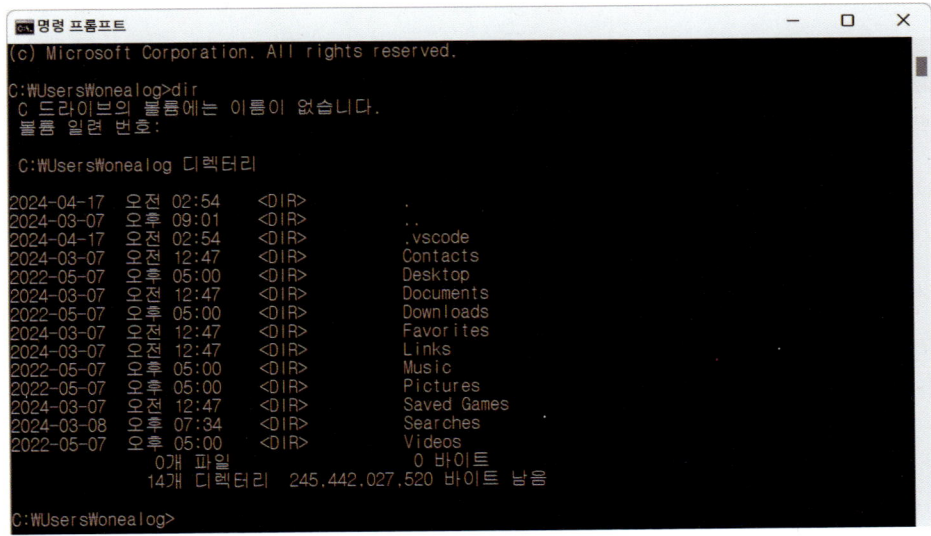

그림 2.11 명령 프롬프트에서 dir을 입력했을 때 나오는 모습

'cd [이동할 디렉터리]'를 입력하면 지정한 디렉터리로 이동한다고 했죠? 그런데 상위 디렉터리로 가려면 어떻게 해야 할까요? [이동할 디렉터리] 대신에 다음과 같이 ..을 입력합니다.

```
$ cd ..
```

그럼 위로 한 단계 이동하기 때문에 C:\Users 디렉터리로 이동하게 됩니다. 우리는 C:\로 가야 하기 때문에 cd ..를 한번 더 입력합니다. 그렇게 해서 현재 위치가 C:\가 되면 다시 한번 dir을 입력해보세요. 이제 앞에서 만든 Git-Directory 디렉터리를 확인할 수 있습니다.

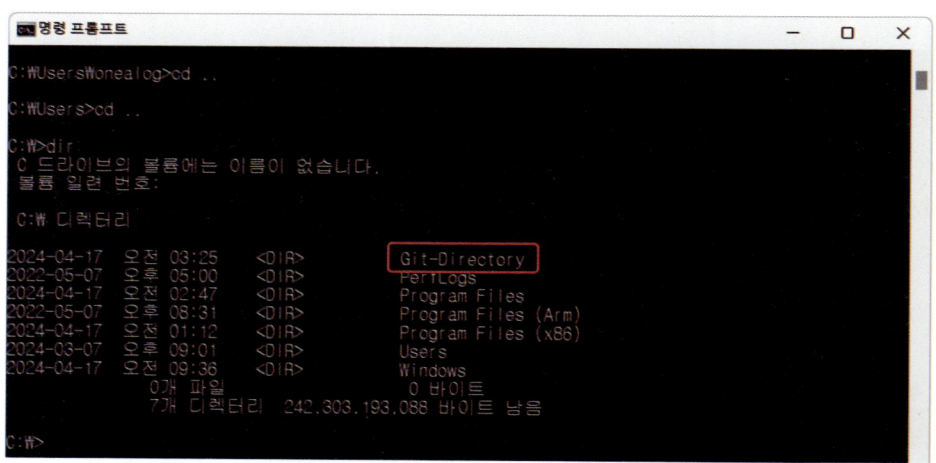

그림 2.12 dir을 입력했을 때 보이는 Git-Directory 디렉터리

이제 디렉터리 안으로 들어가야겠죠? 여기까지 잘 따라오셨다면 특정 디렉터리로 들어가는 방법은 이미 알고 계실 것입니다. cd [이동할 디렉터리] 명령어를 다음과 같이 입력해보세요. 참고로 cd G까지만 입력하고 키보드의 Tab 키를 누르면 이름이 'G'로 시작하는 디렉터리가 자동으로 입력됩니다. 한번 더 Tab 키를 누르면 이름이 'G'로 시작하는 다음 디렉터리가 표시됩니다.

```
$ cd Git-Directory
```

우리가 최종적으로 도착할 곳은 Git-Directory 안의 Project 디렉터리입니다. 앞의 과정을 한번 더 반복합니다. 마찬가지로 dir을 입력해서 현재 디렉터리를 확인하고 cd Project라고 입력하고 엔터를 입력합니다. 그럼 최종 목적지인 Project 디렉터리에 도착하게 됩니다.

그림 2.13 Project 디렉터리

2.2.5 Git 저장소 생성 – git init

Project 디렉터리에 도착했다면 Git과 계약할 준비가 끝났습니다. 정확히 말하자면 Git 저장소를 생성할 준비가 끝났습니다. 명령 프롬프트에 git init을 입력합니다. 그러면 다음과 같이 'Initialized empty …'와 같은 메시지가 나오면서 Git을 사용할 준비가 됩니다.

```
$ git init
Initialized empty Git repository in C:/Git-Directory/Project/.git/
```

그럼 이제부터 이 프로젝트는 Git이 모두 관찰하게 됩니다.

2.3 내 프로젝트에 Git 설정하기 – VS Code

다음으로 VS Code에서 Git을 설정하는 방법을 알아보겠습니다. 앞서 실습한 명령줄 인터페이스에서 Git 설정을 하는 것보다 훨씬 간단합니다.

시작하기 전에 먼저 이전 실습에서 생성했던 Project 디렉터리가 있는 Git-Directory 디렉터리 안에 Project2라는 디렉터리를 생성합니다. Project 디렉터리는 2.2절 '내 프로젝트에 Git 설정하기 – CLI'에서 이미 관찰자 Git과 계약을 맺었기 때문에 더 이상 git init을 실행할 필요가 없습니다. 즉, 다시 git init 설정을 하기 위해 새로운 디렉터리를 생성해야 합니다. `Git-Directory` 디렉터리에 `Project2` 디렉터리를 새로 생성한 이유는 `Git-Directory`는 Git과는 무관한 깨끗한 디렉터리이기 때문입니다.

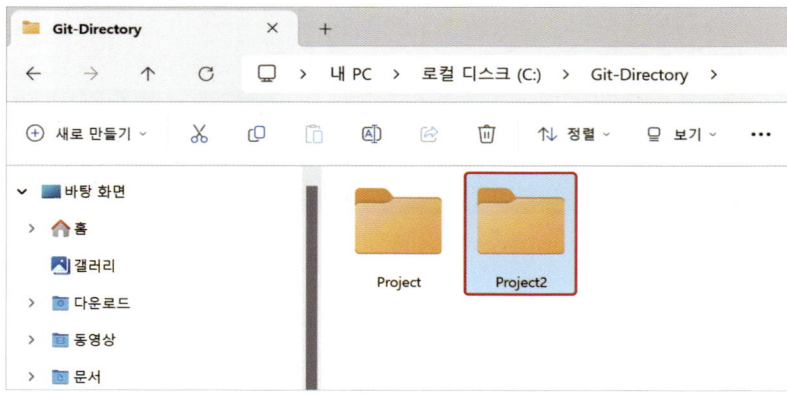

그림 2.14 새로운 디렉터리인 Project2 생성

이제 앞에서 설치한 VS Code를 실행한 후, [File] → [Open Folder...] 또는 단축키 Ctrl + K를 입력한 후 Ctrl + O를 입력합니다. [Open Folder] 대화상자에서 `Project2` 디렉터리를 찾은 후에 [폴더 선택] 버튼을 클릭합니다.

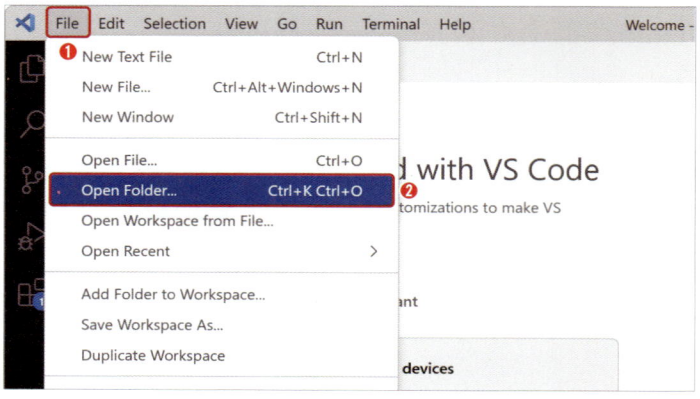

그림 2.15 VS Code에서 폴더 열기

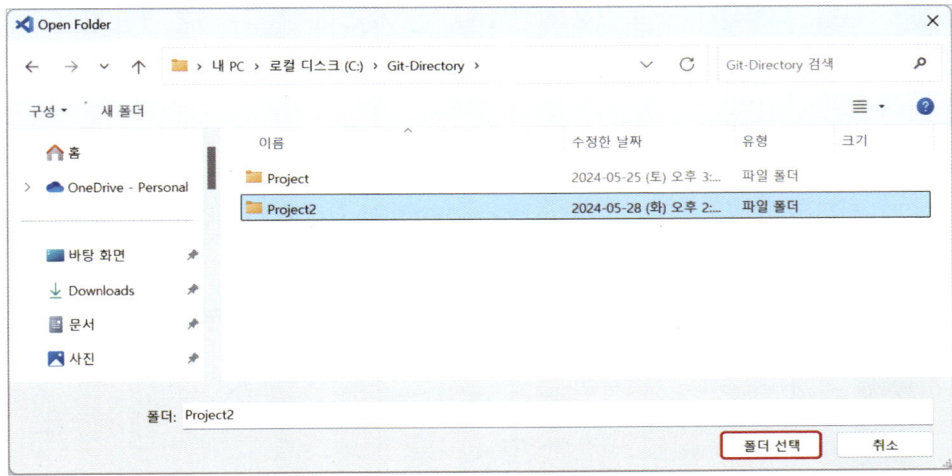

그림 2.16 Project2 폴더 선택

그럼 아무런 변화가 없는 것 같지만 잘 보면 VS Code 창 왼쪽에 'PROJECT2'라는 항목이 표시됩니다. 이것은 Project2 디렉터리를 가리키며, 이곳에 Project2 디렉터리의 모든 파일과 디렉터리가 표시되는데, 현재는 아무 것도 없기 때문에 비어 있습니다.

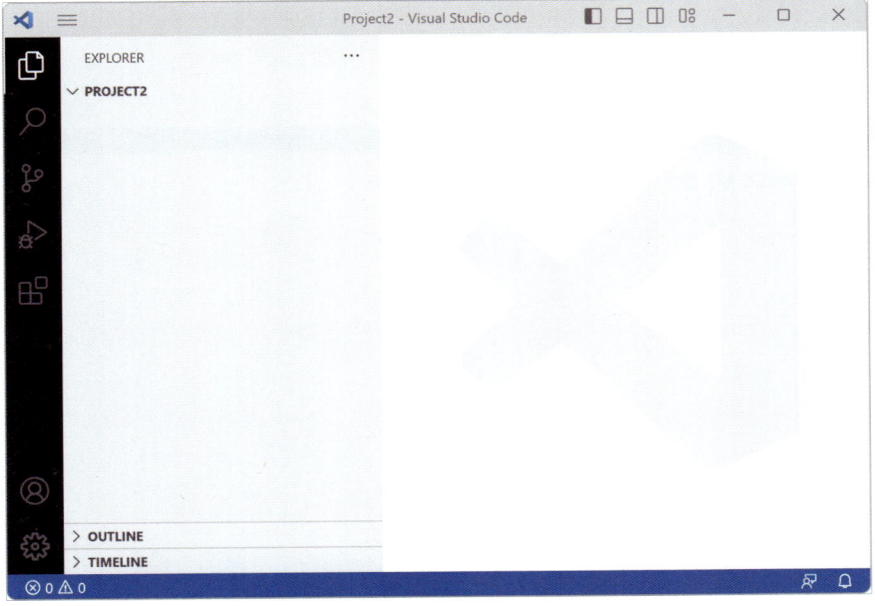

그림 2.17 VS Code로 Project2 디렉터리를 연 모습

이제 VS Code 내부에서 `git init`을 실행해봅시다. VS Code에서는 버튼 클릭 한 번으로 이를 손쉽게 할 수 있습니다. VS Code의 왼쪽 패널에서 ❶ 3번째 아이콘(Source Control, 소스 컨트롤)을 클릭합니다. 또는 단축키 Ctrl + Shift + G를 입력합니다. 현재 Git 설정이 돼 있지 않기 때문에 ❷ [Initialize Repository]라는 버튼이 표시될 텐데, 이 버튼을 클릭합니다. 이 버튼을 누르는 것은 CLI에서 `git init` 명령어를 입력한 것과 같습니다.

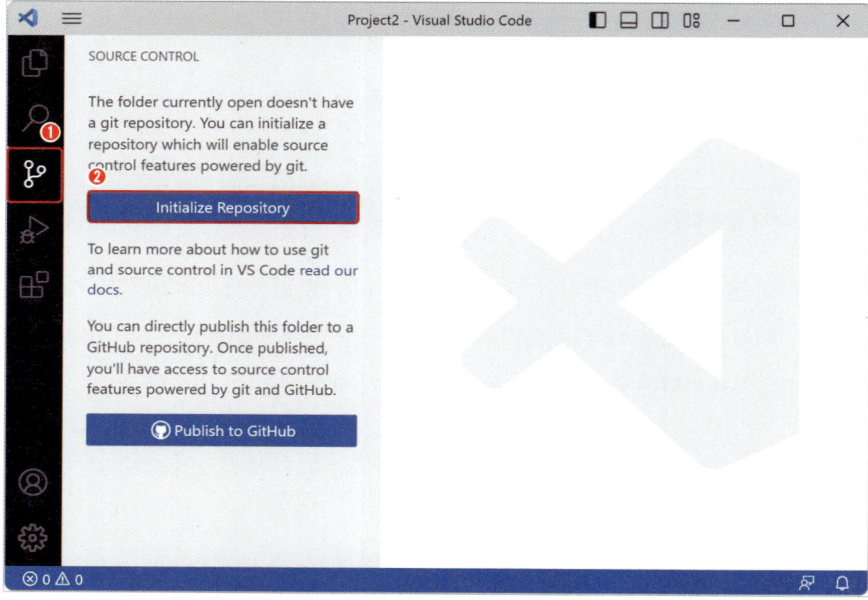

그림 2.18 VS Code의 소스 컨트롤에서 [Initialize Repository] 버튼을 클릭

그림 이제 Project2에 생기는 모든 변화를 소스 컨트롤에서 관리할 수 있게 됩니다. 변화가 생기면 그림 2.19의 빨간 박스로 표시된 영역에서 변화를 직접 관찰할 수 있습니다. 이렇게 해서 VS Code에서도 Git을 설정하고 사용할 준비가 끝났습니다.

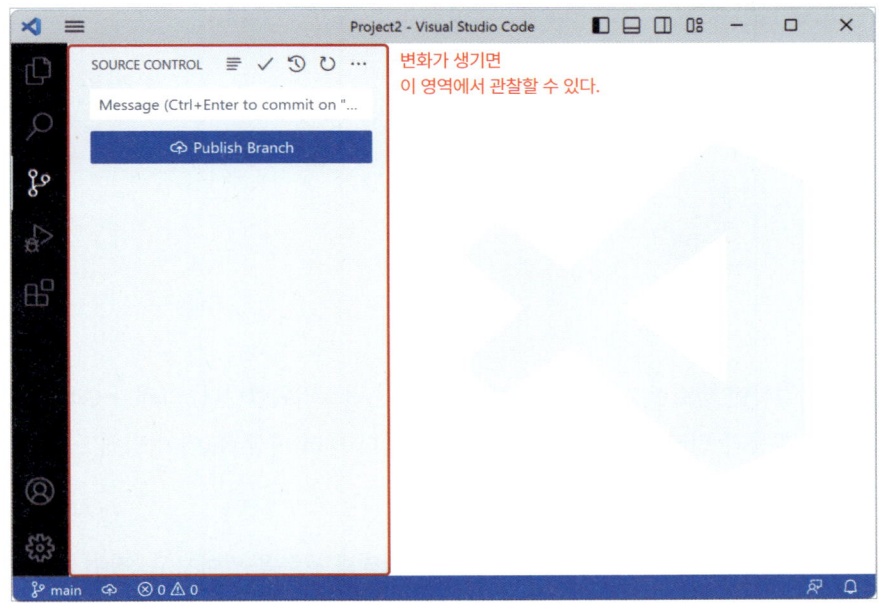

그림 2.19 [Initialize Repository] 버튼을 클릭한 후 모습

3
Git의 원리

Git을 처음 접하면 생소한 개념 탓에 많은 분들이 혼란스러워합니다. 그러나 Git이 어떻게 동작하는지 흐름과 원리를 제대로 파악하고 이해한다면 더 이상 Git이 어렵게 느껴지지 않을 것입니다.

이번 장에서는 Git의 핵심 개념인 Git의 세 가지 영역과 흐름을 알아보고, 필수 개념 중 하나인 커밋에 대해 알아보겠습니다.

3.1 Git의 세 가지 영역과 Git의 흐름

관찰자 Git과의 계약이 끝났다면 본격적으로 Git을 사용할 차례입니다. 우선 Git에는 세 가지의 영역이 있는데 이것부터 알아봅시다.

Git의 세 가지 영역으로는 작업 디렉터리(Working Directory), 스테이징 영역(Staging Area), 리포지터리(Repository)가 있습니다.

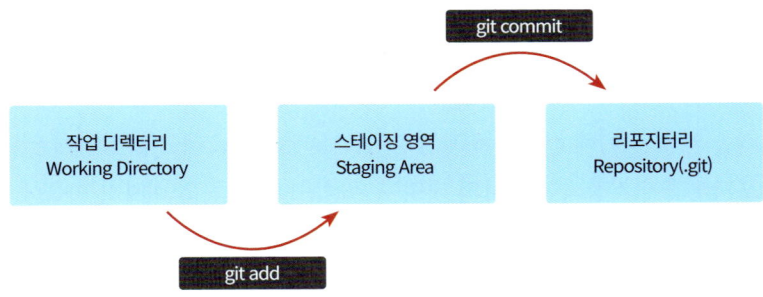

그림 3.1 Git의 세 가지 영역

첫 번째는 작업 디렉터리입니다. 이 영역은 말 그대로 우리가 현재 작업하고 있는 영역을 의미합니다. 관찰자 Git이 이 영역을 관찰하고 주시합니다. 두 번째는 스테이징 영역입니다. 이 영역은 잠깐 대기하는 영역이라 생각하면 되는데, 리포지터리에 가기 전에 작업 내용(기존 작업과 비교했을 때 변경된 사항)을 모아두는 곳이라 생각하면 됩니다. 세 번째는 리포지터리입니다. Git과 관련된 모든 데이터가 이곳에 저장됩니다. 즉, 흐름을 보자면 작업 디렉터리 → 스테이징 영역 → 리포지터리로 이어집니다.

그리고 그림 3.1에 'git add'와 'git commit'이라는 명령어가 표시돼 있는데, 이것은 앞서 설명한 흐름에서 다음 단계로 넘어가는 데 필요한 Git의 명령어를 의미합니다. 즉, 작업 디렉터리에서 스테이징 영역으로 넘어가려면 `git add`가 필요하고, 스테이징 영역에서 최종 목적지인 리포지터리로 넘어가려면 `git commit`이 필요합니다. 이때 `git commit`을 수행하는 작업을 '커밋(commit)한다'라고 표현합니다.

조금 더 이해하기 쉽게 비유를 들어 설명하겠습니다. Git의 전체 과정을 소비자가 온라인 쇼핑몰에서 물건을 구매하는 과정으로 빗대어 설명해 보겠습니다. 개발자가 개발 환경에서 여러 가지 일을 하는 행위를 소비자가 쇼핑몰에서 마음에 드는 물건을 고르는 과정이라고 생각해봅시다. 소비자는 제품을 선택하기 위해 여러 제품을 비교하며 구경합니다. 이 쇼핑몰의 주인인 Git은 소비자(개발자)가 쇼핑몰을 돌아다니면서 생각하고 비교하는 행위들을 모두 관찰합니다.

개발자가 이제 스테이징 영역에 작업한 내용 또는 파일을 넣기 위해 `git add` 명령어를 실행합니다. 이 행위는 쇼핑몰에서 마음에 드는 물건을 골라 장바구니에 넣는 것과 같습니다. 마음에 드는 물건은 여러 개씩 골라 장바구니에 넣을 수도 있고, 다시 뺄 수도 있습니다. 아직 최종 구매로는 이어지지 않았죠.

개발자가 최종 커밋을 위해 `git commit` 명령어를 실행하면 스테이징 영역에 있던 작업 항목들이 리포지터리에 저장되며 하나의 커밋이 완성됩니다. 즉, 소비자가 마음에 드는 물건들을 모두 고르고 그것들을 장바구니에 넣은 뒤 최종 확인 후 구매하기 버튼을 클릭한 상황과 같습니다. 구매에 포함된 제품들은 택배 상자에 잘 포장됩니다.

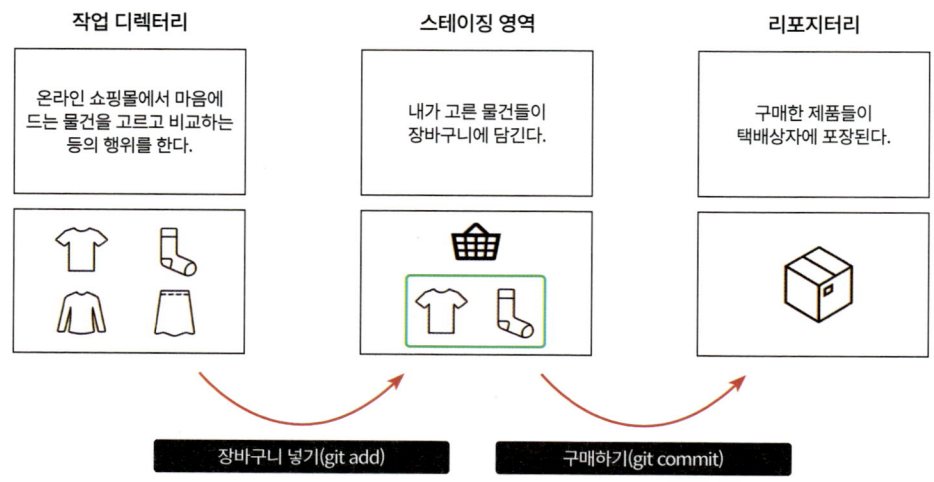

그림 3.2 Git의 세 가지 영역을 쇼핑몰 구매 과정에 비유

✓ Check. 꼭 장바구니(스테이징 영역)가 필요한가요?

Git의 작업 흐름에서 중간 역할을 하는 스테이징 영역은 커밋을 하기 전에 작업한 내용을 저장하고 관리하는 데 사용됩니다. 이 스테이징 영역은 다음과 같은 이유로 필요합니다.

1. 변경된 사항을 따로 분리해 관리할 수 있습니다. 작업을 하면서 내가 여러 가지 사항을 변경했지만 그중에는 커밋하고 싶은 것도 있고, 커밋하고 싶지 않은 것도 있을 것입니다. 이러한 변경 사항을 스테이징 영역을 통해 자유롭게 관리할 수 있습니다.

2. 변경 사항을 검토하고 되돌릴 수 있습니다. 리포지터리에 커밋하기 전에 스테이징 영역에서 내가 반영하고 싶은 변경 사항을 최종적으로 점검하고 실수로 커밋될 수 있는 사항들을 미리 발견해 되돌릴 수 있습니다.

3.2 Git이 차곡차곡 쌓아둔 상자, 커밋(Commit)

앞 절에서는 하나의 커밋이 진행되는 과정을 설명했습니다. 커밋에 관해 좀 더 이야기를 해보겠습니다. 쇼핑몰에 비유해서 설명했듯이 커밋은 최종 구매하기와도 같습니다. 즉, `git commit`이라는 명령어를 입력하면 장바구니(스테이징 영역)에 있는 모든 것이 하나의 상자로 잘 포장되어 리포지터리에 차곡차곡 쌓입니다. 하나의 커밋을 완료하는 상황을 이미지로 나타내면 다음과 같습니다.

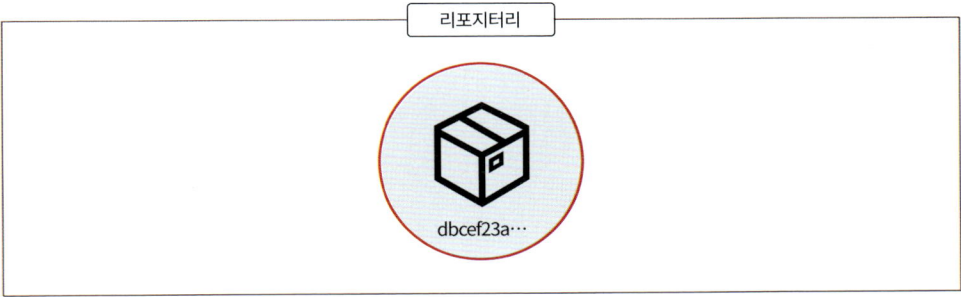

그림 3.3 `git commit` 이후 Git 리포지터리에 기록된 커밋

잘 포장된 상자(커밋)가 리포지터리에 쌓였습니다. 그런데 조금 생소한 것들이 보이나요? 이 상태에서 커밋을 한 번 더 하면 어떻게 될까요? 한 번 더 커밋했다고 가정하면 리포지터리의 상자는 다음과 같이 쌓입니다.

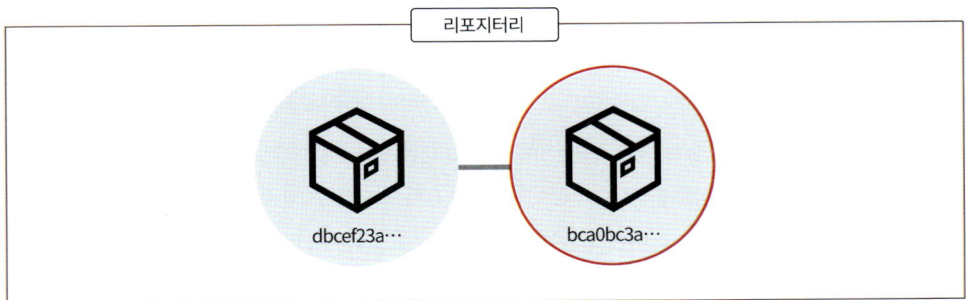

그림 3.4 커밋을 두 번 했을 때의 리포지터리

보다시피 새로운 상자(커밋)가 하나 더 생깁니다. 이 새로운 상자에는 테두리가 붉은색으로 표시돼 있고, 알 수 없는 영어/숫자 조합의 문자열이 하단에 붙어 있습니다. 이 상자 테

두리의 붉은색 표시는 현재 커밋을 가리킵니다. 그리고 문자열은 생략된 부분까지 총 40자이며, 16진수로 표기되는데, 이를 '해시(hash)'라고 합니다. 해시는 Git의 각 커밋을 식별하는 고유한 아이디입니다. 송장번호처럼 이 상자를 고유하게 알아볼 수 있도록 식별하기 위한 라벨이라고 생각하면 됩니다. 그리고 또 한 가지가 더 보일 텐데요, 이를 소개하기에 앞서 커밋을 두 번 더 해보겠습니다.

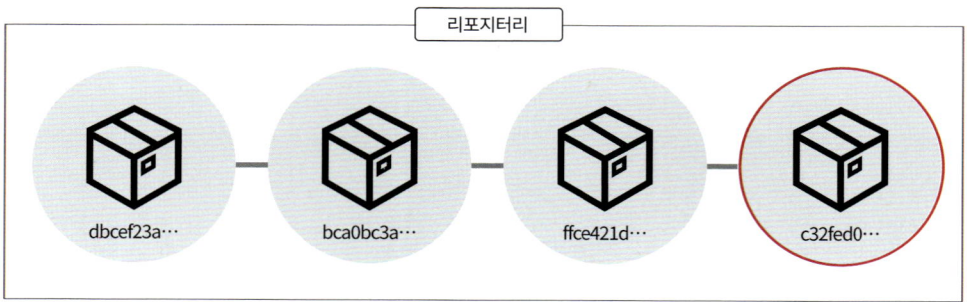

그림 3.5 커밋을 총 4번 했을 때의 리포지터리

상자와 상자 간, 즉 커밋과 커밋 사이에 연결된 선이 보입니다. 이 선은 커밋과 커밋이 서로 이어져 있음을 나타냅니다. 커밋이 이어져 있어야 하는 이유는 이전 커밋을 기반으로 그다음 커밋의 변경 사항이 저장되기 때문입니다. 관찰자 Git은 커밋 하나하나를 추적하기 용이하도록 이런 식으로 커밋 내역을 관리합니다.

> ✅ **Check, 커밋은 원자적으로 유지해야 합니다.**
>
> 커밋할 때는 '하나의 단위'에 집중해야 합니다. 즉, 한 가지에 집중할 수 있도록 원자성을 유지하는 게 중요한데, 커밋을 원자적으로 유지해야 하는 이유는 다음과 같습니다.
>
> 1. 일관성을 유지할 수 있습니다. 일관성이 있으면 코드를 이해하기 쉽습니다.
> 2. 롤백(rollback)이 용이합니다. 개발 중에는 어떤 문제나 버그가 생겼을 때 롤백을 통해 원래대로 되돌리는 상황이 자주 생깁니다. 이때 원자적으로 유지된 커밋은 추적 및 롤백하기가 쉽습니다.
> 3. 협업이 수월해집니다. 커밋을 원자적으로 유지하면 개발자 간의 작업이 잘 분리되어 서로 영향을 주지 않고, 충돌을 방지할 수 있으며, 작업 내용을 결합하기 쉽습니다.
>
> '커밋을 원자적으로 유지한다'라는 말은 작업할 때 '변경된 파일을 하나씩 커밋한다', '한 디렉터리 하위의 파일들만 한번에 커밋한다'와 같은 말이 아닙니다. '하나의 기능', 또는 '하나의 작업'으로 묶을 수 있는 단위를 의미합니다.

앞서 비유한 쇼핑몰을 예로 들어보겠습니다. `git add`로 티셔츠, 점퍼, 귀걸이, 반지, 노트북, 키보드를 스테이징 영역인 장바구니에 넣었다고 해봅시다. 그리고 `git commit`을 통해 상자에 물건들을 넣고 포장합니다. 상자에는 '나에게 필요한 물건을 구매'라고 메시지를 남겼습니다. 이 커밋은 원자적으로 유지했다고 할 수 있을까요?

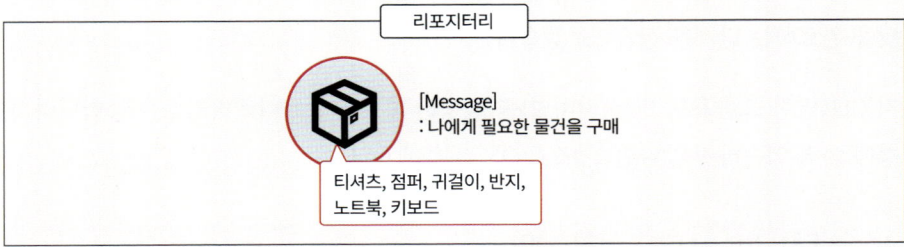

그림 3.6 모든 제품을 스테이징 영역에 넣고 커밋한 결과

이처럼 '나에게 필요한 물건을 구매'라는 메시지로 하나의 단위로 묶을 수도 있겠지만 이를 원자적이라고 부르기에는 애매합니다. 커밋은 가능한 한 작은 단위로 분리하는 것이 좋습니다. 더 원자적인 방법은 다음과 같습니다. 티셔츠, 점퍼를 먼저 장바구니에 넣고 '의류(상의)'라는 단위로 묶어서 구매(커밋)합니다. 마찬가지로 귀걸이, 반지는 '액세서리'라는 단위로, 마찬가지로 노트북, 키보드는 '전자제품'이라는 단위로 좀 더 세밀하게 묶습니다.

이처럼 작은 단위로 분리하면 커밋의 변경 사항을 추적하기 쉽고, 작업 내용을 좀 더 명확하게 파악할 수 있다는 장점이 있습니다. 커밋 내용을 이해하기도 쉽겠죠.

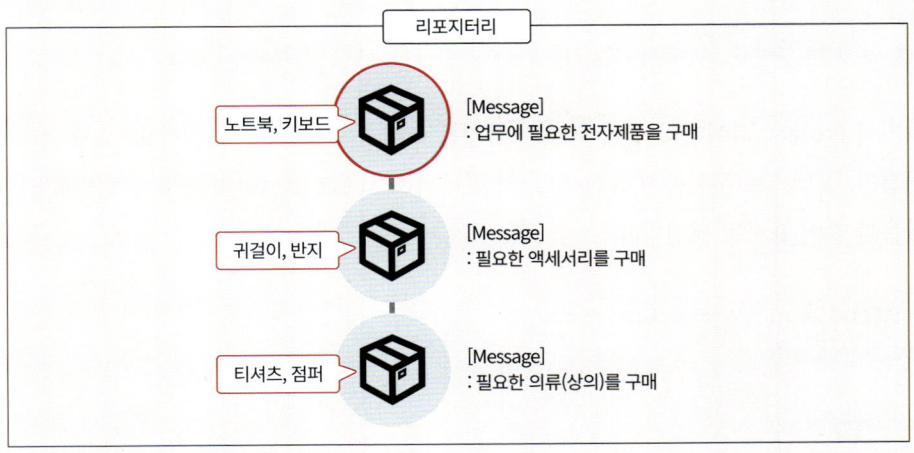

그림 3.7 제품을 각각의 단위로 묶은 후 커밋한 결과

3.3 내 프로젝트에서 커밋해보기 – CLI

2.2절 '내 프로젝트에 Git 설정하기 – CLI'에서는 `git init`을 통해 Git을 사용할 준비를 완료했습니다. 지금부터는 간단하게 Git이 관찰하는 디렉터리 안에서 내용을 변경하고 최종 커밋을 완료하는 단계를 실습해보겠습니다.

먼저 CLI(명령 프롬프트 또는 터미널)를 실행한 후 Project 디렉터리로 이동합니다. 경로 변경에 아직 익숙하지 않다면 2.2절을 참고해주세요.

3.3.1 git status – 현재 상황 확인

첫 번째로 알아볼 명령어는 'git status'입니다. git status는 뜻 그대로 현재 상황을 보여줍니다. Git-Directory의 하위 디렉터리인 Project 디렉터리로 이동한 후 git status라고 입력해봅시다. 그럼 다음과 같은 메시지가 영문 또는 한글로 나옵니다. 아직 관찰자 Git에 의해 아무 변화가 감지되지 않은 상태입니다.

```
C:\Git-Directory\Project>git status
On branch main

No commits yet

nothing to commit (create/copy files and use "git add" to track)
```

여기서 Project 디렉터리 안에 텍스트 파일을 하나 만들면 어떻게 될까요? memo.txt라는 이름의 새 텍스트 문서를 만듭니다. 그러고 나서 다시 git status라고 입력해봅시다. 그럼 다음과 같이 표시될 것입니다.

```
C:\Git-Directory\Project>git status
On branch main

No commits yet

Untracked files:
```

```
    (use "git add <file>..." to include in what will be committed)
        memo.txt

nothing added to commit but untracked files present (use "git add" to track)
```

뭔가 달라진 게 보이나요? 빨간색 글씨로 방금 생성한 memo.txt의 이름이 보입니다. 하지만 지금은 **관찰자 Git이 Project 디렉터리를 계속 주시하다가 memo.txt가 생성된 것을 감지했지만 아직 어떠한 행동도 취하지 않은 상태**입니다.

3.3.2 git add – 스테이징 영역에 추가하기

앞의 출력 결과에서 git add라는 명령어가 계속 보이는데, 이 명령어를 한번 실행해보겠습니다. git add memo.txt라고 입력해봅시다. 이 명령어는 앞서 온라인 쇼핑몰 비유에서 '장바구니에 넣기'를 의미하며, git add 뒤에 파일명을 입력해 파일을 스테이징 영역에 넣는 것을 의미합니다.

```
C:\Git-Directory\Project>git add memo.txt
```

명령어를 실행해도 특별한 반응이 없어 보이는데, 다시 git status를 실행해 현재 상태를 확인해봅시다. 그럼 방금 전 git status로 확인했던 것과 다른 내용이 출력됩니다.

```
C:\Git-Directory\Project>git status
On branch main

No commits yet

Changes to be committed:
  (use "git rm --cached <file>..." to unstage)
        new file:   memo.txt
```

뭔가 달라진 게 보이나요? 방금 git add 명령어로 입력한 memo.txt가 초록색 글씨로 표시됩니다. 그리고 'Untracked files'라고 표시됐던 부분이 'Changes to be committed'로 바뀌었습니다.

> ✅ **Check, 'git add .'**
>
> 앞의 실습에서는 `git add memo.txt` 대신에 `git add .`을 실행해도 됩니다. `git add` 뒤에 점(.)을 붙인 `git add .` 명령어는 Git이 관찰하고 있는 **디렉터리에서 변경이 감지된 모든 파일 및 내용을 스테이징 영역에 추가하는 것**을 의미합니다.
>
> 앞의 실습에서는 `memo.txt` 파일 생성이라는 한 가지 변경 사항만 생겼으므로 이 경우에는 `git add memo.txt`와 `git add .`이 동일하다고 할 수 있습니다.
>
> 한편으로 `git add .` 명령어는 현재 디렉터리와 하위 디렉터리의 모든 변경 사항을 스테이징 영역에 추가하므로 주의가 필요합니다. 만약 여러 파일에 변경 사항이 존재할 경우 `git add .`을 사용한다면 예상치 못한 변경 사항이 포함될 수 있습니다. 따라서 변경 사항을 스테이징 영역에 추가하기 전에 변경 사항을 신중히 검토하는 것이 좋습니다.

3.3.3 git commit – 변경 사항 기록하기

앞서 출력 결과에 표시된 'Changes to be committed'란 커밋할 수 있는 상태를 말합니다. 즉, 출력 결과에서 초록색 글씨로 적힌 memo.txt 파일을 커밋할 수 있는 상태를 의미합니다. 앞에서 커밋을 장바구니에 들어간 제품을 최종적으로 구매 버튼을 눌러 택배상자에 포장하는 것으로 비유했는데, 이를 Git 관점에서 말하자면 'Git 저장소(.git, 리포지터리)에 변경 사항을 기록했다'로 표현할 수 있습니다.

변경 사항을 커밋하려면 `git commit -m "메시지 내용"`을 입력하면 됩니다. 명령줄 인터페이스에서 `git commit -m "Add memo.txt"`라고 입력해봅시다.

```
C:\Git-Directory\Project>git commit -m "Add memo.txt"
[main (root-commit) 994f2ae] Add memo.txt
 1 file changed, 0 insertions(+), 0 deletions(-)
 create mode 100644 memo.txt
```

그럼 위와 같은 내용이 출력되고 커밋된 것을 확인할 수 있습니다. 다시 한번 `git status`를 입력해봅시다. 앞서 `git status`를 실행했을 때와 다르게 memo.txt의 이름은 사라지고, 더 이상 커밋할 것이 없다는 내용이 출력됩니다.

```
C:\Git-Directory\Project>git status
On branch main
nothing to commit, working tree clean
```

3.3.4 git log – 커밋 메시지 확인

이어서 git log 명령어에 대해 알아봅시다. git log는 커밋한 내역을 한눈에 볼 수 있는 명령어입니다. (참고로 아직 모든 내용이 이해되지 않아도 괜찮습니다.)

git log를 입력하고 실행하면 다음과 같이 'commit 994f2ae...' 같은 내용이 출력됩니다. 여기서 994f2ae...는 앞에서 설명했듯이 각 커밋을 식별하는 고유 아이디, 즉 해시값으로서 정확히 40자로 구성돼 있습니다. 그리고 그 아래에 커밋을 기록한 사람(Author)의 정보와 커밋을 기록한 날짜(Date)가 표시되고, 그 아래에 커밋 메시지가 표시됩니다.

```
C:\Git-Directory\Project>git log
commit 994f2aebea9e3482f3e4b66763afff52099280ce (HEAD -> main)
Author: Jaewon Han <oneadev@gmail.com>
Date:   Fri Feb 3 03:07:20 2023 +0900

    Add memo.txt
```

> 참고: macOS 환경일 경우 단축키 q를 입력하면 git log를 빠져나올 수 있습니다.

이상으로 명령줄 인터페이스에서 현재 상황을 확인하고 커밋하는 방법, 커밋 내역을 확인하는 방법까지 알아봤습니다. 다음 절에서는 VS Code를 이용해 이를 좀 더 쉽게 할 수 있는 방법을 알아보겠습니다.

3.4 내 프로젝트에서 커밋해보기 – VS Code

이번에는 앞 절에서 실습한 내용을 VS Code에서 해보겠습니다. 먼저 VS Code를 실행하고 2.3절 '내 프로젝트에 Git 설정하기 – VS Code'에서 생성한 Project2 디렉터리를 엽니다. 왼쪽의 EXPLORER 탭의 PROJECT2에서 ❶ 파일을 생성하는 아이콘(📄)을 클릭한 후

❷ `memo.txt`를 입력해 텍스트 파일을 생성합니다. 또는 PROJECT2 패널 아래의 빈 공간에서 마우스 오른쪽 버튼을 클릭한 후 [New File...]을 선택해 파일을 생성해도 됩니다.

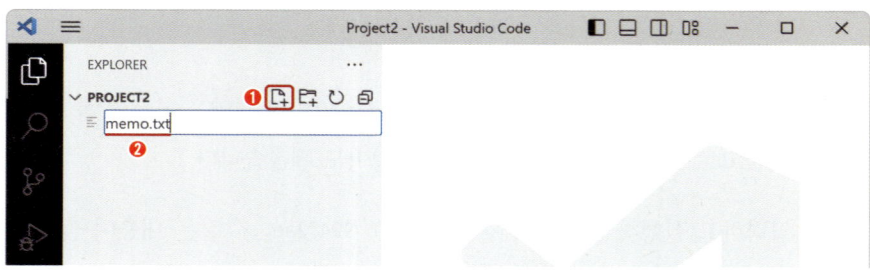

그림 3.8 VS Code에서 파일 생성

3.4.1 git status – 현재 상황 확인

VS Code에서 `memo.txt`를 생성하자마자 무언가 변화가 생겼습니다. 왼쪽 세 번째 아이콘인 소스 컨트롤에 파란 원이 표시되고 숫자 1이 표시됩니다. 숫자는 현재 변경 사항이 있는 파일의 수를 나타냅니다. 이 버튼을 클릭해봅시다.

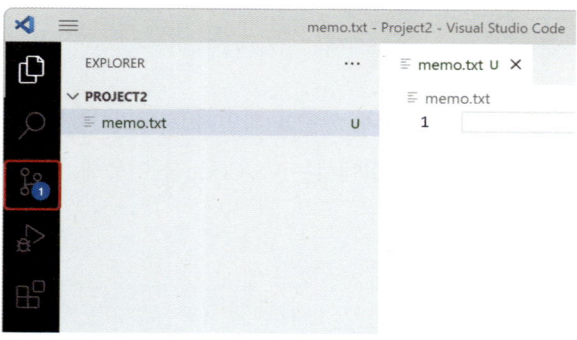

그림 3.9 소스 컨트롤에 숫자 1이 표시된 모습

그림 방금 생성한 `memo.txt`가 [Changes] 항목에 있는 것을 확인할 수 있습니다. 이전 작업과 달라진 부분이 감지돼 소스 컨트롤에 표시된 것입니다. 이것은 앞서 CLI 환경에서 `git status`를 입력한 것과 같은데, VS Code에서는 소스 컨트롤에서 이를 한눈에 확인할 수 있습니다.

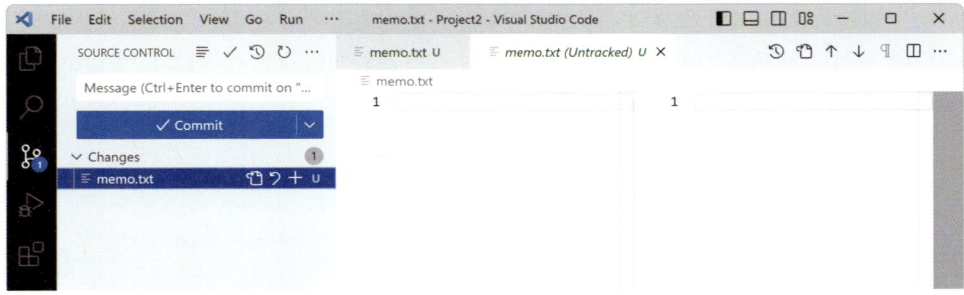

그림 3.10 변화가 감지된 내용을 보여주는 소스 컨트롤

3.4.2 git add – 스테이징 영역에 추가하기

혹시 `memo.txt` 파일 오른쪽에 있는 작은 아이콘이 보이나요? 각 아이콘은 다음과 같은 역할을 합니다.

- ❶ – Open File: 변경된 작업이 담긴 파일을 엽니다.
- ❷ – Discard Changes: 변경되기 전으로 돌아갑니다. 해당 작업은 기록에 남지 않고, 다시 되돌릴 수 없기에 신중하게 선택해야 합니다.
- ❸ – Stage Changes: 변경된 작업을 스테이징 영역에 추가합니다. `git add`와 같은 역할입니다.

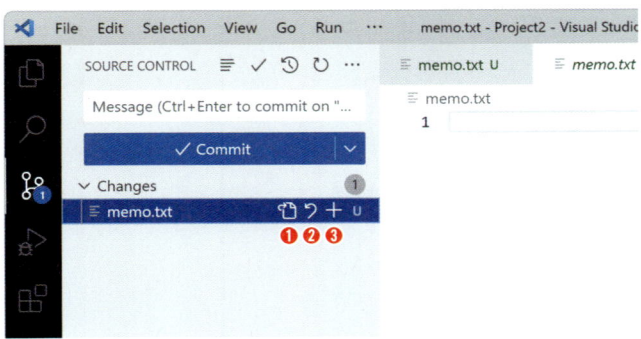

그림 3.11 Changes 항목에 표시된 `memo.txt` 파일에 대한 작업 아이콘

여기서는 ❸번 아이콘을 클릭해 변경 사항을 스테이징 영역에 넣어봅시다. 파일이 다음과 같이 Changes에서 Staged Changes 항목으로 이동합니다. 이번에는 [Open File] 아이콘이 오른쪽에 있고, 이 버튼 옆의 마이너스(–) 모양의 아이콘은 [Unstage Changes] 버튼인

데, 이 버튼을 클릭하면 변경된 작업이 스테이징 영역에서 제외됩니다. 구매를 위해 장바구니에 넣었던 제품을 다시 장바구니에서 빼는 것과 같습니다. 즉, 이 버튼을 클릭하면 변경 내용이 다시 Changes로 들어가게 됩니다.

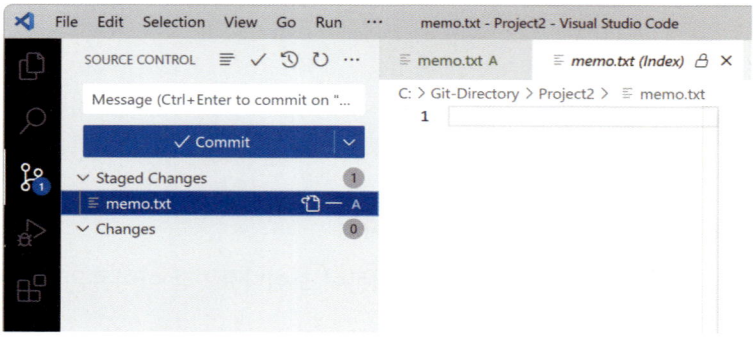

그림 3.12 스테이징 영역에 들어간 `memo.txt` 파일

3.4.3 git commit – 변경 사항 기록하기

이제 변경 사항을 커밋해보겠습니다. 바로 위의 [Commit] 버튼이 보이시죠? [Commit] 버튼 위 텍스트 창에 커밋 메시지를 기록할 수 있습니다. 여기서는 'Add memo.txt'라고 입력한 후 [Commit] 버튼을 누르겠습니다.

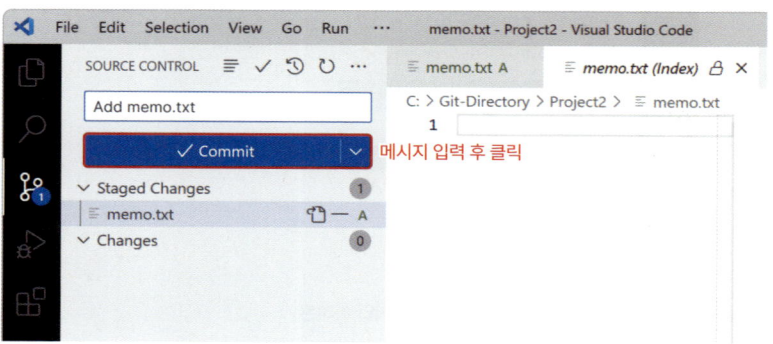

그림 3.13 커밋 메시지 입력

그럼 커밋이 완료되고 더 이상 감지한 변화가 없으므로 소스 컨트롤은 다시 빈 상태가 됩니다.

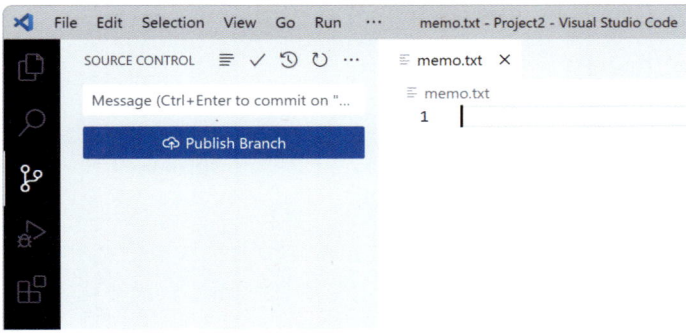

그림 3.14 커밋 완료

3.4.4 VS Code 내장 터미널로 커밋 메시지 확인

이번에는 커밋 메시지를 확인해보겠습니다. 앞서 3.3절 '내 프로젝트에서 커밋해보기 – CLI'에서는 직접 명령 프롬프트와 같은 명령줄 인터페이스를 실행해 `git log`를 실행했습니다. 하지만 VS Code에서는 명령줄 인터페이스를 따로 실행하지 않고 VS Code 내에서 터미널을 열 수 있습니다.

VS Code의 상단 메뉴에서 [Terminal] → [New Terminal]을 차례로 선택하거나 단축키 Ctrl + Shift + `(역따옴표)를 누릅니다.

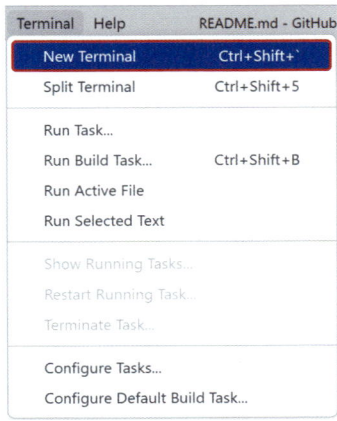

그림 3.15 터미널 열기

그럼 다음과 같이 VS Code 안에서 터미널이 열립니다. (참고로 Ctrl + `를 눌러 터미널을 열고 닫을 수 있습니다.)

그림 3.16 VS Code 내장 터미널

이곳에서 `git log`를 실행해 봅시다. 다음과 같이 내장 터미널에서 커밋 내역을 확인할 수 있습니다.

그림 3.17 VS Code 내장 터미널에서 `git log` 실행

3.4.5 Git Graph로 커밋 메시지 확인

다음으로 VS Code에서 익스텐션(Extension)을 통해 커밋 메시지를 확인하는 방법을 알아보겠습니다. 익스텐션이란 VS Code 편집기를 사용하는 개발자들이 조금 더 개발을 원활하게 할 수 있게 돕는 부가 기능이라고 생각하면 됩니다.

이번에 설치할 익스텐션은 'Git Graph'입니다. Git Graph는 커밋 내역을 그래프 형태로 보기 쉽게 보여줍니다. 이와 비슷한 역할을 하는 익스텐션으로 GitLens, Git History 등이 있습니다.

익스텐션을 설치하려면 VS Code 왼쪽 탭의 ❶ 5번째 아이콘인 익스텐션을 클릭하거나 단축키 Ctrl + Shift + X를 입력합니다. 그러고 나서 다음과 같이 검색창에 ❷ 'git graph'를 입력합니다. 입력 후 화면에 표시되는 ❸ 'Git Graph'를 선택한 후 ❹ [Install] 버튼을 클릭합니다. 그럼 곧바로 설치가 진행됩니다.

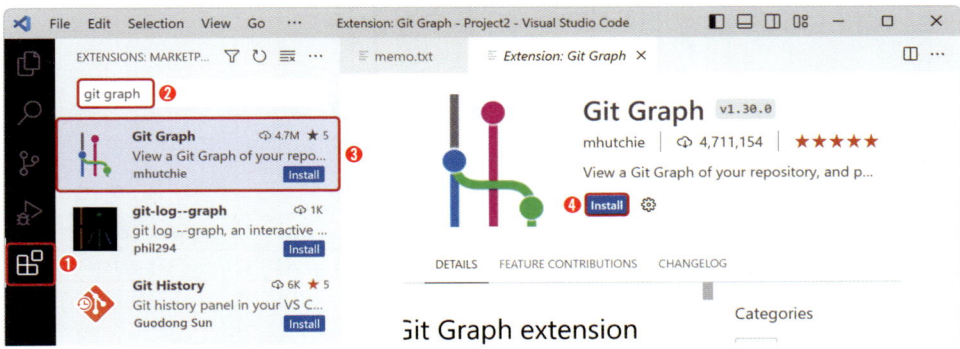

그림 3.18 Git Graph 익스텐션 설치

설치가 완료되면 Git Graph를 실행해보겠습니다. Git Graph를 실행하는 방법은 다음과 같습니다. 먼저 VS Code 편집기 최상단 메뉴에서 [Help] → [Show All Commands]를 클릭하거나 단축키 F1 또는 단축키 Ctrl + Shift + P를 입력하면 VS Code 화면 상단에 검색창이 표시됩니다. 여기서 'view git graph' 또는 'git log'라고 입력한 후 'Git Graph: View Git Graph (git log)'를 클릭합니다.

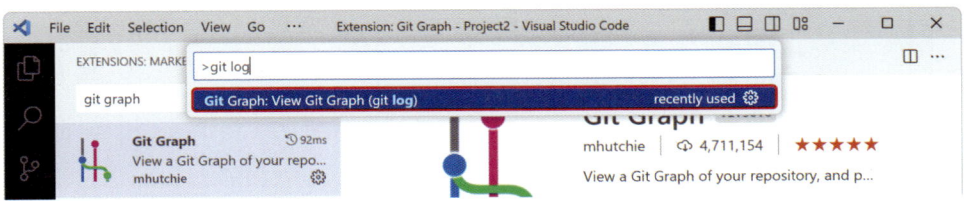

그림 3.19 Git: View History (git log) 클릭

또는 Git Graph를 설치하면 소스 컨트롤에 'View Git Graph (git log)' 아이콘이 생깁니다. 이 아이콘을 클릭해 커밋 내역을 확인할 수도 있습니다.

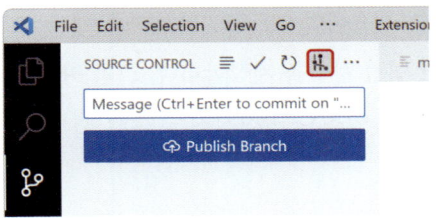

그림 3.20 소스 컨트롤에 생긴 'View Git Graph (git log)' 아이콘

그럼 다음과 같이 방금 전 커밋한 내역을 확인할 수 있습니다.

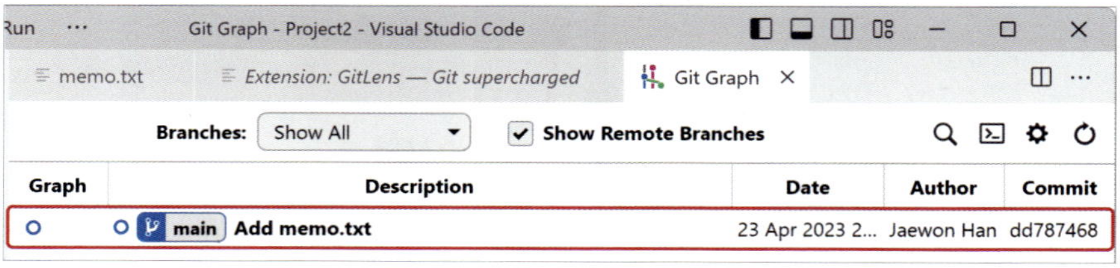

그림 3.21 Git Graph에서 커밋 내역 확인

커밋을 클릭하면 커밋한 사람의 정보, 변경된 파일과 어떤 내용이 변경됐는지 등을 확인할 수 있습니다.

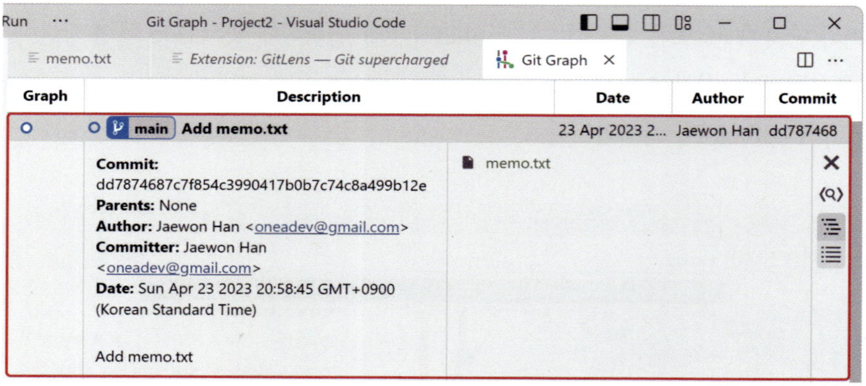

그림 3.22 Git Graph에서 커밋을 클릭한 결과

이번에는 커밋 실습을 위해 `memo.txt`에 내용을 입력하고 커밋해보겠습니다. 왼쪽의 EXPLORER 탭을 클릭하거나 단축키 Ctrl + Shift + E를 입력해 EXPLORER로 돌아온 후 `memo.txt` 파일을 클릭합니다. 그런 다음 오른쪽 화면에 아무 내용을 입력하는데, 여기서는 'Hello Git!'이라고 입력해보겠습니다. 그리고 나서 메뉴에서 [File] → [Save]를 선택하거나 단축키 Ctrl + S를 눌러 변경 사항을 저장합니다. 그럼 파일이 변경됐다는 의미로 `memo.txt`의 파일명 색상이 변하고, 이전과 마찬가지로 소스 컨트롤에 1이라는 숫자가 표시됩니다.

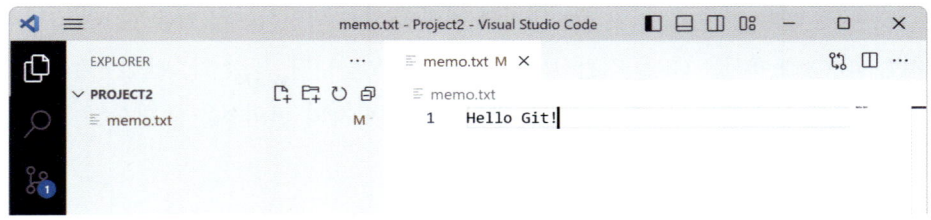

그림 3.23 memo.txt에 내용을 입력

소스 컨트롤 탭으로 가면 `memo.txt` 파일의 변경 사항을 확인할 수 있습니다. 내용을 입력하니까 처음 커밋했을 때보다 변화한 게 확연히 눈에 띄죠? ❶ 왼쪽은 변경 전의 작업 내용이고 ❷ 오른쪽은 변경된 내용을 보여줍니다. 이번에는 커밋 메시지를 'Update memo.txt'라고 입력하고 커밋해 보겠습니다. 커밋 방법은 앞에서 소개했으니 충분히 할 수 있으리라 생각하고 여기서는 생략하겠습니다.

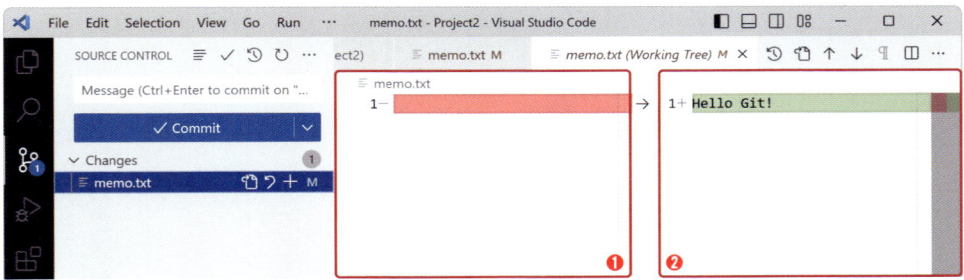

그림 3.24 소스 컨트롤에 변화가 감지된 모습

커밋을 완료한 후 다시 Git Graph를 확인해보겠습니다. 이전에 커밋한 메시지와 함께 방금 커밋한 메시지가 보입니다. 커밋 사이를 잇는 파란 선도 확인할 수 있습니다. 커밋 메시지를 클릭하면 변경된 내용을 볼 수 있습니다.

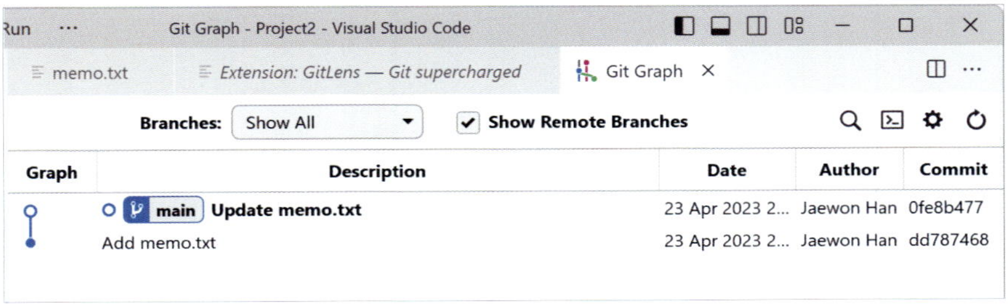

그림 3.25 두 번째 커밋 후 Git Graph 확인

지금까지 VS Code를 통해 커밋하는 과정과 커밋 내역을 확인하는 방법을 알아봤습니다. 이처럼 VS Code에서는 Git을 직관적으로 이용할 수 있습니다. 또한 익스텐션이라는 확장 프로그램을 사용하면 Git뿐만 아니라 다방면으로 개발자의 편의성을 증대시킬 수 있습니다.

4
복잡한 문제를 해결하는 브랜치

Git과 어느 정도 익숙해진 박길동. 시간이 지나 개발팀에도 꽤 많은 동료가 생겼습니다. 박길동은 여러 개발자와 함께하는 프로젝트에 착수하게 됐습니다. 이번 프로젝트는 새로 출시한 서비스의 홈페이지를 만드는 것입니다.

길동은 프로젝트에 함께 참여하는 동료 개발자 두 명과 논의한 후 홈페이지를 여러 파트로 나눠 각자 작업하기로 합니다. 길동은 홈페이지의 홈(Home) 화면에 들어갈 내용을, 최사원은 홈페이지의 메뉴 역할을 하는 헤더(Header)를, 정사원은 홈페이지 최하단에 들어가는 푸터(Footer)를 작업하기로 했습니다.

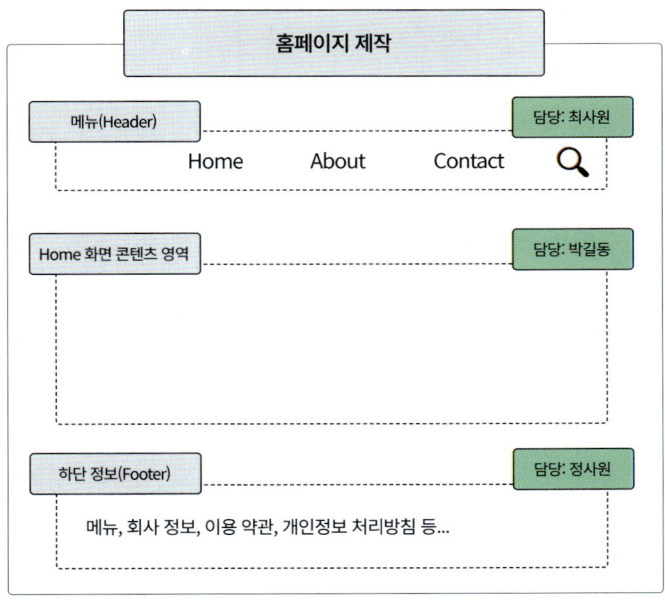

그림 4.1 박길동 팀이 제작할 홈페이지의 구조

그런데 여기서 문제가 발생합니다. 길동은 자신이 맡은 홈 화면만 작업하면 되니까 개발을 진행하면서 본인만의 커밋을 꾸준히 만들었습니다. 하지만 길동이 작업하는 동안 동료들 또한 자신만의 코드를 실시간으로 작업하고 있기 때문에 같은 프로젝트에서 동시에 다른 코드가 작성되는 현상이 발생했습니다.

사실 이것은 큰 문제가 아닙니다. 문제는 같은 프로젝트 내에 서로 공유하는 작업 영역이 있고, 여기서 서로가 다른 코드를 작성했을 때 충돌이 발생하거나 코드가 꼬이는 현상이 생긴다는 것이었습니다. 그리고 커밋이 서로 섞여서 어떤 작업이 홈 작업인지, 아니면 헤더나 푸터 작업인지 제대로 구분되지 않는 일도 빈번했습니다.

그때 길동은 김리더가 했던 말이 어렴풋이 떠올랐습니다.

> "이번 프로젝트를 진행하기 전에 동료 개발자들과 함께 Git 브랜치 전략을 먼저 짜고 진행해 보세요. 어느 정도 Git에 익숙해졌으니 브랜치 전략을 염두에 두면 협업하는 데 도움이 될 거예요."

길동은 김리더의 말을 깜빡 잊고 흘려보냈다는 생각에 스스로를 탓했습니다. '브랜치?', 'Git 브랜치 전략?' 길동은 그게 어떤 개념인지 궁금했습니다. 그래서 먼저 '브랜치'라는 개념을 검색해봅니다.

4.1 브랜치로 복잡한 문제를 해결하다

브랜치에 대해 알아보겠습니다. '브랜치(branch)'를 한글로 풀이하면 '나뭇가지', '갈라지다' 등으로 해석됩니다. Git에서 브랜치는 없으면 안 될 중요한 기능 중 하나입니다.

브랜치는 프로젝트의 다양한 버전이나 기능을 독립적으로 개발하거나 관리할 수 있는 기능으로, 쉽게 말해 **여러 작업을 동시에 진행할 수 있도록 돕는 기능**이라 할 수 있습니다.

여기서 잠시, 앞에서 Git을 관찰자에 비유했습니다. 그리고 Git과 계약하는 방법이 있다고 했습니다. 바로 `git init`이었습니다. 이 명령어를 실행하면 어떻게 된다고 했죠? 명령어 실행과 동시에 Git과 계약을 맺으며 명령어를 실행한 디렉터리 안에서 발생하는 모든 변화를 Git이 관찰한다고 했습니다. 그리고 그와 동시에 **한 가지 일이 더 발생합니다. 바로 main이라는 브랜치가 하나 만들어집니다.**

1.3절 'Git 설치'의 그림 1.5 'Git의 기본 브랜치 이름 설정'에서 Git을 설치할 때 설정했던 main을 기억하시나요? 바로 그것이 `git init`과 Git의 기본 브랜치(default branch)입니다. 즉, 프로젝트의 중심이 되는 나무줄기가 main 브랜치라고 할 수 있습니다. 여기서 새 브랜치를 생성할 수 있는데, 새 브랜치를 생성할 때마다 마치 나뭇가지가 중심 줄기에서 갈라져 나오듯이 새로운 기능이나 버전을 기본 브랜치와 분리해서 개발할 수 있습니다.

그림 4.2 나뭇가지처럼 여러 갈래로 뻗어 나가는 모습과도 같은 Git의 브랜치

다음 그림은 실제 브랜치의 흐름을 나타낸 것입니다. 마치 나무줄기에서 가지들이 갈라져 나온 것과 같은 모습입니다. 이 같은 작업 방식을 'Git 워크플로(Git Workflow)'라고 하며, Git을 사용해 협업하는 방식 또는 개발 프로세스를 의미합니다.

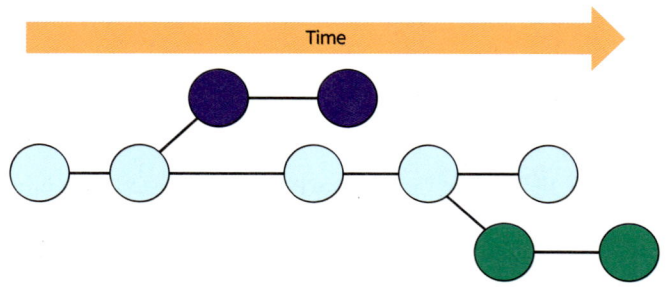

그림 4.3 실제 Git에서 표현하는 브랜치의 흐름(Git Workflow)

검색 엔진에서 'git workflow'를 검색하면 다양한 형태로 브랜치의 흐름을 나타낸 것을 확인할 수 있습니다.

그림 4.4 구글에서 'git workflow'를 검색했을 때 볼 수 있는 다양한 형태의 브랜치 흐름 이미지

아직은 브랜치라는 개념이 잘 와 닿지 않을 수 있습니다. 이어서 박길동의 사례를 통해 브랜치를 설명하겠습니다.

그림 4.1 '박길동 팀이 제작할 홈페이지의 구조'를 살펴보면 한 프로젝트에 총 세 명의 개발자가 투입되어 작업을 진행합니다. 최종적으로 신규 서비스의 홈페이지를 만들어야 하

며, 각자의 역할이 있습니다. 박길동은 홈 화면의 콘텐츠 영역을, 최사원은 메뉴 역할을 하는 헤더, 그리고 정사원은 하단에 정보를 나타내는 푸터를 만들어야 합니다.

3.2절에서 커밋했을 때의 그림(그림 3.5 '커밋을 총 4번 했을 때의 리포지터리')과 실습을 기억하시나요(38쪽)? 이때는 따로 브랜치를 생성하지 않았기 때문에 하나의 선(브랜치)에서 커밋이 직선 형태로 이뤄졌습니다. 즉, 기본 브랜치인 main 브랜치에서 계속 커밋을 진행한 것이죠.

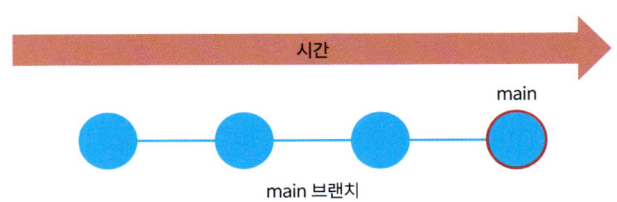

그림 4.5 브랜치를 생성하지 않고 main 브랜치에서 계속 커밋할 경우

하지만 이제는 동료들과 함께 작업을 동시에 진행해야 하기 때문에 각자가 맡은 역할에 해당하는 브랜치를 생성해서 작업해야 합니다. 다음 그림은 '신규 서비스 홈페이지 만들기' 프로젝트의 main 브랜치에서 최초 커밋을 한 모습입니다.

그림 4.6 최초 커밋을 한 main 브랜치

일단 프로젝트를 세팅하기 위한 기본 구성이 필요해서 다음과 같이 main 브랜치에서 2개의 커밋을 추가로 생성합니다. 최신 커밋 위에 main 브랜치가 계속 따라다니면서 표시될 텐데, 이 부분에 대해서는 조만간 배우게 될 테니 아직까지는 신경 쓰지 말고 흐름에 집중해 주세요.

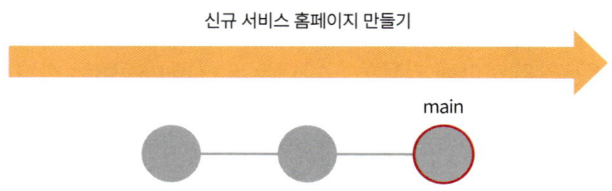

그림 4.7 main 브랜치에 두 개의 커밋을 생성

여기까지는 길동과 동료 개발자가 모두 공통적으로 적용해야 하는 부분입니다. 이제 마지막 커밋 위치에서 브랜치를 생성하려고 합니다. 박길동은 홈페이지의 홈 화면을 작업하므로 `feature/home`이라는 이름으로 브랜치를 생성합니다. 마찬가지로 최사원, 정사원은 각각 `feature/header`, `feature/footer`라는 브랜치를 생성합니다. 그럼 다음과 같은 그림이 됩니다.

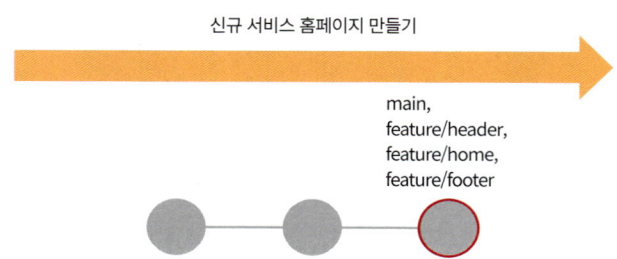

그림 4.8 main 브랜치에서 각자 역할에 맞는 브랜치를 생성

브랜치는 생성했지만 아직 아무도 작업을 하지 않은 상태이므로 main 브랜치가 커밋한 가장 최근 지점에 모든 브랜치가 놓여 있습니다.

이제 각자 본인의 작업을 어느 정도 진행하고 커밋했다고 가정하면 다음과 같은 형태가 됩니다.

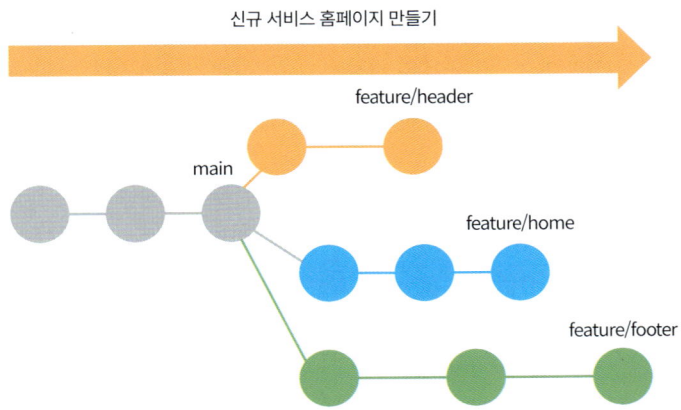

그림 4.9 main 브랜치에서 분기된 브랜치에서 작업을 진행한 모습

아직 이 내용이 여전히 와 닿지 않을 수 있습니다. 하지만 걱정할 필요는 없습니다. 다음 절에서 다룰 'HEAD'의 개념을 알고 나면 훨씬 쉽게 이해할 수 있게 됩니다. 지금은 Git의 브랜치 흐름이 이런 형태로 진행된다는 정도만 알고 넘어가면 됩니다.

여기서 최사원이 헤더(feature/header)의 기능을 모두 마무리했다고 해봅시다. 작업이 모두 끝났으니 프로젝트의 기준이 되는 main 브랜치에 작업한 내용을 적용해야 합니다. 이것을 **병합**(merge)이라고 합니다. 다음 그림은 feature/header 브랜치를 main 브랜치에 병합하는 것을 보여줍니다.

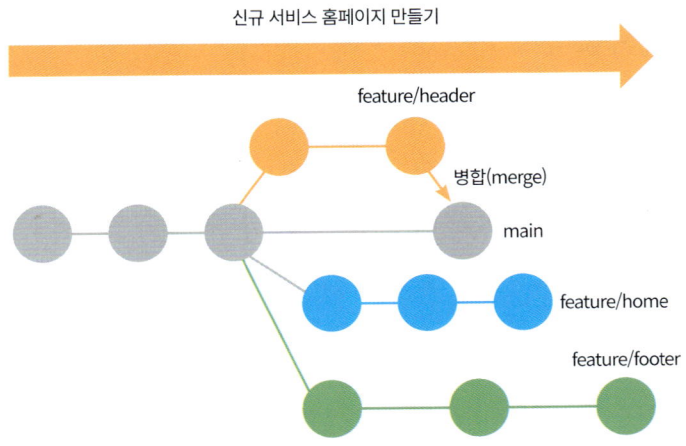

그림 4.10 feature/header 브랜치를 main 브랜치에 병합

그럼 main 브랜치는 헤더 코드가 병합된 상태가 됩니다. 즉, main 브랜치는 헤더 코드가 합쳐진 상태로 업데이트됐고, 다른 작업을 진행하고 있는 박길동과 정사원의 작업 영역(브랜치)에는 아직 업데이트된 사항이 반영되지 않은 상태입니다.

이때 홈 화면 작업을 진행하던 길동이는 헤더 영역, 즉 홈페이지의 상단 메뉴가 본인의 작업 영역에 포함되면 훨씬 더 작업이 수월할 거라 생각합니다. 그래서 방금 feature/header 브랜치가 병합되면서 업데이트된 main 브랜치를 가져오려 합니다.

다시 말해, 길동이가 작업하는 feature/home 브랜치에 main 브랜치를 역으로 병합하려 합니다. 이 흐름을 그림으로 표현하면 다음과 같습니다.

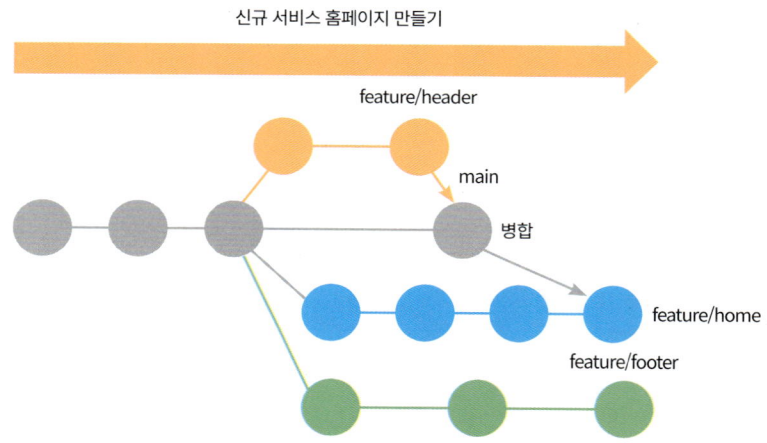

그림 4.11 업데이트된 main 브랜치를 feature/home으로 병합

브랜치를 이용하면 이처럼 생성하고 합치는 과정을 통해 여러 명의 개발자가 협업을 원활하게 진행할 수 있습니다. 또한 각자의 작업에 방해받지 않고 온전히 작업을 진행할 수 있다는 장점이 있습니다. 정리하자면, 브랜치를 나눠서 각자 맡은 업무를 진행하면 다음과 같은 장점이 있습니다.

1. **독립적인 업무 진행**: 브랜치를 분리해서 업무를 진행하면 각 브랜치에서 독자적으로 개발 작업을 진행할 수 있습니다. 즉, 여러 개발자가 동시에 다양한 작업을 수행할 수 있습니다. 또한 다른 브랜치에 영향을 주지 않고 작업을 수행하기 때문에 안전하게 작업을 진행할 수 있습니다.

2. 충돌[1] 최소화: 각 브랜치는 독립적으로 작업하면서 다른 브랜치에 영향을 주지 않기 때문에 충돌이 발생할 가능성이 적습니다. 또한 충돌이 생길지라도 충돌의 규모를 최소화할 수 있습니다.

3. 안정적인 버전 관리: 브랜치를 분리해 업무를 진행하면 각 브랜치에서 담당하는 업무(코드)는 독립적인 버전으로 관리됩니다. 즉 여러 기능이 동시에 개발되더라도 각 기능 또는 변경 사항을 쉽게 추적할 수 있고 버그 등의 이슈가 발생했을 때 쉽게 이전 상태로 되돌릴 수 있습니다.

브랜치의 개념과 흐름에 관해서는 여기까지 알아보기로 하고 이어서 HEAD라는 개념에 대해 살펴보겠습니다. HEAD의 개념을 이해하면 조금 더 브랜치와 친숙해질 것입니다.

✅ Check, main 브랜치는 건드리지 않는 게 좋습니다

앞서 이해를 돕고자 main 브랜치에서 최초 커밋 이후에 커밋 두 개를 추가로 생성했는데, 실무에서는 main 브랜치에 직접적으로 기능 작업을 하는 등의 행위(직접적인 커밋)는 하지 않는 것이 좋습니다. 이유는 다음과 같습니다.

1. 안정성 보장: main 브랜치의 작업 내용은 일반적으로 서비스(제품)를 이용하는 고객들이 최종적으로 마주하는 작업물입니다. 즉, 서비스의 가장 안정적인 버전을 의미합니다. main 브랜치에 직접적으로 변경 사항을 반영하면 안정성이 저하될 수 있습니다.

2. 병합의 어려움: 하나의 프로젝트에서 여러 개발자가 main 브랜치에서 직접 코드를 변경할 경우 서로의 변경 사항이 충돌할 가능성이 있습니다. 충돌이 발생하면 코드 병합이 어려워집니다. 그러므로 각 개발자가 독립적인 브랜치에서 작업한 후에 main 브랜치에 병합하는 것이 좋습니다.

3. 추적성 보장: Git을 이용할 때는 코드의 변경 사항을 쉽게 추적할 수 있어야 합니다. 독립적인 브랜치에서 작업할 경우 변경 사항을 추적하고 이전 버전으로 돌아가는 등의 작업이 훨씬 쉬워집니다.

---

1 Git에서 말하는 충돌(conflict)이란 2개 이상의 브랜치나 커밋에서 같은 파일의 내용을 수정했을 때 발생합니다. 이는 주로 병합할 때 발생하는데, 예를 들어 한 개발자가 A 브랜치에서 어떤 파일의 특정 부분을 수정하고, 다른 개발자가 B 브랜치에서 동일한 부분을 수정했을 때 수정한 내용이 서로 충돌하게 됩니다. 이때 Git은 어떤 변경 사항을 병합할지 결정하지 못하고 수동으로 해결하도록 개발자에게 요청합니다.

4.2 Git 브랜치를 가리키는 HEAD

앞서 Git의 워크플로를 살펴보면서 완벽히 이해되지 않았던 부분이 있었을 것입니다. 이번 절에서 살펴볼 HEAD를 이해한다면 Git의 워크플로와 브랜치의 흐름을 충분히 이해할 수 있을 것입니다.

먼저 HEAD란 현재 작업 중인 브랜치의 최신 커밋을 가리키는 지점(포인터)입니다. 다시 말해, HEAD는 현재 작업 중인 커밋의 위치를 나타냅니다.

이를 비유를 통해 좀 더 쉽게 설명해 보겠습니다. 앞서 Git이 관찰자라고 했던 비유가 생각나나요? HEAD는 관찰자 Git이 현재 바라보고 있는 작업(브랜치 또는 커밋)이라 생각하면 됩니다. 물론 관찰자 Git은 모든 곳을 주시하고 있지만 관찰자가 현재 집중해서 보고 있는 곳이 바로 HEAD입니다.

예를 들어, Git에 main 브랜치가 있고 개발자가 이 브랜치에 커밋을 한 번 했다고 가정합시다. 그러면 다음과 같이 HEAD라는 포인터가 main 브랜치를 가리키게 됩니다.

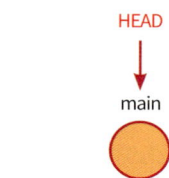

그림 4.12 main 브랜치에 커밋을 한 번 했을 때

여기서 커밋을 한 번 더 해보겠습니다. 커밋을 한 번 더 하면 최신 커밋이 생기고 해당 브랜치가 따라갑니다. 마찬가지로 HEAD도 따라가게 됩니다. HEAD는 현재 브랜치의 가장 최신 커밋을 바라보기 때문입니다.

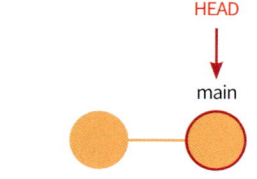

그림 4.13 main 브랜치에 커밋을 두 번 했을 때

여기서 feature/header라는 브랜치를 새로 만들어 보겠습니다. 그러면 최신 커밋 상태에서 feature/header 브랜치가 생성됩니다. 이 말은 현재 HEAD가 가장 최신 커밋 상태의 main 브랜치를 바라본 상태에서 브랜치를 생성했으니 feature/header 브랜

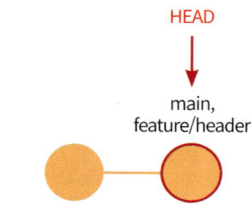

그림 4.14 main 브랜치에서 feature/header 브랜치를 생성했을 때

치를 생성하는 순간 main 브랜치에서 작업한 내용과 동일한 상태에서 브랜치가 만들어졌다고 할 수 있습니다. main 브랜치 상태에서 생성된 두 개의 커밋을 feature/header 브랜치도 모두 가지고 있다고 생각하면 됩니다.

여전히 HEAD는 main 브랜치를 바라보고 있는 상태인데, 여기서 HEAD가 feature/header 브랜치를 바라보면 어떻게 될까요? 전지전능한 Git은 모든 곳을 주시할 수 있듯이 현재 바라보고 있는 영역 또한 자유자재로 옮길 수 있습니다. HEAD를 feature/header 브랜치로 옮긴 상태에서 커밋을 한 번 실행하면 다음과 같은 상태가 됩니다.

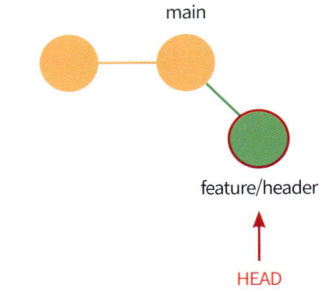

그림 4.15 main 브랜치에서 feature/header 브랜치를 생성한 후 커밋을 한 번 했을 때

HEAD를 feature/header 브랜치로 옮겼기 때문에 main 브랜치는 그 자리에 남아 있습니다. 그리고 feature/header 브랜치로부터 새로운 커밋이 하나 생성되며 HEAD가 따라갑니다. 마찬가지로 커밋을 한 번 더 해보겠습니다.

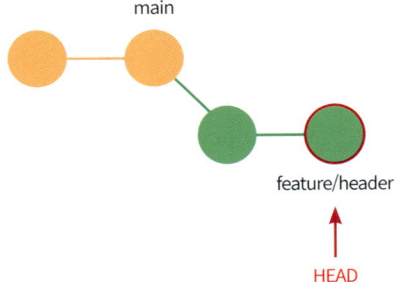

그림 4.16 main 브랜치에서 feature/header 브랜치를 생성한 후 커밋을 두 번 했을 때

정리하면, main이라는 브랜치에서 커밋, 즉 어떤 작업을 진행하다가 feature/header라는 브랜치를 만든 후 feature/header로 HEAD를 변경합니다. 그다음 해당 브랜치에서 작업을 이어가게 되면 더 이상 main 브랜치를 바라보지 않으므로 main 브랜치에서의 작업을 멈춥니다. 대신 feature/header 브랜치가 그 작업을 이어받아 진행하게 되는 것이죠.

앞서 HEAD는 자유자재로 옮길 수 있다고 했는데, 여기서 다시 main 브랜치로 HEAD를 옮기면 그림 4.17과 같이 HEAD는 main 브랜치를 바라보게 됩니다. 대신 main 브랜치는 2개의 커밋(노란색 커밋)을 하고 멈췄기 때문에 feature/header 브랜치에 추가로 작업한 2개의 커밋(초록색 커밋)을 알지 못합니다.

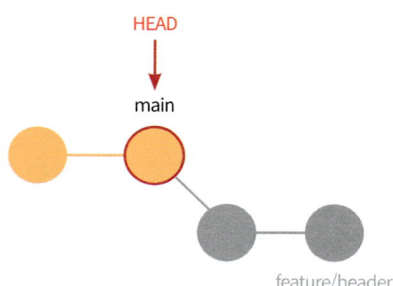

그림 4.17 HEAD를 main 브랜치로 다시 옮겼을 때

여기서 다시 feature/home이라는 브랜치를 만들고 HEAD를 feature/home으로 옮겨 커밋도 몇 개 더 해보겠습니다.

다음 그림을 보면 어떻게 된 상황인지 이해되나요? 설명하자면 feature/header 브랜치와 마찬가지로 main 브랜치의 최신 커밋(노란색 커밋) 내용부터 이어받은 feature/home 브랜치가 새로운 작업을 진행해 3개의 커밋(파란색 커밋)을 생성했습니다.

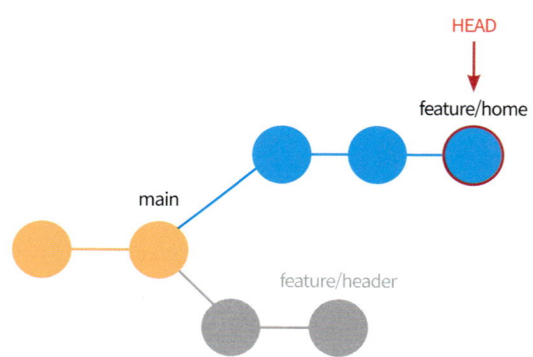

그림 4.18 main 브랜치에서 feature/home 브랜치를 생성한 후 커밋을 3번 했을 때

즉, feature/home 브랜치는 main 브랜치의 노란색 커밋 2개와 자신의 파란색 커밋 3개로 총 5개의 커밋을 보유합니다.

그리고 또 다시 HEAD를 feature/header 브랜치로 옮겼다면 feature/header 브랜치는 main 브랜치의 노란색 커밋 2개와 자신의 초록색 커밋 2개로 총 4개의 커밋을 보유하고 있는 것이죠.

결국 feature/header 브랜치와 feature/home 브랜치는 서로의 새로운 작업(커밋)에 관해 모릅니다. 대신 main 브랜치의 작업 영역을 공유하고 있는 것이죠.

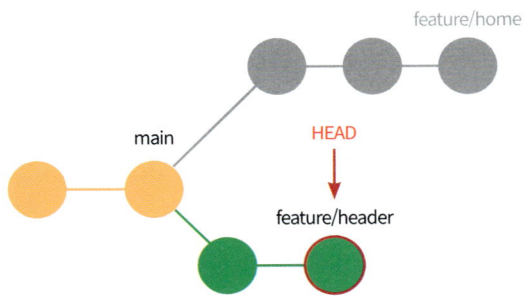

그림 4.19 feature/home 브랜치에서 feature/header 브랜치로 HEAD를 옮겼을 때

이렇게 브랜치를 나눠 작업하게 되면 앞에서 설명했듯이 병렬적으로 동료와 작업을 이어 나갈 수 있습니다. 즉, 동료 개발자 간의 협업이 원활하게 이뤄질 수 있습니다.

앞의 그림 4.10에서는 이해를 돕고자 HEAD 없이 브랜치의 병합을 살펴봤는데, 이번에는 HEAD를 포함하여 실제 브랜치가 어떻게 동작하는지 그림을 통해 살펴보겠습니다.

main 브랜치에 feature/header 브랜치에서 작업한 2개의 초록색 커밋을 병합한다고 합시다. 그러면 main 브랜치로 HEAD를 옮긴 후 병합을 실행합니다. 병합이 완료되면 다음과 같은 형태가 됩니다.

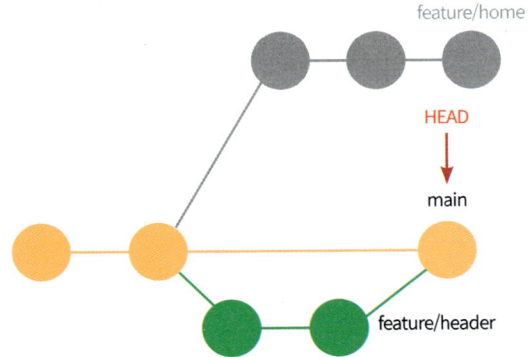

그림 4.20 main 브랜치에서 feature/header 브랜치를 병합했을 때

이제 main 브랜치도 feature/header 브랜치의 모든 작업을 포함하게 됩니다. 즉, main 브랜치가 feature/header 브랜치의 최신 커밋과 동일해집니다.

한 가지만 더 살펴봅시다. feature/home 브랜치로 HEAD를 옮긴 다음 main 브랜치를 병합해보겠습니다. 그럼 다음과 같은 형태가 됩니다.

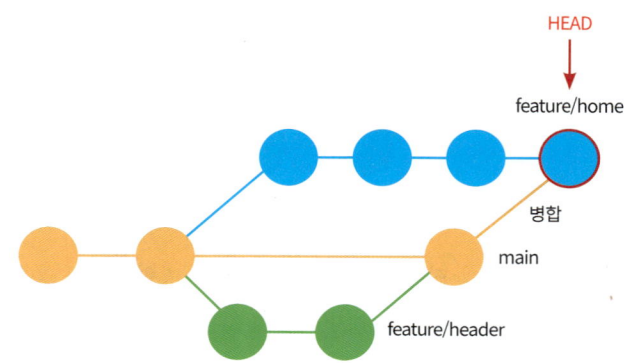

그림 4.21 feature/home 브랜치에서 feature/header 브랜치 작업이 반영된 main 브랜치를 병합했을 때

기존에는 맨 처음 main 브랜치의 커밋 2개만 알고 있던 feature/home 브랜치가 이제는 feature/header의 작업이 포함된 main 브랜치의 내용을 모두 포함하게 됩니다. 추가로 '병합했다'라는 커밋이 하나 더 생깁니다.

그리고 main 브랜치와 feature/header 브랜치에는 아무런 변경 사항도 없기 때문에 그 자리에 그대로 남아 있습니다.

이렇게 해서 현재 작업 중인 브랜치를 가리키는 포인터인 HEAD에 대해 알아봤습니다. HEAD를 이해하는 것은 Git에서 브랜치의 작업을 추적하고 관리하는 데 필수적입니다. 따라서 HEAD의 개념을 숙지하고 있으면 Git이 추적하는 작업이 어떤 브랜치에서 발생하고 있는지 이해할 수 있습니다.

4.3 브랜치를 자유자재로 다루기 – CLI

이제 실제로 브랜치를 생성하고 HEAD를 옮겨가면서 브랜치를 다루는 실습을 해봅시다. 먼저 CLI 환경에서 실습하겠습니다. 앞서 실습을 따라오셨다면 Git-Directory 디렉터리가 만들어졌을 것입니다(그림 2.7 참고). 이번에는 다음과 같이 Git-Directory 디렉터리에서 Branch1이라는 디렉터리를 생성합니다.

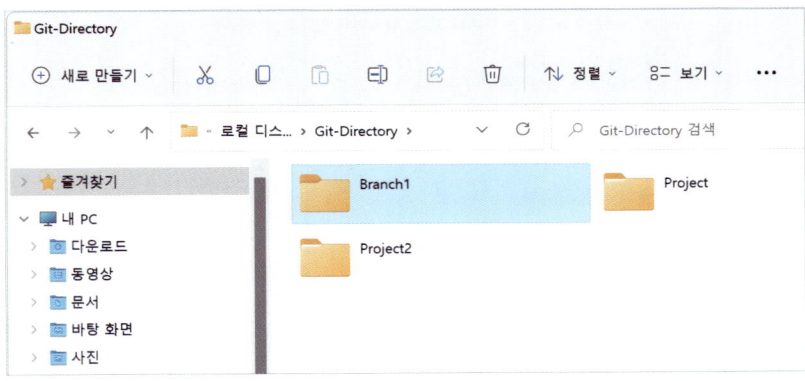

그림 4.22 Git-Directory 디렉터리에서 Branch1 디렉터리를 생성

그러고 나서 명령 프롬프트를 실행한 뒤 Branch1 디렉터리로 이동합니다. 디렉터리를 이동하는 방법은 앞에서 설명했기 때문에 생략합니다. Branch1 디렉터리에서 `git init` 명령어를 입력해 Git이 관찰할 수 있는 상태로 만듭니다.

```
C:\Git-Directory\Branch1>git init
Initialized empty Git repository in C:/Git-Directory/Branch1/.git/
```

이제 이 디렉터리 안에서 '간이 홈페이지'를 만드는 프로젝트를 진행하겠습니다. 실제로 HTML 페이지를 코딩하면서 만드는 것은 이 책의 실습으로 적절하지 않기 때문에 텍스트 문서에다 홈페이지의 각 기능을 문장 형태로 표현하는 것으로 대체합니다. 즉, 최종 결과물은 다음과 같은 형태가 됩니다.

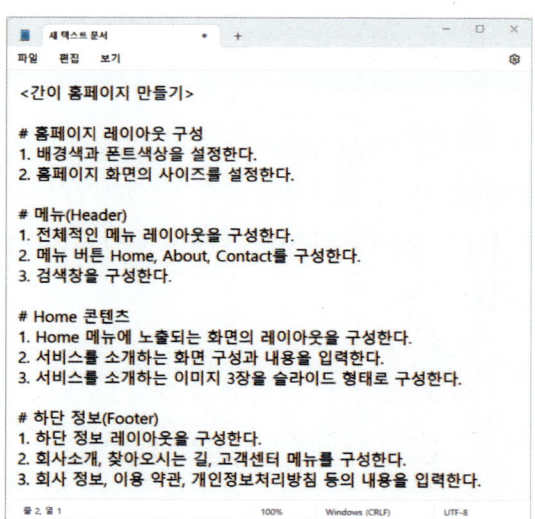

그림 4.23 '간이 홈페이지' 실습의 최종 결과물

4.3.1 초기 커밋

먼저 초기 커밋을 해봅시다. Branch1 디렉터리에서 다음과 같이 homepage.txt 파일을 만들고

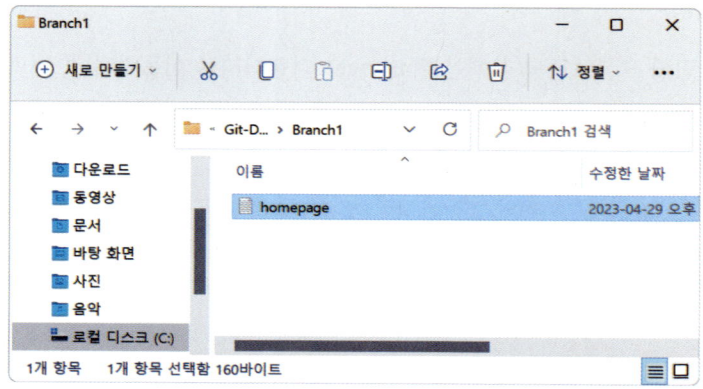

그림 4.24 homepage.txt 파일 생성

homepage.txt 파일을 열어 다음과 같이 작성한 후 저장합니다.

4. 복잡한 문제를 해결하는 브랜치

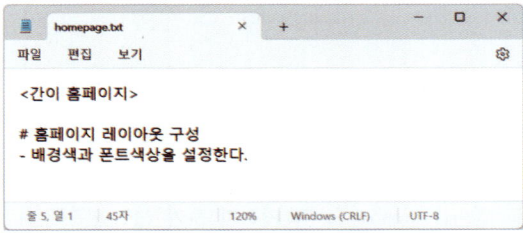

그림 4.25 homepage.txt 파일의 내용

파일을 저장하고 나면 CLI 환경으로 돌아가 현재 상태를 확인하는 `git status` 명령어를 실행합니다. 다음과 같이 homepage.txt가 빨간색 글씨로 표시된다는 것은 아직 스테이징 영역에 넣지 않았다는 뜻이겠죠.

```
C:\Git-Directory\Branch1>git status
On branch main

No commits yet

Untracked files:
  (use "git add <file>..." to include in what will be committed)
        homepage.txt

nothing added to commit but untracked files present (use "git add" to track)
```

이어서 다음과 같이 스테이징 영역에 넣는 명령어인 `git add`를 실행합니다.

```
C:\Git-Directory\Branch1>git add homepage.txt
```

다시 `git status`를 실행해 homepage.txt 파일이 스테이징 영역에 들어갔는지 확인합니다.

```
C:\Git-Directory\Branch1>git status
On branch main

No commits yet

Changes to be committed:
```

```
        (use "git rm --cached <file>..." to unstage)
                new file:    homepage.txt
```

이제 커밋을 해봅시다. 커밋 메시지는 다음과 같이 작성합니다.

```
C:\Git-Directory\Branch1>git commit -m "홈페이지 초기 레이아웃 구성"
[main (root-commit) 15ebe91] 홈페이지 초기 레이아웃 구성
 1 file changed, 4 insertions(+)
 create mode 100644 homepage.txt
```

git log를 통해 커밋이 잘 됐는지 확인합니다.

```
C:\Git-Directory\Branch1>git log
commit 15ebe9165aa582f054794a1e97412a8cc2eaff12 (HEAD -> main)
Author: Jaewon Han <oneadev@gmail.com>
Date:   Wed Apr 12 00:52:15 2023 +0900

    홈페이지 초기 레이아웃 구성
```

여기서 특별히 눈에 띄는 게 있지 않나요? 앞에서 HEAD의 개념을 배웠기 때문에 이제는 HEAD가 눈에 보일 것입니다. 현재 HEAD는 방금 커밋한 '홈페이지 초기 레이아웃 구성'을 가리키고 있습니다. 또한 git init을 실행하면 최초로 main 브랜치가 생성되고, 여기서 커밋을 했으므로 HEAD는 main을 가리키고 있죠.

이 작업을 그림으로 나타내면 다음과 같습니다.

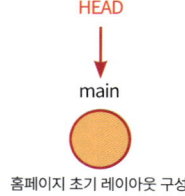

그림 4.26 첫 번째 커밋의 결과

이 상태에서 커밋을 하나 더 해보겠습니다. 깜빡 잊고 홈페이지 화면의 크기를 설정하지 않았네요. `homepage.txt` 파일을 열어 '홈페이지 화면의 사이즈를 설정한다.'를 추가합니다. 그리고 글머리 기호를 번호로 바꿉니다. 그러고 나서 '홈페이지 화면 사이즈를 설정'이라는 메시지로 커밋합니다. 커밋 과정에 대한 설명은 생략하겠습니다.

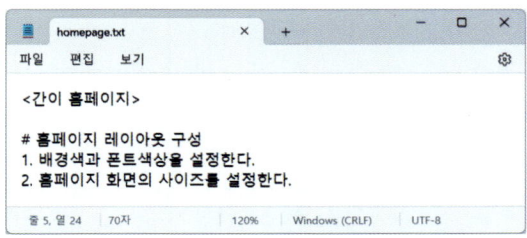

그림 4.27 homepage.txt의 내용을 추가 입력

커밋 후 CLI에서 `git log`를 실행하면 다음과 같은 결과가 출력됩니다.

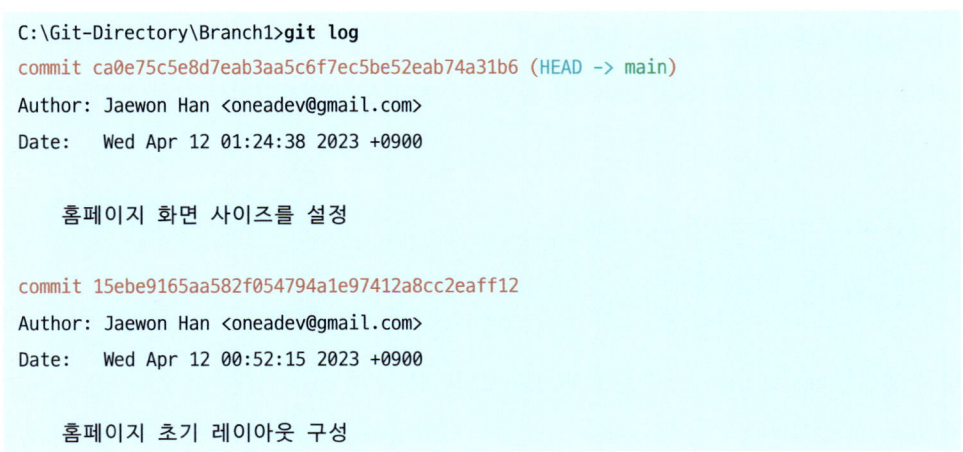

HEAD는 여전히 main을 바라보고, 최근 커밋인 '홈페이지 화면 사이즈를 설정'을 바라보게 됩니다. 즉, 다음과 같은 상태가 된 것이죠.

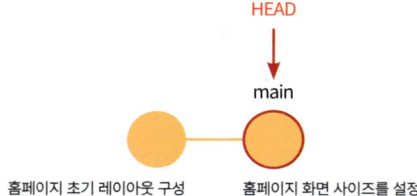

그림 4.28 두 번째 커밋을 한 후의 상태

4.3.2 git branch <브랜치명> – 브랜치 생성하기

이제 여기서 새로운 브랜치를 생성해봅시다. 헤더와 관련된 내용을 작성할 브랜치를 생성하려고 합니다. 브랜치를 생성하는 명령어는 'git branch <브랜치명>'입니다. 다음과 같이 입력합니다.

```
C:\Git-Directory\Branch1>git branch feature/header
```

4.3.3 git branch – 모든 브랜치 확인

그러고 나서 다음과 같이 git branch를 실행하면 현재 생성된 브랜치를 모두 확인할 수 있습니다.

```
C:\Git-Directory\Branch1>git branch
* main
  feature/header
```

방금 생성한 feature/header라는 브랜치도 보입니다. 이때 main 브랜치는 초록색으로 표시돼 있고, 그 앞에 '*'가 붙어 있습니다. HEAD가 여전히 main을 가리키고 있다는 뜻입니다.

다음 과정으로 넘어가기 전에 git log를 실행해 확인해봅시다.

```
C:\Git-Directory\Branch1>git log
commit ca0e75c5e8d7eab3aa5c6f7ec5be52eab74a31b6 (HEAD -> main, feature/header)
Author: Jaewon Han <oneadev@gmail.com>
Date:   Wed Apr 12 01:24:38 2023 +0900
```

> **홈페이지 화면 사이즈를 설정**
> (아래 생략…)

HEAD가 가장 최근에 커밋한 '홈페이지 화면 사이즈를 설정'에 위치해 있고, 거기에 main 브랜치와 feature/header 브랜치가 있습니다. HEAD는 여전히 main을 가리키고 있습니다.

4.3.4 git switch – 브랜치 전환하기(HEAD 이동)

이제 브랜치를 옮기는 작업, 즉 HEAD를 옮기는 작업을 해보겠습니다. 이를 위한 명령어는 'git switch <브랜치명>'입니다. 다음과 같이 명령줄에서 git switch feature/header를 실행하면 feature/header 브랜치로 전환됐다는 메시지가 출력됩니다.

```
C:\Git-Directory\Branch1>git switch feature/header
Switched to branch feature/header
```

그러고 나서 git branch와 git log를 실행해 어떻게 변화했는지 확인해봅시다. feature/header 브랜치가 초록색으로 바뀌어 현재 위치한 브랜치임을 나타냅니다.

```
C:\Git-Directory\Branch1>git branch
  main
* feature/header
```

그리고 git log로 커밋 내역을 확인해 보면 HEAD가 main이 아닌 feature/header를 가리키는 것을 확인할 수 있습니다.

```
C:\Git-Directory\Branch1>git log
commit ca0e75c5e8d7eab3aa5c6f7ec5be52eab74a31b6 (HEAD -> feature/header, main)
(아래 생략…)
```

이제 브랜치에서 커밋을 해보겠습니다. homepage.txt 파일을 열고, 최근까지 작성한 내용 밑에 다음과 같은 내용을 추가합니다. 이때 아래 내용을 모두 작성한 후 한번에 커밋하는 게 아니라 '# 메뉴(Header)', '1. 전체적인 메뉴 레이아웃을 구성한다.', '2. 메뉴 버튼

Home, About, Contact를 구성한다.', '3. 검색창을 구성한다.'를 작성할 때마다 별도로 커밋해서 총 4번을 커밋하겠습니다.

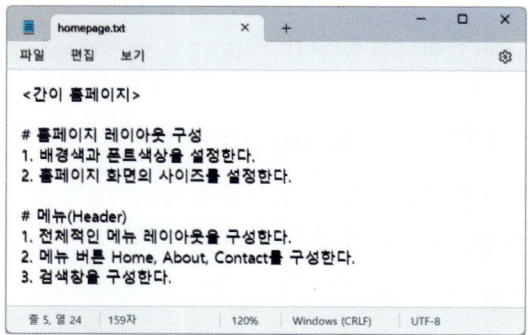

그림 4.29 feature/header 브랜치에서 내용을 추가

4.3.5 git log --oneline – 커밋 내역 간략하게 보기

앞의 과정을 모두 진행하고 `git log`를 실행해 보겠습니다. 그런데 이번에는 `git log` 대신 `git log --oneline`을 입력합니다. **`git log --oneline`은 각 커밋을 한 줄로 간략하게 보여주는 Git 명령어**입니다. 앞으로 이 명령어를 자주 활용할 테니 기억해주세요.

```
C:\Git-Directory\Branch1>git log --oneline
6f05040 (HEAD -> feature/header) 검색창 구성
0b63e3f 헤더 메뉴 버튼 구성
2e79fa2 헤더 메뉴 레이아웃 구성
4beb92f 헤더 메뉴 타이틀 작성
ca0e75c (main) 홈페이지 화면 사이즈를 설정
15ebe91 홈페이지 초기 레이아웃 구성
```

앞에서 안내한 대로 적절한 메시지와 함께 커밋을 총 4번 했다면 명령어의 결과가 위와 같은 형태로 나올 것입니다. 한 줄로 표현되니 보기가 더 편리해졌군요.

여기서 커밋 내역을 잘 보면 main 브랜치는 끝에서 두 번째 커밋인 '홈페이지 화면 사이즈를 설정'에서 멈춰 있습니다. 그리고 feature/header 브랜치가 가장 최근 커밋인 '검색창 구성'까지 따라와 있고, HEAD는 그 브랜치를 가리킵니다. 이 상황을 그림으로 나타내면 다음과 같습니다.

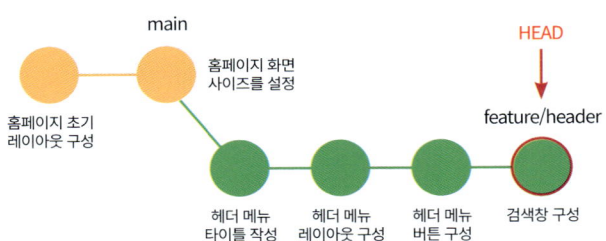

그림 4.30 feature/header 브랜치에서 커밋한 후의 상태

여기서 다시 main 브랜치로 전환해보겠습니다. 앞서 배운 git switch를 사용해 main 브랜치로 이동합니다.

```
C:\Git-Directory\Branch1>git switch main
Switched to branch main
```

그러고 나서 git log --oneline을 실행하면 다음과 같이 두 개의 커밋만 존재하는 것을 볼 수 있습니다. main 브랜치는 2번째 커밋에 머물러 있기 때문입니다.

```
C:\Git-Directory\Branch1>git log --oneline
ca0e75c (main) 홈페이지 화면 사이즈를 설정
15ebe91 홈페이지 초기 레이아웃 구성
```

즉, 다음과 같은 상태라고 할 수 있습니다.

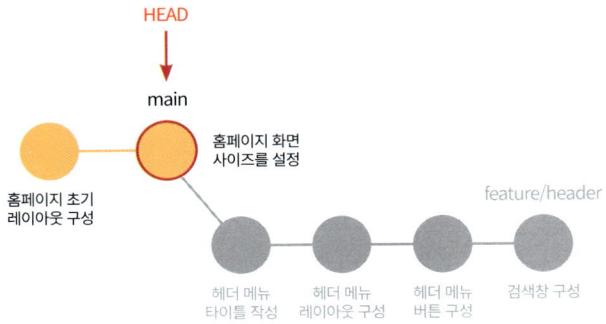

그림 4.31 main 브랜치로 돌아온 뒤의 모습

그리고 homepage.txt 파일을 다시 열어보겠습니다. feature/header 브랜치에서 작성한 '# 메뉴(Header)'에 대한 내용이 사라졌습니다. main 브랜치에서 작성하고 커밋한 내용이 '홈페이지 화면 사이즈를 설정'까지였기 때문에 해당 커밋 내용만 포함된 것입니다.

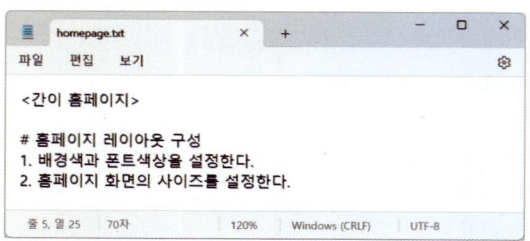

그림 4.32 main 브랜치의 homepage.txt 파일 내용

4.3.6 git switch -c – 브랜치를 생성하고 전환하기

이번에는 브랜치를 하나 새로 생성하겠습니다. 홈 화면에 들어갈 콘텐츠를 만들기 위한 브랜치가 필요합니다.

앞에서 'git branch <브랜치명>'으로 브랜치를 생성한 후 'git switch <브랜치명>'으로 브랜치를 전환했습니다. 이번에는 git switch 명령어 뒤에 -c를 추가한 'git switch -c <브랜치명>'이라는 명령어를 입력합니다. 이 명령어는 **브랜치 생성과 함께 HEAD까지 해당 브랜치로 이동시키는 명령어**입니다. 앞에서는 브랜치를 생성하고 전환하는 명령어를 각각 입력했지만 'git switch -c <브랜치명>'을 통해 두 작업을 한번에 처리할 수 있습니다.

```
C:\Git-Directory\Branch1>git switch -c feature/home
Switched to a new branch feature/home
```

이제 git log --oneline을 입력하면 HEAD가 main이 아닌 feature/home을 가리키고 있음을 알 수 있습니다.

```
C:\Git-Directory\Branch1>git log --oneline
ca0e75c (HEAD -> feature/home, main) 홈페이지 화면 사이즈를 설정
15ebe91 홈페이지 초기 레이아웃 구성
```

homepage.txt 파일을 다시 열어봅시다. 마찬가지로 main 브랜치의 커밋 내용만 포함돼 있습니다. 이 파일에 다음과 같이 'Home 콘텐츠'에 대한 내용을 작성합니다. 3줄을 작성했으니, 각 줄마다 한 번씩 총 3번의 커밋을 수행합니다.

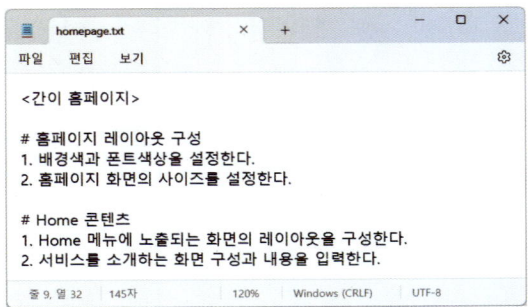

그림 4.33 feature/home 브랜치에서 Home 콘텐츠에 대한 내용을 작성

그러고 나서 `git log --oneline`을 통해 커밋 내역을 확인합니다. 앞서 `feature/header` 브랜치에서 커밋했을 때처럼 main 브랜치로부터 분기되어 나온 `feature/home` 브랜치와 3개의 커밋을 확인할 수 있습니다.

```
C:\Git-Directory\Branch1>git log --oneline
0a42ce3 (HEAD -> feature/home) 서비스 소개 화면 구성
90253a1 Home 화면 레이아웃 구성
07ba80d Home 콘텐츠 타이틀 작성
ca0e75c (main) 홈페이지 화면 사이즈를 설정
15ebe91 홈페이지 초기 레이아웃 구성
```

이를 그림으로 나타내면 다음과 같습니다.

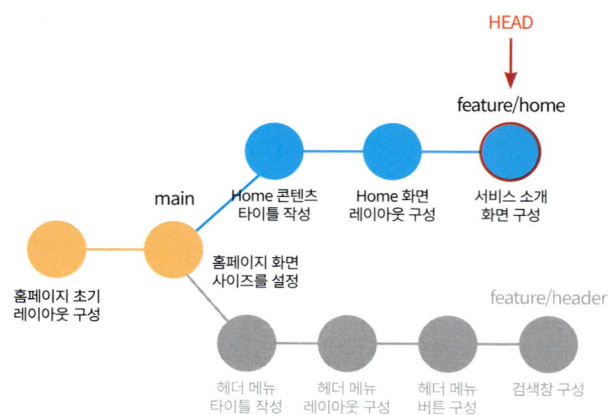

그림 4.34 feature/home 브랜치에서 3개의 커밋을 한 후의 모습

마지막으로 HEAD를 main 브랜치로 다시 옮긴 다음, feature/footer 브랜치를 생성합니다. 그리고 앞서 브랜치를 생성하고 커밋한 과정을 똑같이 진행합니다. homepage.txt 파일의 내용과 커밋 내역은 다음과 같습니다.

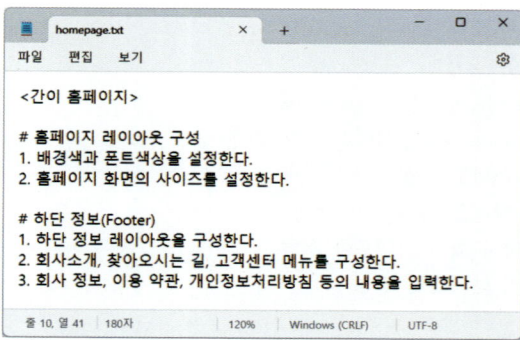

그림 4.35 feature/footer 브랜치에서 푸터에 대한 내용을 작성

```
C:\Git-Directory\Branch1>git log --oneline
52fe21c (HEAD -> feature/footer) 하단 정보 내용 입력
a021cfe 하단 정보 메뉴 구성
94afeae 하단 정보 레이아웃 구성
cbe09e2 하단 정보 타이틀 작성
ca0e75c (main) 홈페이지 화면 사이즈를 설정
15ebe91 홈페이지 초기 레이아웃 구성
```

최종적으로 다음과 같은 상태가 됩니다(HEAD는 잠시 임의로 제외했습니다).

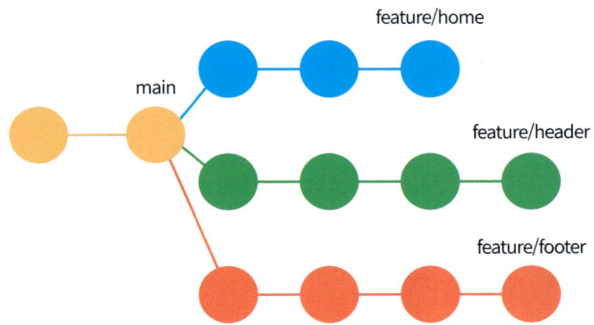

그림 4.36 최종적인 브랜치 형태

4.3.7 git merge ⟨병합할 브랜치명⟩ – 병합하기

이제 각 브랜치에 대한 작업을 마무리했으니 브랜치를 병합하는 작업을 해봅시다. 먼저 모든 작업이 완료된 feature/header 브랜치를 main 브랜치로 병합해 보겠습니다. main 브랜치로 이동합니다.

```
C:\Git-Directory\Branch1>git switch main
Switched to branch main
```

main 브랜치로 잘 전환됐는지 확인한 후 'git merge ⟨병합할 브랜치명⟩'을 실행해 병합을 시도합니다. 즉, 'git merge feature/header'를 실행해 feature/header 브랜치의 커밋 내역을 main 브랜치에 합칩니다.

```
C:\Git-Directory\Branch1>git merge feature/header
Updating ca0e75c..6f05040
Fast-forward
 homepage.txt | 4 ++++
 1 file changed, 4 insertions(+)
```

보다시피 병합이 성공적으로 완료됐습니다. 다음과 같이 git log --oneline을 실행해 보면 feature/header 브랜치의 커밋 내역이 main 브랜치에 병합된 것을 확인할 수 있습니다.

또한 feature/header의 homepage.txt 파일 내용이 main 브랜치에 포함된 것도 확인할 수 있습니다.

```
C:\Git-Directory\Branch1>git log --oneline
6f05040 (HEAD -> main, feature/header) 검색창 구성
0b63e3f 헤더 메뉴 버튼 구성
2e79fa2 헤더 메뉴 레이아웃 구성
4beb92f 헤더 메뉴 타이틀 작성
ca0e75c 홈페이지 화면 사이즈를 설정
15ebe91 홈페이지 초기 레이아웃 구성
```

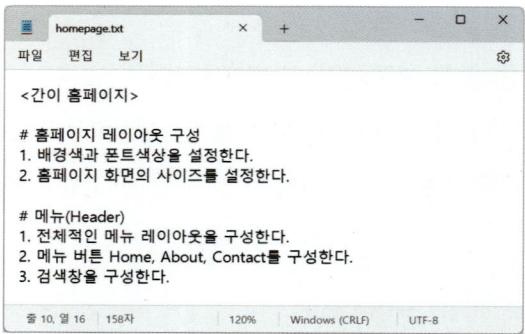

그림 4.37 feature/header 브랜치의 homepage.txt 파일 내용이 main 브랜치에도 반영된 모습

✓ Check, 패스트 포워드 머지

앞서 브랜치와 브랜치를 병합하는 과정을 그래프를 통해 설명했습니다. 예를 들어 A 브랜치를 main 브랜치로 병합하는 과정을 다음과 같은 그림으로 나타냈습니다. 이를 해석하자면 A가 main으로 병합되면서 '병합되었다'를 알리는 커밋이 하나 더 생성된 것입니다.

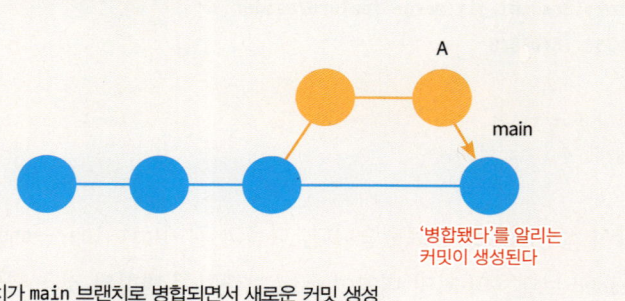

그림 4.38 A 브랜치가 main 브랜치로 병합되면서 새로운 커밋 생성

대부분은 이와 같이 병합이 됩니다. 하지만 그림 4.39와 같이 병합되는 경우도 있습니다.

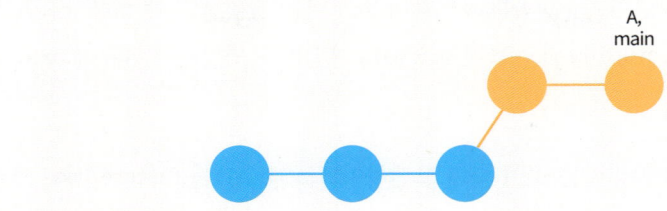

그림 4.39 패스트 포워드 머지

이를 '패스트 포워드 머지(Fast Forward Merge)'라고 하며, 새로운 커밋이 생성되지 않고 main 브랜치가 A가 있는 곳까지 이동만 하게 됩니다. 그러므로 브랜치가 한 줄로 깔끔하게 유지됩니다.

패스트 포워드 머지가 발생하는 과정을 설명해보겠습니다. 먼저 main 브랜치가 있고, 이후 A 브랜치를 생성해서 작업을 이어갑니다. A 브랜치에서 main 브랜치의 커밋을 모두 가지고 있는 상태이기 때문에 병합을 시도하면 패스트 포워드 머지가 발생합니다.

그런데 모든 경우에 패스트 포워드 머지가 발생하는 것은 아닙니다. 브랜치 간에 변경 사항(커밋)이 충돌하지 않는 경우여야 최종적으로 패스트 포워드 머지가 발생합니다.

4.3.8 충돌 해결하기

현재 브랜치의 상황은 다음과 같은 모습입니다. 앞서 설명한대로 feature/header 브랜치의 내용에는 main 브랜치 내용도 포함돼 있었기 때문에 패스트 포워드 머지 방식으로 병합됐습니다.

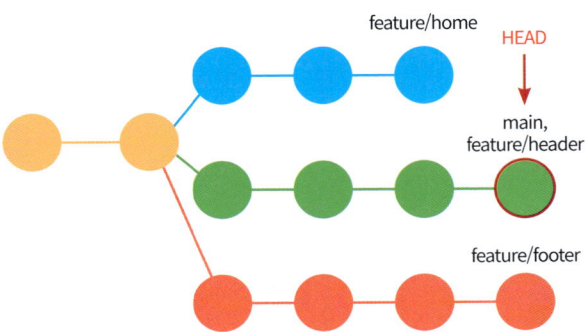

그림 4.40 main 브랜치에서 feature/header 브랜치를 병합한 모습

그런데 feature/home 브랜치는 아직 작업이 완료되지 않은 상태인데, 현재 feature/home 브랜치에서 작업 중인 사람이 feature/header의 내용을 작업 중인 코드에 적용하려면 어떻게 해야 할까요? 마침 feature/header 브랜치도 main 브랜치로 병합됐기 때문에 main 브랜치를 가져오면 됩니다.

그러려면 현재 HEAD가 가리키는 곳이 main 브랜치이므로 HEAD를 feature/home 브랜치로 옮깁니다.

```
C:\Git-Directory\Branch1>git switch feature/home
Switched to branch feature/home
```

그러고 나서 'git merge main' 명령어를 실행합니다.

```
C:\Git-Directory\Branch1>git merge main
Auto-merging homepage.txt
CONFLICT (content): Merge conflict in homepage.txt
Automatic merge failed; fix conflicts and then commit the result.
```

그런데 조금 이상합니다. 앞에서 'git merge feature/header' 명령어를 실행했을 때와 다른 메시지가 나옵니다. 이번에는 'CONFLICT', 즉 '충돌'이라는 메시지와 함께 병합을 할 수 없다면서 충돌을 해결한 후 커밋하라고 하는군요.

충돌이 발생하는 이유는 여러 가지가 있지만 일반적으로 두 개의 브랜치에서 동일한 파일의 동일한 부분을 수정하는 경우 발생합니다. 앞서 feature/header 브랜치에서 homepage.txt 파일의 7번째 줄부터 '# 메뉴(Header)'라는 내용을 작성했습니다. 그리고 feature/home 브랜치에서는 homepage.txt 파일의 동일한 부분인 7번째 줄부터 '# Home 콘텐츠'라는 내용을 작성했습니다. 즉, 각 브랜치가 동일한 파일의 동일한 부분에 서로 다른 내용을 작성한 상태에서 병합을 시도하니 Git이 헷갈려 하는 것입니다. 충돌이 발생한 것은 Git이 '서로 같은 부분에서 다른 내용을 작성했는데, 둘 중 어떤 내용을 반영해야 할지 수정해서 다시 알려줄래?'라고 말하는 것과 같습니다.

참고로 git status 명령어를 사용해도 충돌 해결이 필요한 파일(homepage.txt)을 확인할 수 있습니다.

```
C:\Git-Directory\Branch1>git status
On branch feature/home
You have unmerged paths.
  (fix conflicts and run "git commit")
  (use "git merge --abort" to abort the merge)

Unmerged paths:
  (use "git add <file>..." to mark resolution)
        both modified:   homepage.txt

no changes added to commit (use "git add" and/or "git commit -a")
```

충돌을 해결하기 위해 문제가 발생하는 `homepage.txt` 파일을 열면 `feature/header` 브랜치에서 작성한 내용과 `feature/home` 브랜치에서 작성한 내용이 보이고 그 사이에 처음 보는 문자가 보입니다.

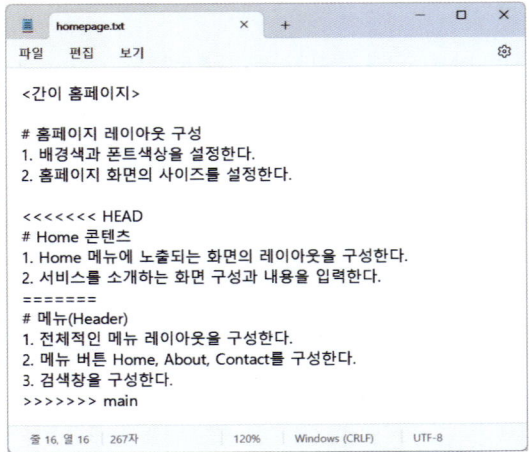

그림 4.41 충돌이 발생한 homepage.txt 파일

'`<<<<<<< HEAD`' 부터 '`=======`' 사이에 있는 내용은 현재 브랜치에 존재하는 내용이고, '`=======`' 이후부터 '`>>>>>>> main`' 사이에 있는 내용은 main 브랜치에 존재하는 내용입니다. 두 내용이 서로 충돌하고 있기 때문에 병합을 위해서는 먼저 충돌을 해결해야 합니다.

이 같은 충돌을 해결할 때는 여러 선택지가 있습니다. HEAD에 있는 내용을 선택할 수도 있고 그 반대의 경우도 있습니다. 또한 두 내용을 모두 취합하는 방법도 있습니다. 여기서는 메뉴(Header)에 대한 정보를 가져와 현재 feature/home 브랜치의 작업 내용과 함께 쓸 예정이었기 때문에 두 내용을 모두 취합하겠습니다.

불필요한 문자를 제거하고, 메뉴(Header)에 대한 내용을 Home 콘텐츠 내용 위로 올린 후 저장합니다.

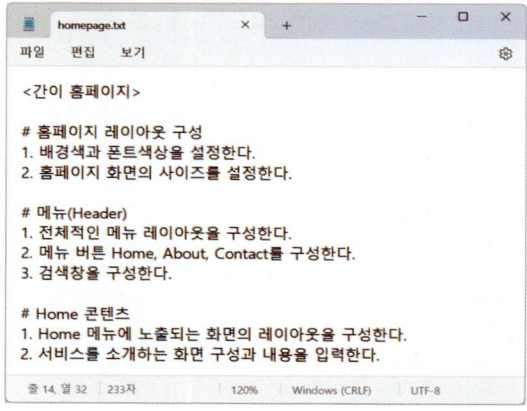

그림 4.42 충돌 해결

충돌을 해결한 후 변경 사항을 저장했다면 이제 다시 병합을 시도합니다. 병합도 결국 커밋을 하는 것이기 때문에 스테이징 영역(git add)에 넣고, 커밋(git commit)을 하는 과정을 진행하면 됩니다.

```
C:\Git-Directory\Branch1>git add homepage.txt
C:\Git-Directory\Branch1>git commit
```

커밋을 완료하면 다음과 같은 메시지가 나오는데, 여기에서 충돌 해결에 대한 커밋 메시지를 작성하거나 그냥 빠져나올 수 있습니다. 이번 실습에서는 그냥 빠져나오겠습니다. 단축키 콜론(:)과 q, 즉 :q를 입력하면 해당 메시지에서 최상단에 있던 'Merge branch main into feature/home'이 병합한 커밋의 커밋 메시지가 됩니다.

```
Merge branch main into feature/home

# Conflicts:
#       homepage.txt
#
# It looks like you may be committing a merge.
# If this is not correct, please run
#       git update-ref -d MERGE_HEAD
# and try again.

# Please enter the commit message for your changes. Lines starting
# with '#' will be ignored, and an empty message aborts the commit.
#
# On branch feature/home
# All conflicts fixed but you are still merging.
#
# Changes to be committed:
#       modified:   homepage.txt
```

이제 커밋 내역을 확인하면 다음과 같습니다.

```
C:\Git-Directory\Branch1>git log --oneline
47741c4 (HEAD -> feature/home) Merge branch main into feature/home
90253a1 Home 화면 레이아웃 구성
07ba80d Home 콘텐츠 타이틀 작성
6f05040 (main, feature/header) 검색창 구성
0b63e3f 헤더 메뉴 버튼 구성
2e79fa2 헤더 메뉴 레이아웃 구성
4beb92f 헤더 메뉴 타이틀 작성
ca0e75c 홈페이지 화면 사이즈를 설정
15ebe91 홈페이지 초기 레이아웃 구성
```

이제 feature/home 브랜치는 최신 내용으로 업데이트된, 즉 feature/header 브랜치가 포함된 main 브랜치의 커밋을 가지고 있습니다. 최종적으로 다음과 같은 상태가 됩니다.

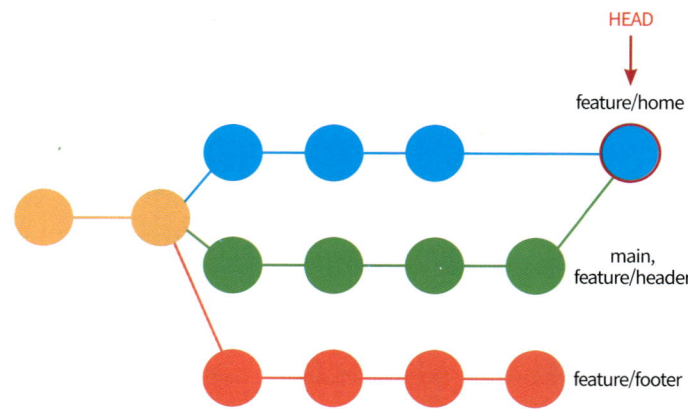

그림 4.43 feature/home 브랜치에 최신 내용으로 업데이트된 main 브랜치가 병합된 모습

feature/home 브랜치에서 남은 작업을 하겠습니다. 마지막으로 '3. 서비스를 소개하는 이미지 3장을 슬라이드 형태로 구성한다.'를 입력하고 커밋을 진행합니다.

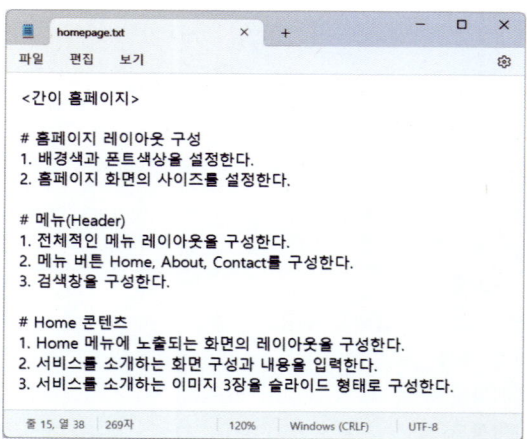

그림 4.44 feature/home 브랜치의 최종 모습

이제 브랜치는 다음과 같은 상태가 됩니다.

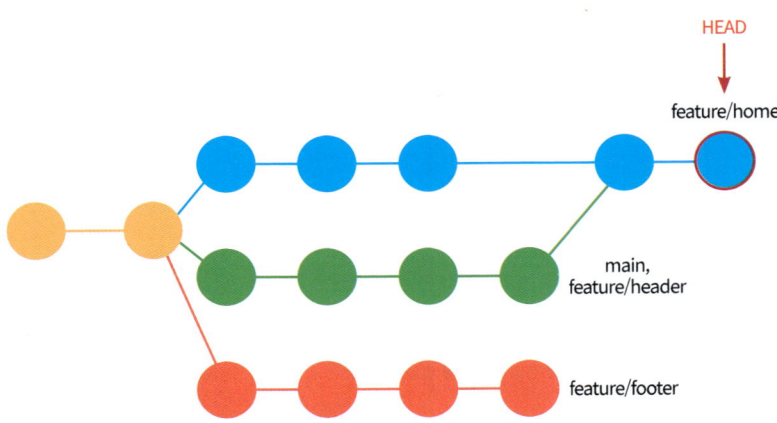

그림 4.45 feature/home 브랜치에서 커밋 하나를 추가로 생성

feature/home 브랜치에 대한 작업도 끝났습니다. main 브랜치로 돌아가서 브랜치를 병합하겠습니다. 앞서 설명한 작업을 반복하면 되는데, main 브랜치로 HEAD를 옮겼다면 `git merge feature/home` 명령어를 실행해 병합합니다.

이번에도 feature/home 브랜치의 내용에 main 브랜치의 내용이 포함됐기 때문에 패스트 포워드 머지 방식으로 병합이 이뤄집니다.

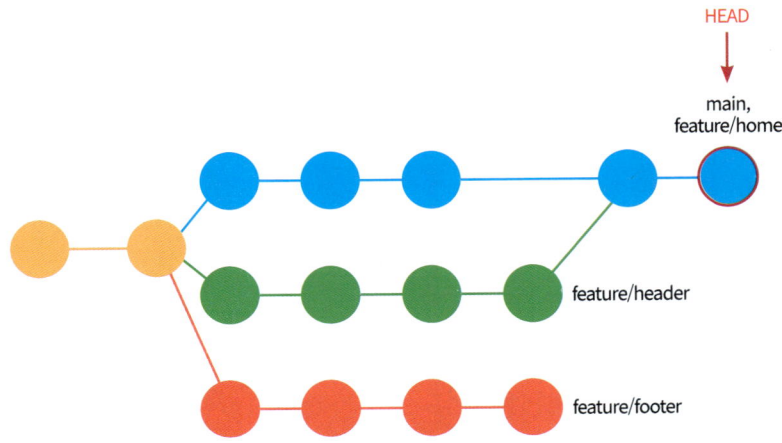

그림 4.46 feature/home 브랜치를 패스트 포워드 머지 방식으로 병합한 main 브랜치

최종적으로 feature/footer 브랜치도 main 브랜치로 병합해보겠습니다. 반복되는 내용은 생략하고 최종 형태의 파일 내용(그림 4.47), 커밋 내역, 브랜치(그림 4.48)는 다음과 같습니다.

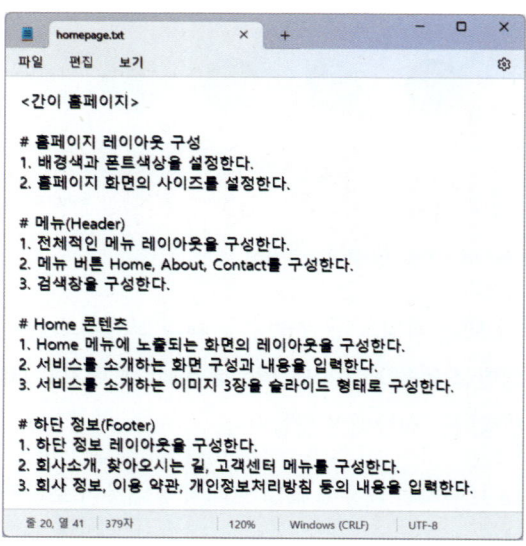

그림 4.47 〈간이 홈페이지〉의 최종 결과물

```
C:\Git-Directory\Branch1>git log --oneline
0aefc95 (HEAD -> main) Merge branch main into feature/footer
52fe21c (feature/footer) 하단 정보 내용 입력
a021cfe 하단 정보 메뉴 구성
94afeae 하단 정보 레이아웃 구성
cbe09e2 하단 정보 타이틀 작성
755f671 (feature/home) 서비스 소개 이미지 구성
47741c4 Merge branch main into feature/home
90253a1 Home 화면 레이아웃 구성
07ba80d Home 콘텐츠 타이틀 작성
6f05040 (feature/header) 검색창 구성
0b63e3f 헤더 메뉴 버튼 구성
2e79fa2 헤더 메뉴 레이아웃 구성
4beb92f 헤더 메뉴 타이틀 작성
ca0e75c 홈페이지 화면 사이즈를 설정
15ebe91 홈페이지 초기 레이아웃 구성
```

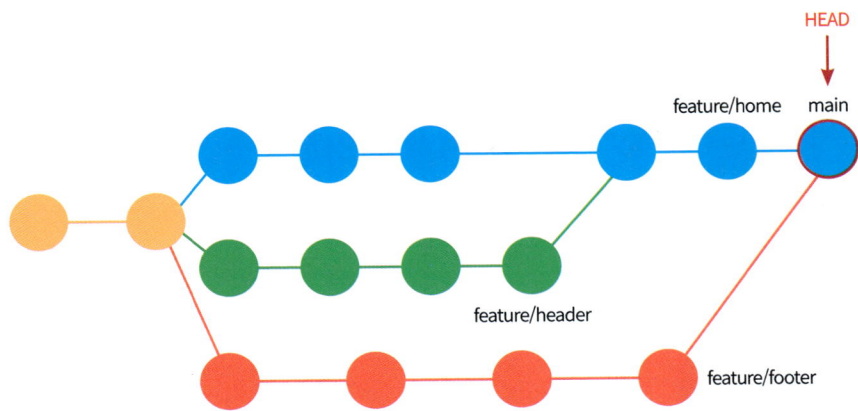

그림 4.48 〈간이 홈페이지〉 프로젝트 브랜치의 최종 상태

여기서는 실습을 혼자 진행해봤지만 동료들과 각 브랜치를 각자 맡아서 협업한다고 가정한다면 훨씬 효율적인 개발이 가능할 것입니다.

✅ Check, switch와 checkout은 뭐가 다른가요?

git checkout이라는 명령어도 git switch와 마찬가지로 브랜치, 커밋 등으로 이동하는 기능입니다. 앞서 HEAD를 feature/header 브랜치로 옮길 때를 예로 들면 'git checkout feature/header'라고 입력해도 해당 브랜치로 전환됩니다.

하지만 git checkout 명령어는 브랜치, 커밋 등의 이동뿐만 아니라 파일 복원 등 많은 기능을 포함합니다. 이 명령어는 복합적인 기능을 포함하고 있기 때문에 개발자가 의도하지 않은 실수나 오류를 종종 발생시켰습니다. 그래서 git checkout이 가지고 있는 기능을 분리할 필요성이 생겼고 Git 2.23 버전부터 git checkout에서 HEAD를 이동하는 기능만 분리한 git switch 명령어가 제공됩니다.

git switch 명령어가 더 직관적이고 명확하기 때문에 HEAD를 이동할 때는 git switch를 사용하는 것을 권장합니다. 하지만 git checkout 명령어는 여전히 유용하며, 다양한 기능을 포함하므로 이후에 설명할 자주 사용되는 명령어와 기능을 알아두는 것이 좋습니다.

4.4 브랜치를 자유자재로 다루기 – VS Code

이번 절에서는 VS Code를 이용해 브랜치를 생성하고 병합하고, 충돌을 해결하는 과정을 실습하겠습니다. 앞서 CLI에서 설명한 부분은 빠르게 넘어가겠습니다.

먼저 Git-Directory 디렉터리에서 Branch2라는 새 디렉터리를 생성하고 VS Code로 엽니다. homepage.txt라는 이름의 파일을 생성하고 앞서 CLI에서 작성했던 내용을 작성합니다.

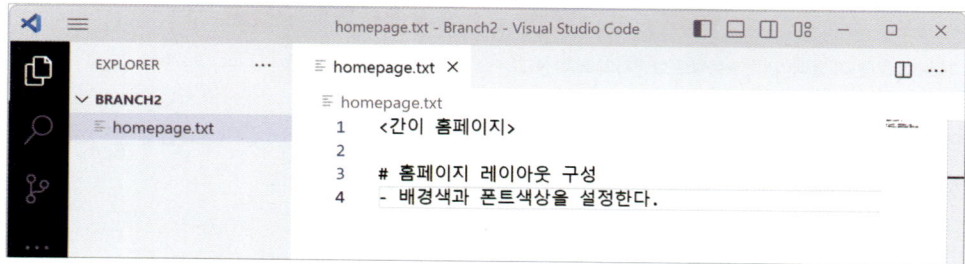

그림 4.49 VS Code에서 homepage.txt 파일 생성 후 내용 작성

아직 git init이 실행되지 않은 상태이므로 왼쪽 탭의 세 번째 아이콘인 소스 컨트롤을 선택해 [Initialize Repository]를 클릭해 저장소를 초기화합니다.

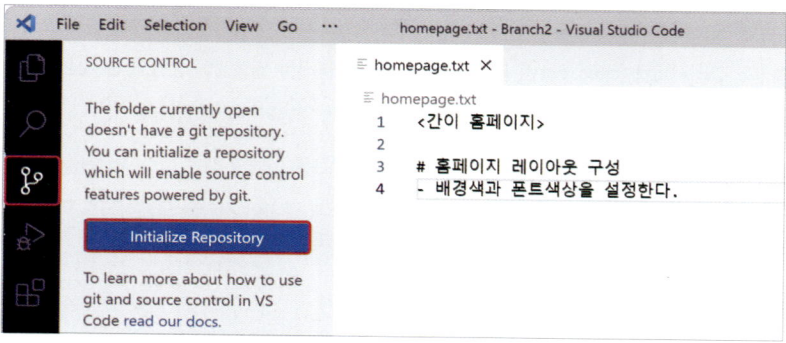

그림 4.50 소스 컨트롤 탭에서 저장소 초기화

그런 다음 커밋을 수행합니다. 커밋 메시지는 앞서 CLI에서 실습한 내용과 동일하게 작성합니다.

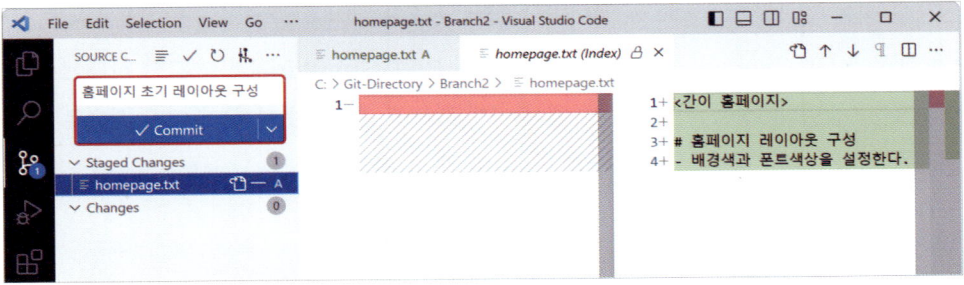

그림 4.51 VS Code에서 초기 커밋을 수행

다음으로 `homepage.txt` 파일에 '2. 홈페이지 화면의 사이즈를 설정한다.'라는 내용의 텍스트를 추가하고, 글머리 기호를 '-'에서 번호로 변경한 후 저장합니다. 마찬가지로 변경 사항을 커밋합니다. 이때 변경된 부분을 소스 컨트롤에서 확인할 수 있습니다.

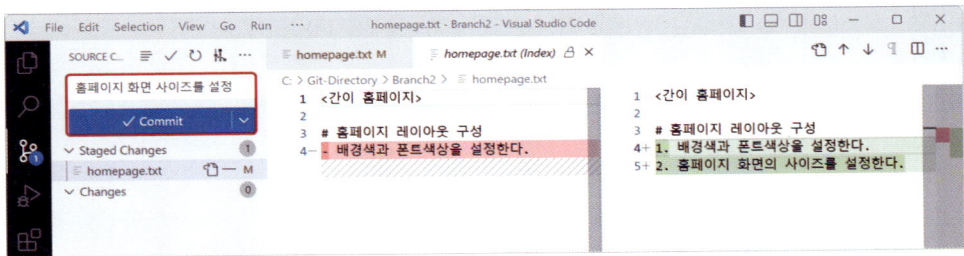

그림 4.52 수정 후 변경 사항을 확인하고 두 번째 커밋을 수행

이쯤에서 Git Graph 익스텐션을 실행해봅시다. 상단 메뉴에서 [Help] → [Show All Commands]를 선택하거나 단축키 F1 또는 Ctrl + Shift + P를 입력한 후 'Git Graph: View Git Graph (git log)'를 검색해 엽니다. CLI 편에서 그림으로 보여드린 브랜치와 커밋의 흐름을 세부 내역과 함께 그래프 형태로 확인할 수 있습니다.

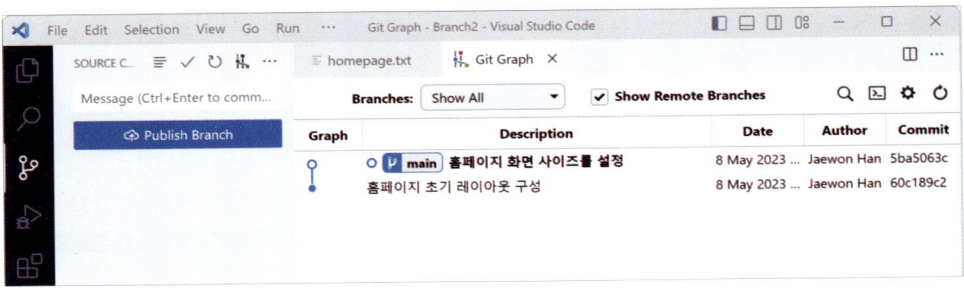

그림 4.53 Git Graph 익스텐션 열기

그리고 여기서는 내용을 한눈에 파악하기 위해 VS Code 창을 분할하겠습니다. `homepage.txt` 내용과 Git Graph를 동시에 확인하기 위해 Git Graph의 탭을 드래그한 상태에서 아래로 끌고 갑니다. 창을 선택한 상태에서 아래로 드래그하다 보면 창이 어떤 식으로 분할될지를 미리 보여주기 때문에 손쉽게 지정할 수 있습니다.

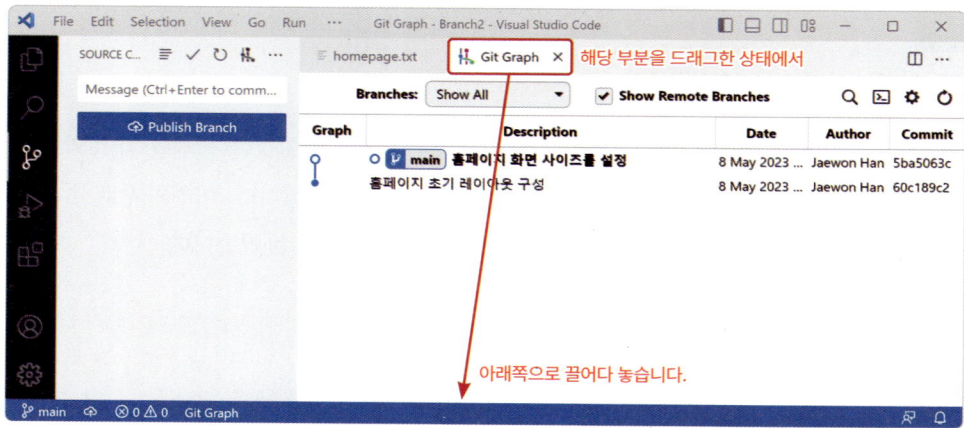

그림 4.54 VS Code 창 분할하기

그럼 다음과 같이 창이 위아래로 분할되어 작업 내용과 커밋 내역을 동시에 확인할 수 있습니다.

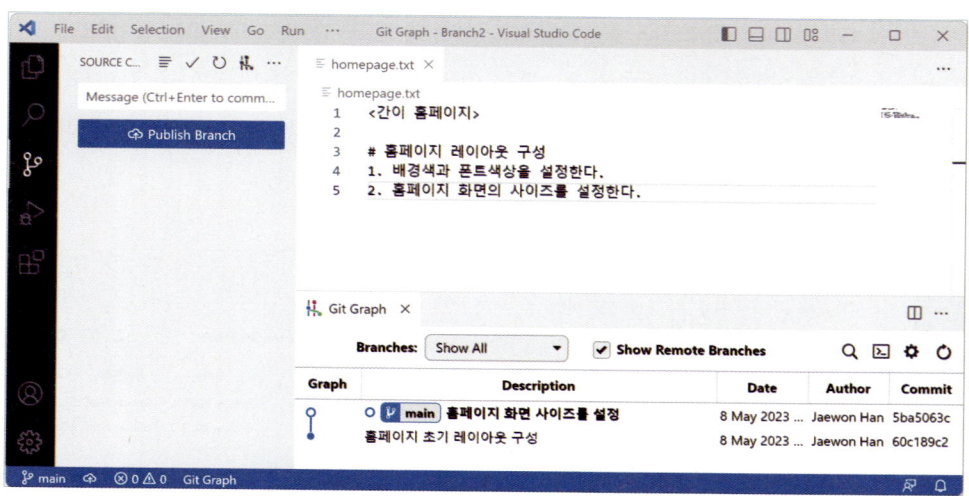

그림 4.55 창이 분할된 모습

창이 분할됐으니 이제 브랜치를 생성하겠습니다. 상단 메뉴에서 [Help] → [Show All Commands]를 선택하거나 단축키 F1 또는 Ctrl + Shift + P를 입력한 후에 'create branch'라고 검색하고, 'Git: Create Branch'가 표시되면 선택합니다.

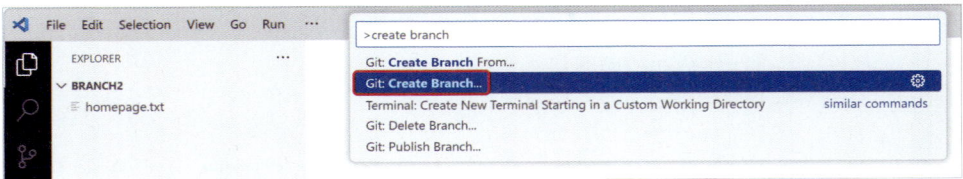

그림 4.56 VS Code에서 브랜치 생성

그럼 브랜치명을 입력하는 창이 나옵니다. 이곳에서 feature/header라는 브랜치명을 입력합니다.

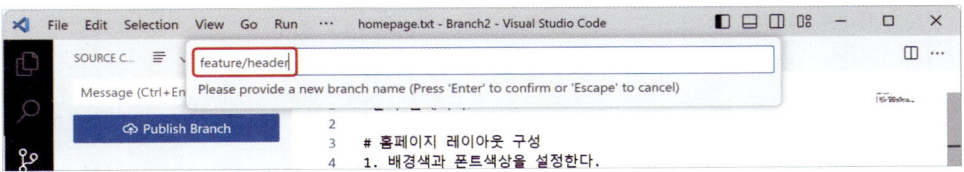

그림 4.57 브랜치명 입력

그리고 나서 VS Code 창 하단에 있는 Git Graph의 커밋 내역을 살펴봅시다. feature/header라는 브랜치가 생성된 것을 확인할 수 있습니다. 또한 브랜치 생성과 동시에 HEAD도 feature/header를 바라보고 있습니다(feature/header 브랜치가 main 브랜치보다 왼쪽, 즉 앞에 있고 현재 HEAD임을 나타내는 파란색 테두리의 동그라미가 있습니다). 앞서 CLI 편에서 학습한 'git switch -c feature/header' 명령어를 입력한 것과 동일한 상황입니다.

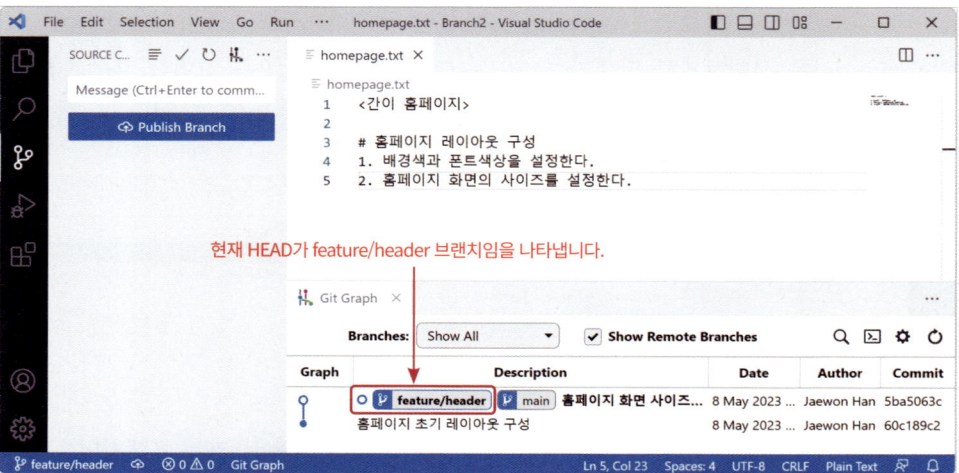

그림 4.58 feature/header 브랜치 생성 후 변화된 커밋 내역

이제 feature/header 브랜치에서 homepage.txt 파일에 내용을 추가하고 4번에 걸쳐 커밋을 수행합니다. Git Graph에서 다음과 같은 커밋 내역을 확인할 수 있습니다. 앞서 CLI 편의 그림 4.30와 같은 상황입니다(75쪽). Git Graph에서는 한 가지 색상으로 커밋 내역을 보여줍니다.

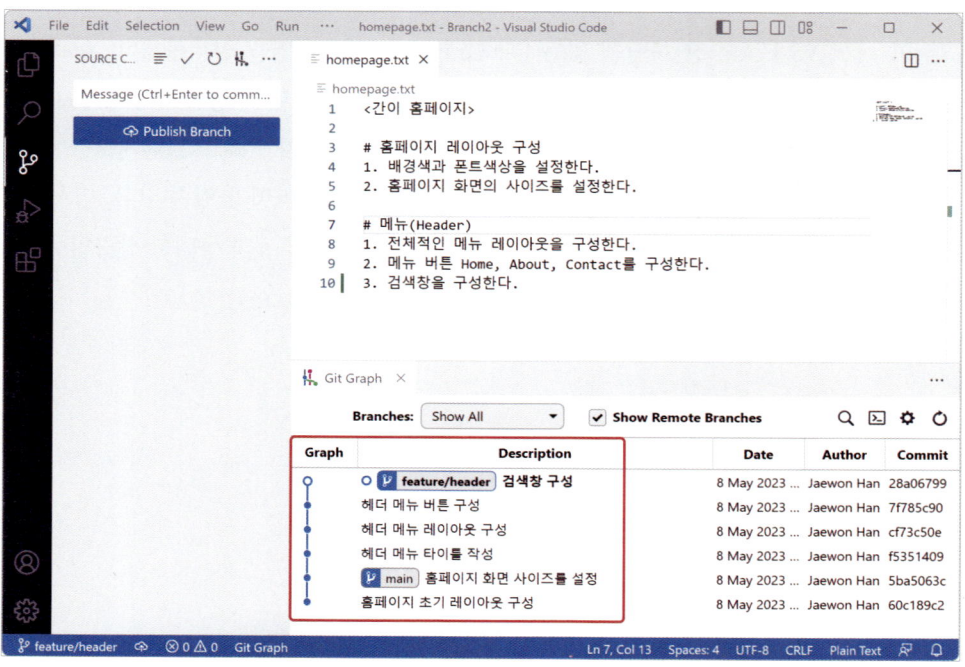

그림 4.59 feature/header 브랜치에서 커밋을 4번 수행한 결과

이제 여기서 main 브랜치로 HEAD를 전환해 보겠습니다. Git Graph를 사용하면 매우 간단하게 HEAD를 전환할 수 있습니다. main으로 표시된 박스를 더블클릭하면 HEAD가 전환됩니다.

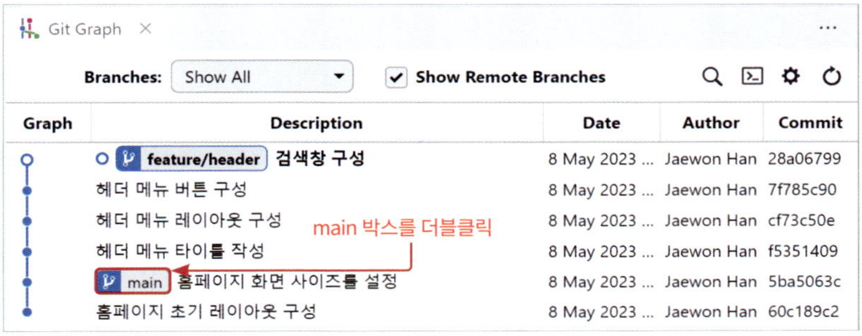

그림 4.60 main 브랜치로 이동하기(HEAD 전환하기)

그럼 다음과 같이 main 박스 앞에 현재 HEAD를 나타내는 파란색 테두리의 동그라미가 표시되고 커밋 메시지가 굵게 바뀝니다.

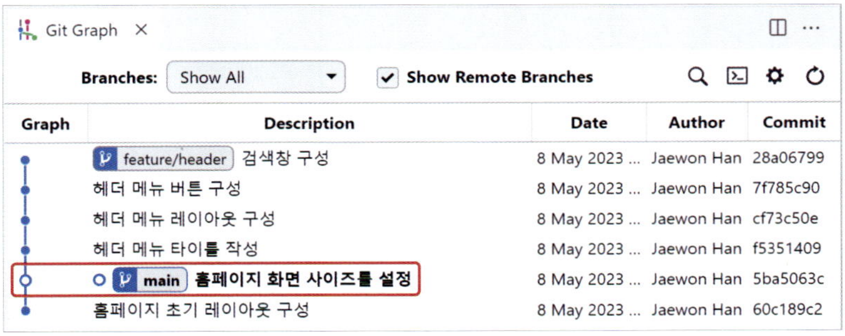

그림 4.61 main 브랜치로 이동한 모습

이제 여기서 feature/home 브랜치를 생성해 봅시다. 사실 HEAD를 옮기지 않고도 main 브랜치에서 다른 브랜치를 생성하는 방법이 있습니다. 앞서 더블클릭으로 HEAD를 옮기는 방법도 있지만 HEAD를 옮기지 않고 브랜치를 생성할 수 있는 두 가지 방법을 소개한 후에 feature/home 브랜치를 만들어 보겠습니다.

1. 'Git: Create Branch From...'으로 특정 브랜치 위치에서 다른 브랜치 생성하기

앞에서 브랜치를 생성할 때는 'Git: Create Branch'로 만들었는데, 상단 메뉴에서 [Help] → [Show All Commands]를 선택한 후 'create branch from'을 입력했을 때 'Git: Create Branch'와 비슷한 'Git: Create Branch From...'이라는 메뉴도 있습니다.

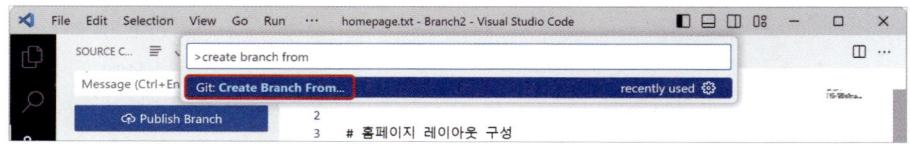

그림 4.62 'Git: Create Branch From...' 실행

이 명령어를 실행하면 어떤 위치에서 브랜치를 생성할지 한 번 더 입력해야 합니다. HEAD는 내가 현재 위치한 곳이고, 기존에 생성한 브랜치들도 모두 확인할 수 있습니다. 여기서 main 브랜치를 선택한 후 마찬가지로 브랜치명을 입력하면 해당 브랜치의 위치에서 새로운 브랜치를 생성할 수 있습니다.

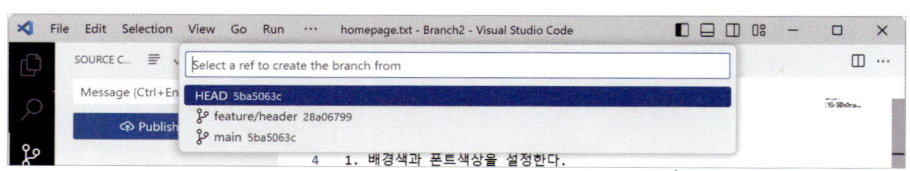

그림 4.63 특정 위치를 선택해서 브랜치 생성하기

2. Git Graph의 기능으로 특정 브랜치 위치에서 다른 브랜치 생성하기

Git Graph에서도 같은 기능을 제공하며 사용법은 더 간단합니다. 브랜치를 생성하려는 커밋 위치에서 마우스 오른쪽 버튼을 클릭한 후 [Create Branch...]를 클릭합니다.

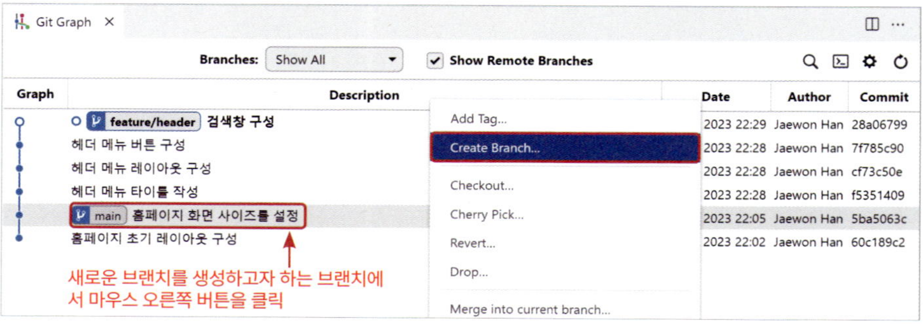

그림 4.64 Git Graph에서 제공하는 기능으로 브랜치 생성하기

그럼 브랜치명을 입력하라는 창이 표시됩니다. 이곳에서 브랜치명을 입력한 후 [Create Branch] 버튼을 클릭하면 해당 위치에서 브랜치가 생성됩니다. Git Graph는 브랜치를 생성만 할 것인지, 생성한 후에 HEAD를 해당 브랜치로 옮길 것인지를 선택할 수 있는 [Check out] 옵션도 제공합니다.

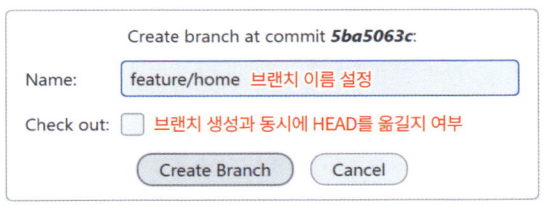

그림 4.65 Git Graph에서 브랜치 생성

이렇게 해서 특정 위치에서 브랜치를 생성하는 두 가지 방법을 알아봤습니다. 두 방법 중 하나로 main 브랜치 위치에서 feature/home 브랜치를 생성한 후에 HEAD를 옮기면 다음과 같은 상태가 됩니다.

그림 4.66 feature/home 브랜치 생성 후 해당 브랜치로 HEAD를 옮긴 모습

이어서 homepage.txt 파일에 내용을 추가하고 커밋을 수행해 봅시다.

총 3개의 커밋을 만들었고, homepage.txt 파일의 내용과 Git Graph의 커밋 내역은 다음과 같습니다. 그래프를 보면 feature/home 브랜치는 main 브랜치로부터 분기되어 커밋을 했기 때문에 feature/header 브랜치에 생성된 커밋들을 모릅니다. 그래서 그림 4.67과 같은 그래프 모양이 되는 것이죠.

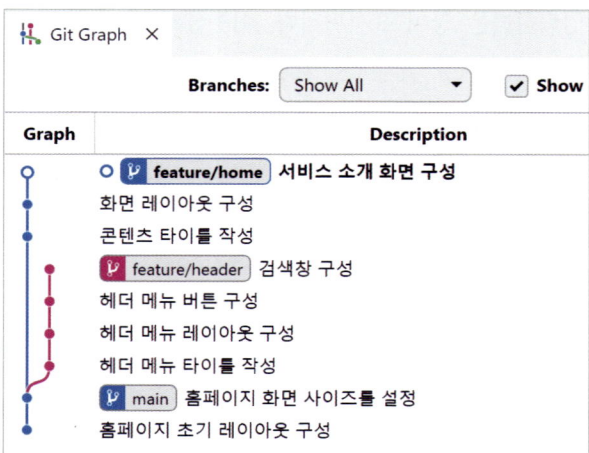

그림 4.67 feature/home 브랜치에서 커밋을 한 후의 Git Graph

이제 main 브랜치로 이동해서 마지막으로 feature/footer 브랜치를 생성합니다. 생성 후 다음과 같은 feature/footer의 작업 내용을 작성하고 4개의 커밋을 생성합니다.

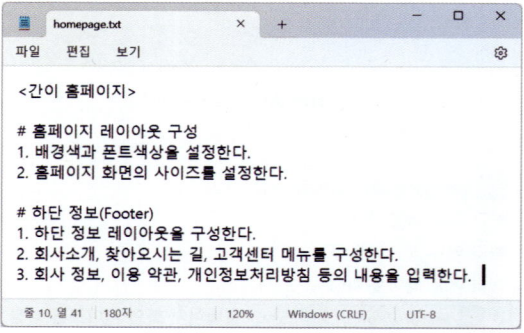

그림 4.68 feature/footer 브랜치에서 '하단 정보'에 대한 내용을 입력 후 각각 커밋

최종적으로 Git Graph를 살펴보면 다음과 같습니다.

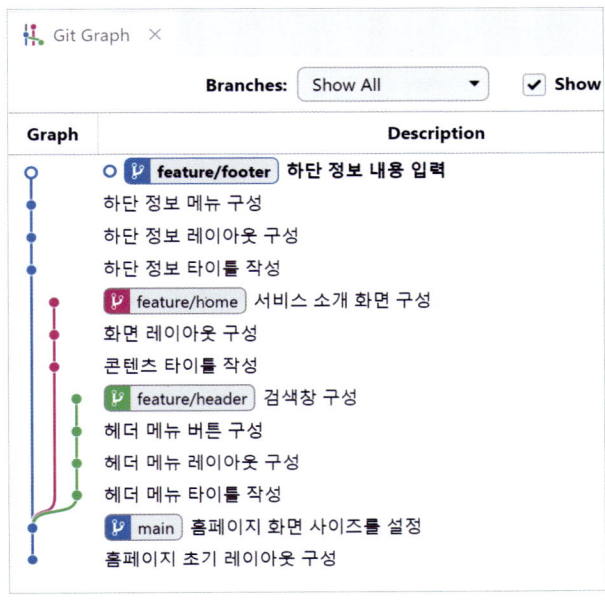

그림 4.69 main 브랜치로 3개의 새로운 브랜치를 생성한 결과

이제 main 브랜치에서 병합을 시도해보겠습니다. 이때 VS Code의 자체 기능을 이용해 병합하는 방법과 Git Graph를 활용하는 방법이 있습니다. feature/header 브랜치와 feature/home 브랜치를 두 방법으로 각각 병합해봅시다.

1. VS Code의 'Git: Merge Branch...'로 브랜치 병합하기

먼저 VS Code에서 제공하는 기능으로 feature/header 브랜치를 main 브랜치로 병합하는 실습을 진행해 보겠습니다. feature/header 브랜치를 main 브랜치로 병합해야 하기 때문에 'git switch main' 명령어를 입력하거나 Git Graph에서 main 브랜치를 더블클릭해서 HEAD를 main 브랜치로 옮깁니다. 이 상태에서 'Show All Commands' 창을 열고 'merge branch'라고 검색했을 때 나오는 'Git: Merge Branch...'를 실행합니다.

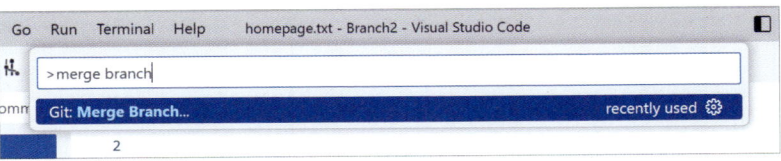

그림 4.70 'Git: Merge Branch...'로 병합하기

그럼 다음과 같이 어떤 브랜치를 병합할지 선택하는 창이 나옵니다. 여기서는 feature/header 브랜치를 선택합니다.

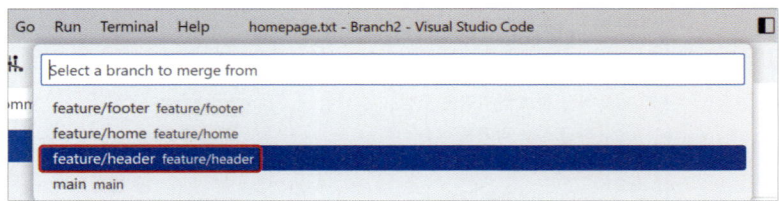

그림 4.71 현재 브랜치로 병합할 브랜치인 feature/header를 선택

다음 그림 4.72에서 main 브랜치가 기존에 있던 자리(그림 4.69)에서 feature/header 브랜치의 커밋 내역까지 포함하며 같은 위치에 있는 것을 그래프를 통해 확인할 수 있습니다(패스트 포워드 머지). 또한 homepage.txt의 작업 내용이 feature/header 브랜치에 포함된 것을 볼 수 있습니다.

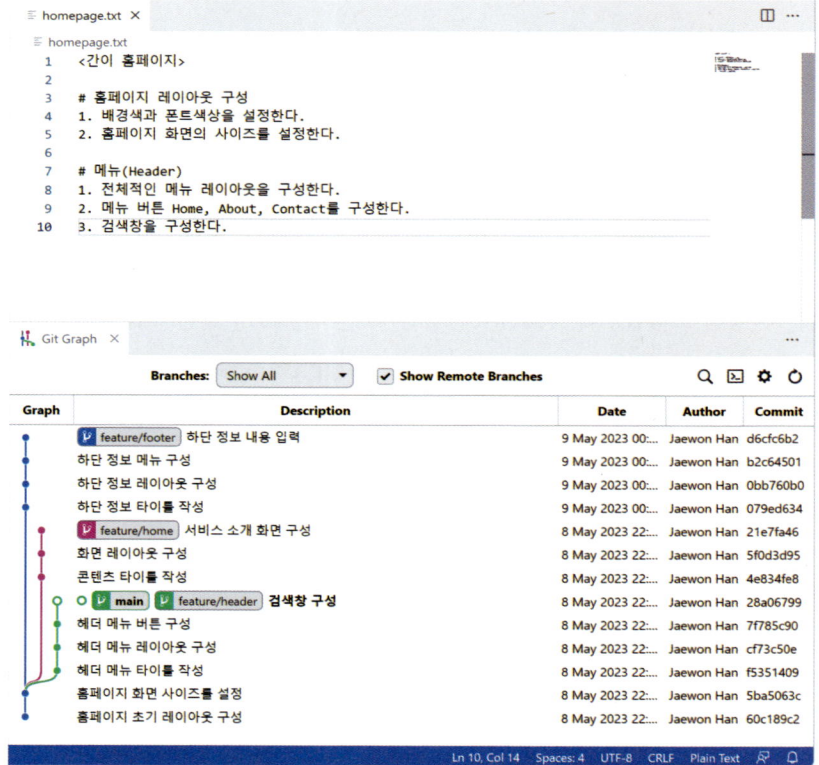

그림 4.72 main 브랜치에서 feature/header 브랜치를 병합한 결과

2. Git Graph의 기능으로 브랜치 병합하기

다음으로 CLI 편에서 진행했던 방법과 같이 아직 작업이 끝나지 않은 feature/home 브랜치에 main 브랜치의 내용을 포함시키기 위한 병합을 진행하겠습니다. 여기서는 Git Graph의 기능을 활용해보겠습니다. Git Graph에서 feature/home 브랜치를 더블클릭해서 HEAD를 feature/home 브랜치로 이동합니다. 그리고 main 브랜치를 나타내는 박스에서 마우스 오른쪽 버튼을 클릭한 후 [Merge into current branch…]를 선택합니다.

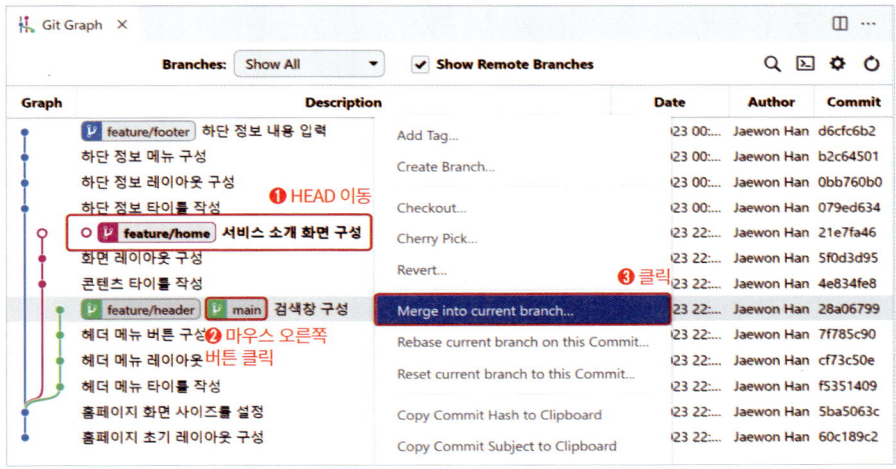

그림 4.73 현재 위치에서 특정 브랜치를 병합하기

그럼 다음과 같이 main 브랜치를 feature/home 브랜치(현재 브랜치)에 병합하겠다는 대화상자가 나타납니다. 옵션은 따로 건드리지 않고 [Yes, merge] 버튼을 클릭합니다.

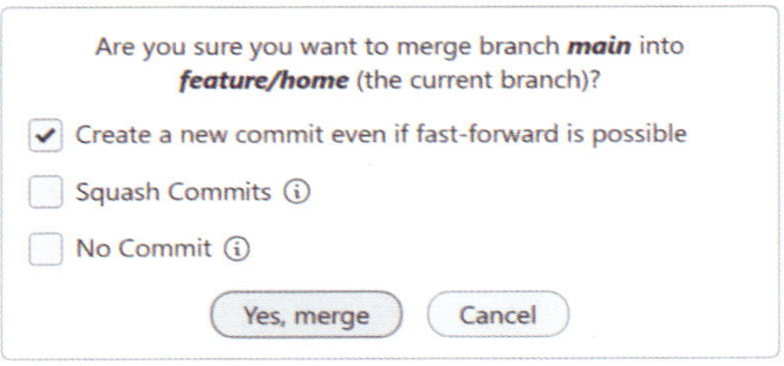

그림 4.74 main 브랜치의 내용을 feature/home 브랜치에 병합할지 묻는 대화상자

4.4.1 충돌 해결하기

앞서 CLI 편에서 실습했을 때와 마찬가지로 충돌이 발생했다는 메시지와 함께 `homepage.txt` 파일에 변화가 생겼습니다.

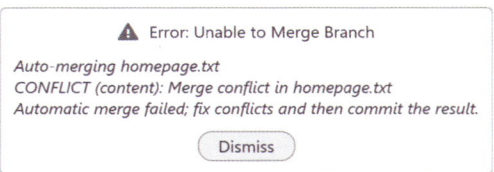

그림 4.75 충돌이 발생했다는 메시지

여기서 VS Code와 같은 텍스트 편집기의 장점이 드러나는데, 충돌이 발생했을 때 다음과 같이 어떤 영역에서 충돌이 발생했는지 파악하기 쉽게 알려줍니다. 현재 브랜치(HEAD이자 `feature/home`)에 작성된 내용과 병합을 시도하는 `main` 브랜치에 작성된 내용이 다르다는 것을 각각 다른 색상으로 보여주고, 선택 가능한 옵션도 제공합니다.

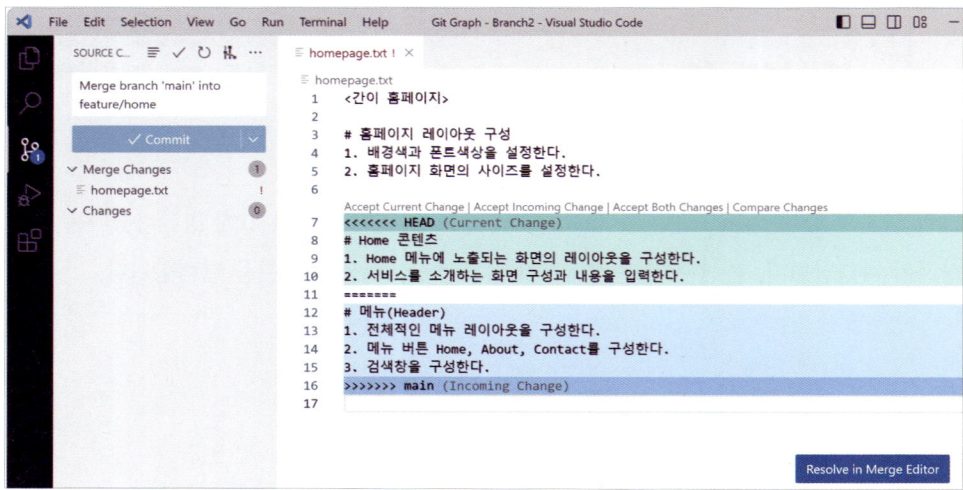

그림 4.76 병합 시도 후 충돌이 발생한 모습

여기서는 클릭 한 번으로 충돌을 해결할 수 있는데요, 다음과 같은 옵션을 통해 어떤 내용을 반영할지 선택하면 됩니다.

- Accept Current Change: 현재 브랜치의 내용을 적용합니다(feature/home 브랜치의 내용).
- Accept Incoming Change: 병합을 시도한, 즉 충돌이 발생한 파일에 새로 들어온 변경 사항을 적용합니다(main 브랜치의 내용).
- Accept Both Changes: 현재 브랜치 내용과 들어온 브랜치 내용을 모두 적용합니다(feature/home 브랜치와 main 브랜치의 내용).
- Compare Changes: 충돌이 발생한 파일에서 양쪽의 변경 사항을 비교할 수 있습니다. 또한 그림 4.77의 하단에 표시된 [Resolve in Merge Editor] 버튼을 클릭해 양쪽의 변경 사항을 비교하면서 실시간으로 제어할 수 있습니다.

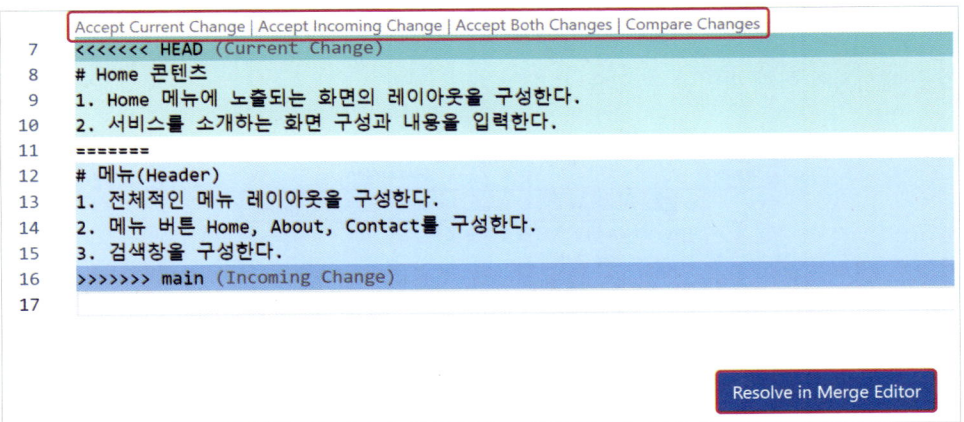

그림 4.77 변경 사항이 충돌했을 때 선택 가능한 옵션

여기서는 [Accept Both Changes]를 클릭하겠습니다. 그러면 두 내용이 모두 적용됩니다. 그리고 '# Home 콘텐츠'의 하위 내용과 '# 메뉴(Header)' 하위 내용의 위치를 바꾼 다음 띄어쓰기 등을 정리하고 저장합니다. 이후 소스 컨트롤에서 바뀐 커밋 변경 사항을 스테이징 영역에 올리고 커밋을 진행합니다.

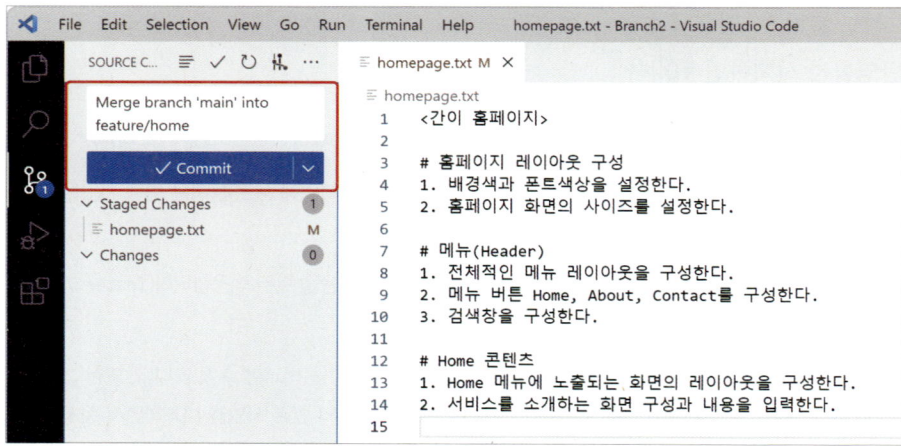

그림 4.78 충돌 해결 후 커밋

Git Graph를 살펴보면 다음과 같이 feature/home 브랜치에 main 브랜치의 내용이 병합된 것을 메시지와 함께 확인할 수 있습니다.

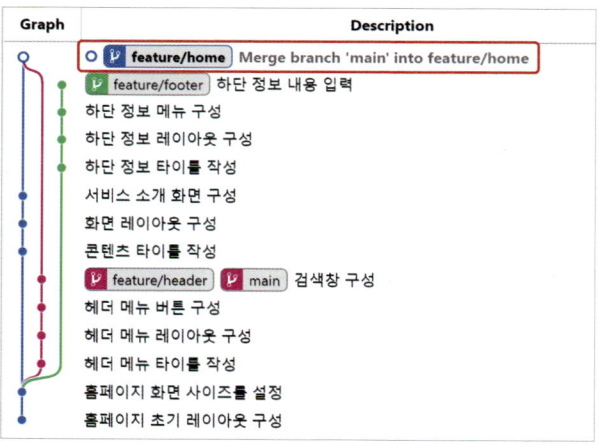

그림 4.79 main 브랜치(자주색 그래프)가 feature/home 브랜치(파란색 그래프)에 병합

다음으로 feature/home 브랜치에서 남은 작업인 '3. 서비스를 소개하는 이미지 3장을 슬라이드 형태로 구성한다.'를 homepage.txt에 입력한 후 커밋을 진행합니다.

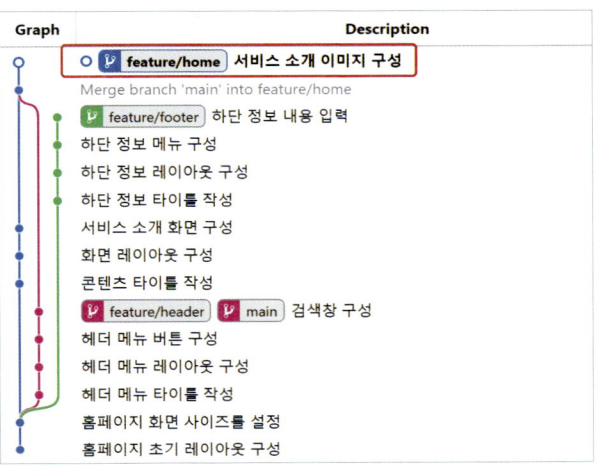

그림 4.80 feature/home 브랜치의 마지막 작업을 수행한 후 커밋

이제 main 브랜치 박스를 더블클릭해 HEAD를 main 브랜치로 이동하고 feature/home을 병합하겠습니다. 마찬가지로 main 브랜치는 feature/home 브랜치의 내용을 모두 포함하고 있기 때문에 패스트 포워드 머지가 되어 새로운 커밋이 생기지 않고 브랜치만 이동하게 됩니다.

그림 4.81 feature/home 브랜치를 main으로 최종 병합

남은 feature/footer 브랜치도 main 브랜치로 병합을 시도하고 충돌을 해결합니다. 최종적인 homepage.txt 파일의 내용과 Git Graph에서의 커밋 내역 및 그래프는 다음과 같습니다.

참고로 그래프 색상은 브랜치마다 고정되는 것이 아니라 병합 등을 수행하는 과정에서 바뀌기 때문에 잘 확인할 필요가 있습니다.

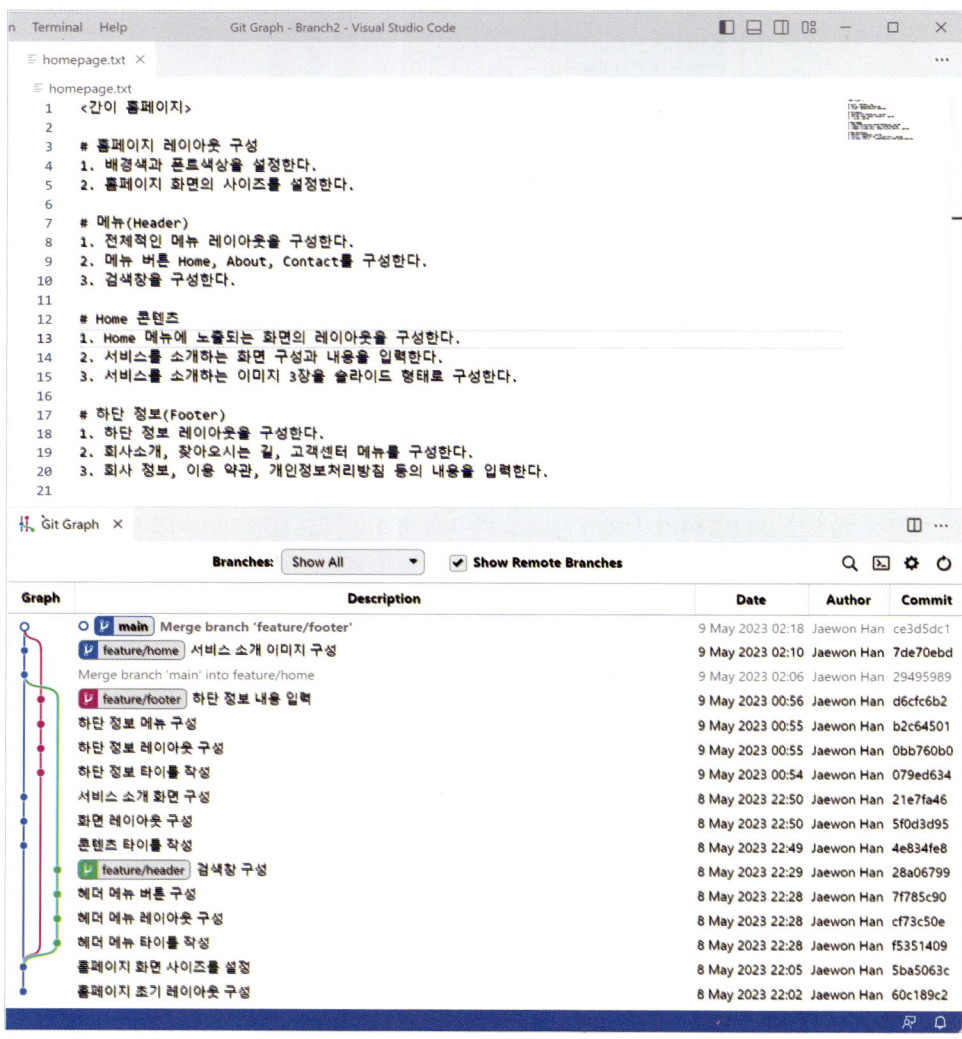

그림 4.82 main 브랜치에 모든 브랜치를 병합한 최종 상태

커밋의 흐름을 나타내는 Git의 그래프가 아직 낯설고 이해하기 쉽지 않을 수 있습니다. 하지만 브랜치의 흐름과 원리를 잘 이해하고 나면 그래프도 쉽게 해석할 수 있을 것입니다.

4.5 Git 브랜치 전략

이제 어느 정도 브랜치에 대한 감을 잡으셨나요? 앞서 김리더가 'Git 브랜치 전략'이라는 표현을 사용한 적이 있는데, 이번 절에서는 이러한 Git 브랜치 전략에 대해 알아보겠습니다.

Git 브랜치 전략을 소개하기에 앞서 Git과 브랜치를 사용한 기존 방식을 먼저 알아볼 필요가 있습니다. 지금까지는 Git과 브랜치를 사용할 때 각 기능을 개발할 때마다 브랜치를 생성하고 해당 브랜치를 병합해왔습니다.

그런데 이 방법이 마냥 좋은 것은 아닙니다. 브랜치가 많아지면 관리하기가 힘들어집니다. 또한 브랜치 간 충돌 가능성도 높아집니다.

이러한 불편을 개선하기 위해 다양한 Git 브랜치 전략이 생겨났습니다. 여기서 **Git 브랜치 전략이란 동료와 협업하면서 프로젝트를 진행할 때 코드의 변경 사항을 관리하고 충돌을 최소화하는 등 프로젝트를 효율적으로 관리하기 위한 Git 브랜치 사용 방법론**입니다. 즉, 브랜치를 적절하게 분리하고 운용하는 전략이라 할 수 있습니다.

이 같은 Git 브랜치 전략 중 'Git 플로우(Git-Flow) 전략'과 '깃허브 플로우(GitHub Flow) 전략'이 있으며, 이어지는 절에서 각각에 대해 알아보겠습니다.

4.5.1 Git 플로우 전략

Git 플로우 전략은 기능을 개발하는 개발용 브랜치와 최종 배포[2]를 위한 배포용 브랜치를 분리해서 일정 규칙에 따라 브랜치를 관리하고 병합함으로써 효율적인 개발과 안정적인 배포를 동시에 달성하기 위한 방법론입니다. 이 전략은 네덜란드 출신의 소프트웨어 개발자인 빈센트 드리센(Vincent Driessen)이 처음 소개했습니다[3].

Git 플로우 전략에서 사용되는 주요 브랜치로는 개발자용 브랜치인 `develop`과 배포용 브랜치인 `main`[4]이 있습니다. 그리고 그 외에 `feature`, `release`, `hotfix` 브랜치가 있습니다. 각 브랜치의 역할은 다음과 같습니다.

---

[2] 개발된 소프트웨어를 실제 사용자에게 전달해서 사용할 수 있도록 서비스화하는 것을 말합니다.
[3] https://nvie.com/posts/a-successful-git-branching-model
[4] 실제로 소개하는 블로그에서는 `master`로 표기하지만 앞에서 설명한 내용에 따라 `main`으로 대체합니다.

1. `main`: 제품으로 출시될 수 있는 배포 가능한 브랜치. 언제든 배포 가능한 상태로 관리합니다.

2. `develop`: 다음 출시 버전을 개발하는 브랜치. 새로운 기능 개발 및 버그 수정 등 모든 개발 작업을 포함합니다.

3. `feature`: 새로운 기능 개발을 위한 브랜치. `develop` 브랜치에서 분기되며, 기능 개발이 완료되면 `develop` 브랜치로 병합합니다.

4. `release`: 이번 출시 버전을 준비하는 브랜치. `develop` 브랜치에서 분기되며, QA[5]와 같은 테스트 또는 버그 수정 등을 수행합니다. 모든 작업이 완료되면 `main` 브랜치와 `develop` 브랜치로 병합합니다.

5. `hotfix`: 출시 버전에서 발생한 버그 수정을 위한 브랜치. `main` 브랜치에서 분기되며, 수정 후에 `main` 브랜치와 `develop` 브랜치로 병합합니다.

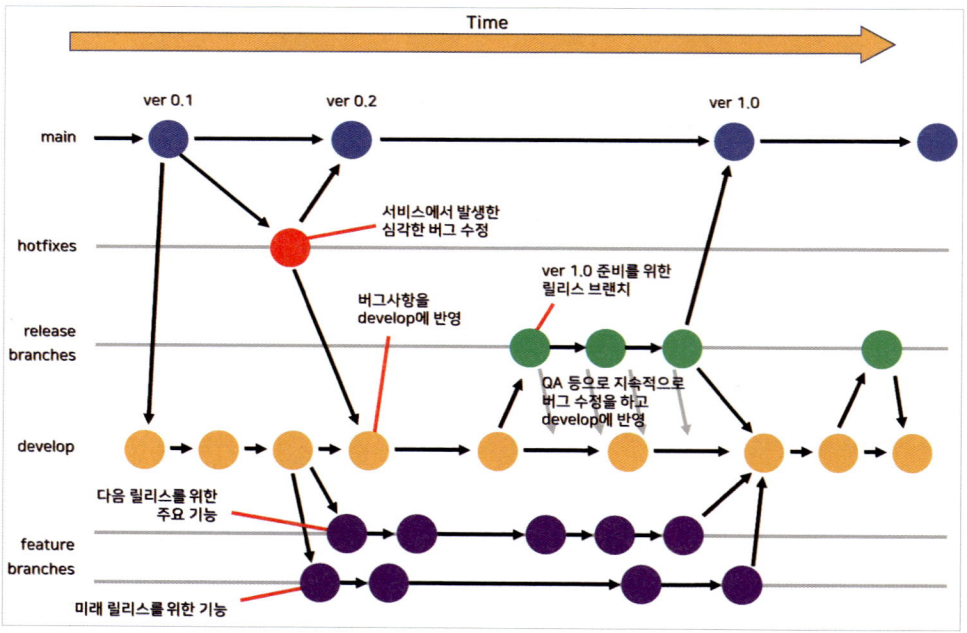

그림 4.83 Git 플로우 전략 예시

---

5 Quality Assurance의 약자로 '품질 보증'이라는 의미를 가지고 있습니다. 자사의 제품 및 서비스의 출시를 앞두고 일정 기간 동안 기능을 검증하고 관리함으로써 리스크를 예방하는 것을 의미합니다.

4.5.2 깃허브 플로우 전략

깃허브 플로우 전략은 뒤에서 자세히 살펴볼 깃허브(GitHub)라는 Git 온라인 저장소 플랫폼이 제안하는 Git 브랜치 전략입니다. 이 방법은 앞에서 살펴본 Git 플로우 전략의 복잡성과 과도한 브랜치 생성을 개선하기 위해 나온 방법론입니다.

Git 플로우 전략에서는 여러 브랜치를 사용해 개발, 배포 과정을 관리하기 때문에 초기 설정이나 운영 비용 등이 많이 발생하고 팀원들 간에 브랜치 구조에 대한 이해 및 관리 능력이 요구된다는 단점이 있습니다.

반면 깃허브 플로우 전략은 단순한 브랜치 구조를 사용하는 것이 특징입니다. 이로 인해 개발, 배포 과정과 초기 설정이 간단하고 협업하는 동료들이 브랜치 구조를 쉽게 이해함으로써 개발 생산성을 높일 수 있다는 장점이 있습니다.

깃허브 플로우 전략에서 사용되는 주요 브랜치로 main이 있습니다. main 브랜치는 Git 플로우 전략과 마찬가지로 제품으로 출시될 수 있는 배포 가능한 브랜치이며, 언제든 배포 가능한 상태만을 관리해야 합니다. 또한 Git 플로우 전략과 달리 고정적인 다른 브랜치(develop, release 등)를 사용하지 않습니다. 대신 자유롭게 브랜치를 생성하고 그 브랜치를 main 브랜치로 병합하기 위해 '풀 리퀘스트(Pull Request; PR)'라는 과정을 거칩니다.

풀 리퀘스트는 깃허브에서 자신이 새로 만든 코드를 메인 코드와 합치고 싶을 때 사용합니다. 개발자는 자신이 작성한 코드가 들어 있는 브랜치에서 깃허브로 '풀 리퀘스트'라는 요청을 보냅니다. 그러면 다른 개발자들이 이 요청을 보고, 변경된 부분을 검토하고, 의견을 주고받으며 리뷰할 수 있습니다. 모든 검토가 끝나고 코드에 문제가 없다고 판단되면 그때 비로소 메인 브랜치에 병합되어 모두가 사용하는 주요 코드에 포함됩니다. 이 과정을 통해 코드가 안정적으로 유지되고 팀원 간의 협업이 원활해집니다(좀 더 자세한 내용은 5장에서 다루겠습니다).

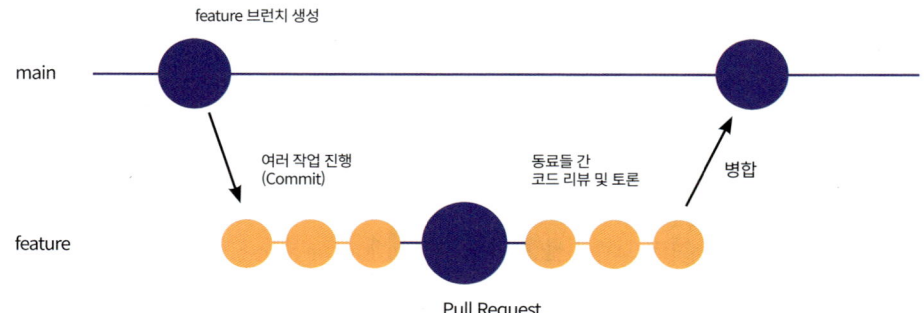

그림 4.84 깃허브 플로우 전략 예시

깃허브 플로우 전략에서는 main 브랜치를 제외한 나머지 브랜치는 자유롭게 생성할 수 있다는 특징이 있으므로 브랜치를 생성할 때 역할을 나타내는 명확한 이름을 쓰는 게 중요합니다. 이름을 통해 다른 동료 개발자들은 브랜치의 역할을 쉽게 이해하고 협업할 수 있습니다.

이렇게 해서 Git 플로우 전략과 깃허브 플로우 전략을 살펴봤습니다. 이 두 전략의 큰 차이점은 브랜치를 '어떻게 사용하는가'에 있습니다. Git 플로우 전략은 여러 브랜치를 사용하기 때문에 프로세스가 복잡할 수 있지만 그만큼 체계적인 프로세스를 확립할 수 있습니다. 반면 깃허브 플로우 전략은 단일 main 브랜치를 사용하고 단순한 브랜치 구조를 채택하기 때문에 협업 과정에서 빠른 피드백을 통한 빠른 개발과 테스트를 유도할 수 있다는 특징이 있습니다.

어느 전략이 더 좋다거나 나쁘다고 할 수 없습니다. 다만 상황에 따라 각 전략의 특징을 잘 이해하고 활용해야 훌륭한 개발 프로세스를 구성할 수 있을 것입니다.

5

진짜 협업의 시작, 깃허브

앞서 4.5.2절 '깃허브 플로우 전략'에서 깃허브에 관해 Git의 온라인 저장소 플랫폼이라고 짧게 소개한 바 있는데, 이번 장에서는 깃허브에 관해 자세히 알아보겠습니다.

깃허브(GitHub)란 Git을 통한 버전 관리와 협업 서비스를 제공하는 **소스코드 호스팅 서비스(Source Code Hosting Service)**입니다. 쉽게 말해 소스코드를 저장하고 관리하는 데 사용하는 온라인 플랫폼이라 할 수 있습니다. 깃허브 외에 많이 사용되는 소스코드 호스팅 서비스로 깃랩(GitLab), 비트버킷(Bitbucket) 등이 있습니다. 하지만 현존하는 소스코드 호스팅 서비스 중 깃허브의 인기는 독보적이며, 실무에서는 깃허브가 거의 표준처럼 사용되고 있을 정도입니다.

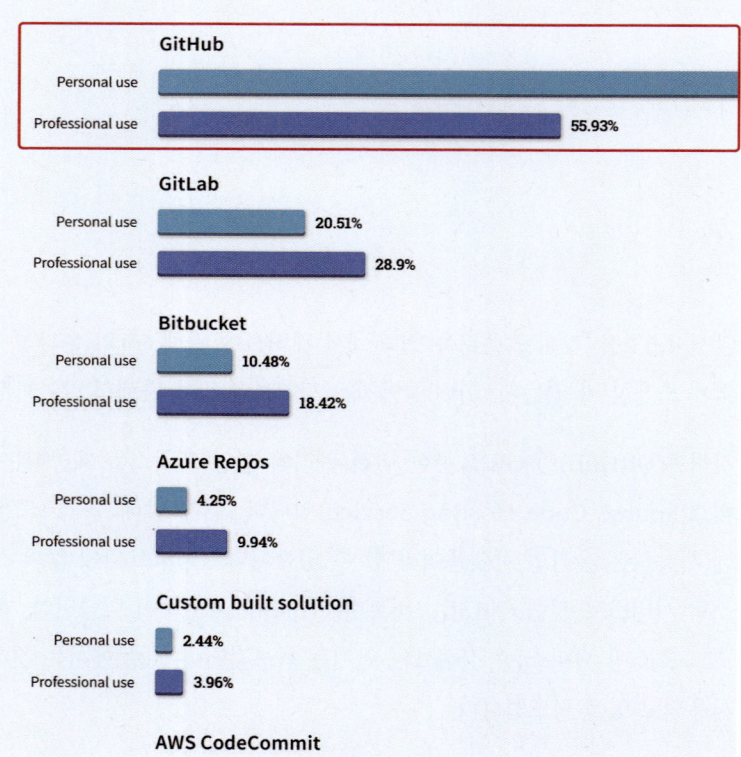

그림 5.1 2022년 스택 오버플로우(Stack Overflow)[1]에서 조사한 소스코드 호스팅 플랫폼 순위

---

1 스택 오버플로우(Stack Overflow)는 전 세계의 개발자들이 개발과 관련된 질문과 답변을 주고받는 세계 최대 규모의 커뮤니티입니다. https://survey.stackoverflow.co/2022/#section-version-control-version-control-platforms

5.1 왜 깃허브를 써야 할까?

4장까지 Git의 사용법을 알아봤습니다. Git을 이용해 변경 사항을 커밋하고 작업한 사항을 기록하고, 브랜치를 통해 기능을 분리해 동시에 작업함으로써 효율성을 꾀했습니다. 이 정도면 충분한데 왜 굳이 깃허브까지 알아야 하는지 궁금할 수 있습니다.

앞에서 Git을 사용하면 브랜치를 나눠서 개발하는 등의 방법으로 협업이 수월해진다고 설명했는데, 사실 Git만으로는 협업하는 데 한계가 있습니다.

Git은 기본적으로 로컬(local), 즉 내 컴퓨터에만 존재합니다. 결국 Git을 통해 작업한 프로젝트 디렉터리를 동료나 협업 중인 사람에게 직접 전달하지 않는 이상 상대방이 실시간으로 프로젝트의 커밋 내역 등의 기록을 확인하기란 불가능합니다. 결론적으로 Git을 로컬에서만 이용한다면 혼자 하는 작업이 좀 더 편리해질 뿐입니다.

반면 깃허브를 이용하면 Git을 폭넓게 사용할 수 있고, 동료와의 협업이 원활해집니다. 여러 개발자가 한 프로젝트에서 실시간으로 협업할 수 있기 때문입니다. 그리고 깃허브는 프로젝트의 구성 및 관리를 위한 다양한 기능을 제공합니다. 프로젝트의 작업자를 초대하고, 권한과 역할 등을 설정할 수 있으며, 이슈 관리나 댓글(코드 리뷰) 등을 통해 동료 개발자와 실시간으로 소통할 수 있습니다. 이는 소스코드 관리 측면에서 굉장히 유리합니다.

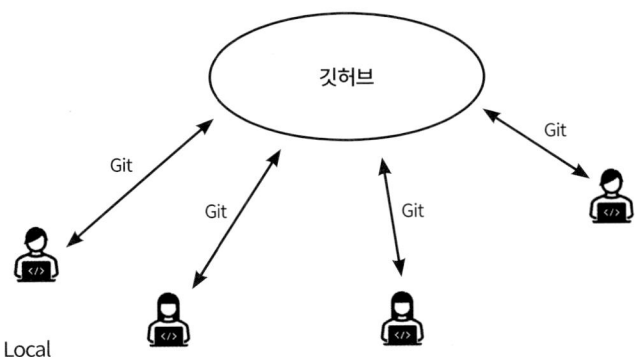

그림 5.2 깃허브를 통해 동료들과 협업하는 모습

깃허브는 협업뿐 아니라 개인적인 측면에서도 이점이 많습니다. 대표적으로 다음과 같은 4가지 이점이 있습니다.

- 개인 프로젝트를 깃허브에서 관리하면 버전 관리와 백업이 가능합니다. 또한 내 코드를 다른 사람들과 공유하고 피드백을 받는 등의 양방향 커뮤니케이션이 가능합니다. 그리고 깃허브에 내 프로젝트를 올려두면 언제 어디서든 온라인에 있는 프로젝트 또는 소스코드를 내려받아 사용할 수 있습니다.

- 포트폴리오 관리에 도움이 됩니다. 취업 준비를 하거나 이직을 준비할 때 이력서에 본인의 깃허브 주소를 공개하는 것은 거의 필수사항으로 자리 잡았습니다. 깃허브에 자신이 작성한 코드를 공개하고 꾸준히 학습한 내용을 기록한다면 취업 및 이직 시 스스로의 역량을 어필할 수 있습니다.

    참고로 개발자들 사이에서는 매일 스스로 공부한 내용을 정리해 깃허브에 업로드하는 TIL(Today I Learned)을 자주 볼 수 있는데, 깃허브에 커밋하면 커밋한 날에 맞춰 초록불로 표시됩니다. 이것을 'GitHub Contribution Graph'라고 합니다. 한국 개발자들 사이에서는 이 초록불이 비공식적으로 '잔디'라고 불리며, 매일 커밋하는 행위를 '깃허브 잔디 심기'라고 부릅니다. 이를 통해 직간접적으로 자신의 꾸준한 개발 활동을 보여줄 수 있습니다.

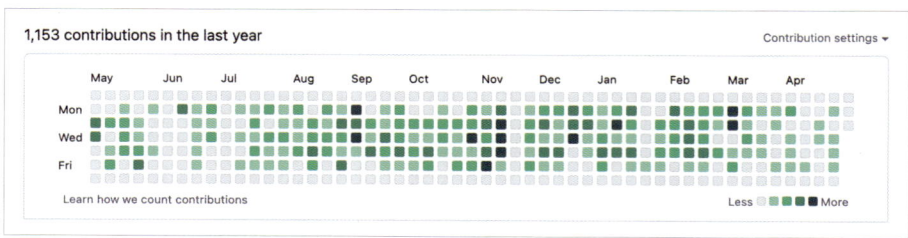

그림 5.3 매일 깃허브에 기여한 내역을 보여주는 GitHub Contribution Graph

- 개발 커뮤니티에 참여할 수 있습니다. 개발을 시작하면 다양한 기술들을 접하게 되는데, 실무에서 쓰는 개발 기술들은 거의 모두 깃허브에 오픈소스[2]로 공개돼 있습니다.

    클릭 몇 번으로 깃허브에 있는 오픈소스 프로젝트가 어떻게 만들어졌는지 내부 로직을 직접 살펴볼 수도 있습니다. 즉, 기술을 빠르게 익힐 수 있다는 뜻이고, 만약 코드 일부에 문제가 있거나 버그가 발견되면 깃허브를 통해 개발사에 알리거나 직접 버그를 고쳐서 수정사항을 반영해달라고 요청할 수도 있습니다. 깃허브를 사용하면 이런 식으로 다른 개발자와 교류할 수 있습니다. 즉, 오픈소스의 코드를 개선하거나 버그 등을 수정하는 행위를 통해 컨트리뷰터(contributor)[3]가 되어 오픈소스 프로젝트에 기여할 기회를 만들 수

---

[2] 소스코드의 공개와 자유로운 수정, 배포가 가능한 소프트웨어. 이를 통해 다양한 개발자들이 소프트웨어를 개선하고 발전시킬 수 있습니다. 또한 이러한 오픈소스 문화는 기술 혁신과 개발 공동 참여를 촉진시켜 소프트웨어의 진보를 이끌어내는 역할을 합니다.

[3] 오픈소스 프로젝트에 코드, 문서, 버그 수정 등을 제출하거나 그에 상응하는 협력을 제공한 개인 또는 단체를 의미합니다. 깃허브에서는 기여 활동을 한 컨트리뷰터의 프로필에 기여 정보가 표시되고 프로젝트 페이지에서 컨트리뷰터 목록을 확인할 수 있습니다. 이를 통해 협력과 참여를 통해 건전한 개발 커뮤니티 문화를 촉진합니다.

있습니다. 대표적인 오픈소스 프로젝트로 메타(페이스북)에서 개발한 자바스크립트 라이브러리인 리액트가 있습니다. 그림 5.4는 깃허브에 공개된 리액트의 소개 페이지입니다.

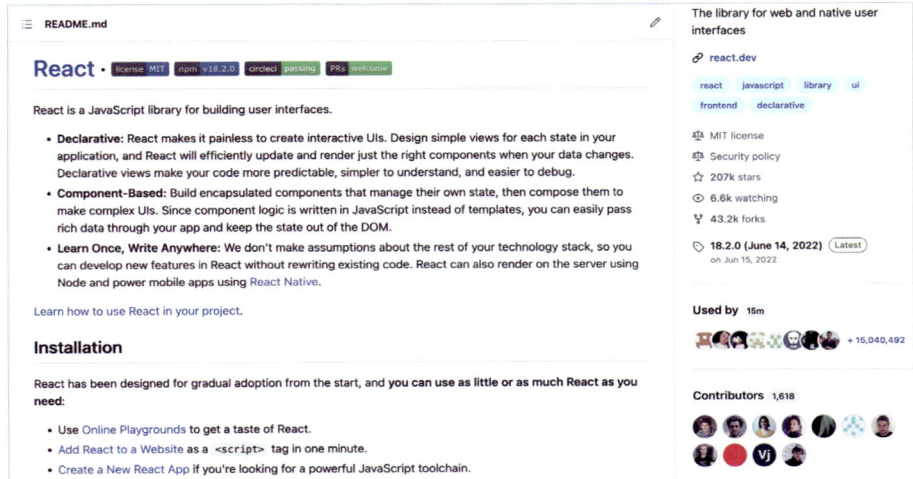

그림 5.4 메타(페이스북)에서 개발한 대표적인 오픈소스인 자바스크립트 라이브러리인 리액트[4]

- 최신 개발 트렌드를 접할 수 있습니다. 깃허브는 전 세계 개발자들이 모인 거대한 개발 커뮤니티입니다. 새로운 기술이 나오면 대부분 깃허브에 프로젝트(소스코드)가 업로드됩니다. 개발자들은 그러한 프로젝트를 보면서 현재 개발 트렌드를 직간접적으로 접할 수 있습니다. 또한 개인 프로젝트나 실무에 이를 적용해보면서 학습하고 성장할 수 있습니다.

깃허브에서는 'Trending'이라는 메뉴를 통해 매일 깃허브에서 가장 인기 있는 리포지터리(프로젝트)와 개발자 순위를 공개합니다. 2024년 5월 기준으로 가장 인기 있는 리포지터리는 다음과 같습니다.

---

[4] https://github.com/facebook/react

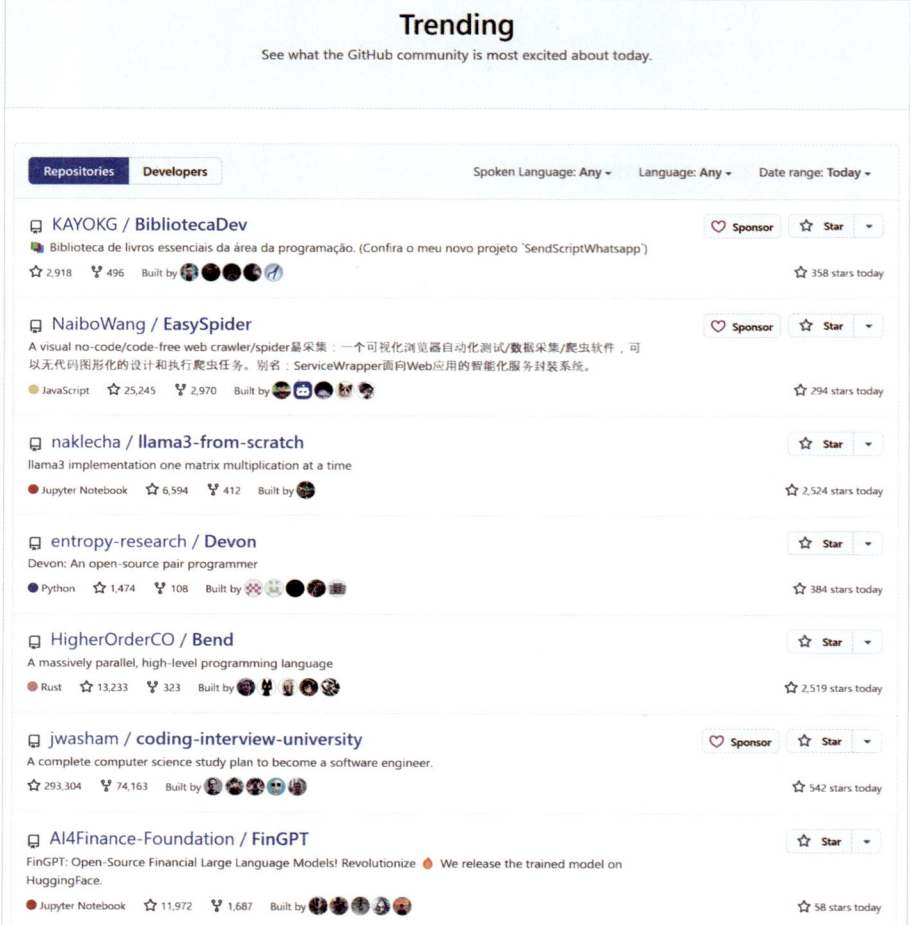

그림 5.5 실시간 깃허브 트렌드를 볼 수 있는 GitHub Trending[5]

개발자로서 커리어를 쌓고자 한다면 Git은 필수적으로 배워야 합니다. 나아가 Git을 사용한다면 깃허브 같은 소스코드 호스팅 서비스 또한 익혀둘 필요가 있습니다. Git과 깃허브는 개발 과정에서 협업과 개인 측면에서 모두 이점이 되기 때문입니다.

이어지는 절에서는 깃허브를 이용해 작업하는 과정을 대략적으로 설명하겠습니다. 그리고 나서 실제로 깃허브 계정을 생성하고, 로컬에 있는 내 프로젝트를 깃허브와 연결하고 커밋하는 방법을 알아보겠습니다.

---

5 https://github.com/trending

5.2 깃허브를 활용한 작업 프로세스

앞에서 깃허브를 왜 써야 하는지 설명했는데, 깃허브의 특징과 이점을 충분히 이해했으리라 생각합니다. 이번에는 깃허브를 사용할 때 어떤 흐름으로 작업이 진행되는지 설명하고 관련 명령어도 살펴보겠습니다.

먼저 로컬(내 컴퓨터)에 있는 리포지터리를 깃허브의 원격 리포지터리와 연결해야 합니다(이후 내 컴퓨터의 리포지터리는 로컬 리포지터리, 깃허브의 리포지터리는 원격 리포지터리라고 하겠습니다).

내 코드가 담긴 프로젝트 로컬 리포지터리를 깃허브 원격 리포지터리와 연결하면 내 코드를 원격으로 깃허브에 업로드할 수 있게 됩니다. 로컬에 있는 리포지터리와 깃허브 원격 리포지터리를 연결하는 방법은 뒤의 실습에서 자세히 다룰 예정입니다. 여기서는 일단 연결했다고 가정하겠습니다.

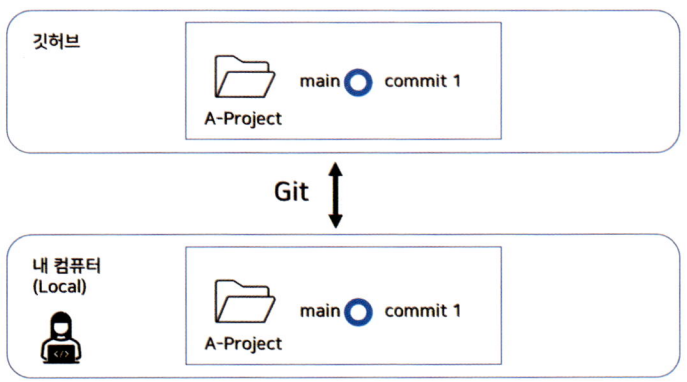

그림 5.6 깃허브와 내 컴퓨터에 있는 프로젝트(리포지터리)를 연결했을 때

5.2.1 git push – 로컬에서 새로운 변경 사항을 깃허브에 올리기

내 컴퓨터와 깃허브가 연결된 상태에서 내 컴퓨터에서 A 프로젝트에 관한 개발을 진행했다고 합시다. 그럼 깃허브에 있는 동일한 A 프로젝트에도 변경 사항이 반영될까요? 그렇지 않습니다. 깃허브에 있는 A 프로젝트에는 내가 방금 새롭게 작성하고 커밋한 내역이 존재하지 않습니다. 아직 변경 사항을 반영하지 않았기 때문입니다.

개발자는 깃허브에 '새로운 업데이트 사항'을 알릴 수 있습니다. **이를 위한 명령어가 바로 git push입니다. git push를 사용하면** 깃허브에 내가 새로 작성한 커밋(들)이 업로드됩니다.

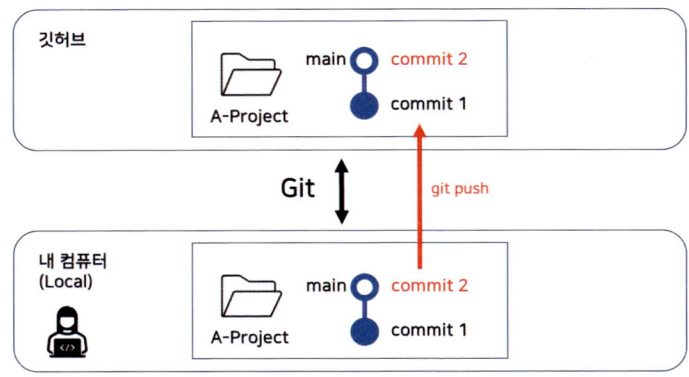

그림 5.7 git push를 통해 깃허브에 새로운 커밋 내역을 업로드

5.2.2 git pull – 깃허브의 새로운 변경 사항을 로컬로 가져오기

git push를 통해 깃허브에 반영된 최신 내용을 곧바로 내 컴퓨터로 가져오면 어떻게 될까요? 아무런 변화가 없을 것입니다. 방금 내 컴퓨터에서 커밋한 내용이 깃허브에 업로드됐기 때문입니다.

여기서 한 가지 가정을 해봅시다. 만약 A프로젝트에 동료 개발자 박길동도 참여하고 있다고 해봅시다. 박길동의 컴퓨터 환경에는 당연히 방금 전에 깃허브에 반영한 커밋 내역이 존재하지 않습니다.

이 같은 상황에서 박길동은 새롭게 업데이트된 깃허브의 변경 사항을 자신의 컴퓨터로 가져와 지금까지 자신이 작업한 내용과 합친 후 작업을 이어나가고 싶습니다. 그래야 작업이 좀 더 원활하게 진행될 것이라 생각했기 때문이죠. 이럴 때는 어떻게 해야 할까요?

5. 진짜 협업의 시작, 깃허브   119

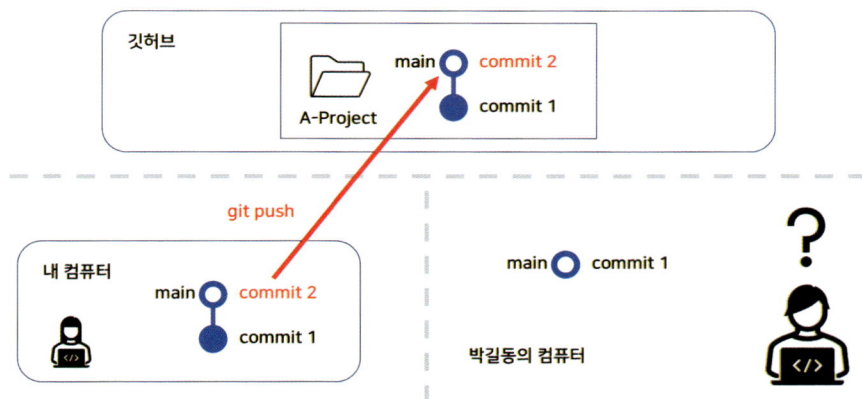

그림 5.8 박길동의 컴퓨터에는 존재하지 않는 커밋을 깃허브에서 가져오고 싶을 때

`git pull` 명령어를 사용하면 깃허브에 반영된 최신 커밋을 가져올 수 있습니다. **`git pull`을 사용하면 깃허브의 최신 변경 사항을 사용자의 컴퓨터로 가져온 뒤 자동으로 병합합니다.**

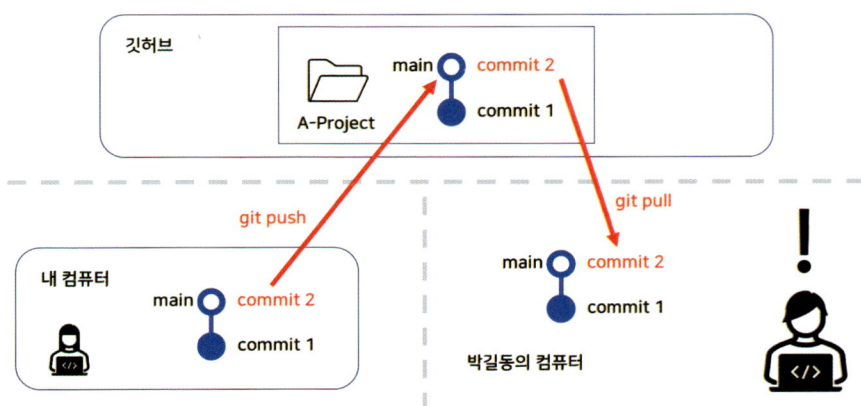

그림 5.9 git pull로 깃허브의 새로운 변경 사항을 박길동 컴퓨터에 병합

정리하면, 깃허브와 로컬 사이에 변경 사항을 업로드하고 가져오는 큰 흐름은 다음과 같습니다. 지금은 개념과 흐름에 대해 파악하는 데 집중하고 이후 실습을 통해 더 자세히 알아보겠습니다.

> **깃허브에 새로운 변경 사항 업데이트**
>
> 새로운 커밋(변경 사항) 생성 → `git push`로 깃허브에 변경 사항을 업로드

> **깃허브의 새로운 변경 사항 가져오기**
> `git pull`로 깃허브에 있는 새로운 변경 사항을 가져온 뒤 병합

✅ Check, git pull과 git fetch

앞서 `git pull`은 원격 리포지터리의 변경 사항을 로컬로 가져온 뒤 병합하는 명령어라고 설명했습니다. 하지만 깃허브의 변경 사항을 **로컬에 있는 내 브랜치에 병합하지는 않고 확인만 하고 싶을 수도 있습니다. 이 경우 `git fetch` 명령어를 사용합니다.**

`git fetch`는 깃허브의 최신 변경 사항을 로컬 브랜치와 병합하지 않고 가져오기만 합니다. 로컬에서 깃허브의 변경 내용을 확인할 수 있지만 로컬 브랜치에는 아무 영향을 주지 않습니다.

반면 `git pull`은 깃허브의 최신 변경 사항을 가져와 현재 로컬 브랜치에 바로 병합합니다. 즉, `git fetch`와 `git merge` 명령어를 동시에 진행하는 것과 같습니다.

- `git fetch`: 깃허브의 변경 사항을 로컬로 가져온다.
- `git pull`: 깃허브의 변경 사항을 로컬로 가져온 뒤 자동으로 로컬 브랜치에 병합한다(`git fetch` + `git merge`).

✅ Check, 다른 컴퓨터에서 깃허브에 있는 리포지터리를 어떻게 로컬로 가져오죠? – git clone

내 컴퓨터와 깃허브가 연결돼 있다면 `git pull`(또는 `git fetch`)을 통해 깃허브의 새로운 변경 사항을 로컬로 가져올 수 있다고 했습니다. 이를 위한 전제는 내 컴퓨터의 로컬 리포지터리가 깃허브의 원격 리포지터리와 연결돼 있어야 한다는 것입니다. 그런데 만약 다른 컴퓨터에서 깃허브의 리포지터리를 가져와 작업하고 싶을 때는 어떻게 해야 할까요?

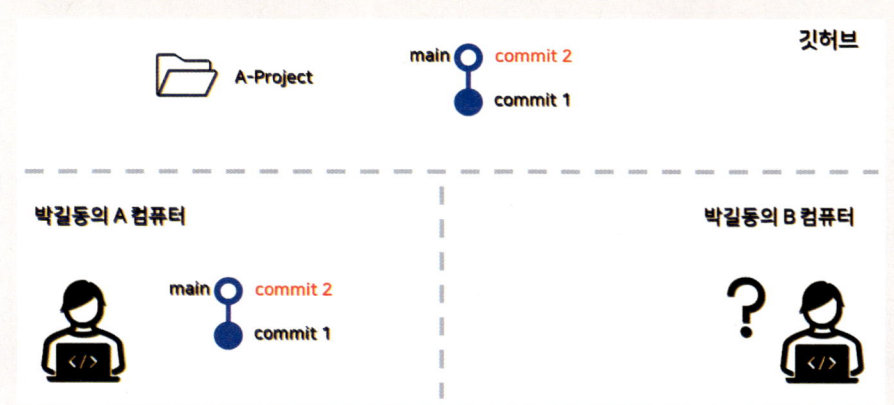

그림 5.10 리포지터리가 존재하지 않는 컴퓨터

이때는 `git clone`이라는 명령어를 이용해 깃허브에 있는 리포지터리 전체를 로컬에 가져올 수 있습니다.

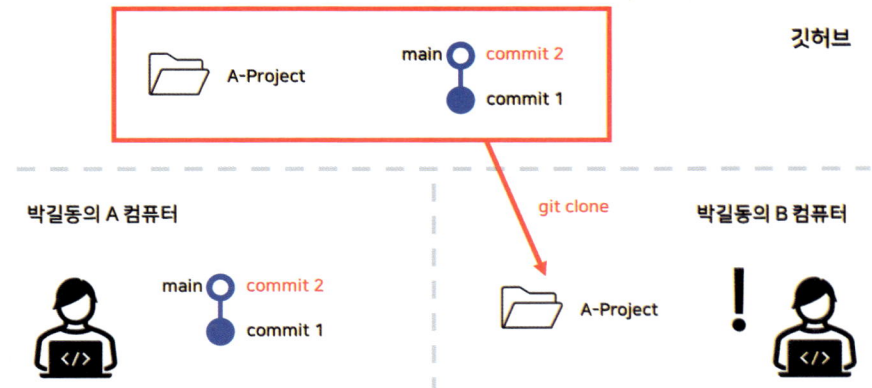

그림 5.11 `git clone`을 통해 깃허브의 리포지터리를 로컬에 복제

`git clone`을 통해 깃허브의 리포지터리를 로컬로 가져오면 자동으로 깃허브 리포지터리의 소스코드와 설정 등이 연동됩니다. 그럼 앞에서 설명한 `git push`, `git pull` 등의 명령어를 사용해 변경 사항을 업로드하고 가져올 수 있습니다. `git clone`을 사용한 작업에 대해서는 이후 실습을 통해 좀 더 자세히 알아보겠습니다.

5.3 깃허브 계정 생성

앞에서 깃허브를 활용한 작업 프로세스를 살펴봤으니 이제 본격적으로 깃허브를 통해 실습을 진행하겠습니다. 그러려면 먼저 깃허브 계정이 필요하므로 깃허브 계정을 생성해봅시다.

깃허브 공식 홈페이지에 방문하기 위해 검색 엔진에서 'github'를 검색합니다. 검색 결과 중 'GitHub: Let's build from here · GitHub'라는 페이지를 클릭합니다. 또는 다음 URL로 이동합니다.

- 깃허브 홈페이지: https://github.com

그림 5.12 검색 엔진에서 'github'를 검색

다음과 같이 깃허브 홈페이지 화면이 나옵니다. 오른쪽 상단의 [Sign up] 버튼을 클릭해 계정을 생성할 수도 있고, 화면 중앙의 텍스트 입력창에 바로 이메일을 입력해서 계정을 생성할 수도 있습니다. 둘 다 같은 방식이며, 여기서는 [Sign up] 버튼을 클릭해 계정을 생성하겠습니다. [Sign up] 버튼을 클릭합니다.

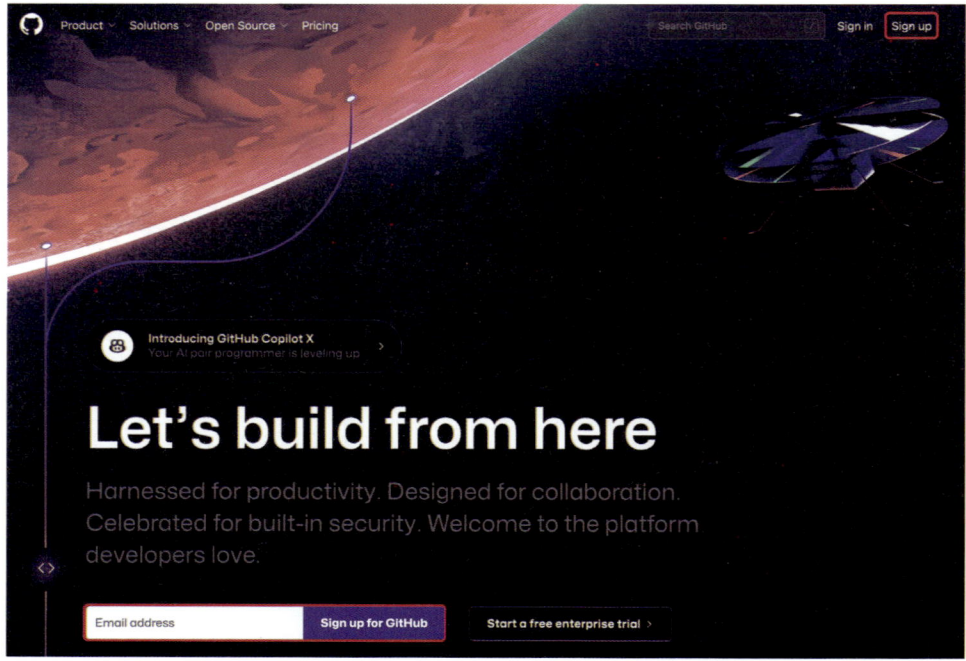

그림 5.13 깃허브 홈페이지

다음 화면에서 이메일 주소를 입력합니다. 이메일 주소를 입력한 후 [Continue] 버튼을 클릭합니다.

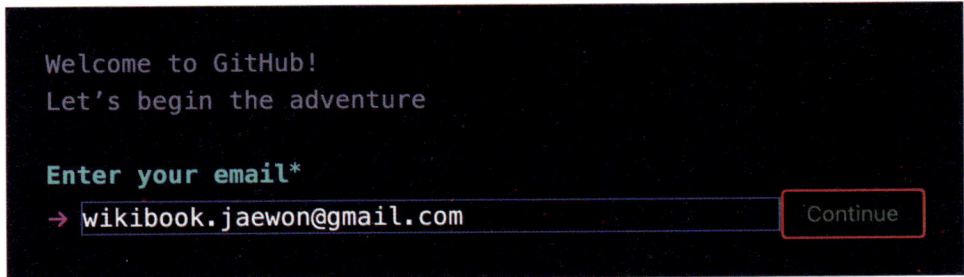

그림 5.14 이메일 주소 입력

[Continue] 버튼을 클릭하면 바로 아래에 패스워드 입력 칸이 표시됩니다. 적절한 패스워드를 입력 후 마찬가지로 [Continue] 버튼을 클릭합니다.

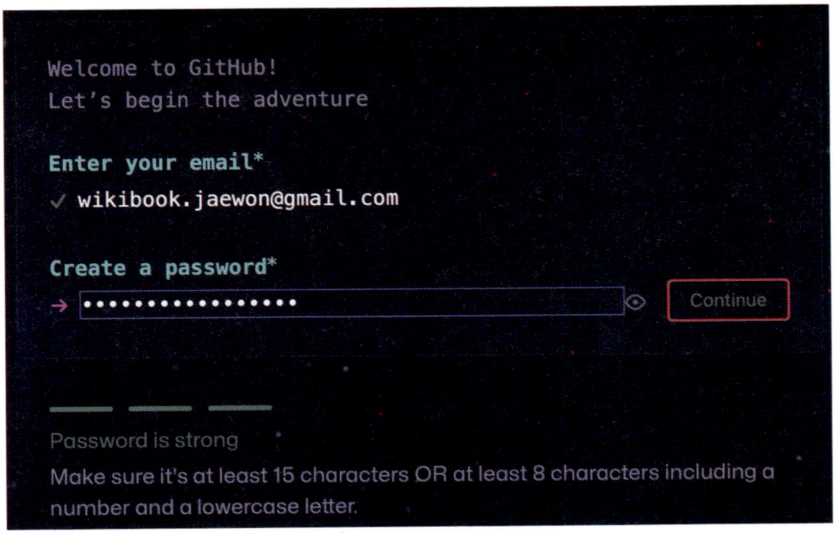

그림 5.15 패스워드 입력

다음으로 Username 입력창이 표시됩니다. Username은 깃허브에서 사용하는 아이디라고 할 수 있습니다. 계정을 생성할 때 입력한 Username이 자신의 깃허브 링크 주소가 되기 때문에 적절한 이름을 선택한 후 [Continue] 버튼을 클릭합니다.

예를 들어, 다음과 같이 Username을 'wikibook-jaewon'으로 지정하면 자신의 깃허브 링크 주소는 'https://github.com/wikibook-jaewon'이 됩니다.

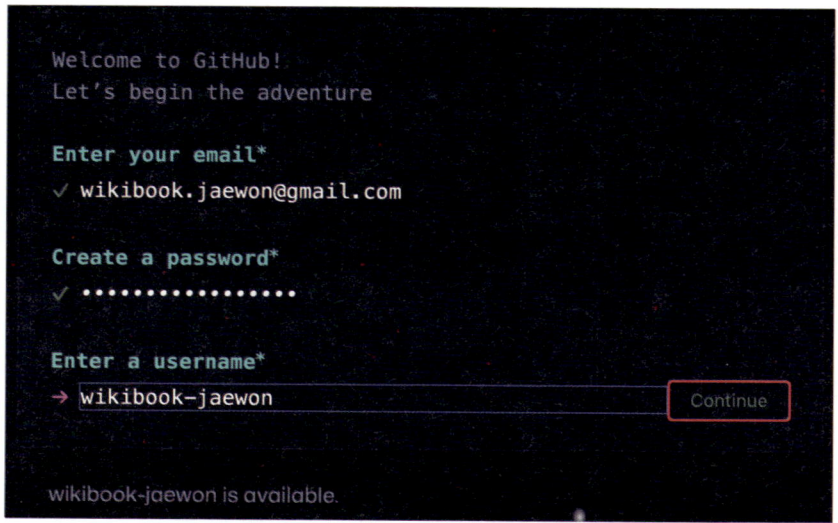

그림 5.16 Username 입력

다음으로 이메일을 통한 정보 수신을 동의하는지 묻습니다. 일단은 거절을 뜻하는 'n'을 입력하겠습니다.

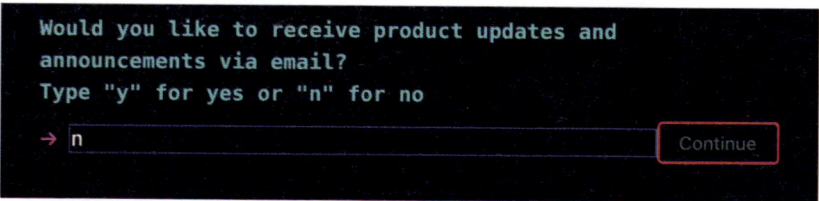

그림 5.17 이메일 수신 동의 여부 입력

마지막으로 간단한 퍼즐을 풀어 확인 절차를 마칩니다.

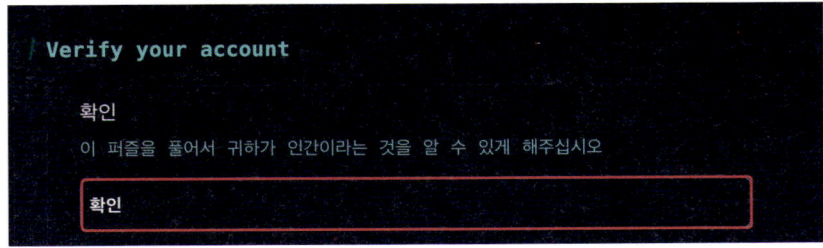

그림 5.18 계정 확인 절차

이후에 나타나는 [Create account] 버튼을 클릭해 계정 생성을 마무리합니다.

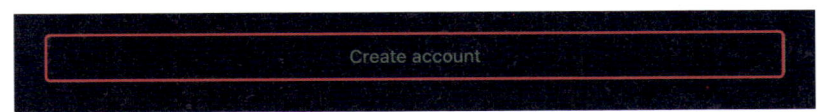

그림 5.19 깃허브 계정 생성 완료

이렇게 해서 계정 생성을 완료했습니다. 그런데 아직 인증 절차가 남았습니다. 계정 생성에 사용한 이메일 계정을 확인하면 깃허브에서 보낸 인증 메일이 있습니다.

그림 5.20 이메일 인증 확인

이메일 메시지를 열고 [Open GitHub] 버튼을 클릭합니다.

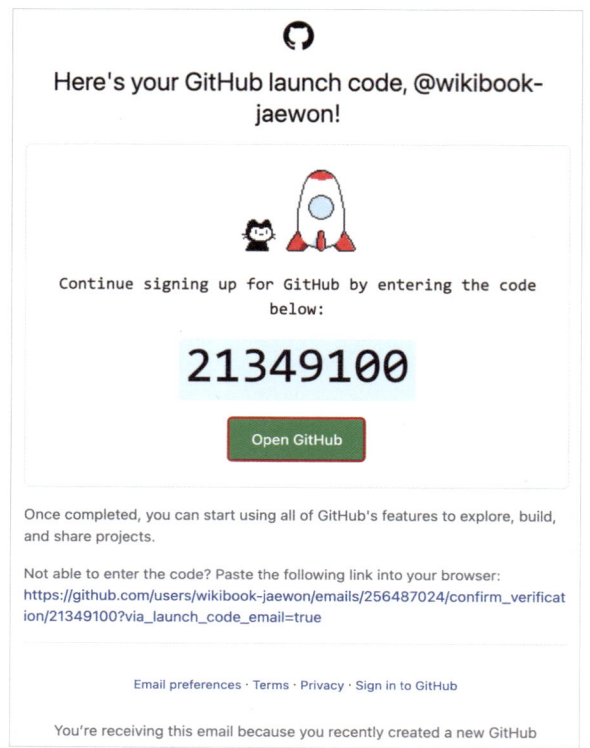

그림 5.21 인증 코드가 포함된 이메일

이메일로 전달받은 인증 코드를 입력합니다. 그럼 계정 생성이 완료됩니다.

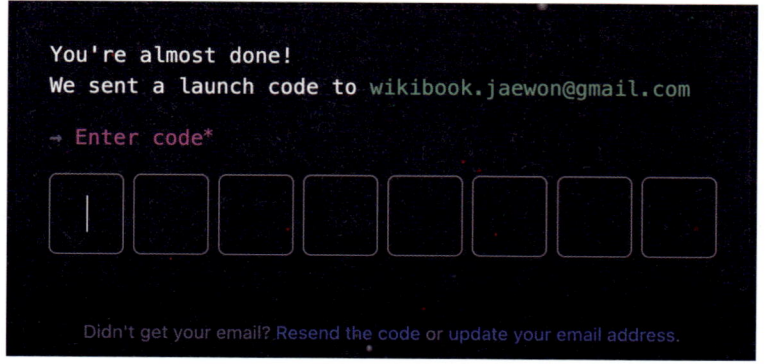

그림 5.22 인증 코드 입력

깃허브 홈페이지에 로그인한 상태에서 표시되는 깃허브의 메인 페이지는 다음과 같습니다.

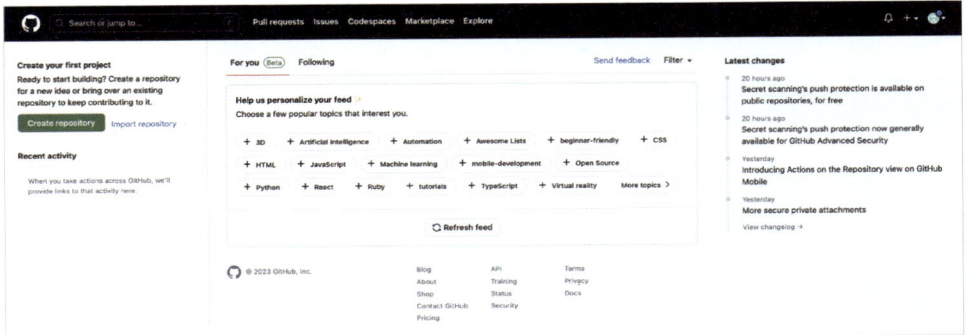

그림 5.23 깃허브 메인 페이지

오른쪽 상단에 아이콘을 클릭한 후 [Your profile]을 선택하면 사용자의 깃허브 프로필 페이지로 입장할 수 있습니다.

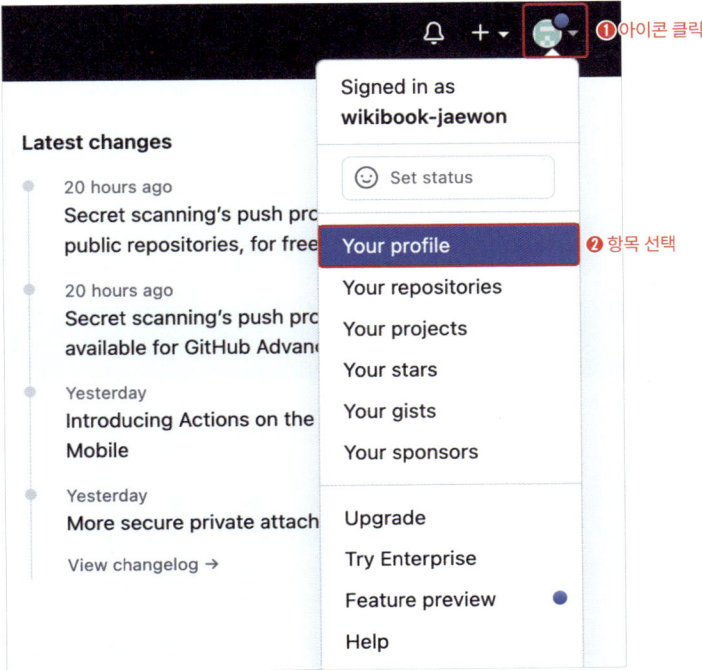

그림 5.24 [Your profile] 클릭

아직은 별다른 활동을 하지 않아 썰렁한 깃허브 프로필 화면을 확인할 수 있습니다. 프로필 메인 화면에서는 프로필 정보, 이 계정에서 인기 있는 리포지터리, Contribution Graph 등을 확인할 수 있습니다.

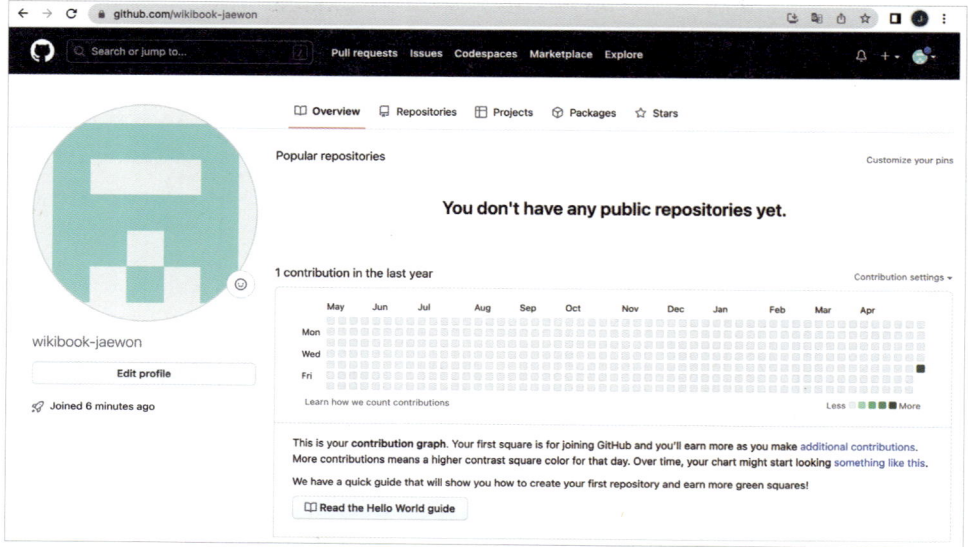

그림 5.25 깃허브 프로필 화면

또한 웹 브라우저의 주소 표시줄을 보면 계정을 생성할 당시에 입력한 Username이 표시됩니다.

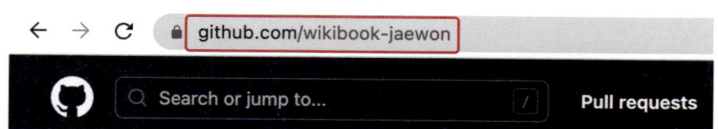

그림 5.26 Username이 포함된 주소 표시줄

이렇게 해서 깃허브 계정을 생성하고 계정의 깃허브 페이지를 확인했습니다. 다음 절에서는 로컬에 있는 내 프로젝트를 깃허브와 연결하는 방법을 알아보겠습니다.

5.3.1 내 프로젝트를 깃허브와 연결하기

이제 프로젝트의 저장소라 할 수 있는 리포지터리를 생성하고 깃허브와 연결해 봅시다. 깃허브의 원격 리포지터리와 로컬 리포지터리를 연결하는 방법은 대표적으로 두 가지가 있습니다. 첫 번째 방법은 로컬에서 만들어 작업한 리포지터리를 깃허브에도 생성해서 연결하는 방법입니다. 두 번째 방법은 깃허브에서 빈 리포지터리를 생성한 후 로컬에 클론해 연결하는 방법입니다.

1. 로컬에서 작업한 리포지터리를 깃허브에 생성하기

먼저 다음과 같이 로컬에 GitHub-Project1이라는 디렉터리를 생성합니다.

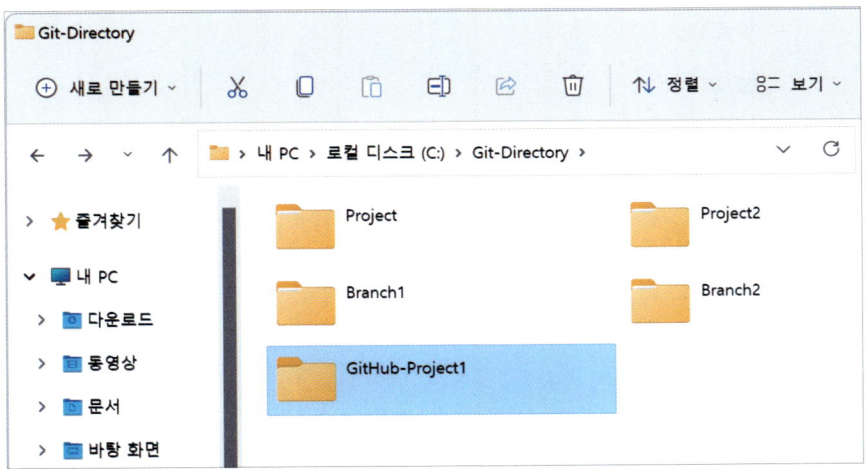

그림 5.27 Git-Directory 내부에 GitHub-Project1 디렉터리를 생성

그리고 방금 생성한 디렉터리를 깃허브 원격 리포지터리 연결해야 하는데, 깃허브와 연결하려면 먼저 Git이 대상 디렉터리를 관찰할 수 있게 설정해야 합니다. 즉, 명령 프롬프트를 실행해 GitHub-Project1로 이동한 후 `git init`을 실행하거나 VS Code에서 GitHub-Project1를 열고 소스 컨트롤의 [Initialize Repository] 버튼을 클릭해 리포지터리를 초기화합니다. 빠른 작업을 위해 여기서는 명령 프롬프트에서 진행하겠습니다.

```
# 리포지터리 경로로 이동
C:\Users\jaewon>cd C:\Git-Directory\GitHub-Project1
```

```
# Git이 관찰할 수 있도록 git init 실행(Git 리포지터리 초기화)
C:\Git-Directory\GitHub-Project1>git init
Initialized empty Git repository in C:/Git-Directory/GitHub-Project1/.git/
```

이로써 로컬 리포지터리 생성이 완료됩니다. 이후 초기 커밋을 하기 위해 `github.txt`라는 파일을 생성합니다.

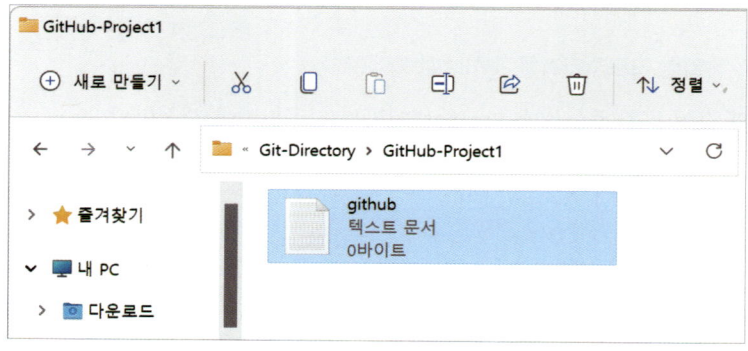

그림 5.28 github.txt 파일 생성

이후 다음과 같이 커밋을 진행하고 커밋 내역을 확인할 수 있습니다.

```
# 1. github.txt 파일을 생성함으로써 변경 사항이 생겼기 때문에
# 변경 사항을 스테이징 영역에 추가
C:\Git-Directory\GitHub-Project1>git add github.txt

# 2. 커밋 생성
C:\Git-Directory\GitHub-Project1>git commit -m "Add github.txt"

# 3. 커밋 내역 확인
C:\Git-Directory\GitHub-Project1>git log --oneline
e603986 (HEAD -> main) Add github.txt
```

이제 로컬 리포지터리를 깃허브에 원격 리포지터리를 생성한 후 연결하겠습니다. 깃허브에 방문한 후, 앞에서 생성한 깃허브 계정으로 로그인합니다. 그런 다음 깃허브 메인 페이지 왼쪽의 [Create repository]를 클릭합니다.

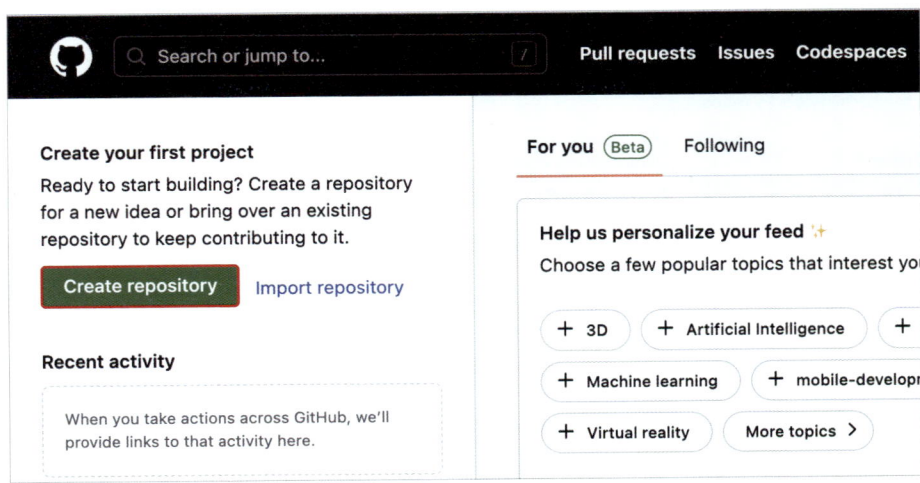

그림 5.29 [Create repository] 클릭

또는 오른쪽 상단의 [+] 버튼을 클릭한 후 [New repository]를 클릭해도 됩니다.

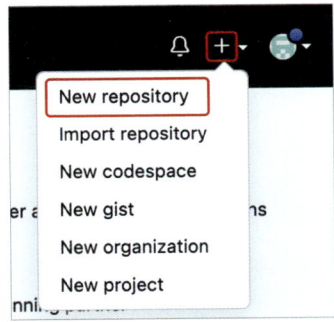

그림 5.30 [+] 버튼 클릭 후 [New repository] 클릭

그럼 다음과 같이 'Create a new repository' 페이지로 이동합니다.

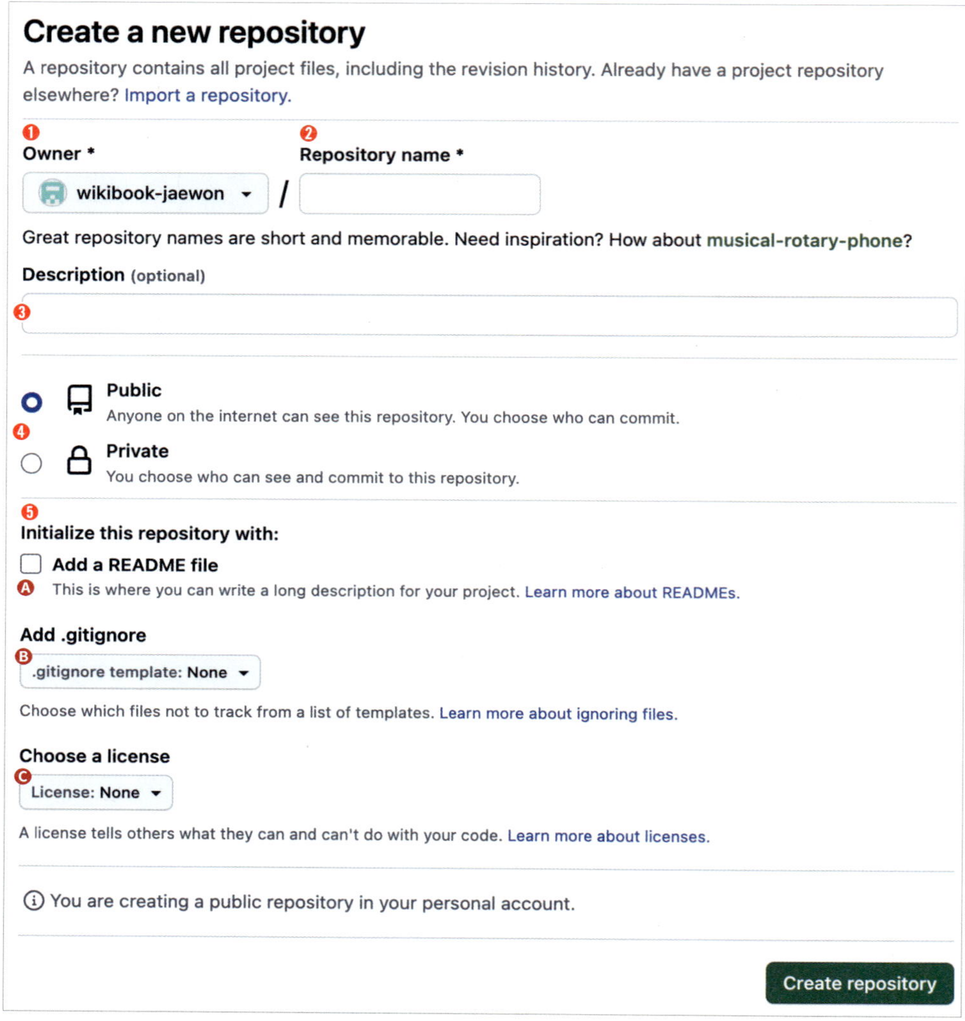

그림 5.31 리포지터리를 생성할 수 있는 'Create a new repository' 페이지

이 페이지를 구성하는 항목들은 다음과 같습니다.

- ❶ Owner: 리포지터리를 소유할 계정. 대부분의 경우 앞에서 생성한 깃허브 계정 1개가 기본값으로 표시됩니다.

- ❷ Repository name: 생성할 리포지터리의 이름. 리포지터리 이름은 고유해야 하며, 대소문자를 구분합니다. 띄어쓰기는 사용할 수 없으며, 일반적으로 '-'나 '_'를 사용해 단어 사이를 구분합니다. 리포지터리 이름은 URL에 반영됩니다.

❸ Description(optional): 리포지터리에 대한 간단한 설명. 선택 사항이며 다른 사용자들이 프로젝트를 이해하도록 돕습니다.

❹ Public/Private: 리포지터리의 공개 여부. Public은 전체 공개이며, Private는 비공개로 내 계정을 포함해 초대한 사용자만 접근할 수 있습니다.

❺ Initialize this repository with: 리포지터리를 초기화(생성)할 때 선택적으로 추가할 수 있는 항목을 지정합니다.

- Ⓐ Add a README file: 리포지터리 생성 시 리드미(README) 파일도 생성합니다. 리드미 파일은 리포지터리에 대한 설명을 작성할 수 있는 파일입니다.

- Ⓑ Add .gitignore: 리포지터리 생성 시 .gitignore 파일도 생성합니다. .gitignore는 Git이 무시해야 할 파일이나 디렉터리를 설정할 수 있는 파일입니다. 작업 시 깃허브에 업로드해서는 안 되는 민감한 정보가 담긴 파일이나 디렉터리를 이 파일에 지정할 수 있습니다.

- Ⓒ Choose a license: 리포지터리에 적용할 라이선스. 라이선스는 리포지터리의 코드 사용 규칙을 정의하고 다른 사용자에게 어떻게 리포지터리를 사용할 수 있는지 알려줍니다.

이번 실습에서는 로컬에 있는 리포지터리를 깃허브 원격 리포지터리와 연결해야 하기 때문에 아무런 설정을 하지 않은 빈 리포지터리로 생성합니다.

먼저 Repository name을 작성합니다. 로컬의 리포지터리 이름과 동일하지 않아도 되지만 일관성을 위해 동일한 'GitHub-Project1'로 설정합니다. 다음으로 여기서는 실습 삼아 리포지터리를 생성하는 것이므로 Private으로 설정해 리포지터리를 비공개로 설정합니다. Public으로 설정해도 무관합니다.

모두 설정하고 나면 [Create repository] 버튼을 클릭해 리포지터리를 생성합니다.

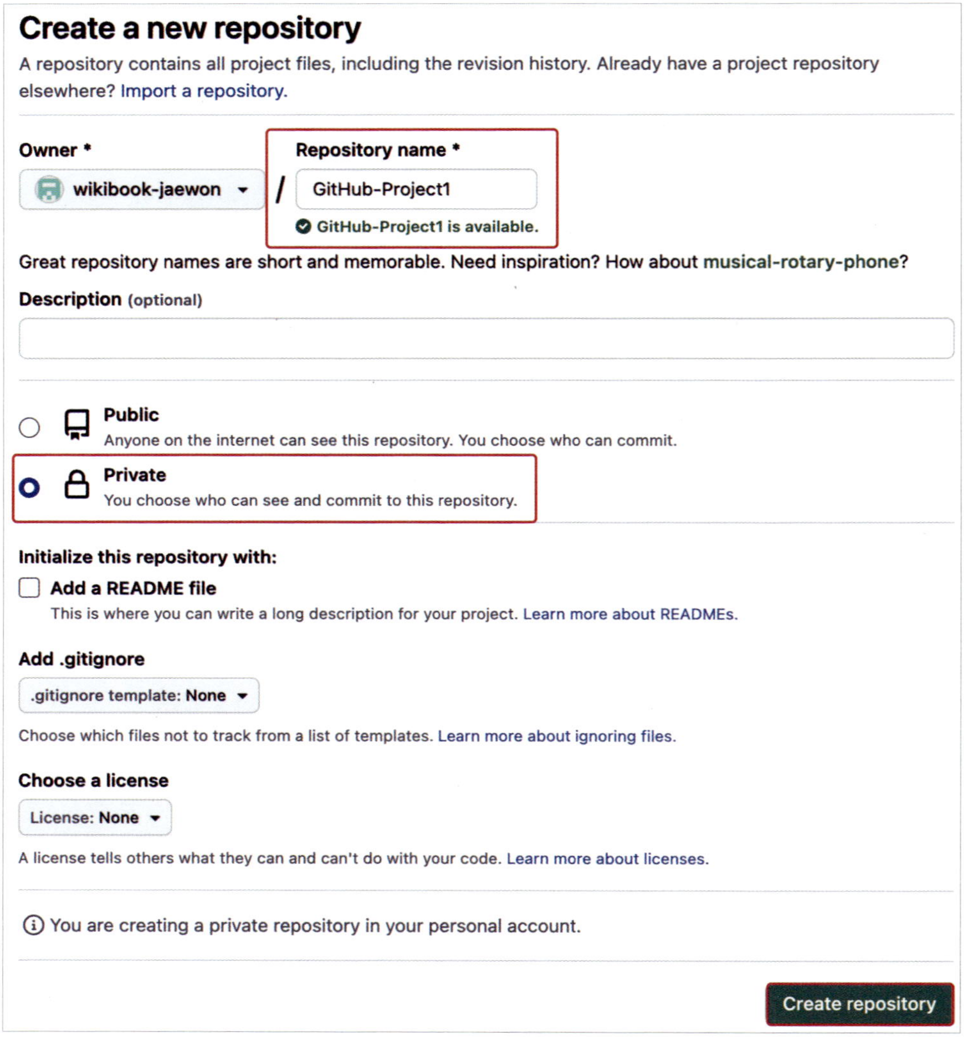

그림 5.32 'Create a new repository' 페이지의 내용 채우기

리포지터리 생성이 완료됐습니다. 이제 그림 5.33과 같은 화면이 표시됩니다. 낯선 명령어들이 보여서 당황할 수도 있는데 당황하지 않으셔도 됩니다. 이 화면에서 안내하는 명령어를 그대로 복사해서 CLI에 붙여넣기만 하면 되기 때문입니다.

5. 진짜 협업의 시작, 깃허브   135

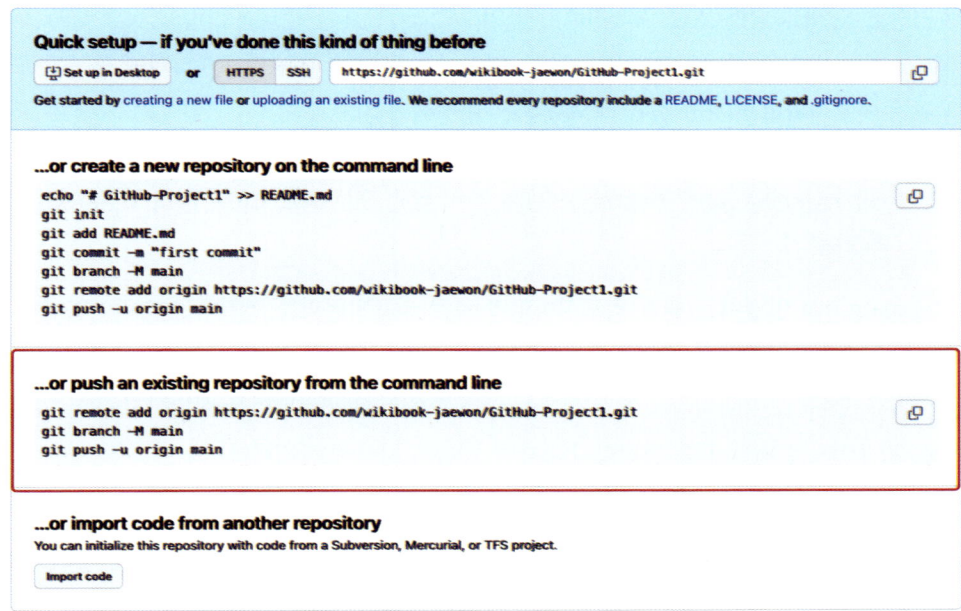

그림 5.33 빈 리포지터리 생성 후 표시되는 페이지

우선 로컬에서 생성한 리포지터리와 이 깃허브 리포지터리를 연결해야 하기 때문에 그림 5.33에 표시된 '…or push an existing repository from the command line' 아래의 명령어를 살펴봅시다. 이곳에 나열된 명령어를 전부 복사해서 CLI에 그대로 붙여 넣으면 되지만 그 전에 한 가지 명령어를 알아봅시다. 낯선 명령어가 보이는데, git remote는 어떤 역할을 하는 명령어일까요?

5.3.2 git remote – 현재 로컬 리포지터리에 등록된 원격 리포지터리

잠깐 CLI로 돌아가서 다음 명령어를 입력합시다. 입력해도 아무런 반응이 없습니다.

```
C:\Git-Directory\GitHub-Project1>git remote
```

다음 명령어를 입력하면 어떨까요? 마찬가지로 아무런 반응이 없습니다.

```
C:\Git-Directory\GitHub-Project1>git remote -v
```

그 이유는 현재 로컬에 있는 리포지터리가 어떠한 원격 리포지터리(깃허브, 깃랩 등)와도 연결돼 있지 않기 때문입니다. **git remote 명령어는 로컬에 있는 리포지터리에 등록된 모든 원격 리포지터리를 보고 싶을 때 사용하는 명령어입니다.**

5.3.3 git remote add ⟨name⟩ ⟨URL⟩ – 로컬 리포지터리에 원격 리포지터리 추가하기

`git remote add` 명령어는 원격 리포지터리와 로컬 리포지터리를 연결하는 명령어입니다. `<name>`에 지정된 이름으로, `<URL>`에 지정된 원격 리포지터리를 로컬 리포지터리에 추가하는 역할을 합니다. 이때 `<name>`에 지정하는 이름은 원격 리포지터리를 식별하기 위한 이름으로, 관례적으로 'origin'을 지정합니다(다른 이름을 사용해도 됩니다).

그림 5.33에 표시된 명령어 가운데 첫 번째 명령어인 '`git remote add origin https://github.com/wikibook-jaewon/GitHub-Project1.git`'이 바로 이 명령어에 해당하며, 이 명령어를 실행하면 깃허브에 있는 원격 리포지터리가 origin이라는 이름으로 로컬 리포지터리와 연결됩니다.

이제 그림 5.33에 나열된 명령어를 복사해서 CLI에 입력해봅시다.

```
# https://github.com/wikibook-jaewon/GitHub-Project1.git과 연결
git remote add origin https://github.com/wikibook-jaewon/GitHub-Project1.git

# 현재 브랜치 이름을 main으로 변경
git branch -M main

# 원격 리포지터리인 origin에 로컬 브랜치 main을 push
git push -u origin main
```

다음과 같이 'Connect to GitHub'라는 대화상자가 열리면 [Sign in with your browser] 버튼을 클릭합니다.

5. 진짜 협업의 시작, 깃허브   137

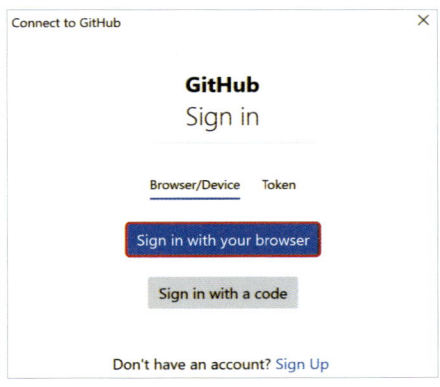

그림 5.34 깃허브 로그인

이후 브라우저가 열리면 [Authorize git-ecosystem] 버튼을 클릭해 원격 리포지터리에 대한 접근 권한을 부여합니다.

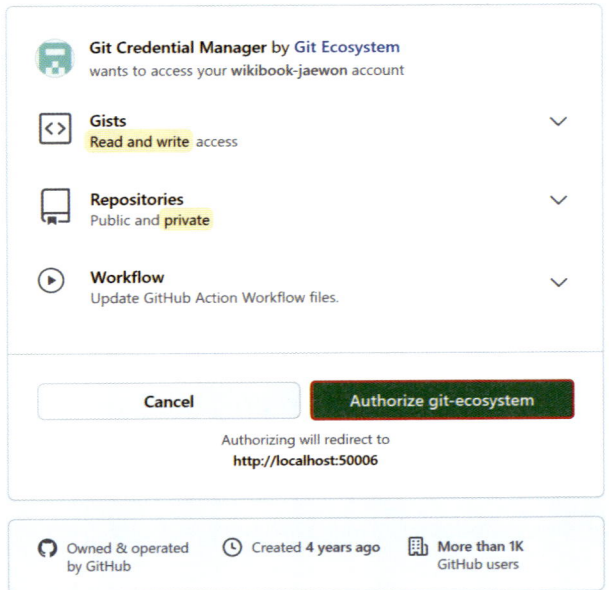

그림 5.35 리포지터리에 대한 접근 권한 부여

이제 연결된 깃허브 리포지터리를 확인하면 다음과 같이 로컬에서 push한 커밋이 반영되어 로컬에서 만든 `github.txt` 파일을 확인할 수 있습니다.

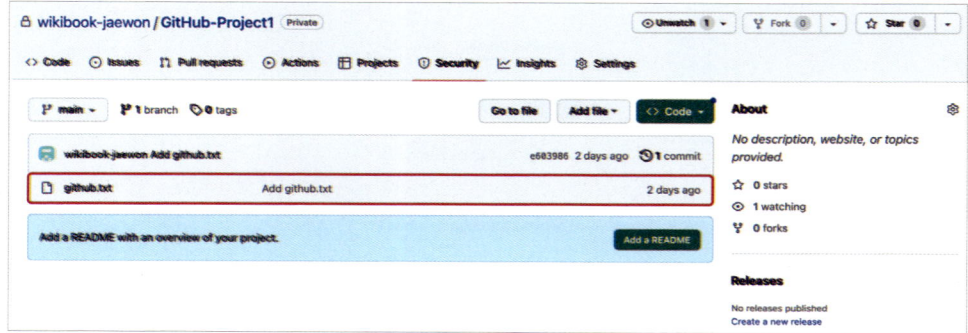

그림 5.36 로컬 리포지터리의 변경 사항이 깃허브 원격 리포지터리에 업로드됨

다시 CLI로 이동해 `git remote`라는 명령어를 입력해봅시다. 아무 반응이 없던 전과 달리 이번에는 `origin`이라는 내용이 표시됩니다. 즉, `git remote` 명령어를 사용하면 앞에서 설명한대로 로컬 리포지터리에 등록된 모든 원격 리포지터리를 볼 수 있습니다.

```
C:\Git-Directory\GitHub-Project1>git remote
origin
```

이것은 앞에서 'git remote add <name> <URL>'을 실행해 원격 리포지터리 링크(<URL>)인 'https://github.com/wikibook-jaewon/GitHub-Project1.git'을 origin이라는 이름(<name>)으로 로컬 리포지터리에 등록했기에 `git remote` 명령어를 입력하면 등록된 원격 리포지터리인 origin을 보여주는 것입니다.

이번에는 'git remote -v'도 입력해봅시다. 이 명령어는 `git remote`와 마찬가지로 로컬 리포지터리에 등록된 모든 원격 리포지터리를 보여주되, `git remote`에 비해 조금 더 자세히 보여줍니다.

```
C:\Git-Directory\GitHub-Project1>git remote -v
origin  https://github.com/wikibook-jaewon/GitHub-Project1.git (fetch)
origin  https://github.com/wikibook-jaewon/GitHub-Project1.git (push)
```

보다시피 origin이라는 원격 리포지터리 이름과 URL이 표시됩니다. 그리고 뒤에 '(fetch)' 와 '(push)'라는 표현도 보이는데, 이것은 원격 리포지터리와 로컬 리포지터리가 연결되어 변경 사항을 업로드(push)하거나 가져올 수(fetch, pull) 있음을 의미합니다.

이렇게 해서 로컬에서 작업한 리포지터리와 깃허브 원격 리포지터리를 성공적으로 연결했습니다.

2. 깃허브에서 빈 리포지터리를 생성한 후 로컬에 클론해서 연결하기

앞에서 살펴본 방법은 로컬에서 리포지터리를 먼저 생성한 경우에 깃허브와 연결하는 방법이었습니다. 지금부터 소개할 방법은 로컬에 작업 중인 리포지터리가 없는 경우, 즉 처음부터 깃허브에서 프로젝트를 관리 및 시작할 때 유용한 방법입니다.

먼저 깃허브에서 새로운 리포지터리를 생성합니다. 'Repository name'을 'GitHub-Project2'라고 지정하겠습니다. 공개 여부는 'Private'으로 설정합니다. 그리고 이번에는 'Add a README file' 항목을 체크하고 [Create repository] 버튼을 클릭해 리포지터리를 생성합니다.

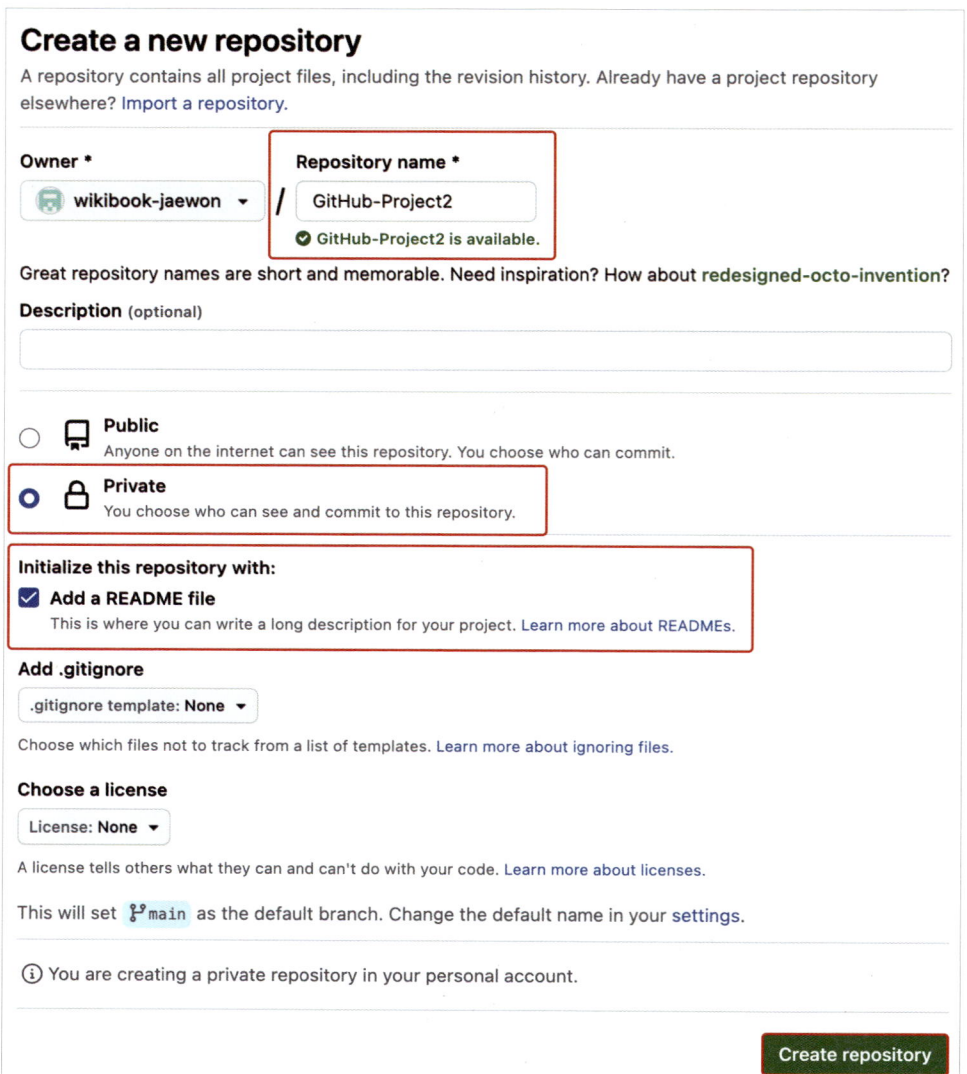

그림 5.37 GitHub-Project2 리포지터리 생성

리포지터리 생성을 완료하면 다음과 같은 화면이 표시됩니다. 앞선 1번 방법의 그림 5.33처럼 초기 설정을 안내하는 페이지가 보이지 않습니다. 그 이유는 리포지터리를 생성할 때

리드미 파일을 함께 추가했기 때문인데, 리드미 파일을 추가함과 동시에 'initial commit' 이라는 커밋이 1개 생성됐으므로 초기 설정을 할 필요가 없어진 셈입니다.[6]

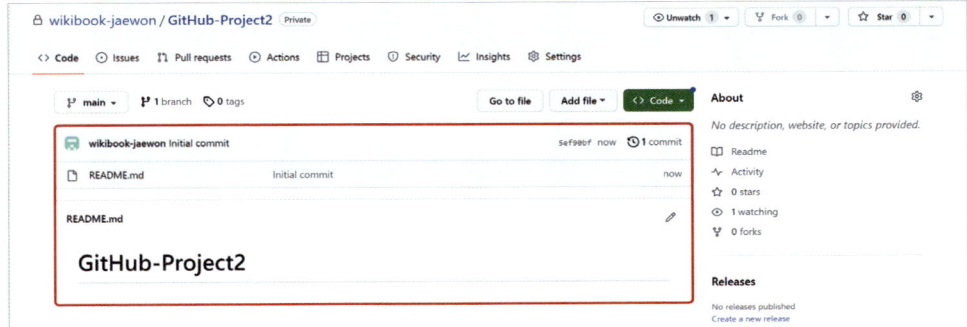

그림 5.38 GitHub-Project2 리포지터리가 생성된 모습

이제 이 깃허브의 원격 리포지터리를 로컬로 가져오면 됩니다. 페이지 오른쪽 상단의 [〈 〉 Code] 버튼을 클릭합니다. 그러고 나서 HTTPS에 해당하는 GitHub-Project2 리포지터리의 주소를 복사합니다.

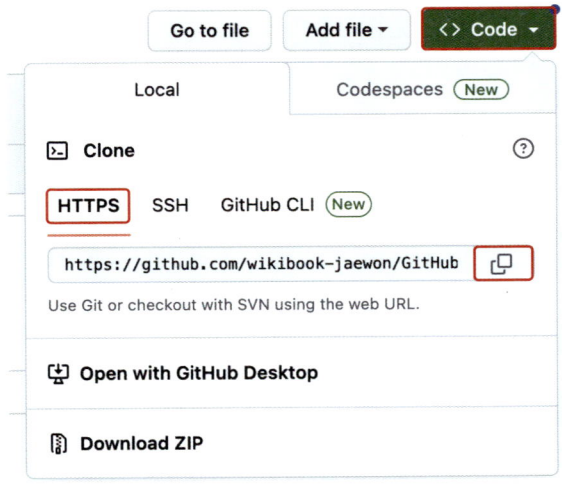

그림 5.39 GitHub-Project2 리포지터리의 주소 복사

---

6 만약 'Add a README file'을 체크하지 않고 리포지터리를 생성했다면 그림 5.33의 '...or create a new repository on the command line' 부분의 명령어를 명령 프롬프트에 입력하면 됩니다.

5.3.4 git clone ⟨URL⟩ – 원격 리포지터리를 로컬에 복제하기

로컬로 돌아와서 CLI에서 GitHub-Project2 리포지터리를 복제하고 싶은 위치로 이동합니다. 여기서는 지금까지 계속 실습을 진행해온 Git-Directory로 이동하겠습니다. 그리고 나서 다음과 같이 git clone 명령어를 입력하고 그 뒤에 방금 복사했던 GitHub-Project2 리포지터리의 주소를 붙여넣습니다.

```
C:\Git-Directory>git clone https://github.com/wikibook-jaewon/GitHub-Project2.git
Cloning into 'GitHub-Project2'...
remote: Enumerating objects: 3, done.
remote: Counting objects: 100% (3/3), done.
remote: Total 3 (delta 0), reused 0 (delta 0), pack-reused 0
Receiving objects: 100% (3/3), done.
```

그럼 복제가 정상적으로 완료되고 다음과 같이 Git-Directory 내부에 복제된 GitHub-Project2 리포지터리를 확인할 수 있습니다.

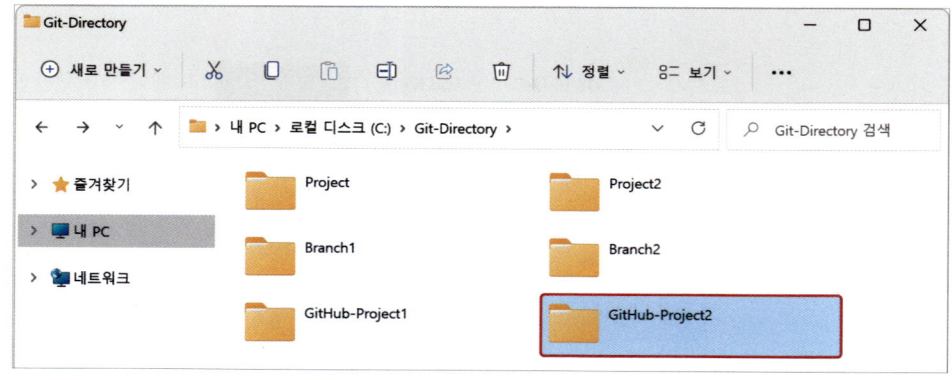

그림 5.40 GitHub-Project2 리포지터리가 정상적으로 로컬에 복제된 모습

이어서 GitHub-Project2 리포지터리로 이동해 다음과 같은 명령어를 입력합니다. 깃허브로부터 복제한 리포지터리이기 때문에 git remote 명령어를 실행해 보면 리포지터리를 생성할 때 등록된 정보가 표시됩니다.

```
# GitHub-Project2로 이동
C:\Git-Directory>cd GitHub-Project2

# git remote를 실행했을 때
C:\Git-Directory\GitHub-Project2>git remote
origin

# git remote -v를 실행했을 때
C:\Git-Directory\GitHub-Project2>git remote -v
origin  https://github.com/wikibook-jaewon/GitHub-Project2.git (fetch)
origin  https://github.com/wikibook-jaewon/GitHub-Project2.git (push)
```

이렇게 해서 깃허브의 원격 리포지터리와 로컬 리포지터리를 연결하는 두 가지 방법을 알아봤습니다. 상황에 따라 둘 중 적절한 방법을 사용하면 됩니다. 애초에 로컬에 작업 중인 리포지터리가 없다면 깃허브부터 시작하는 두 번째 방법이 좀 더 간편합니다.

✅ Check, README 파일이 뭔가요?

리드미(README) 파일은 프로젝트(리포지터리)의 정보 및 사용법 등을 한눈에 확인할 수 있도록 소개하는 문서 파일입니다. 일반적으로 프로젝트 리포지터리의 최상단에 위치하며, 보통 마크다운(.md) 형식으로 작성됩니다.

마크다운 문서에는 일반 텍스트 문서에 몇 가지 기호와 구조를 추가해 다양한 서식을 적용할 수 있습니다. 예를 들어, 글자를 굵게 하거나, 목록을 만들거나, 링크를 넣는 등의 기능을 간단한 기호 몇 개로 작성할 수 있습니다. 문서를 더 쉽고 깔끔하게 정리하는 방법이라 할 수 있습니다.

마크다운 사용법을 자세히 알고 싶다면 제가 만든 오픈소스 서비스인 EASYME.md 프로젝트를 살펴보시기 바랍니다. 이 서비스는 개발자가 마크다운 문법에 익숙하지 않아도 리드미 파일을 쉽게 작성할 수 있도록 만들어졌습니다.

– EASYME.md: https://www.easy-me.com

✅ Check, .gitignore 파일

.gitignore 파일은 앞에서 설명한대로 Git이 무시해야 할 파일이나 디렉터리 등을 설정할 수 있는 파일입니다. 이 .gitignore 파일은 프로젝트 리포지터리의 최상단에 위치해야 하며, 디렉터리와 그 하위 디렉터리에 있는 파일이나 폴더에 대해 적용됩니다.

.gitignore 파일에는 다음과 같은 패턴 형식으로 Git이 무시할 파일이나 폴더를 지정할 수 있습니다.

📄 .gitignore

```
# 단일 파일 지정
test.txt # test.txt를 깃허브에 업로드하지 않도록 무시
config.json # config.json을 깃허브에 업로드하지 않도록 무시

# 디렉터리 지정
assets/ # assets 디렉터리 하위의 모든 정보를 무시
src/ # src 디렉터리 하위의 모든 정보를 무시

# 와일드카드 사용
*.txt # 모든 txt 파일 무시
*.log # 모든 log 파일 무시

# 특정 패턴 제외
*.local # 모든 local 파일 무시
!important.local # 'important.local'은 무시하지 않음
```

5.4 깃허브 활용 실습

앞에서 깃허브의 원격 리포지터리와 로컬 리포지터리를 연결하는 방법을 알아봤습니다. 이제 5.2절에서 살펴본 바와 같이 깃허브로 로컬 리포지터리의 변경 사항을 업로드하고, 반대로 깃허브의 원격 리포지터리에 반영된 변경 사항을 로컬 리포지터리로 가져오는 작업을 실습해봅시다. 깃허브로 협업하는 프로세스는 대부분 이러한 과정의 연속입니다. 즉, 이번 절에서 소개하는 프로세스만 숙지해도 깃허브를 활용해 협업하는 데 무리가 없을 것입니다.

5.4.1 git push - 로컬의 새로운 변경 사항을 깃허브에 올리기

이번 실습에서는 VS Code를 사용할 예정입니다. VS Code의 자체 기능과 내장 터미널을 함께 활용해 실습을 진행하겠습니다.

VS Code를 실행하고 앞서 깃허브 원격 리포지터리와 연결한 `GitHub-Project2` 리포지터리를 살펴봅시다. 깃허브에서 리포지터리를 생성하면서 함께 만든 `README.md` 파일이 있습니다.

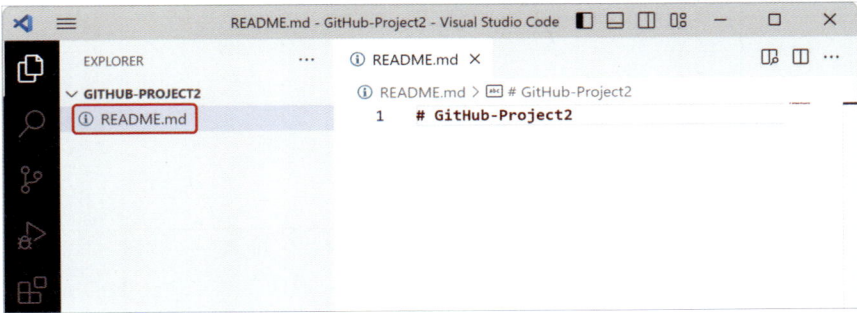

그림 5.41 VS Code로 열어본 `GitHub-Project2` 리포지터리

터미널을 열기 위해 VS Code 메뉴의 [Terminal] → [New Terminal]을 선택합니다(단축키: Ctrl + Shift + `). 또는 Ctrl + ` 또는 Ctrl + J를 눌러 터미널 창을 열고 닫을 수도 있습니다.

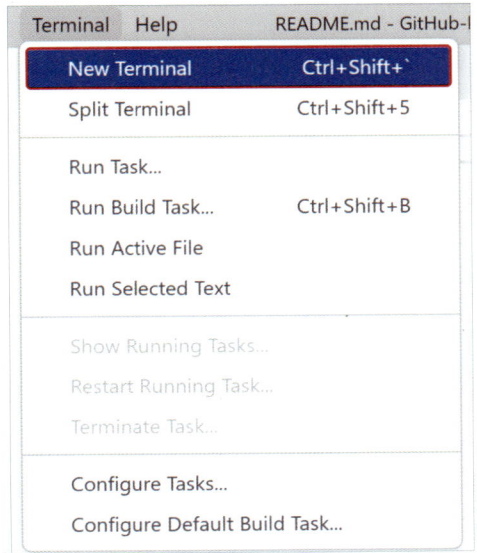

그림 5.42 VS Code에 내장된 터미널 열기

그럼 다음과 같이 터미널이 열립니다.

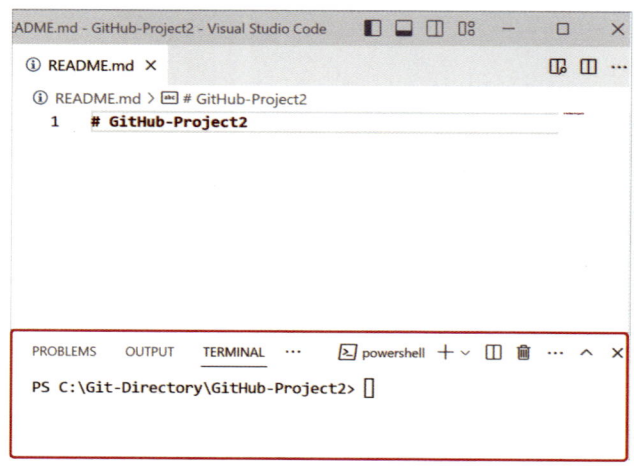

그림 5.43 내장 터미널이 열린 모습

다음과 같이 현재 브랜치를 확인하면 당연히 main 브랜치로 지정돼 있을 것입니다. 특별히 브랜치를 생성하지 않았기 때문입니다.

```
# 현재 브랜치 위치와 생성한 브랜치 보기
C:\Git-Directory\GitHub-Project2>git branch
* main
```

이후 커밋 생성을 위해 README.md 파일에 다음과 같이 간단한 텍스트를 입력합니다.

📄 README.md

```
# GitHub-Project2

- Push Test
```

변경 사항을 저장하고, 커밋을 생성합니다.

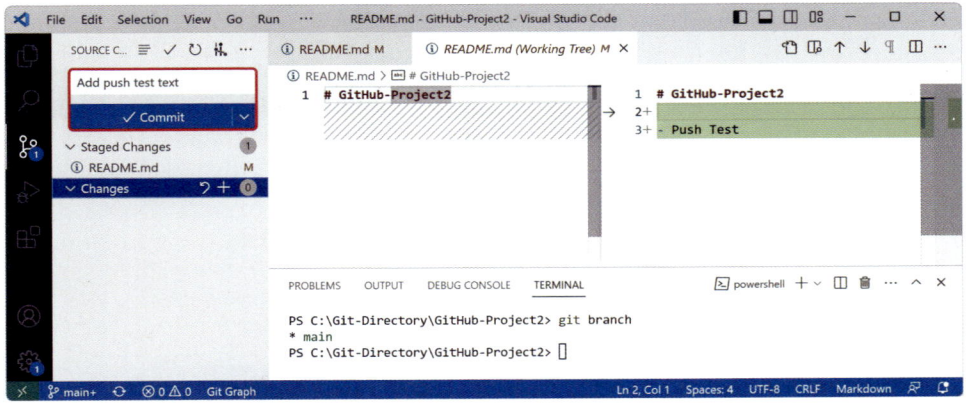

그림 5.44 git push를 위한 커밋 생성

이제 터미널에서 git push를 진행하겠습니다. 다음과 같이 'git push origin main'이라고 입력합니다. 로컬 리포지터리와 연결된 원격 리포지터리인 origin에 로컬 브랜치 main을 업로드(push)하겠다는 의미입니다.

```
C:\Git-Directory\GitHub-Project2>git push origin main
Enumerating objects: 5, done.
Counting objects: 100% (5/5), done.
Writing objects: 100% (3/3), 284 bytes | 284.00 KiB/s, done.
Total 3 (delta 0), reused 0 (delta 0), pack-reused 0
To https://github.com/wikibook-jaewon/GitHub-Project2.git
 + ec8381d...13f8fe9 main -> main
```

그러고 나서 깃허브의 GitHub-Project2 리포지터리를 확인해봅시다. ❶ 가장 최근에 커밋한 메시지인 'Add push test text'가 보이고, ❷ README.md 파일에 방금 커밋한 내용이 반영된 것을 확인할 수 있습니다.

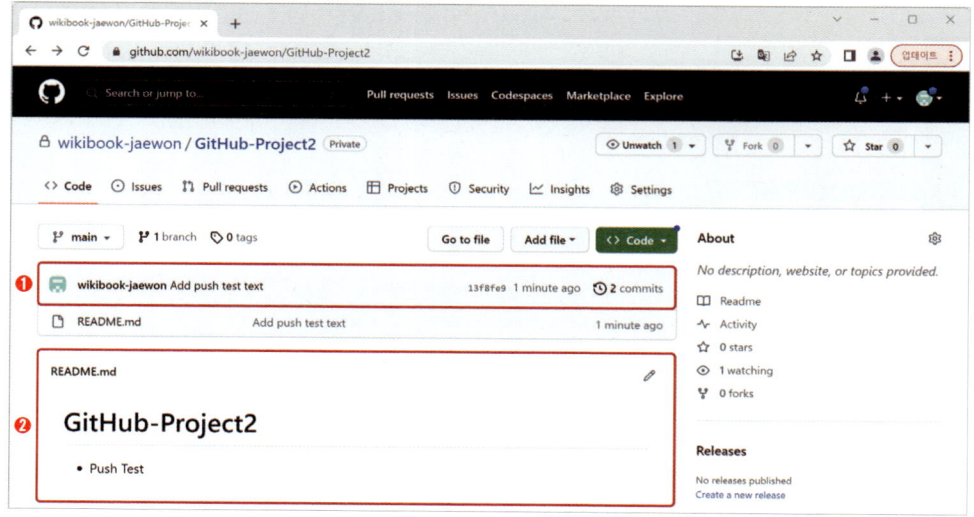

그림 5.45 로컬 리포지터리에 새롭게 커밋한 변경 사항을 push한 후의 원격 리포지터리

이렇게 해서 로컬 리포지터리의 변경 사항을 원격 리포지터리에 업로드하는 방법을 살펴봤습니다.

다음으로 깃허브 원격 리포지터리에 있는 새로운 변경 사항을 로컬 리포지터리로 가져오는 방법을 실습하겠습니다. 앞에서 설명한 `git fetch`와 `git pull` 명령어를 실습을 통해 알아봅시다.

5.4.2 git fetch – 깃허브에 새로운 변경 사항을 로컬로 가져오기

현재 원격 리포지터리의 내용과 로컬 리포지터리의 내용은 동일합니다. 즉, 새로운 변경 사항이 없기 때문에 로컬 리포지터리로 새로운 변경 사항을 가져올 수 없습니다. 따라서 먼저 깃허브에 있는 원격 리포지터리에서 자체적으로 커밋을 한 후 새 변경 사항을 로컬 리포지터리로 가져오도록 하겠습니다.

먼저 원격 리포지터리에서 `README.md` 파일을 클릭하고 오른쪽 상단의 ❶ 연필 아이콘을 클릭합니다.

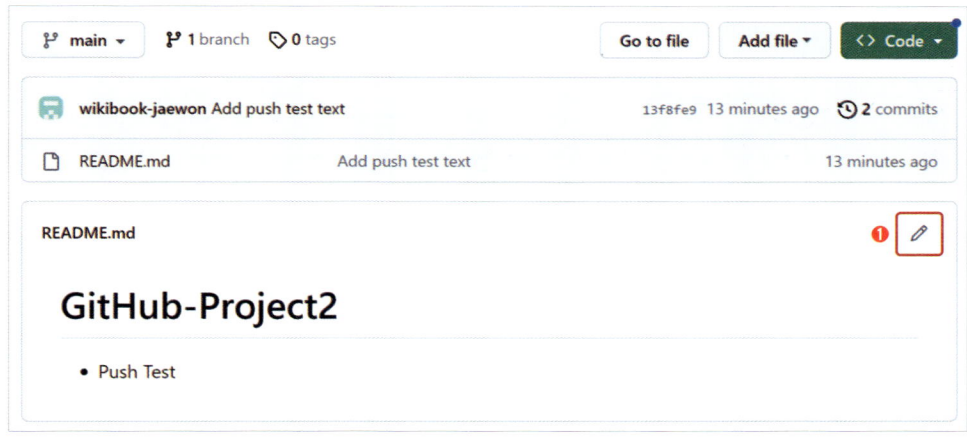

그림 5.46 원격 리포지터리의 README.md 파일 수정

그럼 README.md 파일을 편집할 수 있게 됩니다. 다음과 같이 ❷ '– Fetch Test'라는 텍스트를 추가합니다. 그럼 새로운 변경 사항이 생겼기 때문에 오른쪽 상단의 ❸ [Commit changes…] 버튼이 활성화됩니다. 이 버튼을 클릭합니다.

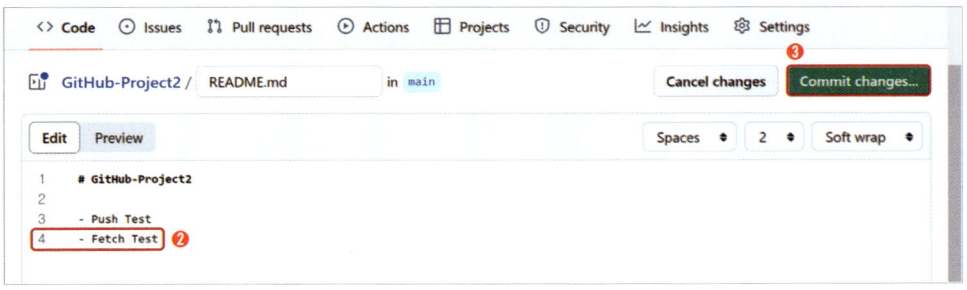

그림 5.47 깃허브에서 직접 커밋하기

다음과 같이 커밋 메시지를 작성하는 창이 표시됩니다. 적절한 커밋 메시지를 작성하고 [Commit changes] 버튼을 클릭합니다.

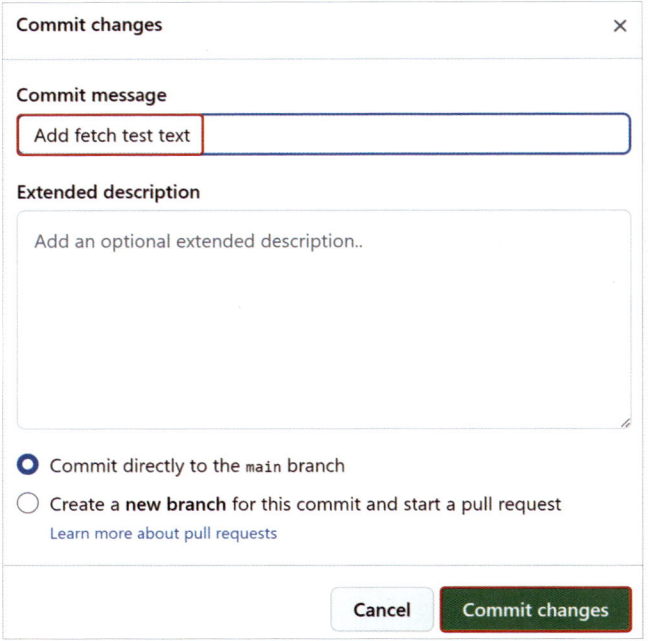

그림 5.48 커밋 메시지 작성과 커밋 실행

깃허브 페이지로 돌아오면 새로운 변경 사항인 ❶ 커밋과 ❷ 수정한 내용이 적용된 것을 확인할 수 있습니다.

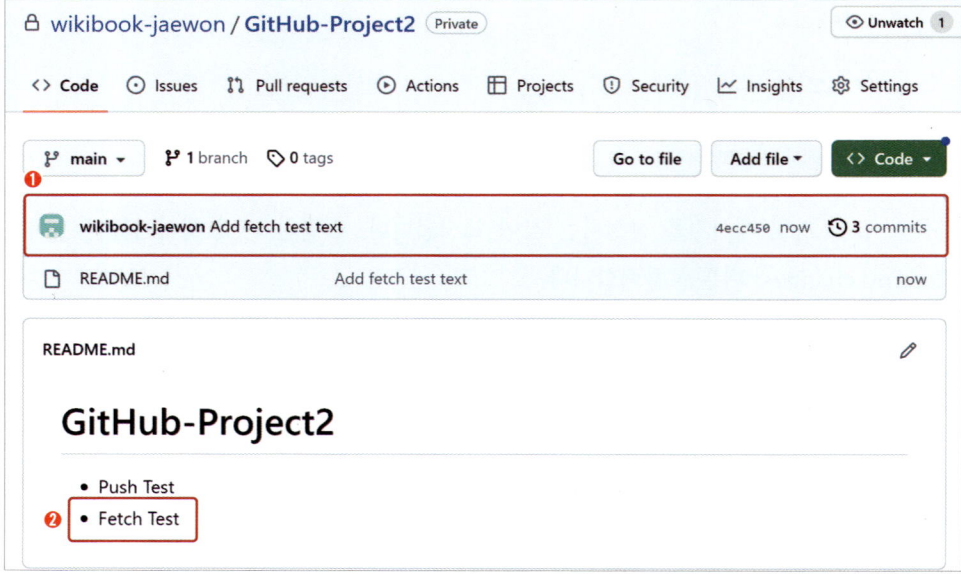

그림 5.49 깃허브에서 직접 커밋한 결과

이제 깃허브의 원격 리포지터리와 로컬 리포지터리 간에 차이가 생겼습니다. 깃허브에 반영된 최신 변경 사항이 로컬 리포지터리에 존재하지 않는 상태인 것이죠. 우선 `git fetch`를 실습해보겠습니다. 로컬 리포지터리가 연결된 VS Code로 돌아옵니다. 당연히 로컬 리포지터리는 '- Push Test' 까지만 작성돼 있는 상태(커밋 메시지: 'Add push test text')입니다.

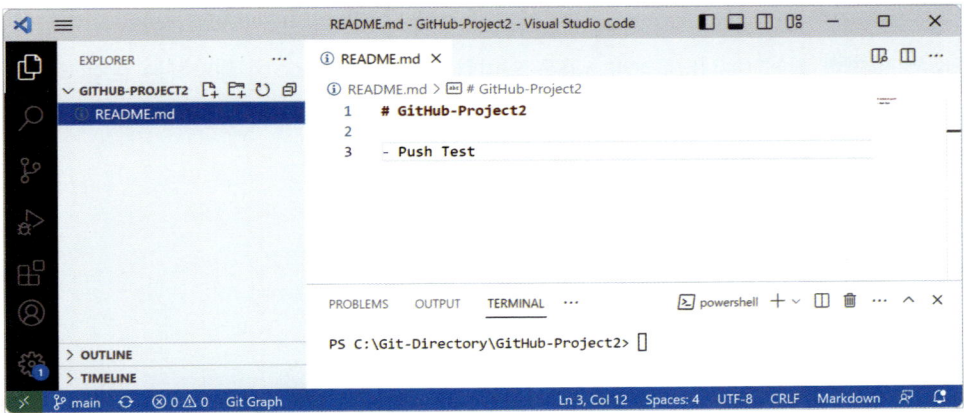

그림 5.50 로컬 리포지터리와 연결된 VS Code

VS Code의 내장 터미널에 'git fetch origin main' 명령어를 입력해봅시다. 이 명령어는 origin으로 설정된 원격 리포지터리의 main 브랜치의 내용을 현재 로컬 리포지터리로 가져오겠다는 뜻입니다.

```
C:\Git-Directory\GitHub-Project2> git fetch origin main
remote: Enumerating objects: 5, done.
remote: Counting objects: 100% (5/5), done.
remote: Total 3 (delta 0), reused 0 (delta 0), pack-reused 0
Unpacking objects: 100% (3/3), 664 bytes | 55.00 KiB/s, done.
From https://github.com/wikibook-jaewon/GitHub-Project2
 * branch            main       -> FETCH_HEAD
   13f8fe9..4ecc450  main       -> origin/main
```

앞에서 설명했듯이 fetch 명령어는 깃허브에 있는 변경 사항을 가져오기만 할 뿐이기에 특별히 변화된 모습은 발견할 수 없습니다. 다시 내장 터미널에서 'git diff main origin/main' 명령어를 실행해 봅시다.

여기서 'diff'는 '차이'를 뜻하고, git diff는 두 개의 변경 사항(커밋, 파일 등)을 비교할 때 쓰는 명령어입니다. 즉, 'git diff main origin/main'은 로컬 리포지터리의 main과 원격 리포지터리의 origin/main의 차이를 확인하는 명령어로서 현재 로컬 리포지터리의 브랜치와 원격 리포지터리의 연결된 브랜치 간의 차이를 보여줍니다.

다시 돌아와서 'git diff <a> <b>' 명령어에서 <a>는 이전 버전(a/README.md)을 의미하고, <b>는 반영할 최신 내용(b/README.md)을 의미합니다. 그래서 <a>에 해당하는 로컬 리포지터리의 main 브랜치는 빨간색, <b>에 해당하는 원격 리포지터리의 origin/main 브랜치는 초록색으로 각각 변경된 부분을 보여줍니다.

```
C:\Git-Directory\GitHub-Project2> git diff main origin/main
diff --git a/README.md b/README.md
index c9e8c9f..936a82d 100644
--- a/README.md
+++ b/README.md
@@ -1,3 +1,4 @@
# GitHub-Project2

-- Push Test
\ No newline at end of file
+- Push Test
+- Fetch Test
```

내장 터미널을 통해 <a>와 <b>의 차이점을 확인하는 방법 대신 실제 VS Code 상에서 깃허브 origin/main의 내용을 확인할 수도 있습니다. 이때는 다음과 같은 명령어를 사용합니다.

```
C:\Git-Directory\GitHub-Project2>git checkout origin/main
```

다음과 같이 ❶ VS Code에서 README.md의 내용이 변한 것을 확인할 수 있습니다. 즉, origin/main의 내용을 확인할 수 있습니다. 그리고 'git checkout origin/main' 명령어를 입력했을 때 ❷와 같은 내용이 보입니다.

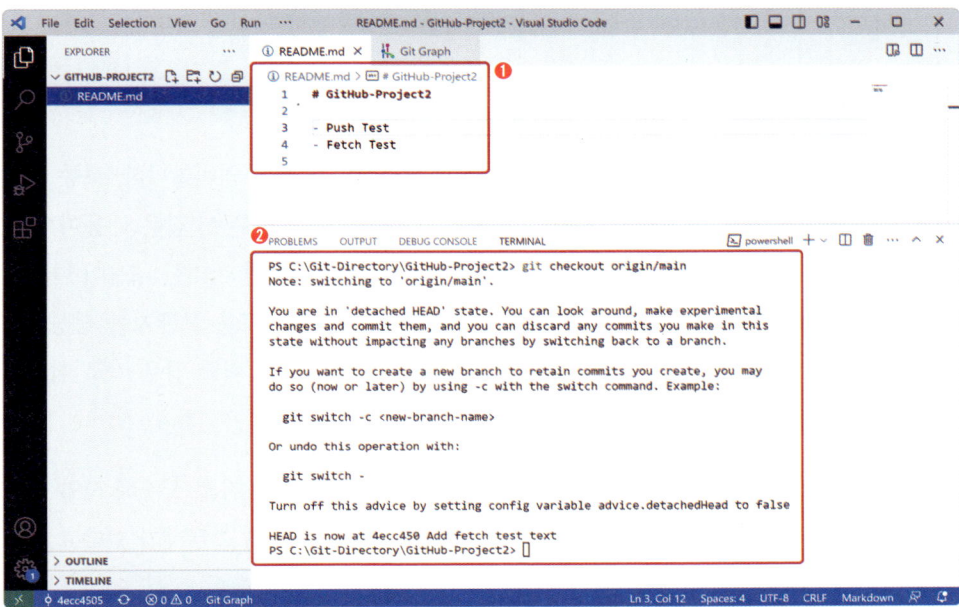

그림 5.51 'git checkout origin/main' 명령어로 origin/main의 내용을 확인

다음은 위 그림의 ❷에 표시된 내용입니다.

```
Note: switching to 'origin/main'.

You are in 'detached HEAD' state. You can look around, make experimental
changes and commit them, and you can discard any commits you make in this
state without impacting any branches by switching back to a branch.

If you want to create a new branch to retain commits you create, you may
do so (now or later) by using -c with the switch command. Example:

  git switch -c <new-branch-name>

Or undo this operation with:

  git switch -
```

```
Turn off this advice by setting config variable advice.detachedHead to false

HEAD is now at 4ecc450 Add fetch test text
```

이 내용을 간략히 요약하면 현재 상태가 HEAD에서 분리됐다는 것을 의미합니다. 보통 로컬에서 브랜치를 이동할 때 브랜치가 아닌 특정 커밋으로 이동할 경우 이 같은 내용이 나옵니다. 또는 현재 로컬에 존재하지 않는 커밋(브랜치 등)을 확인하면 이러한 내용이 나오는데, 여기서 'git switch -c <브랜치명>' 명령어를 입력할 경우 새로운 브랜치를 생성하고 현재 커밋을 보존할 수 있습니다. 또는 'git switch -' 명령어를 입력할 경우 바로 이전에 작업하던 브랜치로 돌아갑니다.

origin/main 브랜치의 변경 사항을 확인했다면 'git switch -' 명령어를 실행해 작업 중인 브랜치로 돌아옵니다. fetch 명령어로 깃허브의 변경 사항을 확인했고 문제가 없다고 판단된다면 이제 병합을 시도해보겠습니다.

다음과 같이 'git merge origin/main' 명령어를 실행합니다. 이 명령은 현재 로컬 브랜치에 origin/main 브랜치를 병합하겠다는 의미입니다.

```
C:\Git-Directory\GitHub-Project2>git merge origin/main
Updating 13f8fe9..4ecc450
Fast-forward
 README.md | 3 ++-
 1 file changed, 2 insertions(+), 1 deletion(-)
```

이제 로컬의 main 브랜치에도 깃허브의 최신 변경 사항이 반영됩니다.

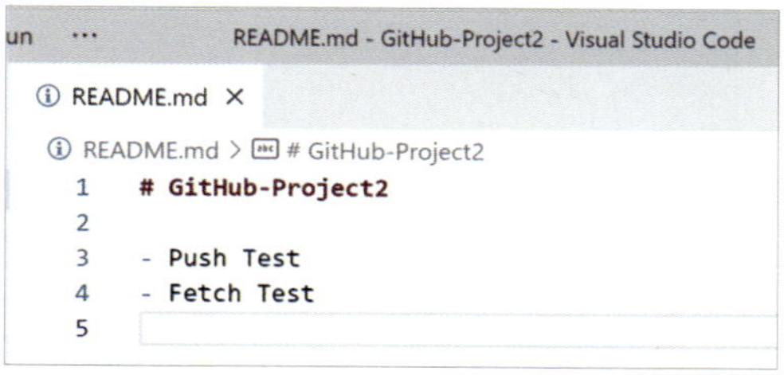

그림 5.52 깃허브의 최신 변경 사항이 병합된 로컬의 main 브랜치

5.4.3 git pull – 깃허브의 새로운 변경 사항을 로컬로 가져온 후에 병합하기

이번에는 `git fetch`와 `git merge`를 한꺼번에 실행할 수 있는 `git pull`을 살펴보겠습니다.

앞서 깃허브에서 직접 커밋을 해봤는데, 이번 실습을 위해 한 번 더 다음과 같이 깃허브에서 직접 리드미 파일에 '– Pull Test'라는 텍스트를 추가하고 커밋을 수행해 로컬 리포지터리와 다른 상태를 만듭니다.

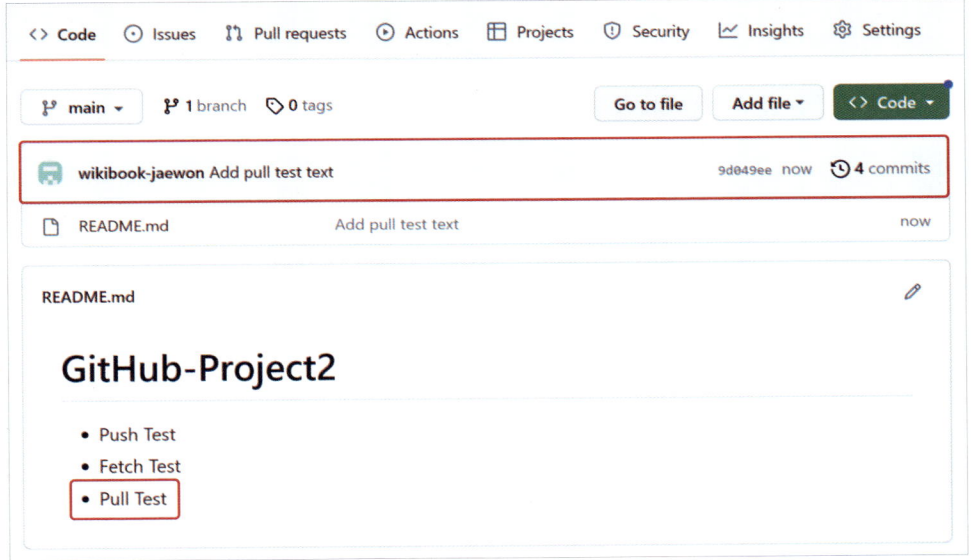

그림 5.53 깃허브에서 직접 변경 사항을 반영하고 커밋을 수행

이제 로컬 리포지터리와 연결된 VS Code로 돌아와서 `git pull` 명령어를 실행해 보겠습니다. 다음과 같이 'git pull origin main'을 실행합니다. 'git fetch origin main'과 마찬가지로 `origin`에 있는 `main` 브랜치를 pull하는 명령어입니다.

```
C:\Git-Directory\GitHub-Project2>git pull origin main
remote: Enumerating objects: 5, done.
remote: Counting objects: 100% (5/5), done.
remote: Compressing objects: 100% (2/2), done.
remote: Total 3 (delta 0), reused 0 (delta 0), pack-reused 0
Unpacking objects: 100% (3/3), 670 bytes | 83.00 KiB/s, done.
```

```
From https://github.com/wikibook-jaewon/GitHub-Project2
 * branch            main       -> FETCH_HEAD
   4ecc450..9d049ee  main       -> origin/main
Updating 4ecc450..9d049ee
Fast-forward
 README.md | 1 +
 1 file changed, 1 insertion(+)
```

VS Code를 확인해보면 로컬의 main 브랜치에 바로 깃허브의 main 브랜치(origin/main)가 병합된 것을 확인할 수 있습니다.

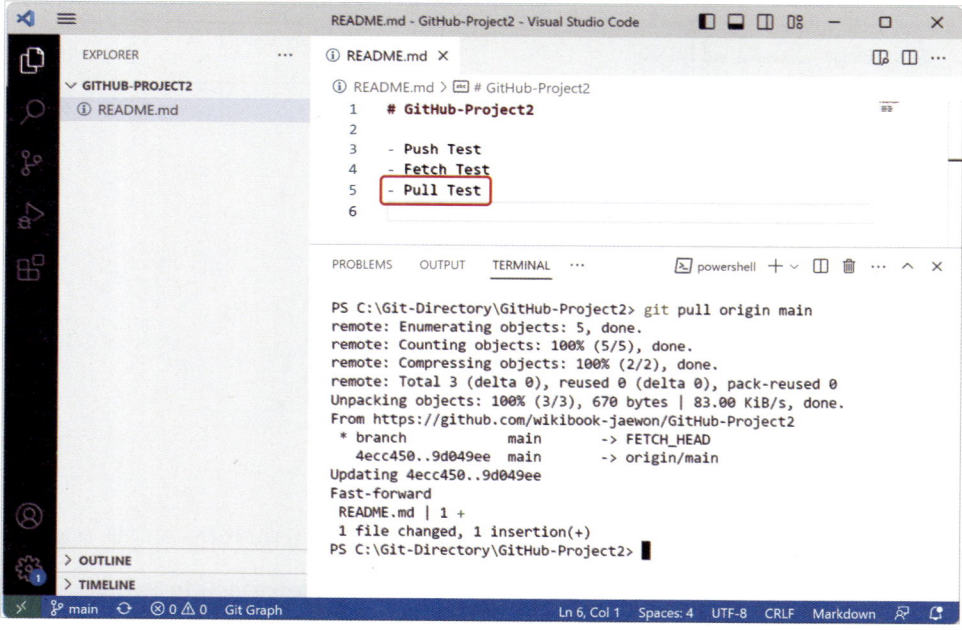

그림 5.54 깃허브의 main 브랜치가 로컬 main 브랜치에 병합된 모습

5.5 풀 리퀘스트로 탄탄하게 협업하기

앞서 깃허브를 통해 원격 리포지터리로 변경 사항을 업로드하고, 최신 변경 사항을 로컬 리포지터리로 가져오는 프로세스를 살펴봤는데, 그 과정에서 한 가지 제외한 것이 있습니다. 이를 그림을 통해 알아보겠습니다.

그림 5.7에 의하면 로컬에서 깃허브로 git push를 하면 로컬의 변경 사항이 업로드된다고 했습니다.

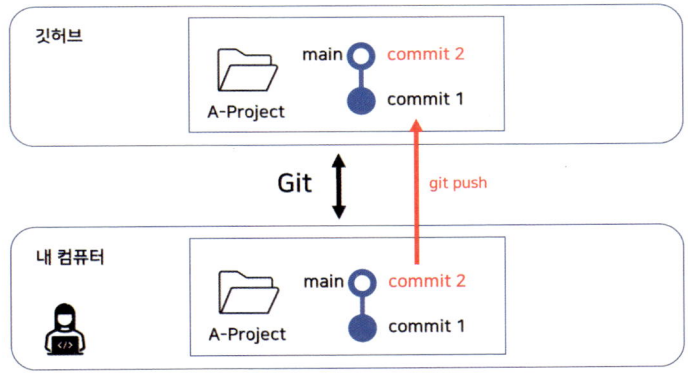

그림 5.55 git push를 통한 변경 사항 업로드

하지만 실무에서 대부분의 협업은 다음과 같은 형태로 이뤄집니다.

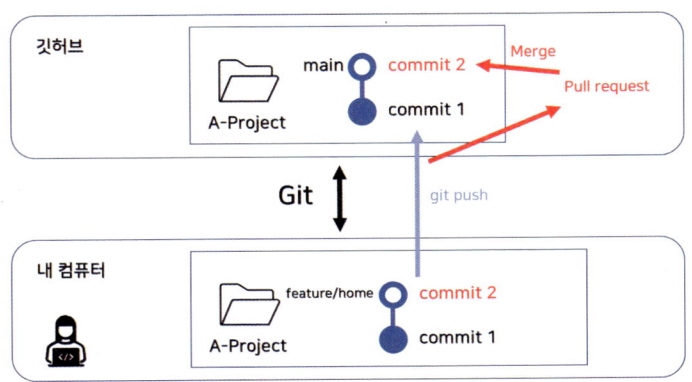

그림 5.56 git push 이후 풀 리퀘스트 과정을 거친 후에 병합

로컬의 main 브랜치에서 바로 git push를 수행하면 자동으로 병합되어 깃허브의 main 브랜치에 반영됩니다. 하지만 main 브랜치에서 직접 작업하는 것은 권장되지 않는다고 설명한 바 있습니다(61쪽, 'Check, main 브랜치는 건드리지 않는 게 좋습니다' 참고).

즉, 로컬에서 새로운 브랜치를 생성해서 git push 이후에 **풀 리퀘스트(Pull Request, PR)라는 과정을 거친 후에 최종적으로 병합하는 방법이 권장됩니다**. 그림 5.56과 같이 feature/home이라는 브랜치를 생성해서 작업을 한 후 git push를 합니다. 그리고 브랜치를 깃허브의 main 브랜치로 합치는 과정에서 PR을 생성하고, 이후에 병합합니다.

PR은 변경 사항을 다른 사람에게 알리는 것으로, 코드 리뷰 요청과 함께 병합을 요청하는 기능입니다. PR을 통해 동료 개발자와 함께 코드에 대해 토론하고 수정할 수 있습니다.

PR 과정이 필요한 대표적인 이유는 다음과 같이 세 가지가 있습니다.

1. 코드 리뷰: 작업 내용을 최종 병합하기 전, PR 과정에서 프로젝트에 참여한 개발자들 간에 코드 변경 내용을 검토하고 토론할 수 있습니다. 이 과정에서 개선점이나 버그 등을 찾아낼 수 있습니다. 즉, 코드 리뷰 과정을 통해 코드 품질과 안정성이 높아집니다.

2. 협업과 통합: 동시에 동료 개발자들과 작업을 한다는 것은 결국 각자의 브랜치에서 작업을 진행하는 것입니다. 이후 원본 브랜치(main 브랜치 등)에 병합할 때 PR 과정을 거치며 동료 간 작업 내용을 검토할 수 있습니다. 이를 통해 동료 개발자들과 작업을 조율하고 충돌, 오류 등을 방지할 수 있습니다.

3. 이력 및 추적 용이: PR은 변경 사항에 대한 이력과 추적을 제공합니다. PR 과정에서 변경 사항에 대한 배경 및 목적을 설명할 수 있습니다. 이를 통해 원활한 토론이 이어지며, 그에 따라 수정한 내용도 추적이 가능하기 때문에 이력으로 모두 관리할 수 있습니다.

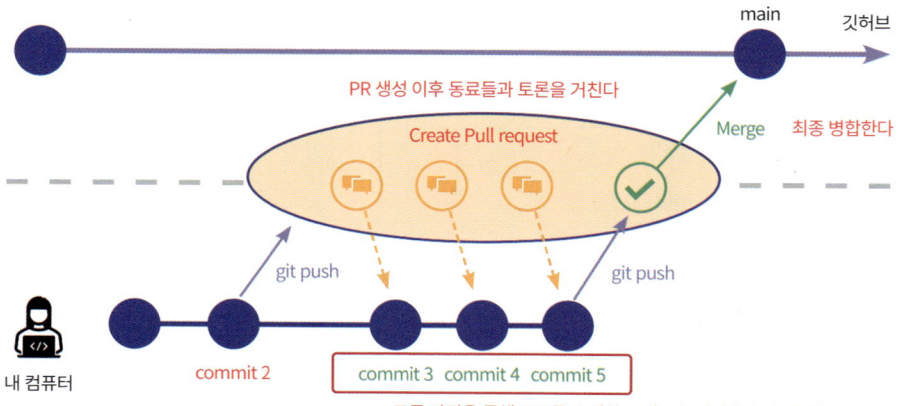

그림 5.57 PR 과정에서 코드 리뷰 등의 토론을 거치고 수정된 커밋을 생성한 후 최종적으로 병합하는 과정

만약 혼자서 작업하는 리포지터리라면 PR 과정이 불필요하게 느껴질 수도 있습니다. 물론 바로 `git push` 이후에 병합 과정을 진행해도 무관합니다. 다만 혼자 작업하더라도 PR 과정을 통해 다시 한번 코드를 점검하는 셀프 코드 리뷰로 코드의 안정성을 높일 수 있습니다.

5.5.1 깃허브에 PR 과정을 포함한 새로운 변경 사항 업로드하기

이번에는 앞서 진행한 깃허브에 변경 사항을 업로드하는 과정에 PR을 포함해서 실습해보겠습니다. 그림 5.54의 상태인 VS Code의 GitHub-Project2 리포지터리로 돌아옵니다. 여기서 브랜치를 생성하고 바로 해당 브랜치로 HEAD를 이동시키는 명령어인 '`git switch -c <브랜치명>`'을 입력합니다. 브랜치 이름은 feature/PR로 하겠습니다.

```
# feature/PR 브랜치 생성 후 브랜치로 이동
C:\Git-Directory\GitHub-Project2>git switch -c feature/PR
Switched to a new branch feature/PR

# 실제로 이동됐는지 확인
C:\Git-Directory\GitHub-Project2>git branch
* feature/PR
  Main
```

이후 커밋 생성을 위해 README.md 파일에 다음과 같이 텍스트를 추가합니다.

```
📄 README.md
# GitHub-Project2

- Push Test
- Fetch Test
- Pull Test

- PR Test
```

변경 사항을 저장하고, 커밋을 생성합니다.

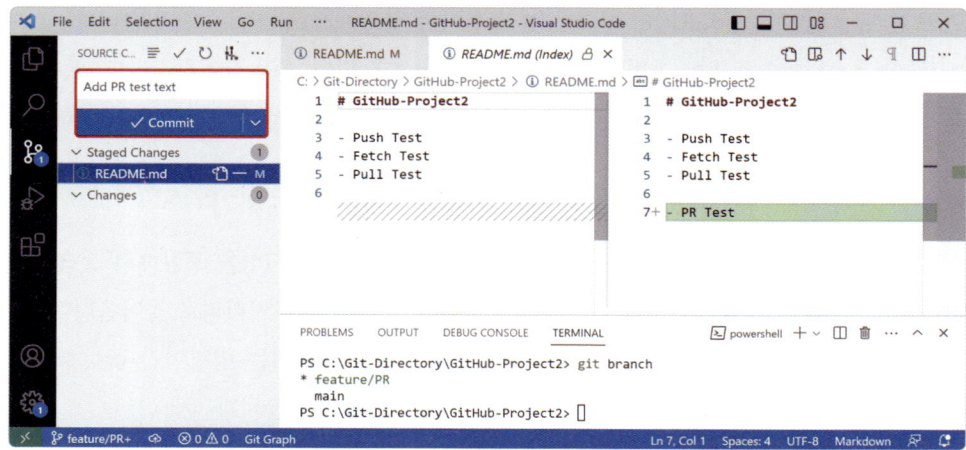

그림 5.58 feature/PR 브랜치에서 커밋 생성

이제 터미널에서 push를 진행합니다. 다음과 같이 'git push origin feature/PR' 명령어를 실행합니다.

```
C:\Git-Directory\GitHub-Project2>git push origin feature/PR
Enumerating objects: 5, done.
Counting objects: 100% (5/5), done.
Delta compression using up to 4 threads
Compressing objects: 100% (2/2), done.
Writing objects: 100% (3/3), 300 bytes | 300.00 KiB/s, done.
Total 3 (delta 0), reused 0 (delta 0), pack-reused 0
To https://github.com/wikibook-jaewon/GitHub-Project2.git
   9d049ee..d4a54f1  feature/PR -> feature/PR
```

이후 깃허브에서 GitHub-Project2 리포지터리를 확인해봅시다. 앞선 과정과 조금 다른 모습을 볼 수 있습니다. ❶ feature/PR 브랜치가 push되었다는 메시지가 보입니다. 하지만 push한 변경 사항이 아직 깃허브의 ❷ main 브랜치에는 반영돼 있지 않습니다.

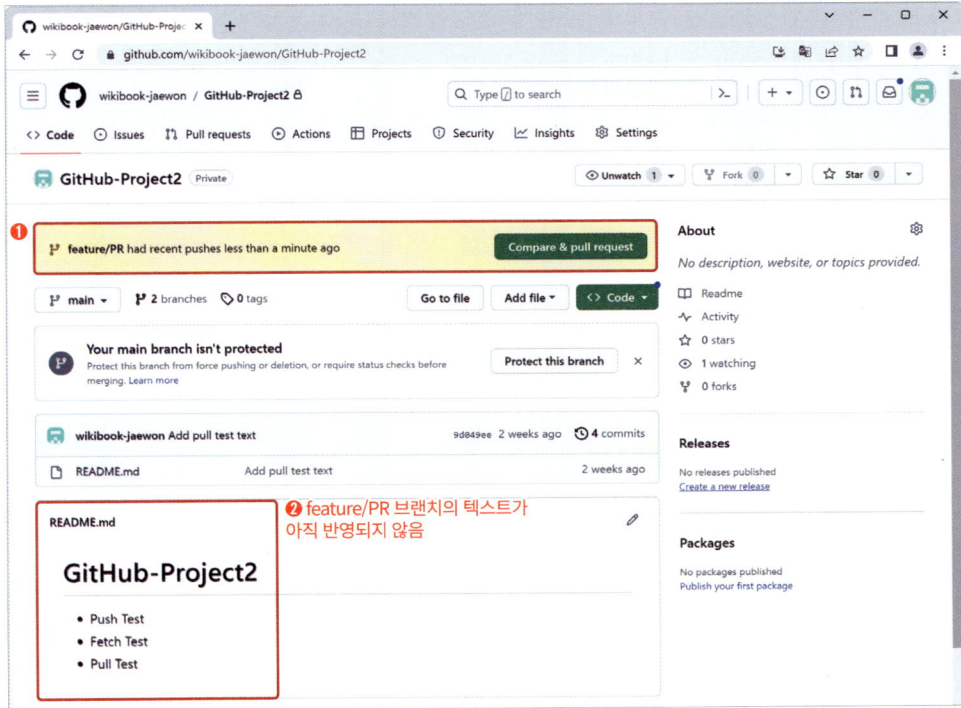

그림 5.59 feature/PR 브랜치를 push한 이후의 GitHub-Project2 리포지터리

다음 그림 5.60을 참조해서 ❶ [main] 버튼을 클릭해봅시다. 앞서 push를 진행했기 때문에 ❷ feature/PR 브랜치가 추가된 것을 확인할 수 있습니다.

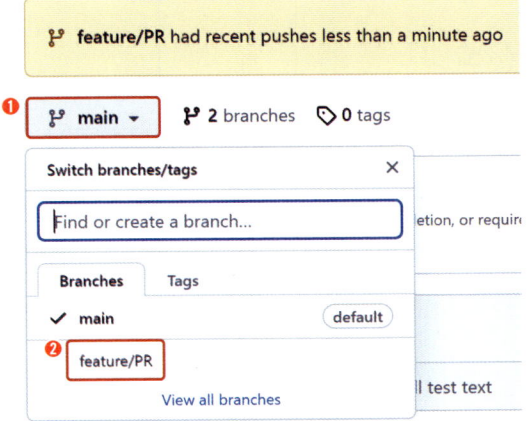

그림 5.60 feature/PR 브랜치

feature/PR 브랜치를 클릭해보면 앞에서 작성한 텍스트가 반영된 것이 보입니다. 즉, feature/PR 브랜치에 포함된 커밋 내용을 확인할 수 있습니다. 하지만 아직 main 브랜치에는 병합되지 않았습니다.

이제 PR 과정을 거친 이후에 최종적으로 main 브랜치로 병합해야 합니다. 먼저 깃허브에서 main 브랜치로 돌아옵니다.

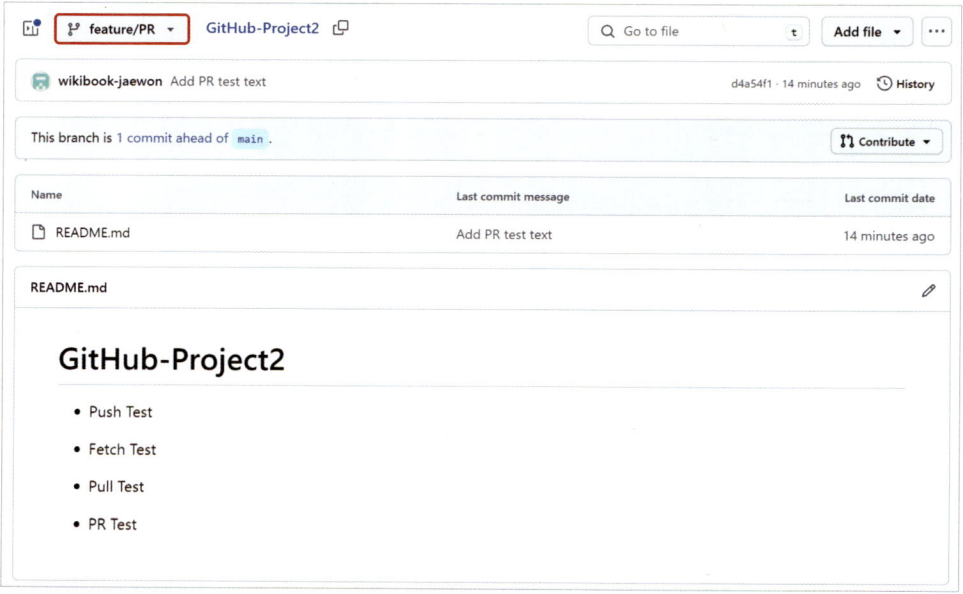

그림 5.61 아직 main 브랜치에 병합되지 않은 feature/PR 브랜치의 내용

이어서 PR을 진행해보겠습니다.

5.5.2 풀 리퀘스트 생성 – 변경 사항 공유 및 제안하기

보통 로컬 브랜치를 깃허브에 업로드하면 앞에서 소개한 것처럼 브랜치가 업로드됐다는 메시지와 함께 PR 생성 버튼이 표시됩니다. PR 생성 버튼인 [Compare & pull request] 버튼을 클릭하면 PR을 생성할 수 있는 창이 열립니다.

그림 5.62 feature/PR 브랜치에 대한 PR을 생성하는 [Compare & pull request] 버튼

또는 다음과 같이 깃허브 페이지 상단의 ❶ [Pull Requests]를 클릭한 후 ❷ [New pull request] 버튼을 누릅니다. 그리고 최종 병합될 base 항목을 main으로 둔 채 ❸ compare 항목을 feature/PR 브랜치로 변경한 후 ❹ [Create pull request] 버튼을 클릭합니다. 이것은 수동으로 PR을 생성하는 방법이며, [Compare & pull request] 버튼을 클릭했을 때와 동일한 페이지가 표시됩니다.

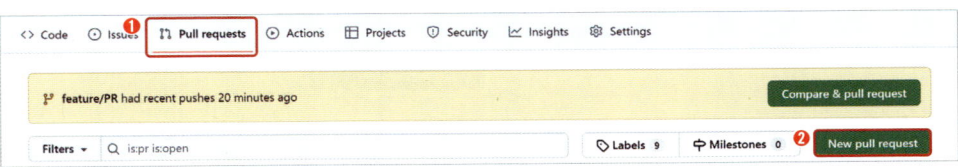

그림 5.63 [Pull requests] 탭의 [New pull request] 버튼

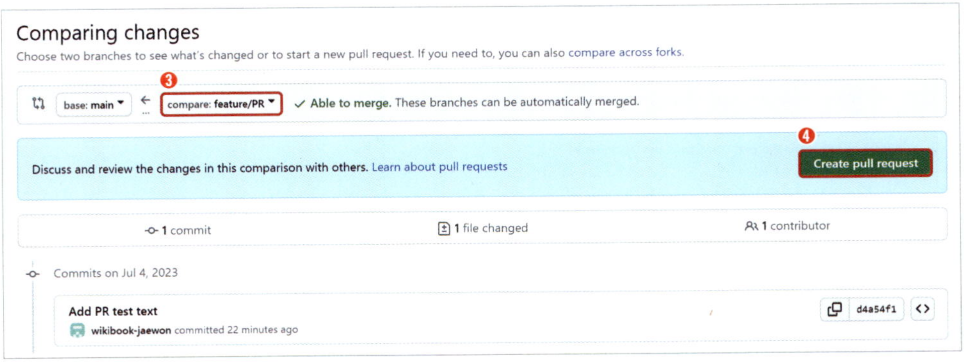

그림 5.64 compare 항목을 feature/PR 브랜치로 변경한 후 [Create pull request] 버튼을 클릭

그럼 다음과 같이 PR 생성을 위한 페이지가 표시됩니다.

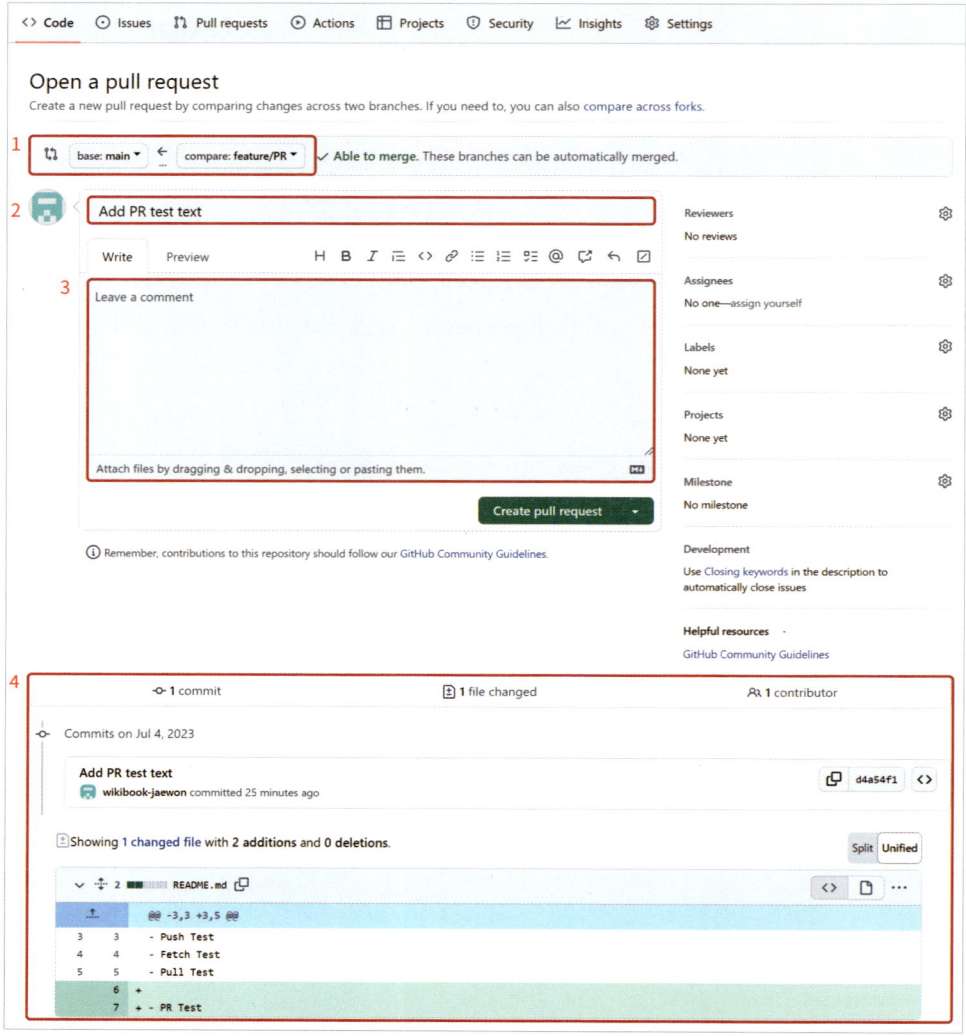

그림 5.65 PR 생성 화면

이 페이지에서 대표적으로 사용되는 4개의 영역(그림에 번호와 박스로 표시된)은 다음과 같습니다.

1. PR의 기준이 되는 기준 브랜치 base와 이 기준 브랜치를 비교하기 위한 비교 브랜치 compare가 있습니다. 일반적으로 base는 프로젝트의 메인 브랜치인 main으로 설정됩니다. compare는 기준 브랜치로부터 분기된 브랜치나 다른 동료 개발자가 작업한 브랜치일 수 있습니다. 비교 브랜치에는 변경 사항이

포함돼 있으며, 이를 기준 브랜치와 비교해서 변경 사항을 검토한 후 최종적으로 기준 브랜치에 병합할 수 있습니다.

2. PR을 생성할 때 사용할 제목입니다. 제목은 PR을 식별하고 PR의 목적을 요약 설명하는 역할을 합니다.

3. PR과 관련된 코멘트와 설명입니다. 하나의 PR에도 여러 커밋이 존재할 수 있으므로 커밋에 대한 추가 정보 또는 PR을 검토할 리뷰어(동료 개발자)에게 전달할 내용을 작성할 수 있습니다.

4. 기준 브랜치(base)와 비교 브랜치(compare) 사이의 변경 내용과 커밋을 한눈에 확인할 수 있습니다. 변경된 파일과 파일의 수정 내용, 커밋 메시지 등을 상세히 확인하면서 1차적으로 변경 사항을 검토할 수 있습니다. PR이 생성된 후에는 변경 사항을 확인하면서 리뷰어와 함께 검토하고 토론할 수 있습니다.

그림 5.65의 4번에서 확인할 수 있듯이 feature/PR 브랜치의 새로운 변경 사항인 'Add PR test text' 커밋을 확인할 수 있습니다. 또한 이전의 브랜치 내용과 현재 브랜치 내용을 쉽게 비교하기 위해 새롭게 반영할 내용(커밋)은 초록색 영역으로 구분됩니다.

여기서는 별다른 설명을 추가하지 않고 [Create pull request] 버튼을 클릭합니다.

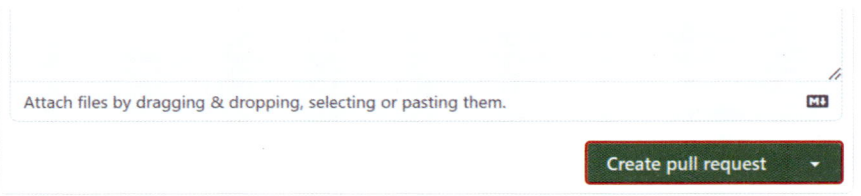

그림 5.66 [Create pull request] 버튼을 클릭해 PR 생성

이제 PR이 생성됐습니다. 그러나 아직 병합이 되지 않았기 때문에 끝난 게 아닙니다. [Conversation] 탭에는 크게 ❶ PR을 생성할 때 작성한 내용 영역, ❷ PR을 검토하고 승인된 경우 base 브랜치에 병합하는 작업을 수행하는 영역, ❸ 코멘트를 남기는 영역이 있습니다.

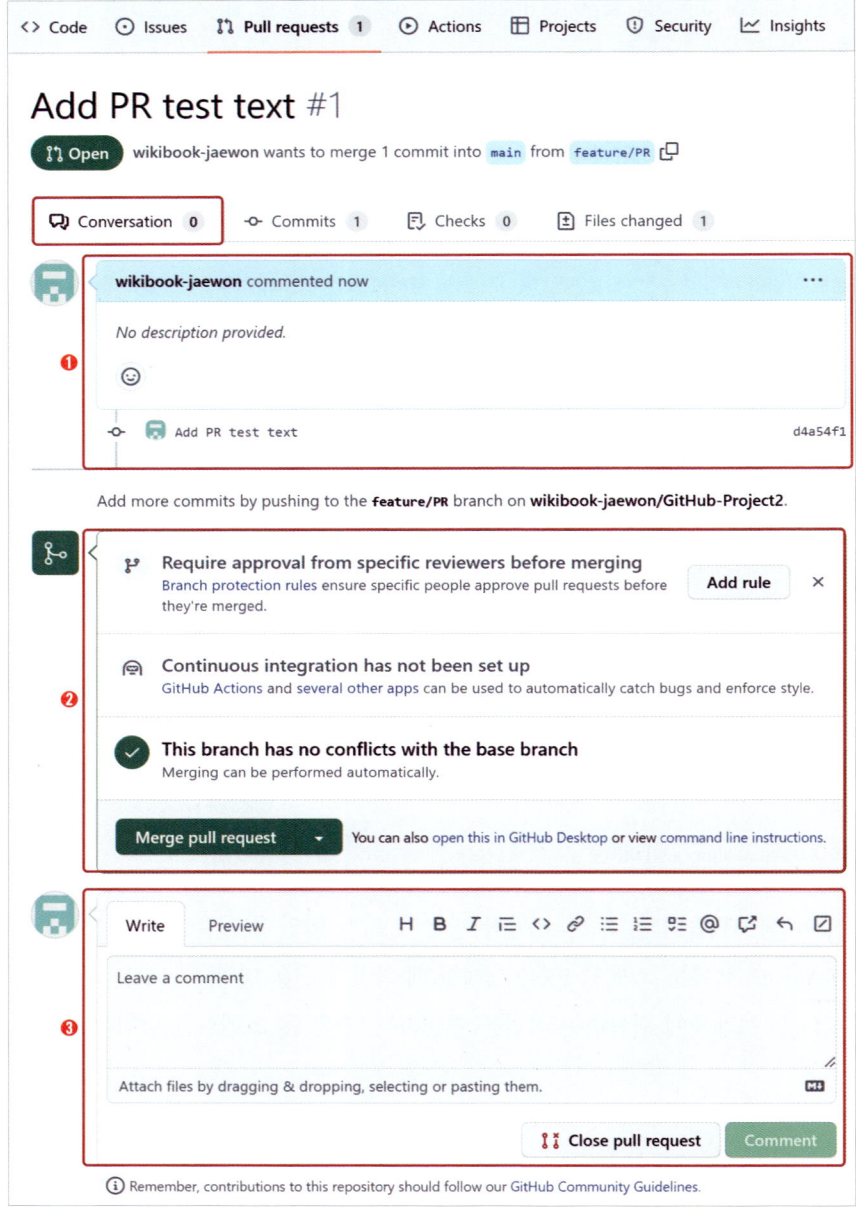

그림 5.67 PR 생성 후 표시되는 Conversation 탭

또한 다음과 같이 [Commits] 탭에서 PR의 커밋 목록을 확인할 수 있습니다.

5. 진짜 협업의 시작, 깃허브   167

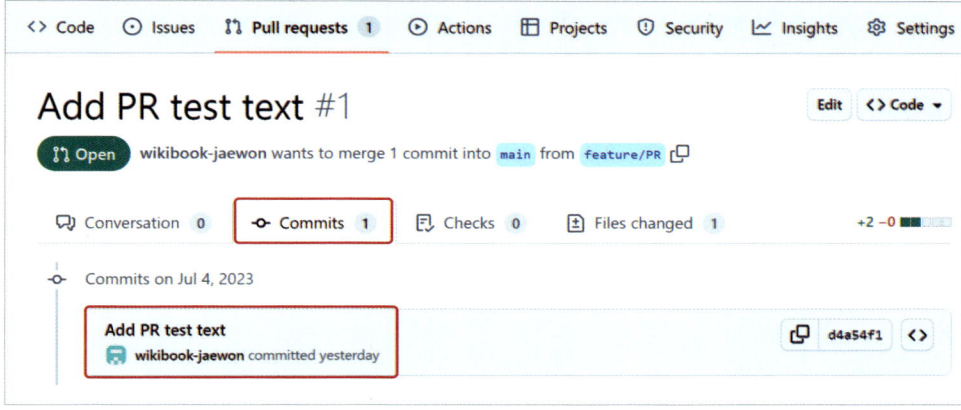

그림 5.68 Commits 탭

다음으로 [Files changed] 탭에서는 변경 사항을 확인할 수 있는데, 협업할 때 동료 개발자와 변경 사항에 관해 검토 및 토론을 할 수 있는 곳이 바로 이 [Files changed] 탭입니다.

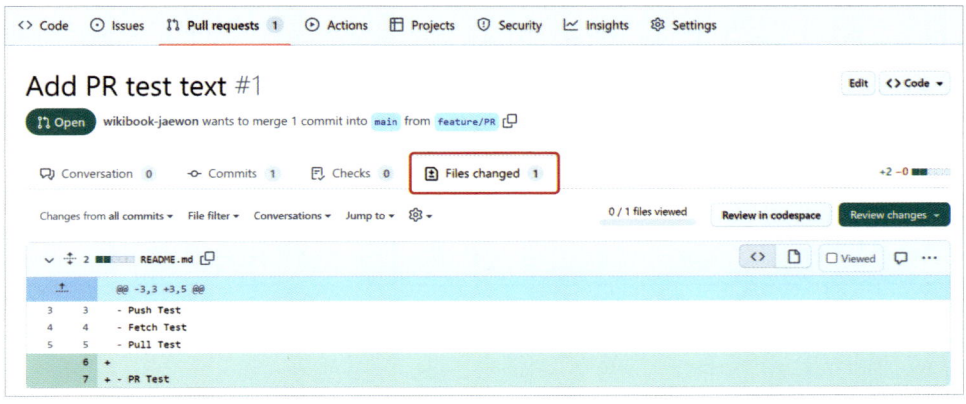

그림 5.69 Files changed 탭

이번 실습은 혼자 진행했고 변경 사항이 간단하지만 연습 삼아 코멘트를 남겨보겠습니다. 코멘트를 남기고 싶은 부분 앞의 [+] 버튼을 클릭하면 다음과 같이 코멘트 창이 표시됩니다. 이곳에 '- PR Test'라고 작성된 코드 한 줄에 대한 코멘트를 남길 수 있습니다.

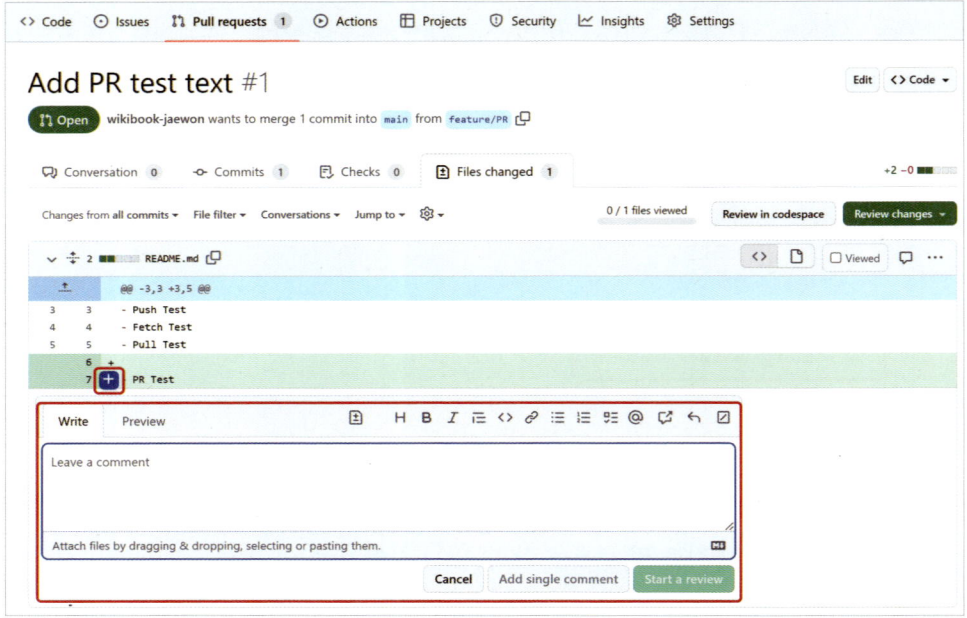

그림 5.70 Files changed에서 특정 코드에 대한 코멘트 남기기

여기서는 'PR Test에 대한 코멘트'라고 작성해봅시다. 그러면 다음 그림과 같이 버튼 2개가 활성화됩니다. [Add single comment]는 코드에 대한 개별적인 코멘트를 작성할 때 사용됩니다. 즉, 코멘트를 작성한 후 이 버튼을 클릭하면 바로 코멘트가 등록됩니다.

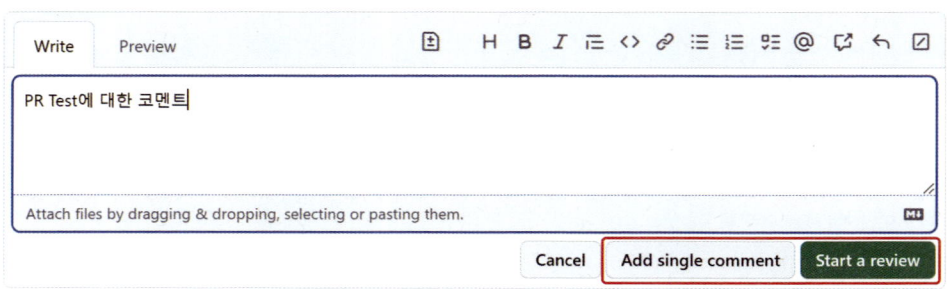

그림 5.71 코멘트를 작성하면 활성화되는 두 개의 버튼

한편 [Start a review] 버튼은 PR에 대한 전체적인 리뷰를 진행할 때 사용됩니다. 코멘트 작성 후 이 버튼을 클릭하면 바로 코멘트가 등록되지 않고 일종의 '대기(Pending) 상태'가 됩니다. 이후 PR의 변경 사항에 대한 코멘트를 [Start a review] 버튼으로 여러 개 작성한 후 작성한 코멘트 전체를 한꺼번에 등록할 수 있습니다. 여기서는 [Start a review] 버튼을 클릭해 코멘트를 등록해보겠습니다.

[Start a review] 버튼을 클릭해 코멘트를 등록하면 ❶ 다음과 같이 [Pending] 라벨이 프로필 이름 옆에 표시됩니다. 그리고 오른쪽 상단에 ❷ [Finish your review] 버튼을 클릭해 코멘트를 최종 등록할 수 있습니다. 여기서는 Pending 상태인 코멘트가 1개밖에 없기 때문에 [Finish your review] 버튼 옆에 숫자 1이 표시됩니다.

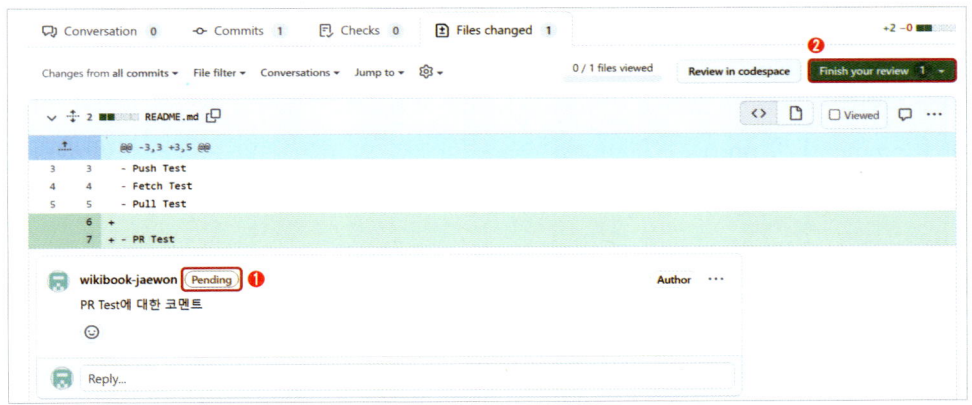

그림 5.72 [Start a review] 버튼을 클릭했을 때 표시된 Pending 라벨

[Finish your review] 버튼을 클릭하면 그림 5.73과 같은 창이 표시됩니다.

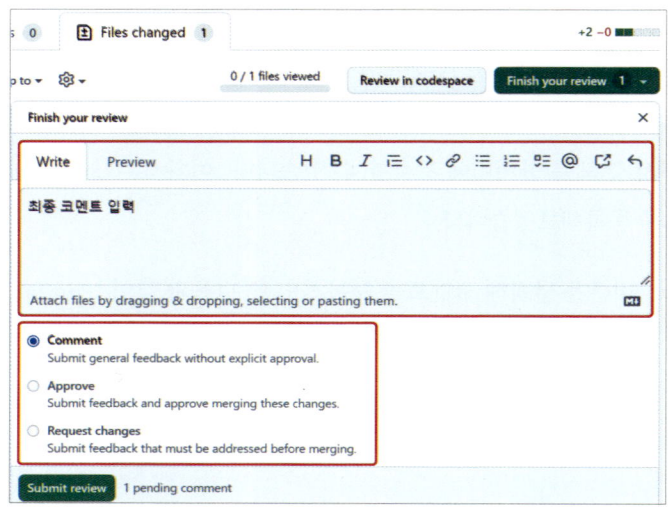

그림 5.73 [Finish your review] 버튼을 클릭하면 표시되는 화면

최종 코멘트를 남길 수 있는 영역이 있으니 '최종 코멘트 입력'이라고 작성해 봅시다. 하단에 [Comment], [Approve], [Request changes] 라디오 버튼이 있습니다. 이번 실습은 혼자서 진행하고 있으므로 [Comment]만 활성화돼 있는데, 간단하게 기능을 짚어 보겠습니다.

- Comment(코멘트): 리뷰어가 PR에 대해 최종 코멘트를 입력합니다.

- Approve(승인): PR에 대해 리뷰어가 승인합니다. 리뷰어는 변경 사항을 검토하고 만족스러울 경우 Approve를 체크해서 승인 1개를 줄 수 있습니다. 이는 다른 동료들에게 PR이 문제가 없는 상태임을 알립니다. 설정을 통해 1개 또는 그 이상의 Approve를 받아야만 최종 병합을 할 수 있습니다. 프로젝트의 정책에 따라 이를 적절히 설정하면 됩니다.

- Request changes(변경 요청): 리뷰어가 PR을 검토한 후에 PR을 생성한 개발자에게 변경 사항을 요청합니다. 리뷰어가 코드 내용 등에 문제가 있거나 개선이 필요하다고 판단할 경우 [Request changes]를 체크해서 수정 사항을 요청합니다.

최종적으로 [Submit review] 버튼을 클릭합니다. 다음과 같이 [Conversation] 탭에서 변경 사항에 대한 코멘트를 한눈에 확인할 수 있습니다. 동료 개발자들과 협업할 때 이곳에서 변경 사항에 관해 토론할 수 있습니다.

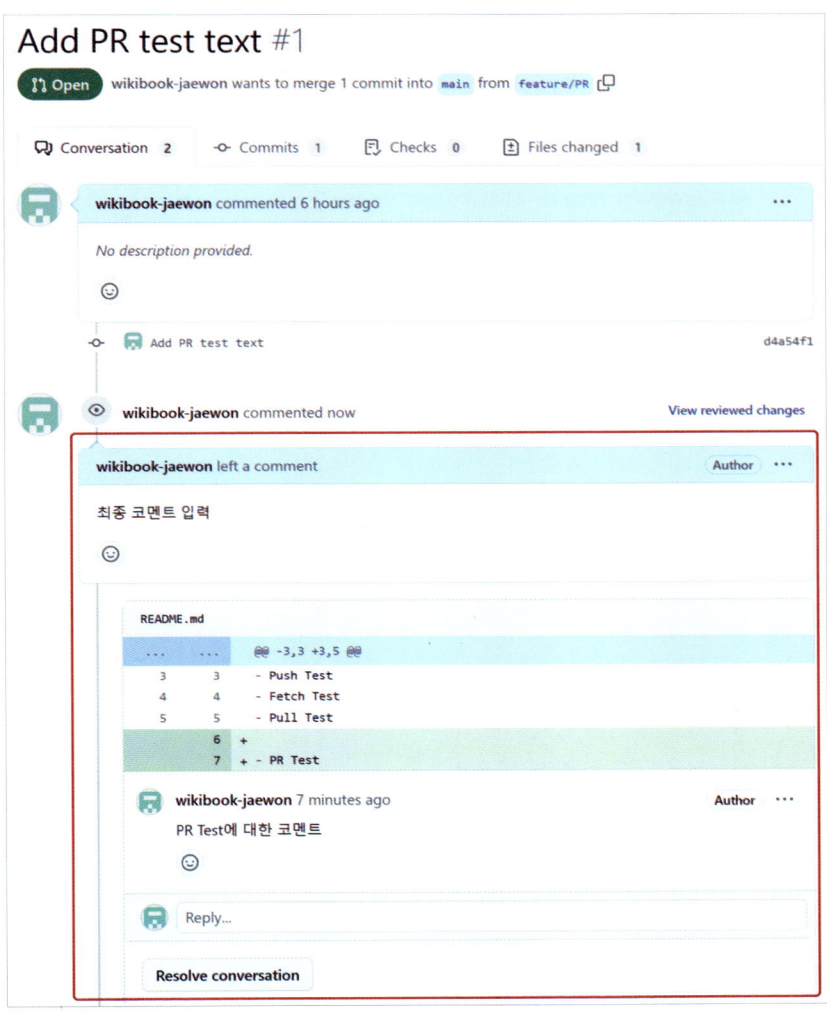

그림 5.74 코멘트 내용을 한눈에 볼 수 있는 Conversation 탭

이제 코멘트 영역 바로 아래에 있는 ❶ [Merge pull request] 버튼을 클릭한 후 다음 화면에 나오는 ❷ [Confirm merge] 버튼을 클릭하면 최종 병합이 완료됩니다.

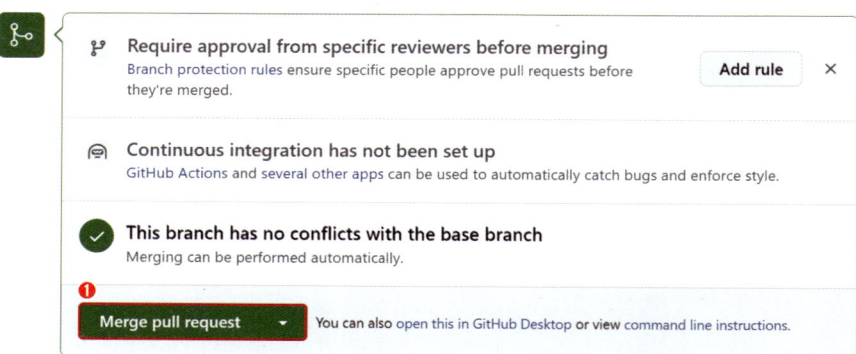

그림 5.75 [Merge pull request] 버튼을 클릭해 병합을 수행

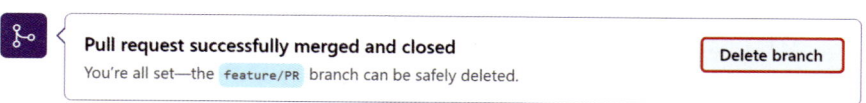

그림 5.76 [Confirm merge] 버튼을 클릭해 병합을 완료

마지막으로 병합이 완료됐다는 메시지가 표시됩니다. 이제 더 이상 feature/PR 브랜치가 필요하지 않기 때문에 [Delete branch] 버튼을 클릭해 브랜치를 삭제합니다.

그림 5.77 깃허브에 남아 있는 브랜치 삭제

이제 깃허브의 main 브랜치를 확인하면 로컬에서 작업한 feature/PR 브랜치의 내용이 병합된 것을 확인할 수 있습니다.

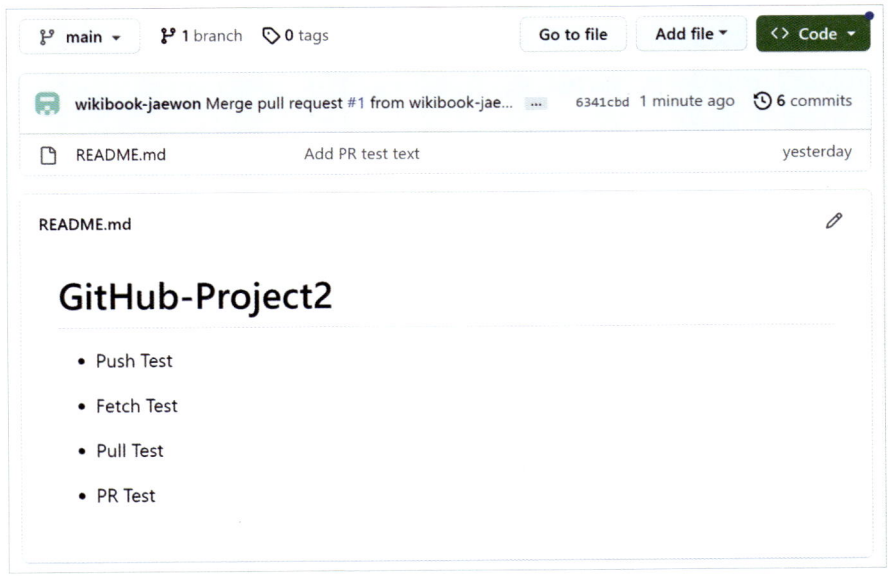

그림 5.78 feature/PR 브랜치가 병합된 깃허브의 main 브랜치

지금까지 깃허브의 필수 협업 기능이라고 할 수 있는 PR에 대해 알아봤습니다. PR은 실무에서 코드를 작성하고 깃허브에 변경 사항을 업로드할 때 거의 매일 만나게 됩니다. 그래서 혼자서 학습하더라도 꼭 브랜치를 만들고 PR을 생성해 작업해보시기 바랍니다.

> ✅ **Check, 깃허브에서 여러 줄에 대해 코멘트를 남기고 싶어요!**
>
> 앞에서 코드 한 줄에 대해 코멘트를 남기는 방법을 설명했습니다(그림 5.70). 하지만 실제 동작하는 기능의 코드를 작성할 때는 여러 줄로 코드가 표현될 수 있습니다. 또한 여러 줄로 작성된 코드에 대해 코멘트를 남기고 싶을 때도 있습니다. 이런 경우에는 코멘트를 남길 시작 지점부터 종료 지점까지 드래그해서 코멘트를 남길 수 있습니다. 표시된 영역을 마우스 왼쪽 버튼으로 드래그한 후 마우스를 떼면 코멘트 창이 열립니다.

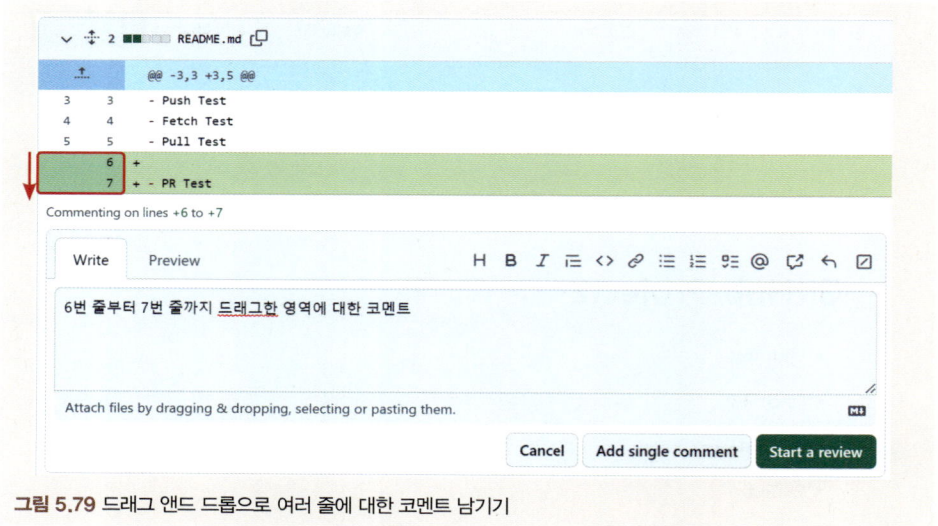

그림 5.79 드래그 앤드 드롭으로 여러 줄에 대한 코멘트 남기기

5.6 커밋과 PR을 효과적으로 작성하기

지금까지 깃허브를 이용해 협업하는 방법과 PR을 생성하고 병합하는 방법 등을 배웠습니다. 지금까지는 실습 차원에서 커밋과 PR을 생성할 때 메시지나 제목 등을 간단하게 작성했는데, 다른 개발자와 협업할 때는 서로 커밋 메시지를 확인하고 PR을 확인하면서 양방향 소통을 하기 때문에 명확하게 작성할 필요가 있습니다. 이번 절에서는 협업 시 커밋 메시지와 PR을 효과적으로 작성하는 방법을 알아봅니다.

5.6.1 효과적으로 커밋 메시지 작성하기

커밋 메시지는 여러 변경 사항을 하나의 문장으로 요약해야 합니다. 특히 동료가 커밋 메시지를 읽을 때 변경 사항이 어떤 내용인지 직관적으로 와 닿게 작성해야 합니다. 그래서 명확하게 작성하는 것이 중요합니다.

커밋 메시지는 크게 제목과 본문으로 구분됩니다. 지금까지 실습을 통해 작성한 커밋 메시지는 엄밀히 따지면 커밋의 제목이라 할 수 있는데, 제목은 간결하게 작성해야 합니다. 그에 비해 본문은 좀 더 상세하게 작성하거나 생략할 수 있습니다. 다음은 커밋 메시지 작성 예시입니다.

```
# 제목
[ADD]: 홈페이지 메뉴바 기능 추가

# 본문
- 메뉴바 UI 작업
- 메뉴바의 각 버튼을 클릭했을 때 대상 페이지로 이동하는 기능을 추가
```

5.6.1.1 커밋 메시지 제목 작성하기

앞에서 설명한 것처럼 제목은 변경 사항을 한눈에 파악할 수 있도록 작성해야 합니다. 앞선 예시에는 '홈페이지 메뉴바 기능'이라는 하나의 단위로 묶어 제목을 작성했습니다(38쪽, 'Check, 커밋은 원자적으로 유지해야 합니다' 참고). 그리고 제목 앞에 '[ADD]:'를 붙였는데, 이것은 해당 변경 사항이 어떤 역할을 하는지 나타내는 일종의 태그입니다. 앞에 태그를 붙이는 데 정해진 규칙이 있는 것은 아닙니다. 또한 태그를 붙일 때도 대소문자를 구분하거나, 괄호('[]' 등)로 감싸거나, 감싸지 않고 콜론(:)으로 구분하는 등 다양한 방식이 있습니다. 다음은 커밋 메시지를 작성할 때 관례적으로 사용되는 대표적인 태그를 정리한 것입니다.

태그 종류	내용
Feat(또는 Add)	새로운 기능을 추가한 경우
Fix	버그를 수정한 경우
Docs	문서를 추가, 수정, 삭제한 경우
Refactor	코드를 리팩터링한 경우
Remove	파일을 삭제한 경우
Style	코드의 로직, 기능에 영향을 주지는 않지만 코드 스타일을 개선한 경우
Test	테스트 코드를 추가, 수정, 삭제한 경우
Chore	프로젝트의 구조, 도구 등을 변경, 개선한 경우. 코드 로직이나 기능에는 직접적인 영향을 주지 않는 작업일 때 사용

태그를 사용해 커밋을 생성한 예는 다음과 같습니다. 예시로 든 형식 외에도 커밋 메시지 규칙은 회사, 개발팀 등의 상황에 따라 다양한 방식으로 작성될 수 있습니다.

```
Feat: 홈페이지 카테고리 기능 작업
fix: 로그인이 안 되는 버그 수정
[ADD] 회원가입 페이지의 기능 추가
[Refactor] 게시판 필터링 기능 리팩터링
[Test]: 홈페이지 배너 이미지의 테스트 코드 작업
```

지금까지 대표적인 커밋 메시지 태그를 소개했는데, 중요한 것은 방식이 어떻든 커밋 메시지의 규칙은 일관성이 있어야 하며 메시지의 의미를 명확하게 전달해야 한다는 것입니다.

5.6.1.2 커밋 메시지 본문 작성하기

본문은 선택 사항이며, 커밋 메시지를 입력할 때 생략 가능합니다. 하지만 제목으로 변경 사항에 대한 내용 및 맥락을 온전히 담지 못할 때가 있습니다. 이때 본문에 추가적인 설명을 적어 동료 개발자에게 메시지를 구체적으로 전달할 수 있습니다.

앞선 예시에는 홈페이지 메뉴바 기능 안에서도 어떤 작업이 이뤄졌는지 세부적으로 적었는데, 커밋을 생성할 때 본문 내용을 추가하고 싶다면 CLI에서 다음과 같이 `git commit` 명령어를 입력합니다.

```
$ git commit
```

그럼 다음과 같은 화면이 나오는데, 이 상태에서 단축키 i를 입력합니다. 그럼 CLI 화면 아래에 '-- INSERT --'라는 텍스트가 표시되면서 INSERT 모드로 진입합니다.

```
# Please enter the commit message for your changes. Lines starting
# with '#' will be ignored, and an empty message aborts the commit.
#
# On branch main
# Changes to be committed:
#     modified:   ...
#
```

INSERT 모드로 진입했다면 이제 메시지를 입력할 수 있습니다. 다음과 같이 첫 줄에 메시지 제목을 입력하고 아래에 본문 내용을 입력합니다.

```
커밋 메시지 입력

본문 내용1
본문 내용2
본문 내용3
...
# Please enter the commit message for your changes. Lines starting
# ...


-- INSERT --
```

입력을 완료하면 Esc를 눌러 INSERT 모드에서 빠져 나옵니다. 그런 다음 :와 w, q를 합친 `:wq`를 소문자로 차례로 입력하고 엔터를 누르면 최종 커밋 생성이 완료됩니다. 이후 CLI에서 `git log`를 실행해 봅시다. 다음과 같이 커밋 메시지의 제목과 본문 내용을 확인할 수 있습니다.

```
$ git log

commit 77b4d2d61a3df8e2a7d7a2e49c933d4988d48941 (HEAD -> main)
Author: wikibook-jaewon <wikibook.jaewon@gmail.com>
Date:   Wed Oct 4 22:04:07 2023 +0900

    커밋 메시지 입력

    본문 내용1
    본문 내용 2
    본문 내용 3
```

사실 앞에서 `git commit`을 입력하고 진입한 화면은 Vim이라는 편집기입니다. Vim 편집기를 처음 접하면 낯선 사용법 때문에 당황할 수 있습니다. Vim 편집기에 대해서는 이후에 좀 더 자세히 다룰 예정이니 여기서는 일단 메시지를 작성할 때 필요한 기능만 숙지하고 넘어갑시다.

만약 본문 내용을 한 줄로 작성해도 된다면 다음과 같이 입력하면 됩니다. 그러면 Vim 편집기에 진입하지 않고도 명령줄에서 곧바로 본문을 포함한 커밋을 생성할 수 있습니다.

```
$ git commit -m "메시지 제목" -m "본문 내용"
```

5.6.2 효과적으로 PR 작성하기

PR 또한 커밋 메시지를 작성하는 것과 유사합니다. 즉, 맥락을 잘 모르는 동료 개발자가 봐야 하므로 의도를 파악할 수 있도록 명확하게 작성하는 것이 중요합니다.

PR을 생성할 때 작성하는 대표적인 메시지로 제목과 본문이 있습니다. PR은 보통 하나의 브랜치를 생성하고 해당 브랜치에서 작업한 내용(커밋)들을 포함하게 됩니다. 즉, PR을 생성한 후 제목에는 해당 브랜치의 내용을 한 문장으로 요약해서 작성해야 합니다. PR 본문 내용을 작성할 때는 커밋 본문을 작성할 때와 마찬가지로 PR에 포함된 변경 사항을 동료 개발자가 이해할 수 있도록 작성해야 합니다.

PR 작성에도 특별히 정해진 규칙은 없습니다. 다만 다른 사람이 이해할 수 있도록 일정한 규칙을 정하고 일관되게 지키는 것이 좋습니다. 또한 PR 규칙도 커밋 메시지 작성 규칙처럼 회사마다 작성 방법이 다릅니다. 다음 예시는 제가 다니는 회사의 PR 규칙을 각색한 것이니 참고하면 좋겠습니다. 정답은 없습니다.

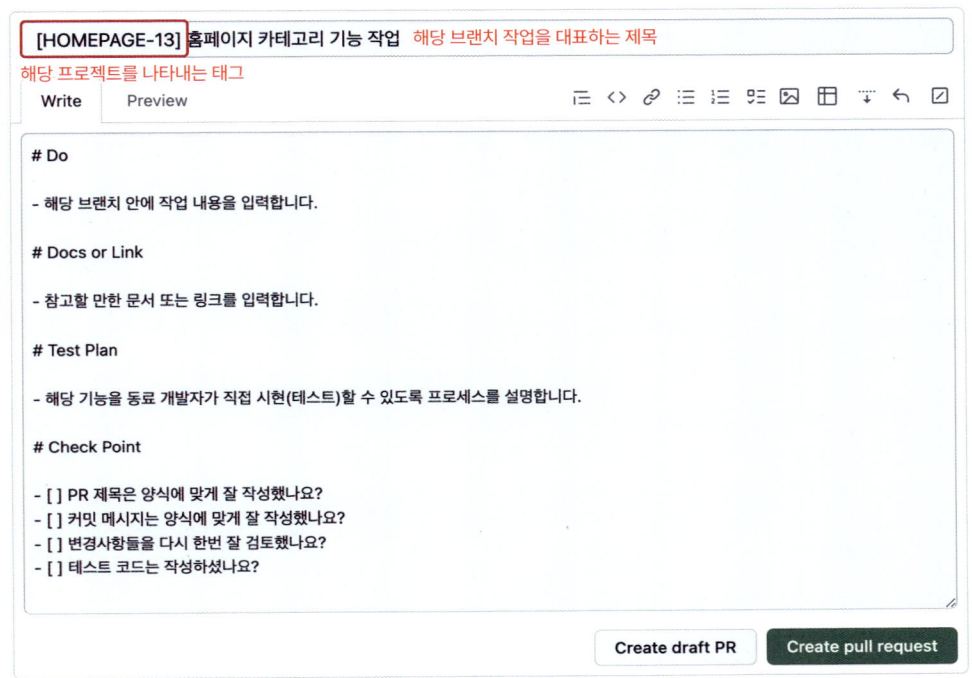

그림 5.80 PR 생성 시 제목과 본문 작성 예시

곧바로 이어지는 2부 '실전편'의 6장에서 직접 오픈소스에 기여하는 실습을 진행할 텐데, 오픈소스에 기여할 때의 커밋 규칙과 PR 생성에 대해 다룰 예정이니 참고하면 협업하는 데 도움이 될 것입니다.

그림과 실습으로 배우는
깃&깃허브 입문
처음부터 제대로 배우는
개발자 필수 도구 Git/GitHub

02부

실전편

2부인 실전편은 다음과 같이 구성돼 있습니다.

6장에서는 1부에서 학습한 내용을 토대로 오픈소스에 기여하는 방법을 알아봅니다. 이를 통해 오픈소스 프로젝트에 참여하는 것이 막연하고 어려운 일이 아니라 누구나 손쉽게 접근할 수 있는 것임을 알게 됩니다.

7장에서는 실무에서 자주 사용하는 Git 명령어를 배웁니다. 각 명령어를 어떻게 사용하는지 이해하고, 어떤 상황에서 어떤 문제를 해결하는 데 활용할 수 있는지 설명합니다. 이를 통해 단순히 '이러이러한 상황에서는 이 명령어를 사용하자'가 아닌, 문제 상황을 정확히 이해하고 적절한 명령어를 사용하는 방법을 배웁니다.

6 오픈소스에 기여하기: 명언 백과사전

7 실무에서 자주 사용하는 Git 명령어

6
오픈소스에 기여하기: 명언 백과사전

소프트웨어를 개발하다 보면 '오픈소스'라는 용어를 자주 접하게 됩니다. 앞에서 오픈소스의 특징과 오픈소스에 기여하는 것의 이점을 소개한 바 있는데(114쪽 참고) 이것을 막연히 어렵게 생각하는 경우가 있습니다. 사실 오픈소스 프로젝트의 코드를 개선해 컨트리뷰터가 되는 것만이 오픈소스에 기여하는 것은 아닙니다. 가령 오픈소스 프로젝트의 코드 개선을 위한 PR을 생성했을 때 PR의 변경 사항에 대해 코드 리뷰를 하는 것도 기여라고 할 수 있습니다.

또한 큰 규모의 오픈소스 프로젝트는 프로젝트(프레임워크, 라이브러리 등)를 설명하는 공식 홈페이지가 있는 경우가 많은데, 홈페이지에 사용된 언어가 영어가 아닌 다른 언어를 지원하는 경우도 많습니다. 이러한 다른 언어들도 오픈소스 프로젝트 팀에서 번역한 것일까요?

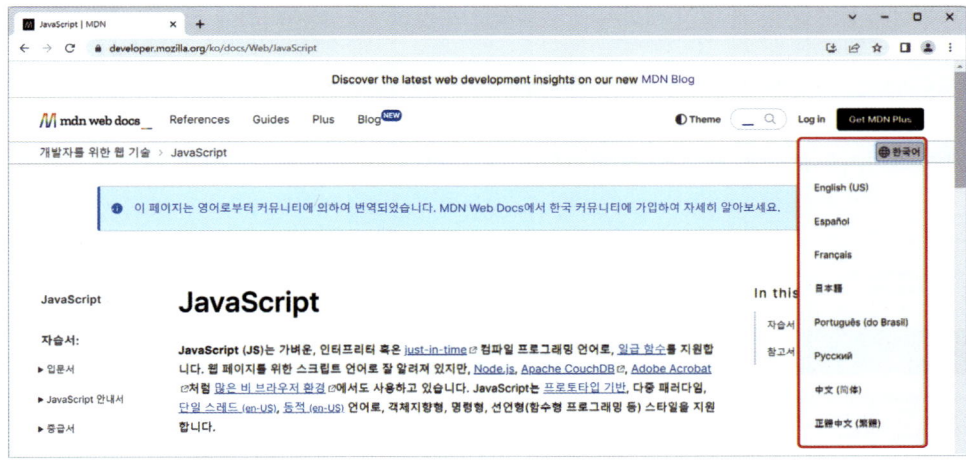

그림 6.1 다양한 언어를 지원하는 MDN Web Docs[1]

대부분의 경우는 일반 개발자들이 자발적으로 참여해 만든 결과물일 때가 많습니다. 즉, 번역 작업도 오픈소스 프로젝트에 기여하는 한 가지 방법입니다.

이번 장에서는 오픈소스 프로젝트의 컨트리뷰터가 되어 오픈소스 프로젝트에 기여하는 방법을 알아보겠습니다. **명언 백과사전**이라는 간단한 번역 오픈소스에 참여해서 컨트리뷰터로서 오픈소스와 친해져 보겠습니다. 참고로 이번 실습을 위해서는 살면서 여러분에게 힘이 되었던 문장 하나가 필요합니다. 진행하기에 앞서 그러한 문장 하나를 마음속에 준비해 두시고 다음 과정으로 넘어갑시다.

6.1 명언 백과사전이란?

명언 백과사전은 여러 인물의 명언, 어록 또는 감명 깊은 문장을 기록하는 오픈소스 프로젝트입니다. 이 오픈소스는 제가 만든 프로젝트로, 처음 오픈소스를 접하는 개발자가 쉽게 접근할 수 있도록 만들었습니다.

---

1 MDN Web Docs는 모질라 개발자 네트워크(Mozilla Developer Network)의 웹 문서 플랫폼입니다. 이 웹사이트에서는 웹 개발과 관련된 정보와 자원을 제공하며, HTML, CSS, JavaScript, 웹 API 등 다양한 주제를 다루고 있습니다. 오픈소스로 운영되고 있는 대표적인 웹사이트입니다.

먼저 다음 URL을 통해 명언 백과사전 프로젝트의 깃허브 리포지터리에 접속합니다.

- 깃허브 리포지터리: https://github.com/onealand/quotations-book

메인 페이지의 README.md 파일을 확인할 수 있습니다. 여기서 프로젝트의 개요를 살펴봅니다.

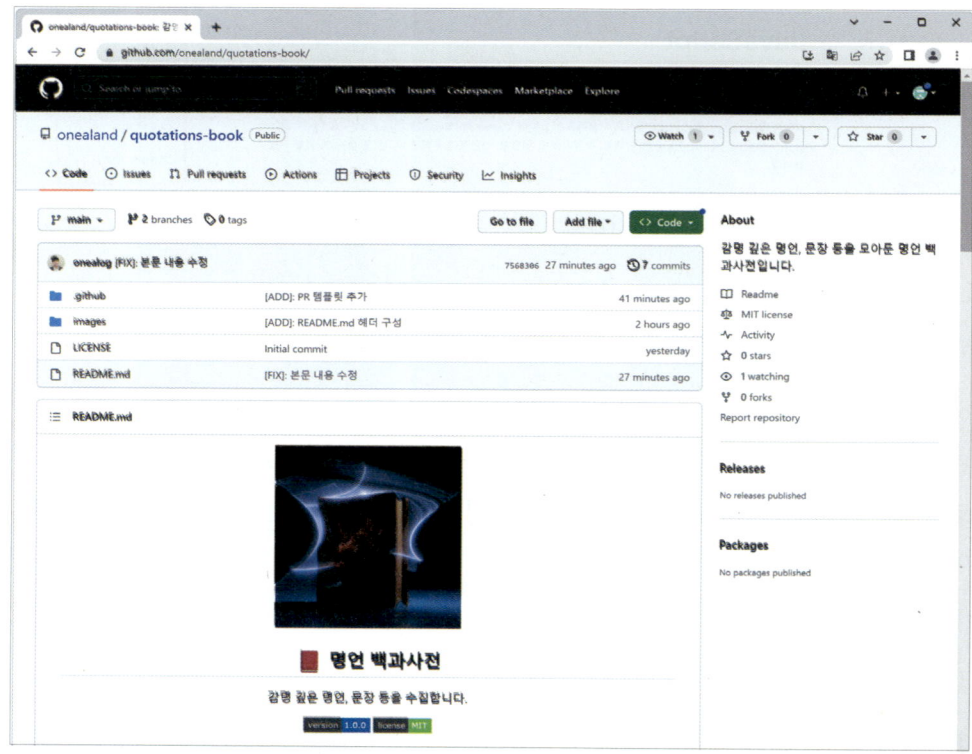

그림 6.2 명언 백과사전 프로젝트

이제부터 README.md에 적힌 내용에 따라 이 오픈소스 프로젝트에 기여해 보겠습니다.

6.2 프로젝트 포크

오픈소스 프로젝트에 기여하기에 앞서 리포지터리를 포크(fork)하는 과정이 필요합니다. **포크란 다른 사용자의 깃허브 리포지터리를 자신의 계정으로 복제하는 것을 의미합니다.** 이를 통해 복제된 사본의 내용을 수정 및 개선한 후 변경 사항을 PR을 통해 원본 리포지터리에 반영하도록 제안할 수 있습니다. 또는 제안하지 않더라도 본인이 자체적으로 사용할 수 있습니다.

앞에서 배웠던 클론(`git clone`)과 포크의 차이점은 클론은 깃허브에 존재하는 모든 이력을 로컬로 가져온다는 것입니다. 주로 개인 작업 환경에서 사용됩니다. 반면 포크는 깃허브에서 원본 리포지터리를 자신의 깃허브 계정으로 복제하는 것입니다. 보통은 본인 계정으로 포크한 리포지터리를 다시 로컬로 클론해 사용합니다.

'명언 백과사전에 기여하는 방법'의 1번 항목을 따라해보겠습니다.

> 1. 리포지터리를 Fork하고 Clone하기
>   - 리포지터리를 먼저 Fork합니다.
>   - Fork한 리포지터리를 Clone하여 작업 준비 상태를 만듭니다.

명언 백과사전 리포지터리의 오른쪽 최상단을 살펴보면 [Fork] 버튼이 있습니다. 이 버튼을 클릭해 리포지터리를 포크합니다.

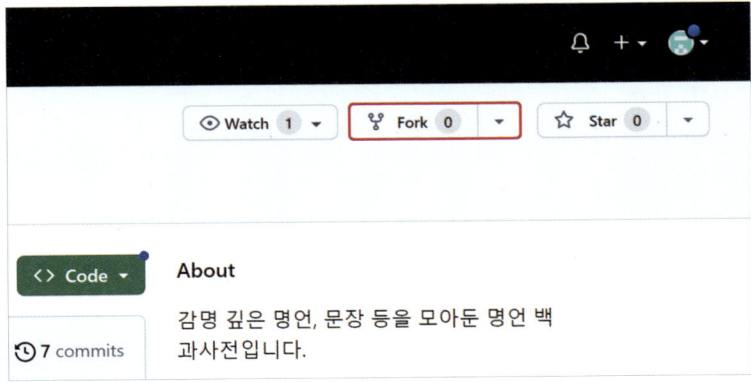

그림 6.3 리포지터리 포크

그림 'Create a new fork' 페이지로 이동합니다. 이 상태 그대로 하단의 [Create fork] 버튼을 클릭해 원본 리포지터리를 포크합니다.

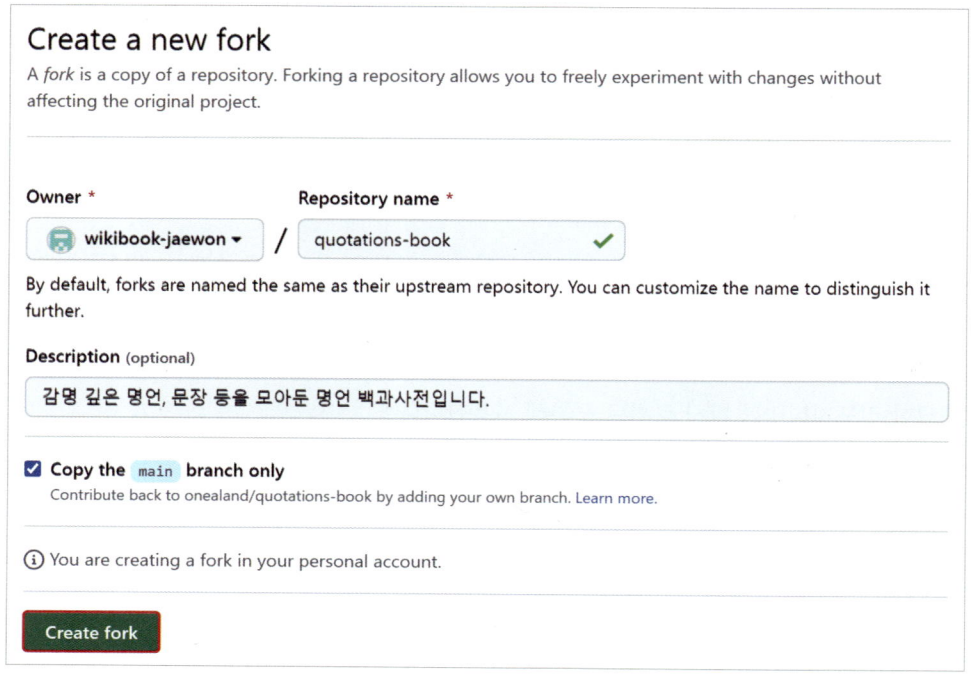

그림 6.4 'Create a new fork' 페이지

포크가 완료되면 명언 백과사전 리포지터리의 메인 페이지가 표시되는데, 여기서 오해하면 안 되는 것이 **이 리포지터리는 원본 리포지터리가 아니라 여러분의 계정으로 포크된 리포지터리라는 점입니다.** 깃허브 페이지 상단 또는 웹 브라우저의 주소를 보면 이를 확인할 수 있습니다.

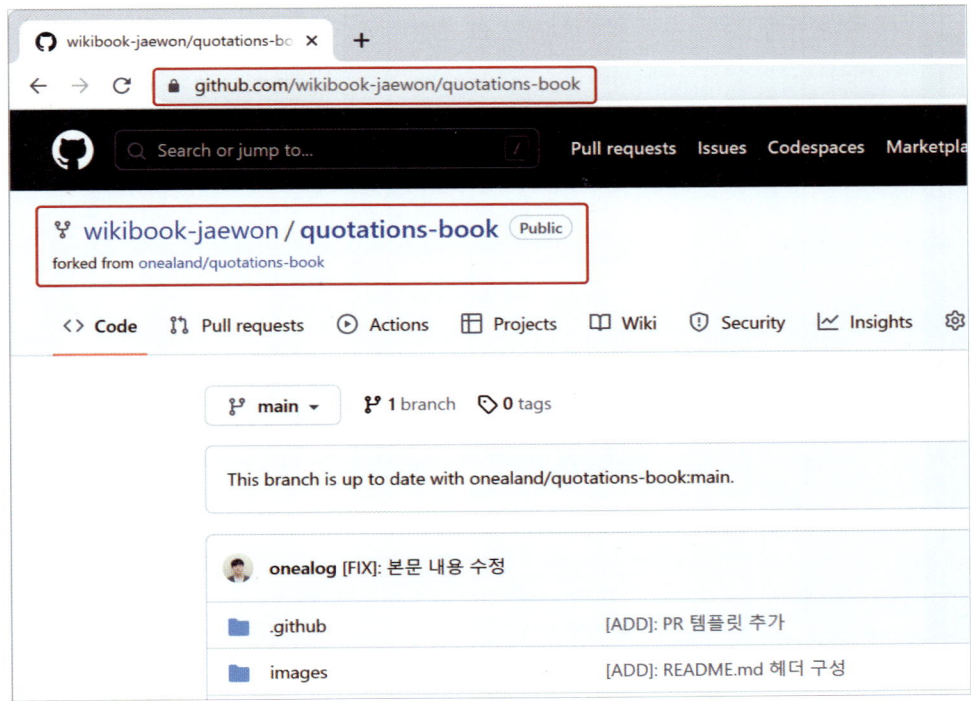

그림 6.5 포크한 리포지터리의 메인 페이지

다음으로 여러분의 계정으로 포크한 리포지터리를 클론합니다. 앞서 계속 실습을 진행했던 `Git-Directory`에서 깃허브 원격 리포지터리를 클론합니다.

```
# 원격 리포지터리 클론. git clone 뒤에는 포크한 리포지터리 URL을 입력해 주세요.
C:\Git-Directory> git clone https://github.com/wikibook-jaewon/quotations-book.git
```

클론을 완료한 후 프로젝트 디렉터리를 VS Code로 엽니다.

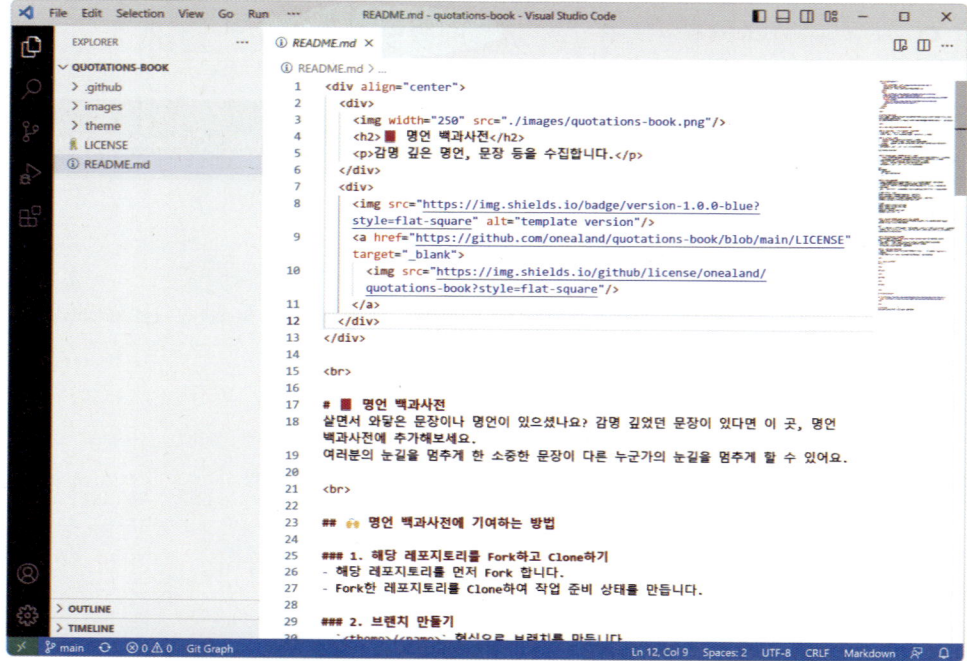

그림 6.6 포크한 리포지터리를 클론한 후 VS Code에서 연 모습

6.3 프로젝트 브랜치와 파일 만들기

다음으로 '명언 백과사전에 기여하는 방법'의 2번 항목에 따라 브랜치를 생성하겠습니다.

> 2. 브랜치 만들기
> - `<theme>/<name>` 형식으로 브랜치를 만듭니다.
> - `<theme>`는 문장의 주제와 관련된 단어를 작성합니다.
> - `<name>`은 작성하고자 하는 문장을 말한 인물 또는 문장의 핵심적인 단어를 사용합니다.
> - 띄어쓰기를 나타낼 때는 대시(-)를 사용합니다.
>
> 예) heart/i-ask-you

안내에 따라 <theme>/<name> 형식으로 브랜치를 생성합니다. 참고로 제가 작성할 문장은 '마음'과 관련이 있으므로 아래 예시와 같이 'heart/i-ask-you'라는 이름으로 브랜치를 생성하겠습니다.

```
# 브랜치를 생성하고 해당 브랜치로 HEAD를 이동
C:\Git-Directory\quotations-book> git switch -c heart/i-ask-you
Switched to a new branch 'heart/i-ask-you'

# HEAD가 잘 전환됐는지 확인
C:\Git-Directory\quotations-book> git branch
* heart/i-ask-you
  main
```

다음으로 '명언 백과사전에 기여하는 방법'의 3번 항목을 확인해봅시다.

> 3. 명언을 작성할 README.md 파일 만들기
>   - theme 디렉터리에 작성할 명언의 주제에 해당하는 하위 디렉터리를 선택합니다.
>   - 만약 명언에 해당하는 주제가 없다면 영문으로 새로 디렉터리를 만듭니다.
>   - 하위 디렉터리에 <name>.md 형식으로 파일을 만듭니다.
>   - <name>은 명언의 제목 또는 핵심적인 단어로 정합니다.
>   - 띄어쓰기를 구분할 때는 대시(-)를 사용합니다.
>
>    ```
>    ex)
>    ├── .github/
>    ├── images/
>    ├── theme/
>    │   ├── heart/
>    │   │   └── i-ask-you.md
>    │   ...
>    ...
>    ```

여러분이 준비한 문장이 담고 있는 주제의 디렉터리를 생성합니다. '사랑'에 관한 것이면 'love'라는 이름의 디렉터리를 생성합니다. 만약 '마음'과 관련된 것이라면 따로 생성하지 않고 'heart' 디렉터리 하위에 파일을 생성하면 되겠죠?

문장의 주제가 되는 디렉터리를 생성했다면(또는 이미 있다면) 준비한 문장의 제목으로 마크다운 파일(.md)을 해당 디렉터리 하위에 생성합니다. 여기서는 다음과 같이 `i-ask-you.md`라는 파일을 `heart` 디렉터리 아래에 생성했습니다.

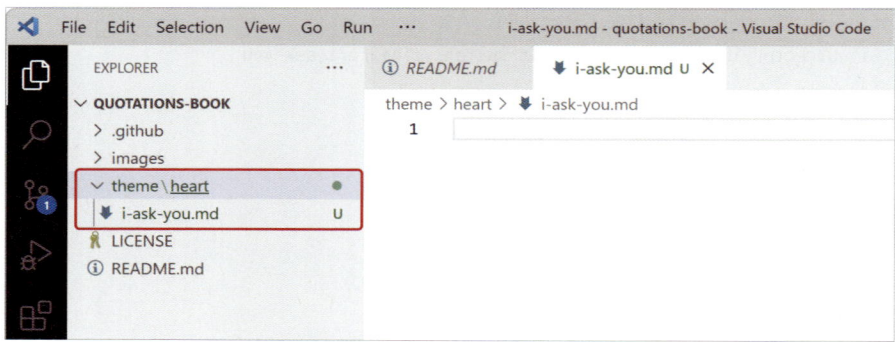

그림 6.7 VS Code에서 `i-ask-you.md` 파일 생성

6.4 명언 작성과 커밋

다음으로 명언을 작성하겠습니다. 저는 짧은 시를 가져왔는데, 대한민국의 시인이자 교수인 안도현의 시 〈너에게 묻는다〉입니다. `README.md`에 쓰여진 다음 규칙에 따라 작성하겠습니다.

> **4. 명언 작성하기**
> - 생성한 README.md 파일에 명언(또는 감명 깊은 문장)의 제목 그리고 명언을 말한 사람(출처)을 괄호 안에 작성합니다. 없거나 모른다면 작성하지 않습니다.
> - 제목 아래에 나머지 문장을 한글로 작성하고 커밋합니다.
> - 한글로 작성한 명언 아래에 영어로 번역한 문장을 입력하고 커밋합니다.
> - 문장이 여러 줄이면 한 줄 단위로 커밋을 실행하여 최대한 여러 개의 커밋을 시도합니다.
> - 다음은 커밋 메시지 규칙입니다. 규칙에 따라 커밋 메시지를 입력합니다.
>
> **커밋 메시지 규칙**
>
> [ADD]: message # 텍스트를 추가했을 때의 커밋 메시지
>
> [FIX]: message # 텍스트를 수정했을 때의 커밋 메시지

[DELETE]: message # 불필요한 텍스트를 삭제했을 때의 커밋 메시지

[CHORE]: message # 위 해당 사항이 아닌 경우

ex)

[ADD]: 너에게 묻는다 제목 추가

[ADD]: 너에게 묻는다 문장 추가

[FIX]: 오탈자 수정

[DELETE]: 불필요한 단어 제거

[CHORE]: 파일 제목 변경 ...

최종적으로 `i-ask-you.md` 파일에 다음과 같이 작성했습니다. 커밋은 총 4개를 생성했습니다.

너에게 묻는다(시인 안도현) # [ADD]: 너에게 묻는다 제목 추가

연탄재 함부로 발로 차지 마라
너는 누구에게 한번이라도 뜨거운 사람이었느냐 # [ADD]: 너에게 묻는다 문장 추가

I ask you(Poet Ahn Do-hyun) # [ADD]: 너에게 묻는다 영문 제목 추가

Do not kick a briquette with your foot
Have you ever been a passionate person to someone? # [ADD]: 너에게 묻는다 영문 문장 추가

마지막으로 커밋 1개를 더 해야 합니다. 이 문장을 작성한 `i-ask-you.md` 파일 말고, 프로젝트 루트에 있는 `README.md` 파일로 이동합니다.

5. Main의 README.md에 작성한 명언 남기기
   - 아래 명언 미리보기에 해당하는 주제 아래에 본인이 작성한 문장의 파일을 링크로 연결합니다.

   ex)

   '마음' 밑에 다음과 같이 작성하고 커밋합니다. (문장 마지막에 마침표는 찍지 않습니다)
   - [연탄재 함부로 발로 차지 마라. 너는 누구에게 한번이라도 뜨거운 사람이었느냐](./theme/heart/i-ask-you.md)

'마음' 주제 아래에 바로 이동할 수 있는 링크를 걸었습니다. 마크다운 파일에서 '[텍스트](링크)' 형식으로 텍스트를 작성하면 (링크)로 연결되는 [텍스트]가 표시됩니다. 즉, 다음과 같이 작성하면

> [연탄재 함부로 발로 차지 마라. 너는 누구에게 한번이라도 뜨거운 사람이었느냐](./theme/heart/i-ask-you.md)

[텍스트] 부분에 지정한 '연탄재 함부로 발로 차지 마라. 너는 누구에게 한번이라도 뜨거운 사람이었느냐'가 페이지에 표시되고 이를 클릭했을 때 (링크)에 지정한 theme/heart/i-ask-you.md로 이동하게 됩니다. 이제 변경 사항을 저장하고 규칙에 따라 커밋을 생성합니다.

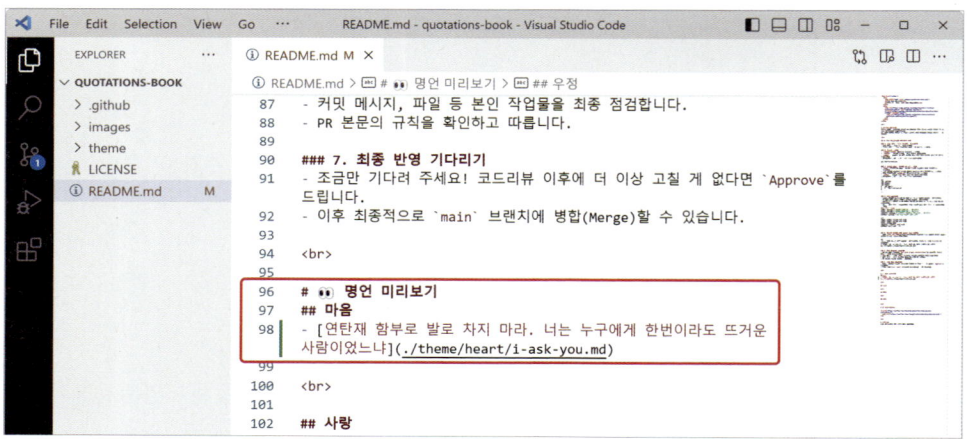

그림 6.8 명언 주제 아래에 링크 걸기

6.5 풀 리퀘스트를 생성하고 프로젝트에 기여하기

모든 커밋이 완료됐습니다. 이제 PR을 생성할 차례입니다. 다음 안내에 따라 PR을 생성해 보겠습니다.

> 6. Pull Request 생성하기
> - 커밋을 모두 마쳤다면 git push origin <branch-name>을 입력하여 Fork한 리포지터리에 업로드합니다.
> - 리포지터리의 main 브랜치로 병합을 시도하는 PR을 생성합니다.
> - 커밋 메시지, 파일 등 본인 작업물을 최종 점검합니다.
> - PR 본문의 규칙을 확인하고 따릅니다.

먼저 `git push` 명령어를 실행해 깃허브에 포크해둔 리포지터리에 변경 사항을 적용한 브랜치를 업로드합니다.

```
C:\Git-Directory\quotations-book>git push origin heart/i-ask-you
```

깃허브에 포크해둔 리포지터리로 이동합니다. 그럼 다음과 같이 PR을 생성할 수 있는 메시지가 표시됩니다. [Compare & pull request] 버튼을 클릭합니다.

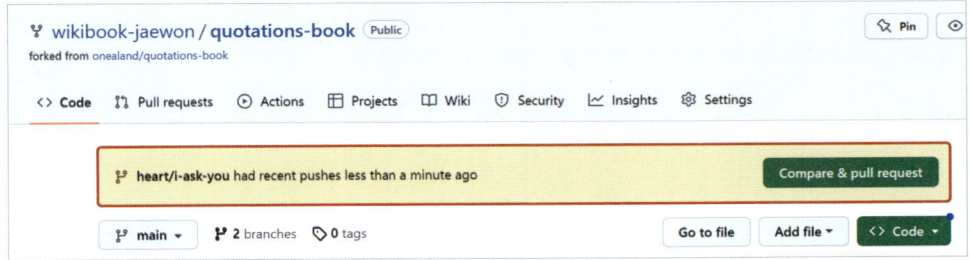

그림 6.9 변경 사항을 업로드한 이후의 깃허브 리포지터리

그럼 PR 생성 페이지가 표시됩니다. 앞에서 PR 생성 방법을 배울 때 본 페이지와 약간 차이점이 있는데, 먼저 ❶ 최종 병합을 하는 대상이 'onealand/quotations-book'의 main 브랜치로 지정돼 있습니다. 즉, 원본 리포지터리가 최종 병합 대상으로 지정돼 있습니다. 지금은 원본 리포지터리에 기여하는 방법을 배우고 있으니 그대로 둡니다.

다음으로 제목과 본문 내용이 보이는데, 본문에 미리 작성된 문장이 보입니다. 이 문장들은 제가 사전에 설정한 둔 내용이므로 이 내용에 따라 진행하면 됩니다.

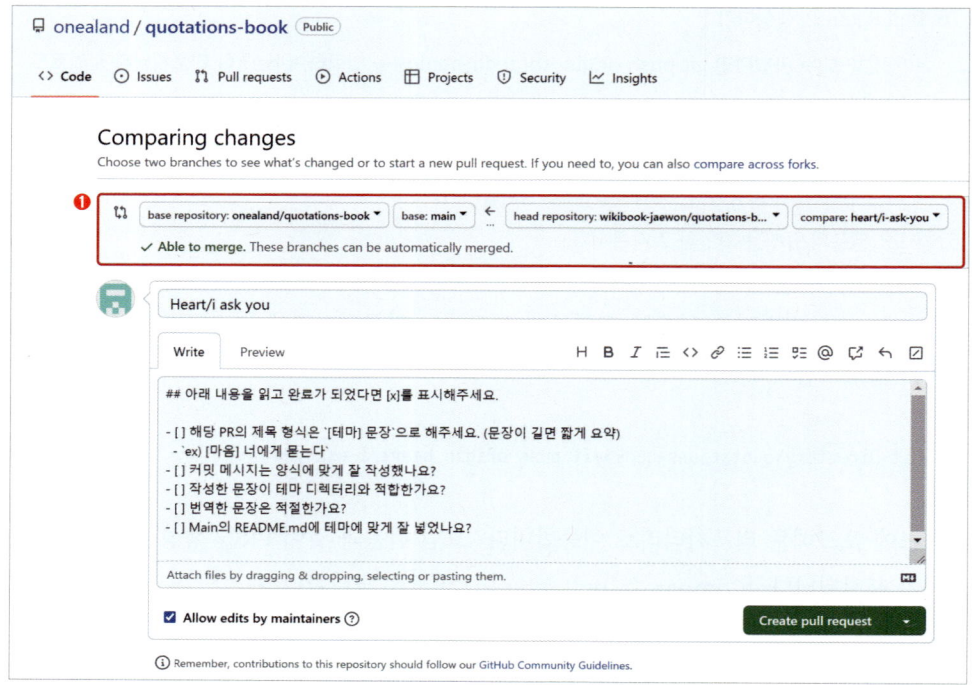

그림 6.10 오픈소스 기여를 위해 원본 리포지터리를 대상으로 PR 생성하기

다음으로 스크롤을 아래로 내리면 커밋 메시지와 변경 사항을 한눈에 파악할 수 있습니다.

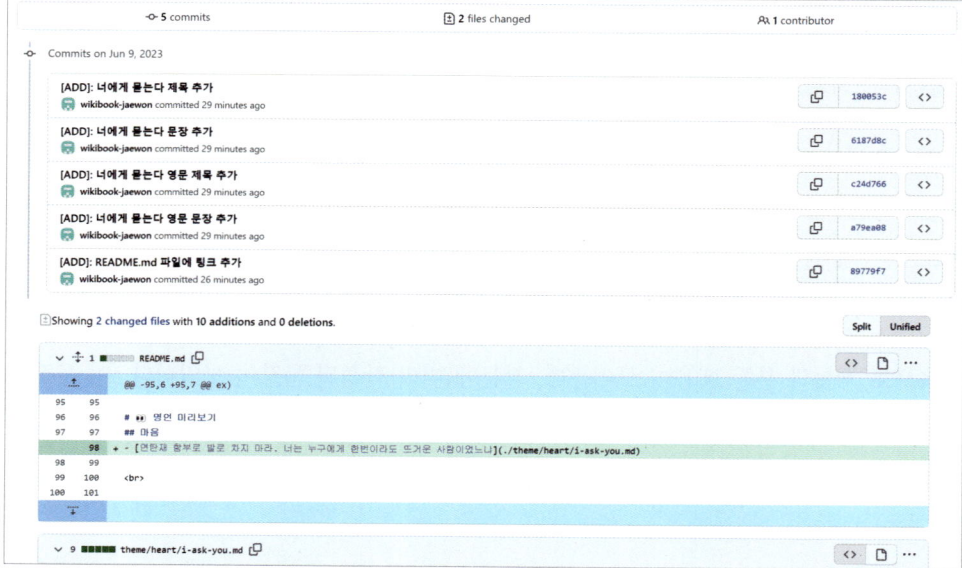

그림 6.11 PR에 포함된 커밋 내용

본문 내용을 잘 숙지했다면 다음과 같은 형식으로 마무리합니다. 그러고 나서 [Create pull request] 버튼을 클릭합니다.

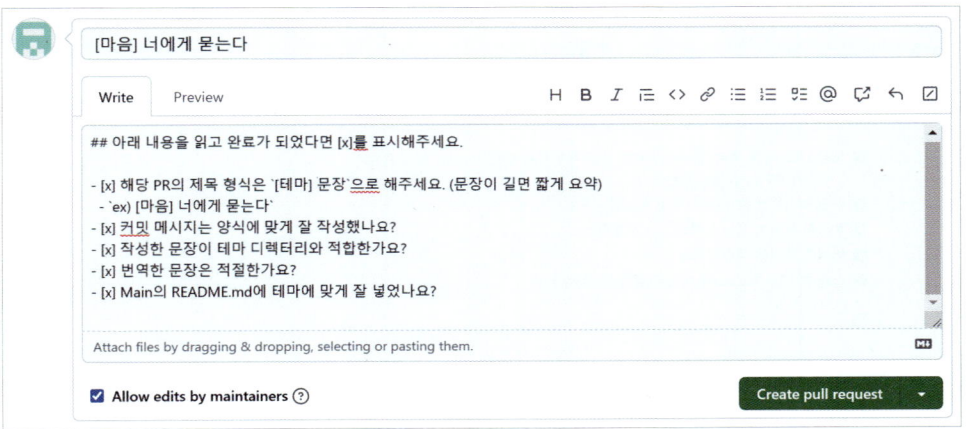

그림 6.12 PR 본문에서 내용을 확인한 후 체크(x) 표시

이렇게 해서 PR이 생성됐습니다. 하지만 다음 그림에 표시한 바와 같이 아직 병합할 수 없는 상태입니다. 그 이유는 제가 사전에 최소 1개의 Approve를 받도록 설정해 놓았기 때문입니다. 즉, 명언 백과사전 오픈소스 프로젝트를 만든 소유주(또는 다른 리뷰어)가 코드 리뷰를 한 후 문제가 없다고 승인해야 최종적으로 병합할 수 있습니다.

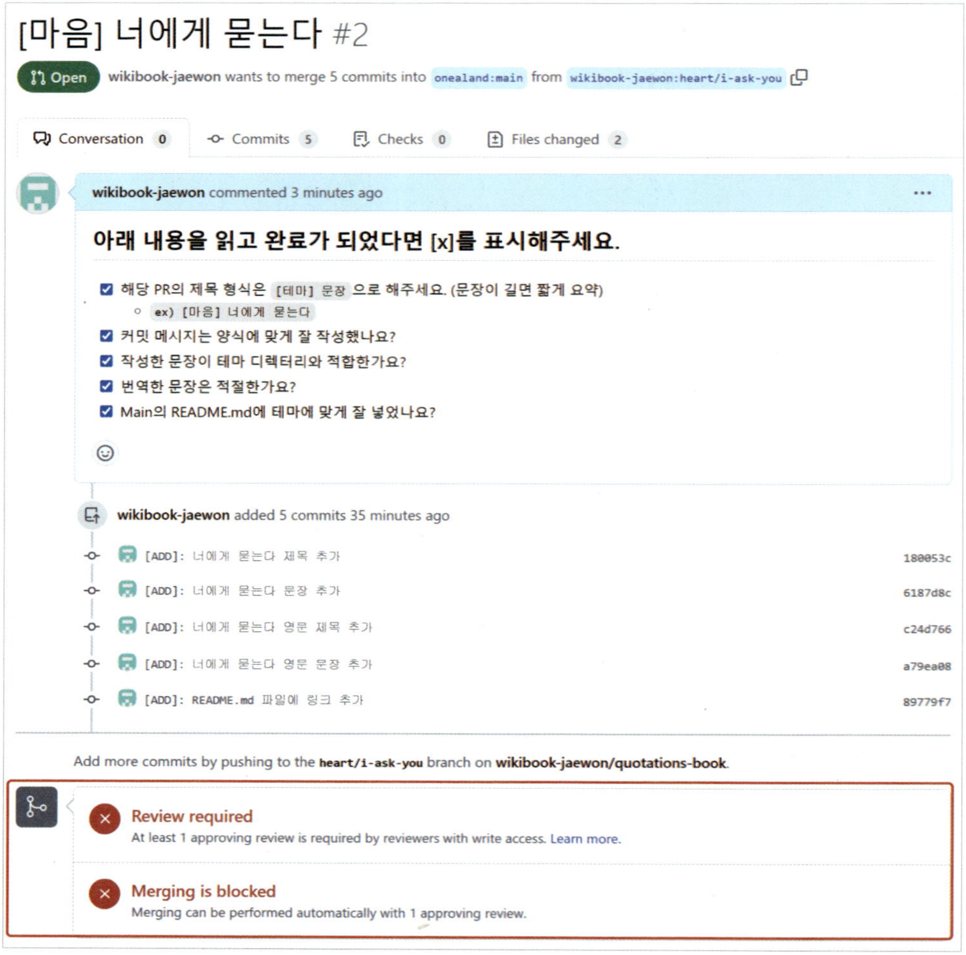

그림 6.13 PR을 병합할 수 없는 상태

만약 코드 리뷰를 거쳐 Approve를 받게 되면 다음과 같이 활성 상태로 바뀝니다.

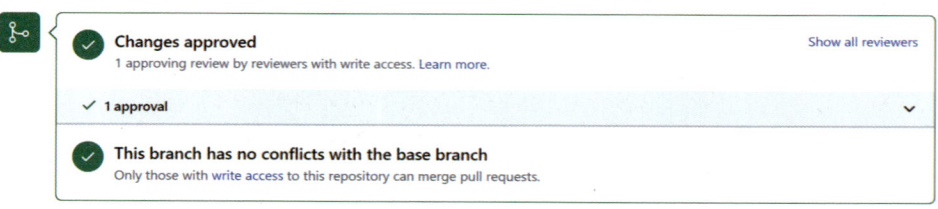

그림 6.14 병합 가능한 상태

6. 오픈소스에 기여하기: 명언 백과사전   197

이때 원본 리포지터리 소유주의 계정에는 다음과 같이 컨트리뷰터의 변경 사항을 병합할 수 있는 버튼이 표시됩니다. 소유주가 [Create pull request] 버튼을 클릭하면 최종적으로 PR이 병합되어 오픈소스 프로젝트에 컨트리뷰터의 작업 내용이 포함됩니다.

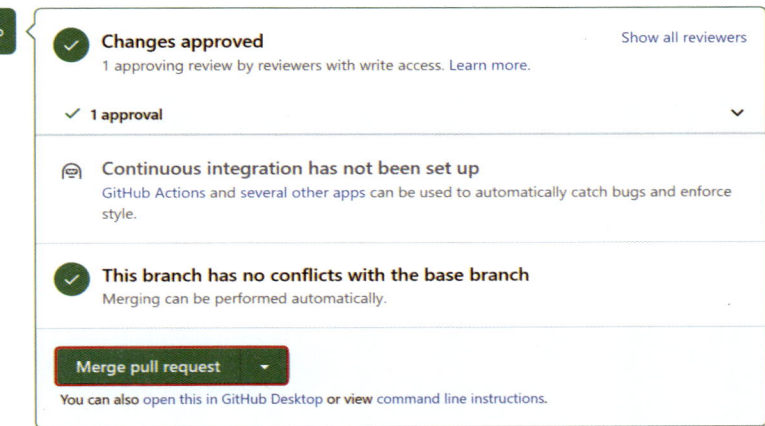

그림 6.15 원본 리포지터리 소유주에게 표시되는 [Merge pull request] 버튼

오픈소스 프로젝트의 컨트리뷰터가 되신 것을 축하합니다! 다음과 같이 원본 리포지터리에 여러분이 커밋 내역과 파일 등이 포함되고 'Contributors' 항목에도 여러분의 계정이 기재될 것입니다.

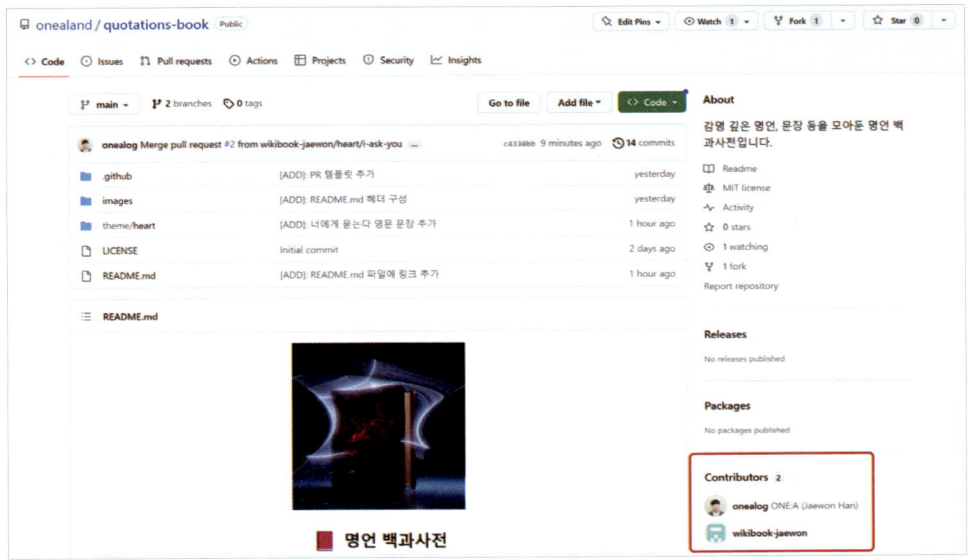

그림 6.16 오픈소스 프로젝트에 컨트리뷰터로 등록

지금까지 간단하게나마 오픈소스 프로젝트에 기여하는 방법을 살펴봤습니다. 오픈소스 프로젝트라고 해서 막연히 어렵거나 낯선 게 아니라 이번 장에서 배운 것처럼 누구나 쉽게 기여할 수 있습니다.

다음 장에서는 실무에서 자주 쓰이는 Git 명령어를 살펴보겠습니다.

7

실무에서 자주 사용하는 Git 명령어

이번 장에서는 실무에서 자주 사용하는 Git 명령어를 알아보겠습니다. Git과 관련된 명령어는 매우 방대해서 모든 명령어를 여기서 다루는 것은 불가능합니다. 또한 명령어들을 다 알 필요도 없습니다. 특정 상황에 필요한 적절한 명령어를 검색 등으로 쉽게 찾을 수 있기 때문입니다. 그리고 대부분 실무에서 사용할 만한 명령어는 대동소이하기 때문에 중요한 명령어 몇 가지만 숙지해도 Git을 사용하는 데 무리가 없을 것입니다.

여기서는 현업에서 자주 사용하는 명령어를 소개하고, 각 명령어로부터 파생된 명령어를 살펴보겠습니다. 참고로 일부 명령어는 실습에 앞서 준비물이 필요합니다. 그럴 때마다 [사전 실습]이라는 항목을 추가해뒀으니 이 내용을 먼저 진행한 후 따라하면 학습하는 데 도움이 될 것입니다. VS Code를 활용하면 더 쉽게 작업할 수 있습니다.

7.1 브랜치의 생성, 수정, 삭제: git branch

[사전 실습]
feature와 develop이라는 이름의 두 개의 새로운 브랜치를 생성하세요.

git branch 명령어는 1부에서 자주 언급한 명령어입니다. 앞에서 배운 명령어는 다음과 같습니다.

```
# 현재 로컬에 생성한 모든 브랜치 확인
# 현재 HEAD에 위치한 브랜치는 별표(*)로 표시
$ git branch

# 새로운 브랜치 생성
# 기존 브랜치로부터 분기되어 생성
$ git branch <브랜치명>
```

참고로 'git branch <브랜치명>' 명령어는 <브랜치명>에 해당하는 브랜치를 생성하고, 명령어를 입력할 당시에 위치했던 브랜치에서 파생된 새 브랜치가 생성됩니다. 예를 들어, main 브랜치에서 'git branch feature'라는 명령어를 실행해 feature 브랜치를 생성했다면 main 브랜치의 커밋을 기준으로 feature 브랜치가 생성되는 것입니다.

하지만 main 위치에서 feature 브랜치를 생성하기만 했을 뿐 아직 어떠한 행동도 하지 않았기 때문에 HEAD는 여전히 main을 가리킵니다.

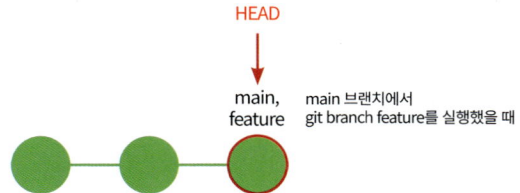

그림 7.1 main 브랜치에서 새로운 브랜치를 생성했을 때

이처럼 git branch 명령어는 Git에서 브랜치를 생성하거나 관리하는 데 사용됩니다. 추가로 관련 명령어를 몇 가지 알아봅시다.

[사전 실습]
HEAD를 feature 브랜치로 옮겨 보세요.

7.1.1 git branch -m 〈브랜치명〉 - 현재 브랜치명 변경

git branch 뒤에 '-m' 옵션을 입력하면 브랜치명을 변경할 수 있습니다. 현재 브랜치가 feature라면 다음 명령어로 브랜치명을 feature/header로 변경할 수 있습니다.

```
# feature에서 feature/header로 변경
$ git branch -m feature/header
```

현재 브랜치명을 변경하고 싶은 것이 아니라 다른 브랜치의 이름을 변경하고 싶을 때도 있습니다. 그럴 때는 이름을 변경하고 싶은 브랜치로 이동한 후 위 명령어를 실행하거나 다음과 같이 'git branch -m 〈브랜치명〉 〈변경할 이름〉' 형식으로 실행하면 됩니다.

```
# develop이라는 브랜치의 이름을 bugfix로 변경
$ git branch -m develop bugfix
```

7.1.2 git branch -d 〈브랜치명〉 - 브랜치 삭제

```
# bugfix 브랜치를 삭제
$ git branch -d bugfix
```

로컬에서 작업이 끝난 브랜치나 더 이상 쓰지 않는 브랜치일 경우 'git branch -d' 명령어로 브랜치를 삭제할 수 있습니다. 이때 삭제할 브랜치가 현재 브랜치에 병합된 경우에만 삭제가 가능합니다. 병합되지 않은 변경 사항이 있는 경우에는 삭제가 거부됩니다. 따라서 만약 브랜치를 삭제하고 싶다면 먼저 병합을 진행해야 합니다. 이는 안전하게 브랜치를 삭제할 수 있게 하기 위함입니다.

한편 병합 여부와 관계 없이 강제로 브랜치를 삭제하고 싶은 경우도 있을 것입니다. 이 경우에는 소문자 d를 대문자로 변경해서 실행하면 됩니다. 만약 브랜치에 중요한 작업 내용이 포함돼 있다면 주의할 필요가 있습니다.

```
# feature/header 브랜치를 강제 삭제
$ git branch -D feature/header
```

정리하면, 소문자 d를 사용할 경우 브랜치 삭제를 안전하게 수행할 수 있고, 대문자 D를 사용할 경우 강제로 브랜치를 삭제할 수 있습니다. 일반적으로 -d 옵션을 우선적으로 사용해 안전한 브랜치 삭제를 수행하고, 상황에 따라 -D 옵션을 통해 강제 삭제를 수행합니다. 최종적으로 CLI에서 `git branch`를 실행하면 브랜치 목록에서 삭제된 브랜치가 제거된 것을 확인할 수 있습니다.

7.1.3 git branch -r – 원격 리포지터리의 브랜치 목록 표시

> [사전 실습]
> 1. 깃허브에 실습용 프로젝트의 원격 리포지터리를 만드세요.
> 2. 원격 리포지터리에 'develop', 'feature', 'bugfix'라는 이름의 브랜치 3개를 만드세요.[1]
> 3. 원격 리포지터리를 로컬로 클론해 가져오세요.

'git branch -r' 명령어는 원격 리포지터리의 브랜치 목록을 보여줍니다. 여기서 -r은 'remote'를 의미합니다. 이 명령어를 실행하면 'origin/<브랜치명>'과 같은 형식으로 브랜치명이 표시됩니다. origin은 원격 리포지터리의 이름이고, <브랜치명>은 원격 리포지터리의 브랜치명입니다.

사전 실습을 통해 깃허브에 브랜치를 생성했다면 'git branch -r' 명령어를 실행할 경우 다음과 같은 결과를 확인할 수 있습니다. 첫 번째 줄에 표시된 'origin/HEAD -> origin/main'은 현재 깃허브의 HEAD가 가리키는 브랜치를 의미합니다.

```
$ git branch -r

origin/HEAD -> origin/main
origin/develop
origin/feature
origin/bugfix
origin/main
```

---

[1] 깃허브에서 브랜치를 만드는 방법은 다음과 같습니다.
   1. 리포지터리 메인 화면에서 왼쪽 상단의 [main(또는 master)] 바로 오른쪽에 있는 [Branches]를 클릭합니다.
   2. Branches 페이지에서 오른쪽 상단의 [New branch]를 클릭합니다.
   3. 생성할 브랜치 이름을 지정하고 [Create new branch]를 클릭합니다.

이를 통해 원격 리포지터리와 로컬 리포지터리의 상태를 파악할 수 있고, 깃허브의 브랜치를 추적하고 싶을 때 활용할 수 있습니다.

7.1.4 git branch -a – 로컬과 원격 리포지터리 브랜치 목록 표시

앞의 'git branch -r' 명령어가 원격 리포지터리의 브랜치 목록을 표시했다면, 'git branch -a' 명령어는 **로컬 리포지터리와 원격 리포지터리의 브랜치 목록을 모두 보여줍니다.** 여기서 -a는 'all'을 의미합니다.

이때 로컬 브랜치는 <브랜치명> 형식으로 표시되고, 원격 리포지터리의 브랜치는 remotes/origin/<브랜치명> 형식으로 표시됩니다.

앞선 상황을 이어가겠습니다. 로컬에는 main 브랜치가 있고 HEAD는 main에 위치합니다. 그리고 깃허브에는 main, develop, feature, bugifx 브랜치가 있습니다. 이 상태에서 'git branch -a' 명령어를 실행하면 다음과 같은 결과를 확인할 수 있습니다.

```
$ git branch -a

* main
remotes/origin/HEAD -> origin/main
remotes/origin/develop
remotes/origin/feature
remotes/origin/bugfix
remotes/origin/main
```

이 명령어를 사용하면 git branch -r 명령어와 마찬가지로 원격 리포지터리와 로컬 리포지터리의 상태를 파악할 수 있습니다. 차이점이 있다면 깃허브의 브랜치를 포함한 모든 브랜치가 표시되기 때문에 브랜치가 많은 경우에는 브랜치 상태를 한눈에 파악하기 어려울 수 있다는 것입니다.

7.2 브랜치 이동과 작업 디렉터리 파일 복원하기: git checkout, git switch, git restore

7.2.1 git checkout – 이동과 복원을 모두 수행하는 기능

> [사전 실습]
> 1. 로컬에 리포지터리를 만들고 Git이 관찰할 수 있게 초기화하세요.
> 2. `test.txt`라는 텍스트 파일을 생성하고 내용으로 'First text'라고 입력한 뒤 'Add first commit'이라는 이름으로 커밋하세요.

1부에서 `git checkout` 명령어와 `git switch` 명령어의 차이점을 다룬 적이 있습니다(89쪽, 'switch와 checkout은 뭐가 다른가요?' 참고). `git checkout` 또한 `git switch`와 마찬가지로 특정 브랜치나 커밋 등으로 이동할 수 있습니다. 또한 더 복합적인 기능들도 포함하고 있는데, 대표적으로 사용하는 `git checkout` 명령어를 살펴보겠습니다.

1. 브랜치 전환하기

'`git checkout <브랜치명>`' 명령어로 로컬에 존재하는 다른 브랜치로 이동할 수 있습니다. '`git switch <브랜치명>`'과 동일한 기능입니다.

```
$ git checkout <브랜치명>
```

2. 브랜치를 생성하고 해당 브랜치로 전환하기

`git checkout` 뒤에 `-b`를 추가하면 새 브랜치를 생성하고 바로 해당 브랜치로 이동합니다. '`git switch -c <브랜치명>`'과 동일한 기능입니다.

```
$ git checkout -b <브랜치명>
```

예를 들어, `main` 브랜치에서 `git checkout -b feature`를 실행했다고 해봅시다. 그림 7.1과 다르게 HEAD는 `feature` 브랜치를 가리키게 됩니다.

7. 실무에서 자주 사용하는 Git 명령어

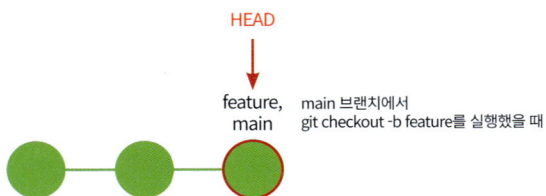

그림 7.2 main 브랜치에서 git checkout -b feature를 실행했을 때

git branch 명령어로 확인해 보면 feature로 옮겨진 것을 확인할 수 있습니다.

```
$ git branch

* feature
  main
```

3. 특정 커밋으로 이동하기

'git checkout <커밋>' 명령어로 <커밋>에 지정한 특정 커밋으로 이동할 수 있습니다. 커밋에 어떤 내용이 포함돼 있는지 확인하거나 복구가 필요할 때 활용할 수 있습니다.

```
$ git checkout <커밋>
```

<커밋>에는 이동할 커밋의 해시값을 입력합니다. 해시값은 `git log`나 `git log --oneline` 명령어로 확인할 수 있습니다.

```
$ git log
# commit 뒤에 나오는 40자(c0d98...01e)가 해시값
commit c0d9868a023d3d50b254de8599b6f4a8430d201e (HEAD -> main)
Author: Jaewon Han <oneadev@gmail.com>
Date:   Tue Jul 11 00:45:47 2023 +0900

    Add first commit

$ git log --oneline
# 맨 앞에 나오는 7자(c0d9868)가 해시값
# 축약된 해시값도 명령어에 사용할 수 있다.
c0d9868 (HEAD -> main) Add first commit
```

4. 파일 복원하기

'`git checkout -- <파일 경로>`' 명령어는 특정 경로에 있는 파일을 수정하기 전으로 복원할 수 있습니다.

```
$ git checkout -- <파일 경로>
```

실습을 통해 앞서 생성한 리포지터리의 test.txt 파일에 다음과 같이 'Second text'라는 내용을 추가하고 (커밋이 아닌) 저장합니다.

📄 test.txt
```
First text
Second text # 새로운 텍스트를 추가 후 저장
```

그러고 나서 다음과 같은 명령어를 실행합니다.

```
$ git checkout -- test.txt
```

그러면 이전 커밋 상태로 되돌아갑니다. 즉, 다음과 같이 추가했던 'Second text'는 없어지고 바로 이전 커밋까지의 내용이 담긴 'First text'만 확인할 수 있습니다. 쉽게 말해 Git에 의해 특정 파일 안의 (커밋하기 전의) 변경 사항이 모두 취소된다고 생각하면 됩니다.

📄 test.txt
```
First text
```

이처럼 `git checkout` 명령어에는 다양하고 복합적인 기능이 포함돼 있습니다. 실무에서 자주 사용되는 명령어이긴 하지만 checkout 명령어로 다양한 작업을 처리하다 보면 경우 예상치 못한 상황을 초래할 수 있습니다.

그래서 Git 2.23 버전부터 checkout의 핵심적인 기능 중 일부를 명확하게 구분하기 위해 `git switch`와 `git restore`가 등장했습니다.

7.2.2 git switch – 브랜치 전환하기

git switch 명령어는 1부에서도 많이 다뤘으니 어느 정도 익숙할 것입니다. git switch는 브랜치를 이동할 때 사용하는 명령어로서 앞서 설명한대로 git checkout의 핵심 기능 중 일부를 대체할 수 있습니다. 여기서는 git switch 명령어를 다시 한번 복습하는 차원으로 요약하고 넘어가겠습니다.

```
# 다른 브랜치로 이동
# git checkout <브랜치명> 명령어와 동일
$ git switch <브랜치명>

# 새로운 브랜치를 생성하고 해당 브랜치로 이동
# git checkout -b <브랜치명> 명령어와 동일
$ git switch -c <브랜치명>

# 바로 직전 브랜치 또는 커밋으로 되돌아가기
# git checkout - 명령어와 동일
$ git switch -
```

7.2.3 git restore – 작업 파일 복원하기

git restore 명령어는 작업 디렉터리의 파일을 복원할 때 사용됩니다. **앞서 설명한 'git checkout -- <파일 경로>'와 동일한 작업을 수행합니다.** 다음과 같이 <파일 경로>에 복구하고 싶은 파일을 지정하면 그 파일 내에서 감지된 변경 내용을 취소하고 이전 커밋 상태로 되돌아갑니다.

```
$ git restore <파일 경로>
```

만약 특정 파일을 저장한 후에 스테이징 영역에 넣었을 경우 다음과 같이 --staged를 추가하면 <파일 경로>에 해당하는 파일은 스테이징 영역에서 제외됩니다. 다만 이전 커밋으로 되돌아가기가 아니라 단순히 스테이징 영역에서 제외되는 것일 뿐이므로 변경 사항은 남아 있습니다.

```
$ git restore --staged <파일 경로>
```

앞의 사전 실습에서 생성한 텍스트 문서인 test.txt의 'First text' 텍스트 뒤에 'Second text'라고 입력해봅시다. 그런 다음 스테이징 영역에 넣어봅시다. 그러고 나서 'git restore --staged test.txt'를 실행합니다. 이 상황을 그림으로 나타내면 다음과 같습니다.

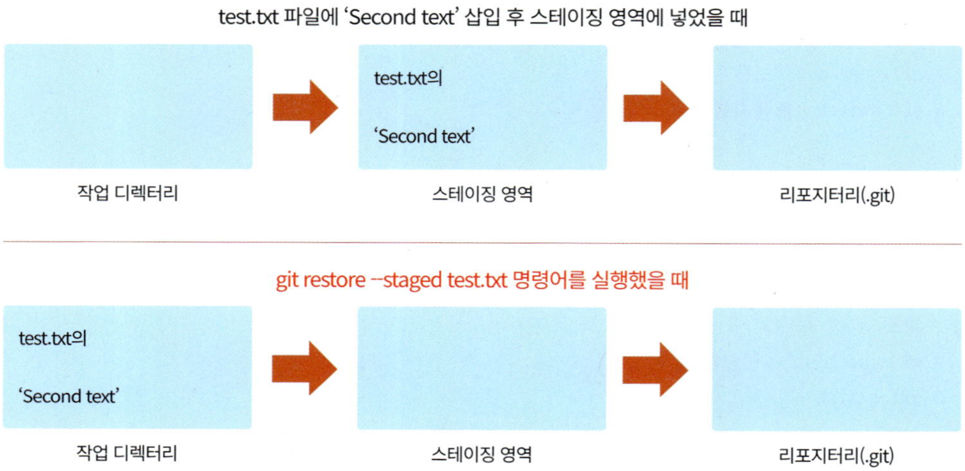

test.txt 파일에 'Second text' 삽입 후 스테이징 영역에 넣었을 때

| 작업 디렉터리 | → | 스테이징 영역
test.txt의
'Second text' | → | 리포지터리(.git) |

git restore --staged test.txt 명령어를 실행했을 때

| 작업 디렉터리
test.txt의
'Second text' | → | 스테이징 영역 | → | 리포지터리(.git) |

그림 7.3 git restore --staged <파일 경로> 명령어를 사용하기 전과 후

이것은 스테이징 영역에 들어간 test.txt를 취소하고 작업 디렉터리로 다시 가져오는 것을 의미합니다.

7.3 최신 커밋을 덮어씌우거나 수정하기: git commit --amend

--amend 옵션은 최신 커밋을 덮어씌우거나 수정할 때 사용할 수 있습니다. 다음과 같은 형식으로 사용합니다.

```
$ git commit --amend
```

예를 들어, main 브랜치에 3개의 커밋이 있다고 가정합시다. 여기서 `git commit --amend`를 실행하면 3개의 커밋 중 최근 커밋만 변경됩니다. 이때 실제로는 변경 사항이 포함된 새로운 커밋이 생성되어 마지막 커밋을 덮어쓰게 되므로 해시코드도 바뀌게 됩니다.

그림 7.4 main 브랜치에서 `git commit --amend` 명령어를 실행했을 때

CLI 환경에서 이 명령어를 현재 작업 중인 브랜치에서 실행하면 Vim 편집기가 열립니다. Vim 편집기는 1부에서도 잠깐 소개한 바 있는데, CLI 환경의 텍스트 편집기라고 생각하면 됩니다. Vim 편집기에서 최신 커밋 메시지를 수정할 수 있습니다.

`git commit --amend`는 주로 다음과 같은 두 가지 경우에 사용됩니다.

1. **최신 커밋 메시지만 수정할 때**: 최신 커밋 메시지에 오타가 있거나 다른 내용으로 수정하고 싶을 때가 있습니다. 이때 'git commit --amend' 명령어를 실행하면 Vim 편집기가 열리고, 이곳에서 메시지를 변경한 후 저장하면 최신 커밋 메시지가 변경된 것을 확인할 수 있습니다.

2. **변경 사항을 추가하고 덮어씌우고 싶을 때**: git add 명령어로 변경한 파일 및 내용을 스테이징 영역에 올린 후, 'git commit --amend' 명령어를 실행하면 Vim 편집기가 열리는데, 이곳에서 저장하고 빠져나가면 최신 커밋에 앞서 스테이징 영역에 올린 변경 사항까지 포함된 새 커밋이 생성됩니다. 즉, 최신 커밋이 덮어씌워집니다. 기존의 최신 커밋은 사라지지만 작업 내용은 존재하고 거기에 새로운 변경 사항이 추가되어 새로운 커밋이 생성됩니다.

실습을 이어 나가겠습니다. 최신 커밋이 존재하는 상태에서 `git commit --amend` 명령어를 실행하면 다음과 같은 내용이 포함된 Vim 편집기가 열립니다. 가장 최근에 커밋했던 'Add first commit'이라는 메시지가 보이고, test.txt 파일은 변경 사항을 의미합니다.

참고로 Vim 편집기는 처음 다뤄보는 분들이라면 익숙하지 않을 수 있는데, Vim 편집기의 모든 내용을 알 필요는 없으므로 여기서는 필요한 내용만 소개하면서 설명하겠습니다.

```
Add first commit

# Please enter the commit message for your changes. Lines starting
# with '#' will be ignored, and an empty message aborts the commit.
#
# Date:      Tue Jul 11 00:45:47 2023 +0900
#
# On branch main
#
# Initial commit
#
# Changes to be committed:
#       new file:   test.txt
```

7.3.1 아무런 수정사항 없이 저장하기

이 상태에서 아무것도 수정하지 않고 현재 상태 그대로 저장하고 싶다면 단축키 :과 w, q를 합친 :wq를 소문자 그대로 입력하고 엔터를 치면 됩니다. 그럼 저장 후 편집기가 종료됩니다.

7.3.2 커밋 메시지를 수정하고 저장하기

만약 커밋 메시지를 변경하고 싶다면 다음과 같은 과정을 따릅니다.

1. Vim 편집기에서 단축키로 소문자 i를 입력해 INSERT 모드로 진입
2. 커밋 메시지를 수정
3. 편집이 완료되면 Esc 키를 눌러 INSERT 모드를 종료
4. 단축키 :wq를 입력하고 엔터를 눌러 수정 사항을 저장한 후 편집기 종료

7.3.3 저장하지 않고 편집기 종료하기

편집기에 작성된 내용을 무시하고 종료해야 할 때도 있습니다. 그럴 때는 편집기에서 단축키 :q!를 입력하고 엔터를 누르면 됩니다. 이렇게 하면 변경 사항이 저장되지 않고 취소됩니다.

✅ Check, Vim 편집기가 너무 어려워요!

CLI 환경에서 작업하다 보면 종종 Vim 편집기를 만나게 됩니다. 특히 앞에서 살펴본 --amend 옵션 등 Git 관련 명령어를 입력할 때 Vim 편집기를 자주 만날 수 있는데, Vim 편집기를 처음 접한다면 굉장히 당황스러울 것입니다. 낯선 화면인 데다 아무런 배경지식이 없기 때문에 어떻게 사용해야할지 모르기 때문입니다. 이때 Vim 편집기가 너무 낯설고 사용하기가 어렵다면 Git 명령어를 실행할 때 Vim 편집기가 아닌 다른 편집기가 열리게 할 수 있습니다.

이 방법은 Git 공식 홈페이지에서 'Documentation' → 'Book' → 'A3.1 Setup and Config'에서 확인할 수 있습니다.[2] 이 페이지에는 Vim 편집기 대신에 다양한 편집기를 설정할 수 있는 명령어가 정리돼 있습니다.

git config core.editor commands

Accompanying the configuration instructions in Your Editor, many editors can be set as follows:

Table 4. Exhaustive list of `core.editor` configuration commands

Editor	Configuration command
Atom	`git config --global core.editor "atom --wait"`
BBEdit (macOS, with command line tools)	`git config --global core.editor "bbedit -w"`
Emacs	`git config --global core.editor emacs`
Gedit (Linux)	`git config --global core.editor "gedit --wait --new-window"`
Gvim (Windows 64-bit)	`git config --global core.editor "'C:\Program Files\Vim\vim72\gvim.exe' --nofork '%*'"` (Also see note below)
Helix	`git config --global core.editor "helix"`
Kate (Linux)	`git config --global core.editor "kate"`
nano	`git config --global core.editor "nano -w"`
Notepad (Windows 64-bit)	`git config core.editor notepad`

그림 7.5 다른 편집기로 설정을 변경을 할 수 있는 명령어

여기서는 Vim을 대체할 수 있는 두 가지 편집기 설정을 알아보겠습니다.

---

2 https://git-scm.com/book/en/v2/Appendix-C%3A-Git-Commands-Setup-and-Config

1. 메모장으로 설정하기(Windows 환경)

다음 명령어를 CLI에서 실행합니다.

```
$ git config --global core.editor notepad
```

그리고 앞에서 배운 git commit --amend를 실행하면 다음과 같이 메모장이 열립니다. 메모장은 Vim 편집기와 달리 친숙하고 쉽게 수정하고 저장할 수 있다는 장점이 있습니다.

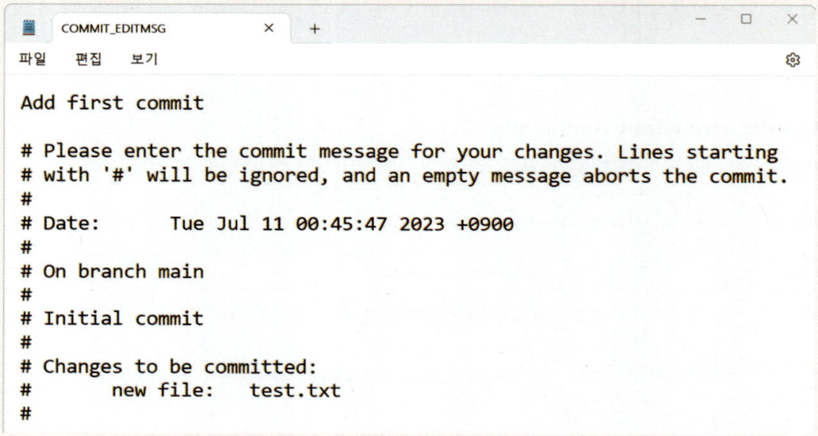

```
Add first commit

# Please enter the commit message for your changes. Lines starting
# with '#' will be ignored, and an empty message aborts the commit.
#
# Date:         Tue Jul 11 00:45:47 2023 +0900
#
# On branch main
#
# Initial commit
#
# Changes to be committed:
#       new file:   test.txt
#
```

그림 7.6 git commit --amend 명령어 실행 시 열리는 메모장

2. VS Code로 설정하기

VS Code를 사용하도록 설정하는 명령어도 있습니다. CLI에서 다음 명령어를 실행합니다.

```
$ git config --global core.editor "code --wait"
```

마찬가지로 git commit --amend 명령어를 실행하면 다음과 같이 VS Code가 실행되면서 편집기 창이 열립니다. 메모장과 마찬가지로 좀 더 친숙하고 사용하기가 쉽습니다.

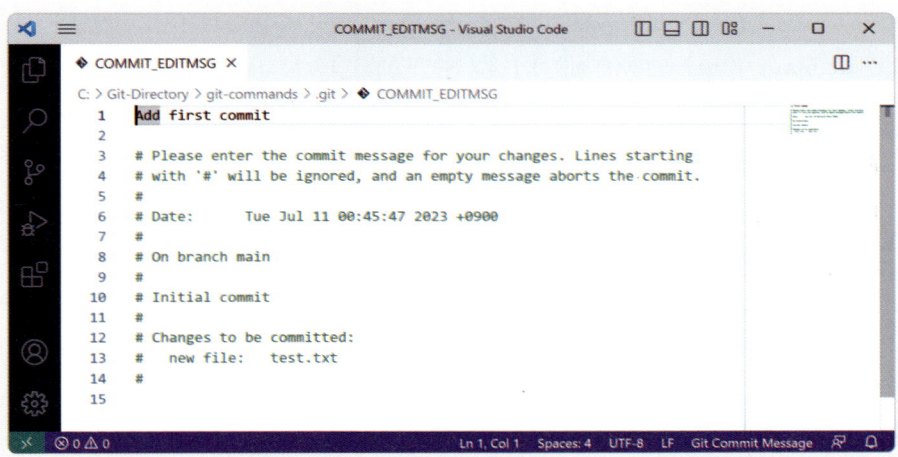

그림 7.7 git commit --amend 명령어 실행 시 열리는 VS Code

이후 실습에서 편집기가 필요한 상황이 종종 있는데, 이 책에서는 VS Code를 기준으로 설명하겠습니다.

7.3.4 편집기 없이 바로 git commit --amend 명령어 수행하기

git commit --amend 명령어를 실행하면 텍스트 편집기가 열린다고 앞에서 설명했습니다. 편집기를 열지 않고 명령어를 곧바로 실행할 수 있는 방법이 있는데, 다음과 같이 --amend 옵션과 함께 커밋 메시지 옵션을 입력하면 편집기 없이 곧바로 최신 커밋 메시지를 덮어씌울 수 있습니다.

```
$ git commit --amend -m "메시지 내용"
```

또는 변경 사항만 추가하고 커밋 메시지는 그대로 유지하고 싶을 때도 있습니다. 이때는 다음과 같이 --no-edit 옵션을 포함해 명령어를 실행합니다.

```
$ git commit --amend --no-edit
```

> ✅ **Check. --amend 옵션 사용 시 주의사항!**
> --amend 명령어를 사용할 때 주의할 점이 하나 있습니다. 그림 7.4를 다시 확인해보겠습니다. 그림에서 최신 커밋 부분을 보면 커밋 8d9e0f1이 6d7e8f9로 바뀐 것을 알 수 있습니다. 즉, 최신 커밋을 덮어씌우면서 고윳값인 해시값이 바뀝니다.

만약 --amend 옵션을 입력하고 수정사항 없이 종료했다고 해도(커밋 메시지와 변경 사항이 동일하다고 해도), `git commit --amend` 명령어를 실행하기 전의 커밋과 이후의 커밋은 다른 커밋이 됩니다.

그런데 `git commit --amend` 명령어로 만들어진 커밋이 로컬에만 존재하는 경우에는 큰 문제가 되지 않습니다. 하지만 협업 환경에서는 주의해야 합니다.

깃허브에 이미 푸시한 커밋을 `git commit --amend`로 수정하면 동료 개발자와의 협업에 영향을 줄 수 있습니다. 만약 이미 푸시한 커밋을 동료 개발자가 본인의 로컬 리포지터리로 가져와 작업을 진행하고 있다면 그것을 `git commit --amend`로 수정할 경우 나중에 충돌이 발생할 수 있습니다. 따라서 깃허브에 푸시돼 있는 커밋에 대해서는 가급적 `git commit --amend` 명령어를 삼가고 차라리 새로운 커밋을 생성하는 것을 권장합니다.

7.4 특정 커밋만 떼내어 가져오기: git cherry-pick

[사전 실습]
1. 로컬에 리포지터리를 만들고 Git이 관찰할 수 있게 초기화하세요.
2. `main` 브랜치에 최초 커밋으로 'Add main commit 1'을 생성하세요.
3. `feature` 브랜치를 생성하고 해당 브랜치로 이동한 후 'Add feature commit 1', 'Add feature commit 2'라는 커밋을 2개 생성하세요.
4. 다시 `main` 브랜치로 이동한 후 'Add main commit 2', 'Add main commit 3'이라는 커밋을 2개 생성하세요.

'선별하다'라는 뜻을 가진 cherry-pick이 Git 명령어에도 있습니다. `git cherry-pick` 명령어를 사용하면 특정 커밋을 현재 브랜치의 최신 커밋으로 가져올 수 있습니다. 다른 브랜치에 작업했던 커밋을 가져오고 싶을 때 특히 유용한 명령어입니다.

```
$ git cherry-pick <커밋>
```

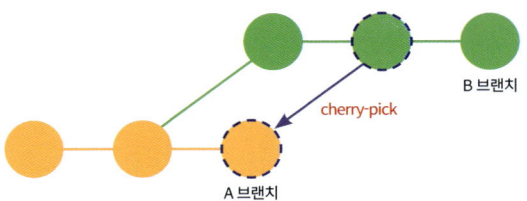

그림 7.8 B 브랜치의 특정 커밋 1개를 A 브랜치로 가져오는 cherry-pick 명령어

또한 하나의 커밋이 아닌 여러 개의 커밋을 가져오고 싶다면 다음과 같은 명령어를 실행할 수 있습니다. 참고로 앞 순서부터 커밋되기 때문에 `git cherry-pick` 명령어를 실행한 후 최신 커밋은 가장 오른쪽에 있는 해시값의 커밋입니다.

```
$ git cherry-pick <커밋1> <커밋2> <커밋3> ...
```

이번에도 실습을 통해 알아보겠습니다. 다음은 main 브랜치의 커밋 내역과 feature 브랜치의 커밋 내역입니다. 커밋 'Add main commit 1'을 제외하면 브랜치에 각각 다른 커밋이 존재합니다.

```
$ git log --oneline
# main 브랜치
b80c709 (HEAD -> main) Add main commit 3
05cc107 Add main commit 2
ba91ba0 Add main commit 1

# feature 브랜치
b5635f4 (HEAD -> feature) Add feature commit 2
782348f Add feature commit 1
ba91ba0 Add main commit 1
```

main 브랜치에서 feature 브랜치의 커밋 2개(782348f, b5635f4)를 `git cherry-pick`으로 가져오겠습니다. 이를 위해 다음과 같은 명령어를 입력합니다. 앞에서 설명한대로 과거 커밋 순으로 작성해야 하므로 782348f 커밋을 먼저 지정합니다.

```
$ git cherry-pick 782348f b5635f4
```

git cherry-pick 명령어의 실행이 완료되면 다음과 같이 main 브랜치 커밋 내역에 feature 브랜치 커밋이 추가됩니다.

```
# main 브랜치
eff9d90 (HEAD -> main) Add feature commit 2
5fdbdf8 Add feature commit 1
b80c709 Add main commit 3
05cc107 Add main commit 2
ba91ba0 Add main commit 1
```

그런데 한 가지 눈에 띄는 부분이 있습니다. 앞서 git commit --amend 명령어에서 다뤘던 내용인데, feature 브랜치의 커밋을 가져왔지만 커밋의 해시값이 바뀐 것을 확인할 수 있습니다. 이것은 git cherry-pick 명령어 역시 같은 내용의 커밋일지라도 해시값이 달라지므로 다른 커밋으로 인식되기 때문입니다. 이 점을 염두에 두고 사용하기 바랍니다.

7.4.1 git cherry-pick --continue – 충돌 해결 후 이어서 병합하기

git cherry-pick을 사용하다 보면 커밋이 충돌하는 경우가 자주 발생합니다. 앞의 경우에서도 main 브랜치와 feature 브랜치의 커밋이 같은 파일의 내용을 변경한 경우라면 충돌이 발생했을 것입니다.

이때 충돌을 해결한 후에 수정사항을 스테이징 영역에 넣습니다. 그러고 나서 다음과 같이 --continue 옵션을 포함해서 실행하면 병합 작업이 진행됩니다.

```
$ git cherry-pick --continue
```

7.4.2 git cherry-pick --abort – cherry-pick 중단하기

git cherry-pick 명령어를 실행하다가 중단하려면 다음과 같이 --abort 옵션을 포함하면 됩니다. 만약 여러 커밋을 대상으로 한꺼번에 git cherry-pick을 수행 중일 경우 중간에 작업을 중단하면 진행 중에 병합했던 커밋들이 모두 이전 상태로 되돌아가므로 유의합니다.

```
$ git cherry-pick --abort
```

7.4.3 git cherry-pick --no-commit <커밋> - 커밋하지 않고 cherry-pick 하기

다른 브랜치에 있는 커밋을 `git cherry-pick`할 때 다음과 같이 `--no-commit`을 포함한 명령어를 입력할 경우 커밋하지 않고 변경 사항을 가져오게 됩니다. 즉, <커밋>에 포함된 변경 사항이 현재 브랜치의 스테이징 영역에 들어오게 됩니다.

```
$ git cherry-pick --no-commit <커밋>
```

명령어는 여러 커밋 내용을 `git cherry-pick`을 수행해 하나의 커밋으로 생성할 수 있고, 가져온 커밋 내용을 일부 수정하는 등 좀 더 유연하게 작업할 수 있다는 특징이 있습니다.

7.5 내가 작업하고 있는 부분을 임시 저장소에 잠깐 두기: git stash

[사전 실습]
1. 로컬에 리포지터리를 만들고 Git이 관찰할 수 있게 초기화합니다.
2. test-1.txt 파일을 생성하고 'Init text' 텍스트를 입력하세요. 스테이징 영역에 올린 후 최초 커밋 'Add init commit'을 생성하세요.
3. test-1.txt에 다음 줄에 'Test-1 text'를 입력하고 저장하세요.
4. test-2.txt 파일을 생성하고 'Test-2 text' 텍스트를 입력한 후 test-2.txt 파일의 내용만 스테이징 영역에 올리세요.

작업을 하다 보면 브랜치를 이동하는 상황이 자주 생깁니다. 이때 특정 브랜치에 아직 커밋은 하지 않은 상태로 저장된 내용이 존재할 때가 있습니다. 이 경우 깔끔하게 커밋한 후에 브랜치를 이동하는 것이 좋은데, 실무에서는 작업 중 브랜치를 이동하는 경우가 잦아서 그때그때 커밋하기에는 애매한 상황이 생깁니다. 이럴 때 `git stash`를 사용할 수 있습니다.

git stash는 커밋하지 않은 변경 사항들을 임시 저장소에 보관하는 명령어라고 생각하면 됩니다. 다음과 같은 명령어를 입력하면 변경 사항들이 임시 저장소인 스태시(stash)에 저장됩니다. 그리고 현재 작업 영역은 이전 커밋 상태로 돌아갑니다. 이후에 브랜치를 자유롭게 이동할 수 있습니다.

```
$ git stash
```

사전 실습을 진행한 후 git stash 명령어를 실행하면 그림 7.9와 같은 모습이 됩니다.

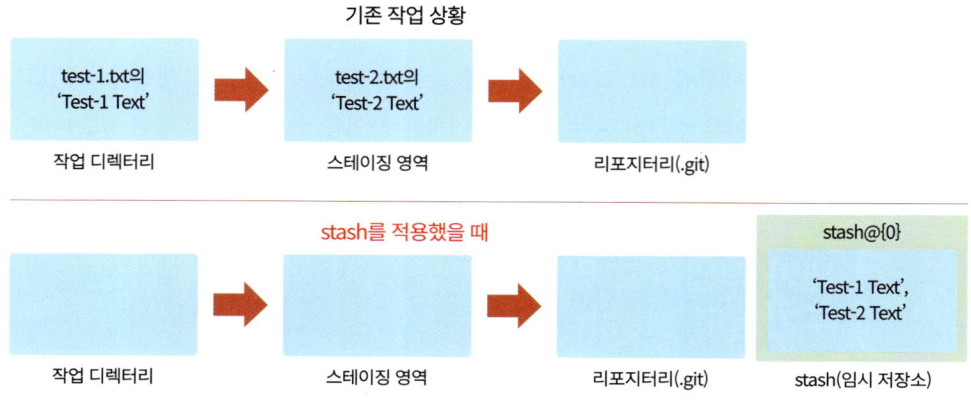

그림 7.9 git stash를 실행한 결과

그리고 다음과 같이 메시지 내용을 입력해서 스태시에 원하는 메시지와 함께 변경 사항을 보관할 수도 있습니다. git stash와 동일한 기능을 수행하는 명령어도 참고 삼아 소개하겠습니다.

```
$ git stash push -m "메시지 내용"
# 아래 명령어도 같은 기능을 수행합니다.
# git stash -m "메시지 내용"
# git stash save "메시지 내용"
```

7.5.1 git stash list – 임시로 보관한 변경 사항 확인하기

이전 실습에서 git stash 명령어를 실행했다면 test-1.txt만 존재하고 test-2.txt는 없을 것입니다. 이때 다음과 같이 명령어를 입력합니다.

```
$ git stash list
```

그럼 다음과 같이 스태시에 보관한 내용을 확인할 수 있습니다. (macOS 환경일 경우 단축키 q를 입력하면 `git stash list`를 빠져나올 수 있습니다.)

```
stash@{0}: WIP on main: cf38d2f Add first commit
```

메시지를 살펴보면 다음과 같습니다.

1. `stash@{0}`: 스태시 목록의 각 항목을 식별하는 식별자입니다. {0}은 가장 최근에 스태시한 것을 나타냅니다. 과거로 갈수록 숫자가 올라갑니다.
2. `WIP on main`: WIP는 'Work In Progress'의 약자로, 해당 스태시가 main 브랜치에 작업 중이었다는 것을 나타냅니다.
3. `cf38d2f Add first commit`: 스태시할 당시의 커밋 상태를 설명합니다. cf38d2f는 커밋의 해시값이고, Add first commit은 커밋 메시지를 나타냅니다. 여기서는 `git stash` 명령어를 실행할 때 단순히 `git stash`만 실행했기 때문에 최근 커밋 메시지가 나타납니다.

여기서 메시지를 넣어 `git stash`를 실행해봅시다. 즉, test-1.txt에 간단한 텍스트를 추가한 후, `git stash push -m "Test-1 stash"`라고 입력해봅시다. 그러고 나서 `git stash list`를 실행합니다. 그럼 다음과 같은 형태로 스태시 내역이 보일 것입니다. 메시지를 포함해서 `git stash`를 실행할 경우에는 몇 가지가 생략된 것을 확인할 수 있습니다. 또한 앞서 설명한대로 최신 스태시가 0번(stash@{0})으로 설정됩니다.

```
stash@{0}: On main: Test-1 stash
stash@{1}: WIP on main: cf38d2f Add first commit
```

이런 식으로 스태시에 작업한 변경 사항을 보관하면 프로젝트 안에서 브랜치 간에 자유롭게 이동할 수 있습니다.

7.5.2 git stash apply – 스태시에 보관한 변경 사항 적용하기

작업을 하다 보면 스태시에 보관해둔 변경 사항을 꺼내서 사용해야 할 순간이 생깁니다. `git stash list` 명령어를 통해 보관한 변경 사항을 확인했다면 `git stash apply` 명령어로 가장 최근에 보관한 변경 사항을 가져올 수 있습니다.

다음과 같이 명령어를 실행하면 앞서 git stash list에 존재하는 2개의 변경 사항 중 가장 최근 변경 사항인 stash@{0}의 'Test-1 stash'가 현재 작업 영역에 적용됩니다.

```
$ git stash apply
# git stash list에 가장 최근 변경 사항인
# stash@{0}: On main: Test-1 stash가 적용된다.
stash@{0}: On main: Test-1 stash # 변경 사항 적용
stash@{1}: WIP on main: cf38d2f Add first commit
```

하지만 최근 변경 사항이 아니라 특정 변경 사항을 가져오고 싶을 때도 있습니다. 예를 들면, 제일 처음에 보관했던 'stash@{1}: WIP on main: cf38d2f Add first commit'을 가져오고 싶을 때는 어떻게 할 수 있을까요?

apply 뒤에 다음과 같이 스태시 값을 넣거나 인덱스(중괄호 안의 숫자) 값을 넣으면 됩니다.

```
$ git stash apply "stash@{1}" 또는 git stash apply 1

# stash@{1}: WIP on main: cf38d2f Add first commit가 적용된다.
stash@{0}: On main: Test-1 stash
stash@{1}: WIP on main: cf38d2f Add first commit # 변경 사항 적용
```

✅ Check, git stash apply "stash@{1}"을 해도 적용이 안돼요.

실습을 순차적으로 따라왔다면 git stash apply "stash@{1}" 명령어를 입력했을 때 다음과 같이 에러 메시지가 발생할 수 있습니다.

```
error: Your local changes to the following files would be overwritten by merge:
        test-1.txt
Please commit your changes or stash them before you merge.
Aborting
On branch main
Changes not staged for commit:
  (use "git add <file>..." to update what will be committed)
  (use "git restore <file>..." to discard changes in working directory)
        modified:       test-1.txt

no changes added to commit (use "git add" and/or "git commit -a")
```

이 에러가 발생하는 이유는 `git stash apply`를 사용해 스태시된 변경 사항을 현재 작업 디렉터리에 적용하려 할 때 작업 디렉터리에 변경 사항(여기서는 test-1.txt 파일의)이 이미 존재하고 아직 커밋되지 않았기 때문입니다. 즉, 현재 작업 디렉터리의 변경 사항과 스태시에서 적용할 변경 사항이 충돌을 일으킨 것입니다. 이를 해결하는 방법은 크게 3가지가 있습니다.

첫 번째 방법은 현재 디렉터리에 충돌을 일으키는 변경 사항을 커밋하는 것입니다. 두 번째 방법은 커밋 대신 변경 사항을 스태시에 저장하는 것입니다. 세 번째 방법은 변경 사항을 버리는 것(이전 상태로 돌리기)입니다.

이 3가지 방법 중 하나를 적용한 후 다시 `git stash apply` 명령어를 실행하면 제대로 동작하는 것을 확인할 수 있습니다.

7.5.3 git stash pop – 스태시에 보관한 변경 사항 적용하고 제거하기

`git stash pop` 명령어는 `git stash apply`와 동일한 역할을 하지만 한 가지 차이점이 있습니다. 스태시에 보관했던 변경 사항을 적용한 후에 `git stash list`를 입력하면 해당 내역이 삭제된다는 것입니다. 스태시에 변경 사항을 많이 보관하다 보면 스태시 내역이 길어지고 사용하지 않는 내용이 쌓이면서 비효율이 발생합니다. 이 경우 `git stash pop` 명령어로 변경 사항을 적용하면 저절로 제거되며 깔끔하게 스태시 내역을 관리할 수 있습니다.

앞선 실습을 이어나가겠습니다. 따로 스태시를 하지 않았다면 스태시 내역은 다음과 같은 형태로 나올 것입니다.

```
stash@{0}: On main: Test-1 stash
stash@{1}: WIP on main: cf38d2f Add first commit
```

여기서 test-3.txt를 생성하고 'Third Text'를 입력한 후 스테이징 영역에 올립니다. 그러고 나서 'Test-3 stash'라는 이름으로 스태시를 해봅시다.

```
$ git stash push -m "Test-3 stash"
```

항목을 살펴보면 다음과 같습니다.

```
stash@{0}: On main: Test-3 stash
stash@{1}: On main: Test-1 stash
stash@{2}: WIP on main: cf38d2f Add first commit
```

이후 다음과 같은 git stash pop 명령어를 입력합니다.

```
$ git stash pop
```

다시 git stash list를 입력해 스태시 내역을 확인하면 방금 적용한 변경 사항이 제거된 것을 확인할 수 있습니다. git stash apply 명령어와 git stash pop 명령어의 또다른 차이점을 여기서 발견할 수 있습니다. git stash 명령어를 사용하면 변경 사항이 제거되면서 stash@{n}에서 n에 해당하는 인덱스 값이 재정렬됩니다. 삭제된 'Test-3 stash'의 인덱스가 0이었는데 삭제되고 난 후 그 이전의 변경 사항인 'Test-1 stash'의 인덱스가 0이 되었습니다. 다른 변경 사항도 마찬가지로 숫자가 앞당겨졌습니다.

```
stash@{0}: On main: Test-1 stash
stash@{1}: WIP on main: cf38d2f Add first commit
```

git stash pop 명령어로도 특정 스태시 값 또는 인덱스를 통해 변경 사항을 가져올 수 있습니다. 다음과 같이 입력하면 스태시에 보관돼 있는 'stash@{1}: WIP on main: cf38d2f Add first commit'이 적용되고 삭제됩니다.

```
$ git stash pop "stash@{1}" 또는 git stash pop 1
```

최종적으로 git stash list로 확인하면 다음과 같습니다.

```
stash@{0}: On main: Test-1 stash
```

7.5.4 git stash drop – 스태시에 보관한 변경 사항 제거하기

git stash apply와 git stash pop에 비해 자주 사용되지는 않지만 git stash drop 명령어도 있습니다. 이 명령어는 스태시에 보관된 변경 사항을 적용하지 않고 제거하는 기능입니다. 이 명령어는 앞서 설명한 명령어와 동일한 형태로 사용할 수 있습니다.

```
# 스태시에 보관된 최근 변경 사항을 제거
$ git stash drop

# 특정 인덱스 n값에 해당하는 변경 사항을 제거
$ git stash drop "stash@{n}" 또는 git stash drop <n>
```

7.6 예전 작업 상태로 돌아가기: git reset, git revert

작업하다 보면 종종 이전 상태(커밋)로 되돌려야 할 때가 있습니다. 그런 경우 `git reset`과 `git revert`라는 명령어를 활용할 수 있습니다. 두 명령어는 실수로 잘못된 커밋을 생성했거나 변경 사항을 되돌릴 때 유용합니다. 두 명령어의 차이점은 각 명령어를 설명한 후에 살펴보겠습니다.

7.6.1 git reset – 커밋을 취소하거나 변경 사항 되돌리기

> [사전 실습]
> 1. 로컬에 리포지터리를 만들고 Git이 관찰할 수 있게 초기화하세요.
> 2. `main` 브랜치에 최초의 커밋 '1st commit'을 생성하세요.
> 3. 이후 각각 3개의 커밋 '2nd commit', '3rd commit', '4th commit'을 생성하세요.

git reset 명령어를 통해 커밋을 취소하거나 변경 사항을 되돌릴 수 있습니다. 대표적으로 3가지 방법이 있습니다.

7.6.1.1 특정 커밋으로 되돌리기

다음 명령어를 이용해 특정 커밋으로 되돌릴 수 있습니다. HEAD는 현재 커밋을 가리키고 물결 단축키(~)와 함께 숫자를 적으면 HEAD로부터 지정한 숫자만큼 이전의 커밋을 가리키게 됩니다. 또는 직접적으로 돌리고 싶은 커밋의 해시값을 입력해도 됩니다.

```
$ git reset HEAD~<n>
또는
$ git reset <커밋>
```

사전 실습을 진행했다면 다음과 같이 커밋 내역을 확인하면 4개의 커밋이 존재합니다. 여기서 '2nd commit' 커밋으로 돌아가고 싶을 때는 어떻게 할 수 있을까요?

```
$ git log --oneline
ca0e75c (HEAD -> main) 4th commit
e185498 3rd commit
15cba13 2nd commit
c0d9868 1st commit
```

앞에서 설명했던 대로 하면 다음과 같습니다. HEAD, 즉 '4th commit' 커밋으로부터 2번째 앞 커밋을 의미하는 HEAD~2, 또는 '2nd commit'을 가리키는 해시값 15cba13을 git reset 뒤에 입력하면 됩니다.

```
$ git reset HEAD~2
또는
$ git reset 15cba13
```

명령어를 입력하면 명령어에 지정한 특정 지점으로 돌아가게 됩니다. 그리고 이후의 커밋은 모두 취소됩니다. 다시 내역을 살펴보면 다음과 같습니다.

```
$ git log --oneline
15cba13 (HEAD -> main) 2nd commit
c0d9868 1st commit
```

하지만 특정 지점 이후의 변경 사항들이 완전히 삭제되는 것은 아닙니다. 취소된 변경 사항들은 Git에 의해 감지되고 있으며, 그러한 변경 사항들을 확인 후 삭제하거나 수정하고 다시 커밋을 수행할 수 있습니다.

7.6.1.2 특정 커밋으로 되돌리면서 스테이징 영역에 유지하기

다음과 같이 git reset 명령어 뒤에 --soft 옵션을 추가할 수 있습니다.

```
$ git reset --soft HEAD~<n>
또는
$ git reset --soft <커밋>
```

앞서 `git reset`만 실행했던 상황에서 `--soft` 옵션을 추가해서 실행하면 어떻게 될까요? 공통점은 커밋 내역을 확인했을 때 특정 지점으로 이동하며, 이후의 커밋이 삭제된다는 점입니다.

```
$ git reset —soft HEAD~2
또는
$ git reset --soft 15cba13

$ git log --oneline    # git reset HEAD~2(또는 15cba13)를 입력했을 때와 동일
15cba13 (HEAD -> main) 2nd commit
c0d9868 1st commit
```

하지만 차이점이 있습니다. `git reset --soft`를 실행하면 리셋 지점 이후의 변경 사항들은 스테이징 영역에 남게 됩니다. 즉, `git reset` 명령어를 실행하면 리셋 지점 이후에 커밋했던 변경 사항들이 작업 디렉터리에 남지만 `git reset --soft`를 실행하면 이러한 변경 사항들이 스테이징 영역에 유지됩니다. 이는 커밋을 취소하고자 할 때 유용하며, 이후 변경 사항을 다시 검토하고 커밋할 수 있습니다.

7.6.1.3 특정 커밋으로 완전히 되돌리기

`git reset` 명령어에는 앞에서 설명한 `--soft` 옵션 외에 `--hard` 옵션도 지정할 수 있습니다.

```
$ git reset --hard HEAD~<n>
또는
$ git reset --hard <커밋>
```

마찬가지로 앞의 과정에서 다음과 같이 `--hard` 옵션을 추가해서 실행했다고 가정해 봅시다.

```
$ git reset --hard HEAD~2
또는
$ git reset --hard 15cba13
```

공통적으로 커밋 내역을 확인하면 해당 지점으로 이동하고 이후의 커밋이 삭제됩니다.

```
$ git log --oneline
15cba13 (HEAD -> main) 2nd commit
c0d9868 1st commit
```

하지만 --hard 옵션을 추가하면 변경 사항들이 완전히 삭제됩니다. 즉, 입력한 커밋 지점으로 완전히 돌아가게 되는 것입니다. 해당 지점 이후에 작업했던 커밋들이 완전히 삭제되므로 이 옵션은 신중하게 사용해야 합니다.

7.6.2 git revert – 커밋을 삭제하지 않고 특정 커밋을 취소하거나 변경 사항 되돌리기

> [사전 실습]
> - 앞선 git reset의 사전 실습과 마찬가지로 로컬에 리포지터리를 생성한 후 4개의 커밋을 생성하세요.

git revert 명령어 또한 git reset처럼 변경 사항을 되돌릴 때 사용하는 명령어입니다. 하지만 차이점이 있는데, 커밋이 삭제되는 게 아니라 커밋이 생성된다는 것과 해당 커밋만 취소시킨다는 것입니다. 예시를 통해 이를 알아보겠습니다.

git revert 명령어는 git reset과 마찬가지로 다음과 같은 형식으로 사용합니다.

```
$ git revert HEAD~<n>
또는
$ git revert <커밋>
```

현재 다음과 같은 커밋이 생성돼 있다고 해봅시다.

```
$ git log --oneline
ca0e75c (HEAD -> main) 4th commit
e185498 3rd commit
15cba13 2nd commit
c0d9868 1st commit
```

여기서 다음과 같은 명령어를 입력해서 원하는 지점을 취소시킬 수 있습니다.

```
$ git revert HEAD~2
또는
$ git revert 15cba13
```

다시 커밋 내역을 살펴보면 다음과 같습니다.

```
$ git log --oneline
ee9f550 (HEAD -> main) Revert "2nd commit"
ca0e75c 4th commit
e185498 3rd commit
15cba13 2nd commit
c0d9868 1st commit
```

앞에서 설명했듯이 `git reset` 명령어를 실행했을 때와 확연한 차이가 보입니다. '2nd commit' 이후의 커밋 2개가 제거되지 않고 남아 있습니다. 즉, 모든 커밋이 보존된 상태에서 되돌아갈 수 있다는 것입니다.

7.6.3 git reset과 git revert의 차이점과 사용시 주의할 점

두 명령어는 비슷해 보이지만 몇 가지 차이점이 있습니다. `git reset`과 `git revert`의 가장 큰 차이점은 앞에서 설명한대로 커밋의 생성 여부입니다. `git reset`은 커밋이 삭제되지만 `git revert`는 삭제되지 않고 오히려 커밋이 생성됩니다.

또 다른 차이점은 앞서 `git reset`과 `git revert`를 보면서 따라했다면 알 수 있을 것입니다. 앞서 `git reset`에서 해시값 15cba13('2nd commit')을 활용해 'git reset 15cba13'을 실행하면 해당 커밋 지점으로 돌아갑니다. 하지만 'git revert 15cba13'을 실행한 경우에는 15cba13로 가는 게 아니라 오히려 15cba13의 내용이 삭제가 됩니다.

이 부분에서 reset과 revert의 차이가 있어서 헷갈릴 수 있는데 다음과 같이 생각하면 쉽게 이해할 수 있습니다.

> git reset은 특정 커밋으로 이동한다(HEAD를 이동시킨다)
> git revert는 특정 커밋을 취소한다.

git reset은 HEAD를 해당 커밋으로 이동시킵니다. HEAD를 이전 커밋으로 옮기면서 해당 커밋 이후의 커밋들이 삭제되는 것입니다. 즉, 이동한 지점까지는 내용이 살아있습니다.

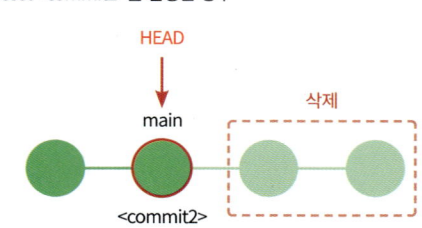

그림 7.10 git reset 명령어는 특정 지점으로 이동하면서 이후 커밋들은 삭제됨

git revert는 지정한 커밋을 취소시킵니다. 즉, 특정 커밋만 취소시키는 것이고, 그 이후의 커밋에는 전혀 영향을 주지 않습니다.

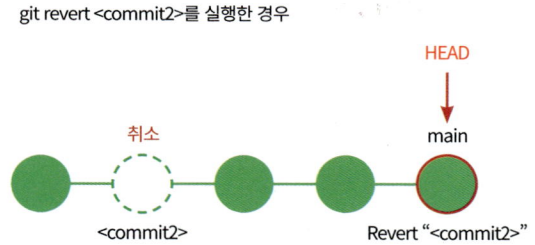

그림 7.11 git revert 명령어는 특정 커밋을 취소하고 새로운 커밋을 생성

비슷한 기능이라고 해도 이러한 차이점이 있으니 잘 숙지하고 사용하길 바랍니다. 마지막으로 두 명령어를 사용할 때 주의할 점이 하나 있습니다. 사실상 git reset을 사용할 때의 주의점이라고 할 수 있습니다.

- git reset은 개인적으로 혼자(또는 로컬) 작업할 때 유용
- git revert는 협업 환경에서 유용

앞에서 `git reset` 명령어를 사용하면 특정 지점 이후의 커밋들이 모두 삭제된다고 했습니다.

예를 들어, 내가 작업한 브랜치가 깃허브에 올라갔고 동료 개발자들이 자신의 로컬 리포지터리로 이를 가져와서 작업을 이어가고 있다고 해봅시다. 이 경우 내가 깃허브에 올렸던 브랜치 커밋의 일부에 대해 `git reset`을 실행하면 어떻게 될까요? 내 작업 환경에서는 더 이상 존재하지 않는 커밋이 동료 개발자에게는 여전히 존재하게 됩니다. 이 경우 다음 커밋부터 충돌을 일으킬 수 있고 이 문제를 해결하기 위한 복잡한 과정이 필요할 것입니다.

깃허브에 브랜치를 공유한 후 동료들이 가져갔는데, 이후 git reset을 수행했을 때

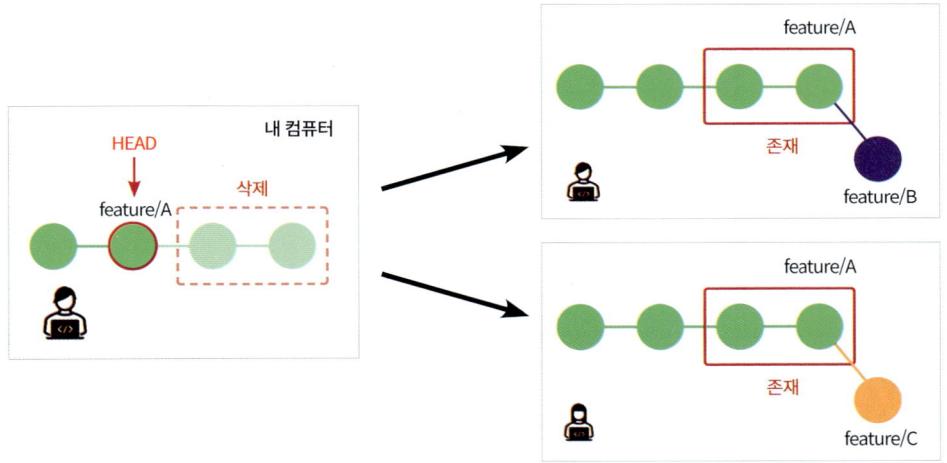

그림 7.12 동료 개발자에게 내가 작업한 커밋을 공유했는데 그 이후 내 커밋에 대해 `git reset`을 수행한 상황

결론적으로 `git reset` 명령어는 커밋이 삭제되기 때문에 혼자 작업할 때 사용하는 것을 권장합니다. 또는 협업을 하더라도 실제로 공유되지 않은 로컬에서 작업할 때 사용하는 것이 안전합니다.

동료 개발자와 협업 중일 때는 `git revert` 명령어를 사용하는 편이 좀 더 안전합니다. `git revert`는 기존 커밋에 어떠한 손상도 일으키지 않기 때문입니다. 지정한 커밋을 취소하면서 새로운 커밋을 생성하기 때문에 동료 개발자와 협업하고 있을 때는 `git revert`를 사용하는 것을 권장합니다.

앞에서 설명한 내용을 요약하면 다음과 같습니다.

> **git reset <커밋>**
> - 특정 커밋으로 이동한다(HEAD를 이동시킴).
> - 특정 커밋 이후의 커밋들은 모두 삭제된다.
> - 커밋이 삭제되기 때문에 개인 작업 또는 작업을 공유하지 않는 경우에 사용하는 것을 권장한다.
>
> **git revert <커밋>**
> - 특정 커밋만 취소한다.
> - 특정 커밋 이후의 커밋들은 보존된다.
> - 커밋을 취소하면서 새로운 커밋이 생성된다.
> - 커밋이 보존되기 때문에 협업하는 경우에 사용하는 것을 권장한다.

`git reset`과 `git revert`는 공통점도 있지만 분명한 차이점이 있기 때문에 어느 것을 사용할지는 프로젝트의 특성과 팀의 개발 방식에 따라 달라집니다. 다만 항상 주의하고 적절한 명령어를 선택하는 것이 중요합니다.

7.7 Git 히스토리를 합치고, 수정하고, 삭제하고: git rebase

Git의 강력한 기능 중 `git rebase`라는 명령어가 있습니다. `git rebase` 명령어에는 크게 두 가지 기능이 있습니다. 첫 번째는 브랜치를 병합하는 기능이고, 두 번째는 Git 히스토리를 수정하거나 삭제하는 기능입니다. 여기서 중요한 사실은 `git rebase` 명령어는 두 브랜치를 합치고 나서 브랜치의 커밋들이 새롭게 정리되어 재배치된다는 것인데, 설명을 통해 자세히 알아보겠습니다.

7.7.1 병합 기능

[사전 실습]
1. 로컬에 리포지터리를 만들고 Git이 관찰할 수 있게 초기화하세요.

2. main 브랜치에 최초의 커밋 'Add main commit1'을 생성하세요.
3. main 브랜치에서 'Add main commit2'를 생성하세요.
4. feature 브랜치를 생성하고 각각 3개의 커밋 'Add feature commit1', 'Add feature commit2', 'Add feature commit3'을 생성하세요.
5. 다시 main 브랜치로 돌아온 후 2개의 커밋 'Add main commit3', 'Add main commit4'를 생성하세요.
6. 1~5번을 진행한 후 동일한 내용으로 리포지터리를 하나 더 만드세요. 쉽게 만들려면 5번까지 진행한 후 리포지터리를 복제하면 됩니다.

기본적인 git rebase 명령어의 형식은 다음과 같습니다.

```
$ git rebase <브랜치명>
```

첫 번째로 병합 기능을 살펴봅시다. git merge와는 어떤 점이 다를까요? 그림과 예시를 통해 설명하겠습니다. 먼저 git merge는 다음과 같습니다. 그림 7.13에 보이는 브랜치는 사전 실습에서 생성한 main 브랜치와 feature 브랜치입니다. 각 브랜치에서 작업을 이어나가던 중 feature 브랜치에서 main 브랜치의 커밋 내역을 가져오고 싶다고 가정해 봅시다.

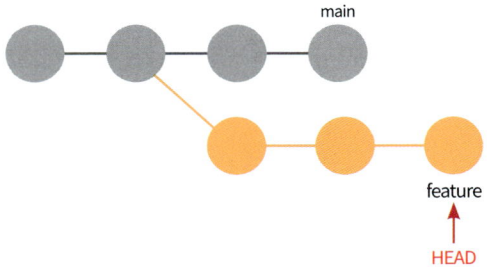

그림 7.13 작업 중인 main 브랜치와 feature 브랜치

feature 브랜치에 위치한 상태에서 git merge main 명령어를 실행하면 다음과 같은 형태로 Git Graph가 그려집니다. 직접 feature 브랜치에서 이 명령어를 실행해 보세요.

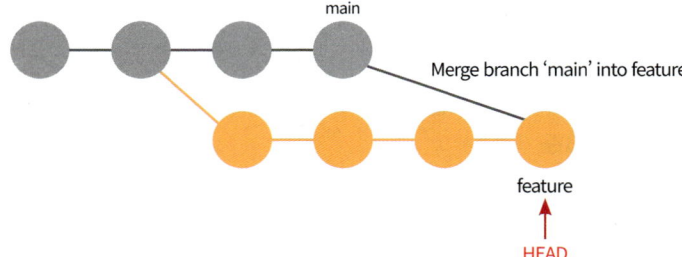

그림 7.14 feature 브랜치에서 main 브랜치를 대상으로 git merge를 실행했을 때

실제 커밋 내역을 살펴보면 다음과 같습니다.

```
$ git log --oneline
# 병합하기 전 main 브랜치의 커밋 내역
2f6df5d (HEAD -> main) Add main commit 4
263daa8 Add main commit 3
52bd1db Add main commit 2
c0d9868 Add main commit 1

# 병합하기 전 feature 브랜치의 커밋 내역
cd2b445 (HEAD -> feature) Add feature commit 3
9dfd67d Add feature commit 2
be090fb Add feature commit 1
52bd1db Add main commit 2
c0d9868 Add main commit 1

# feature 브랜치에서 git merge main 명령어를 실행한 후의 커밋 내역
a0cbc9d (HEAD -> feature) Merge branch 'main' into feature
cd2b445 Add feature commit 3
9dfd67d Add feature commit 2
be090fb Add feature commit 1
2f6df5d (main) Add main commit 4
263daa8 Add main commit 3
52bd1db Add main commit 2
c0d9868 Add main commit 1
```

정리하면 feature 브랜치에서 main 브랜치를 병합했다는 메시지('Merge branch 'main' into feature')가 포함된 새로운 커밋이 생성됩니다.

다음으로 git rebase를 실행하는 경우를 봅시다. 다시 그림 7.13의 상황을 재현하기 위해 사전 실습에서 하나 더 생성한 디렉터리를 엽니다. feature 브랜치에 위치한 상태로 git rebase main 명령어를 실행하면 그림 7.15와 같은 형태가 됩니다. 차이점이 확실히 느껴지나요? 그림 7.14의 git merge를 실행했을 때의 Git Graph와 다르게 git rebase를 실행하면 main 브랜치 뒤에 현재 작업한 브랜치가 그대로 붙어 있는 형태로 훨씬 깔끔하게 정리된 모습을 확인할 수 있습니다.

즉, git merge를 실행했을 때는 main 브랜치의 변경 사항을 가져오면서 새로운 커밋이 생성되지만 git rebase를 실행하는 경우에는 feature 브랜치가 사실상 재배치되면서 main 브랜치 뒤에 붙게 됩니다. 이해를 돕기 위해 병합이라는 표현을 사용했지만 실제로는 '재배치'됐다는 표현이 적절합니다.

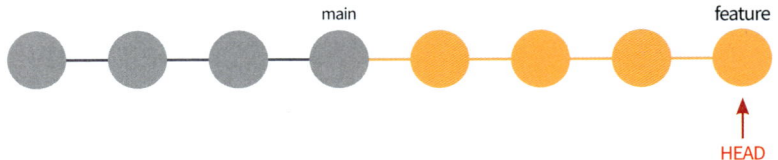

그림 7.15 feature 브랜치에서 main 브랜치를 rebase했을 때

그리고 커밋 내역은 다음과 같습니다.

```
$ git log --oneline  # feature 브랜치에서 git rebase main 명령어를 입력한 후의 커밋 내역
1045cdc (HEAD -> feature) Add feature commit 3
4d2e443 Add feature commit 2
0d0917a Add feature commit 1
2f6df5d (main) Add main commit 4
263daa8 Add main commit 3
52bd1db Add main commit 2
c0d9868 Add main commit 1
```

그림으로만 봐도 알 수 있듯 `git rebase`를 실행할 경우에는 확실한 장점이 있습니다. 바로 커밋 내역을 깔끔하게 정리할 수 있다는 것입니다. 반대로 `git merge`를 실행할 경우에는 의도치 않은 커밋이 생성되어 커밋 내역이 지저분해질 수 있는 단점이 있습니다. 앞선 예시에서 `git merge`를 실행했을 때의 커밋 내역은 비교적 깔끔해 보이지만 여러 사람과 협업하고 있을 경우 굉장히 복잡해질 수 있음을 상상할 수 있습니다.

하지만 `git rebase`를 사용할 때도 주의할 점이 있습니다. 앞에서 자주 언급했던 해시값이 여기서도 바뀐 것을 알 수 있습니다. `git rebase`는 커밋을 재배치하는 것이기 때문에 해시값이 바뀌면서 새 커밋이 생깁니다. 앞의 경우 `main` 브랜치 뒤에 붙으면서 기존의 `feature` 브랜치의 커밋들이 새롭게 생성됐습니다.

해시값이 새로 생기기 때문에 해당 브랜치(커밋)가 동료들에게 공유돼 있다면 주의할 필요가 있습니다. 이런 상황에서는 오히려 커밋이 손상되지 않고 새 커밋이 생성되는 `git merge`를 사용하는 편이 더 나을 수 있습니다.

7.7.2 Git 히스토리를 수정, 삭제하는 기능

> [사전 실습]
> 1. 로컬에 리포지터리를 만들고 Git이 관찰할 수 있게 초기화하세요.
> 2. `main` 브랜치에 최초의 커밋 'Add main commit1'을 생성하세요.
> 3. 이후 다음 커밋을 각각 차례대로 생성하세요.
>   - Add main commit 2
>   - Add main commit 2-2
>   - abcdefg
>   - Add master commit 3
>   - Add main commit 4

다음과 같이 `git rebase` 뒤에 `-i` 옵션을 추가하면 커밋 내역을 다양하게 편집할 수 있습니다. 이때 현재 커밋부터 해당 지점까지 커밋들을 보여주는 편집기가 열립니다. 여기서 커밋을 편집하는 등의 재배치를 할 수 있습니다.

```
$ git rebase -i HEAD~<n>
```
또는
```
$ git rebase -i <commit>
```

실습을 통해 알아보겠습니다. 사전 실습 이후 `git log --oneline`을 입력하면 다음과 같이 커밋 내역이 나옵니다.

```
$ git log --oneline
2e44391 (HEAD -> main) Add main commit 4
3d04d7a Add master commit 3
2f0d65d abcdefg
98a8bd1 Add main commit 2-2
5df62db Add main commit 2
2ac0d68 Add main commit 1
```

커밋 내역을 확인했고, 다음과 같이 정리가 필요하다고 해봅시다.

1. 두 번째 커밋('Add main commit 2')과 세 번째 커밋('Add main commit 2-2')은 두 번째 커밋 메시지를 사용해서 합치는 게 좋아 보인다.
2. 네 번째 커밋('abcdefg')은 불필요한 커밋이므로 삭제한다.
3. 다섯 번째 커밋('Add master commit 3') 메시지의 내용을 master가 아닌 main으로 수정해야 한다.

위와 같은 세 가지 상황을 가정하고 하나씩 적용해 봅시다.

1. 이전 커밋과 병합 후 현재 커밋 삭제 – fixup

두 번째 커밋 'Add main commit 2'와 세 번째 커밋 'Add main commit 2-2'를 합치면서 두 번째 커밋 메시지를 그대로 적용해야 합니다. 즉, 세 번째 커밋은 이전 커밋과 병합한 후에 삭제해야 하는 것이죠.

먼저 커밋을 재배치하기 위해 해당 지점까지 가야 합니다. 두 번째 커밋까지 가려면 해당 커밋 앞의 커밋 지점까지 찍어줘야 합니다. 즉, 첫 번째 커밋('Add main commit 1')의 해시값을 지정하거나 HEAD~<n>으로 해당 지점을 지정해야 합니다.

```
$ git rebase -i HEAD~5  # HEAD로부터 5번째 지점은 2ac0d68
또는
$ git rebase -i 2ac0d68
```

위 명령어를 실행하면 편집기가 열립니다. 앞의 'VS Code로 설정하기'에서 편집기를 VS Code로 설정했기 때문에 VS Code가 열릴 것입니다(212쪽). 편집기에 표시되는 내용은 다음과 같을 것입니다.

```
pick 5df62db Add main commit 2
pick 98a8bd1 Add main commit 2-2
pick 2f0d65d abcdefg
pick 3d04d7a Add master commit 3
pick 2e44391 Add main commit 4

# Rebase 1045cdc..a898513 onto 1045cdc (2 commands)
#
# Commands:
# p, pick <commit> = use commit
# r, reword <commit> = use commit, but edit the commit message
# e, edit <commit> = use commit, but stop for amending
# s, squash <commit> = use commit, but meld into previous commit
# f, fixup [-C | -c] <commit> = like "squash" but keep only the previous
#                    commit's log message, unless -C is used, in which case
#                    keep only this commit's message; -c is same as -C but
#                    opens the editor
# x, exec <command> = run command (the rest of the line) using shell
# b, break = stop here (continue rebase later with 'git rebase --continue')
# d, drop <commit> = remove commit
# l, label <label> = label current HEAD with a name
# t, reset <label> = reset HEAD to a label
# m, merge [-C <commit> | -c <commit>] <label> [# <oneline>]
#          create a merge commit using the original merge commit's
#          message (or the oneline, if no original merge commit was
#          specified); use -c <commit> to reword the commit message
# u, update-ref <ref> = track a placeholder for the <ref> to be updated
#                      to this position in the new commits. The <ref> is
```

```
#                          updated at the end of the rebase
#
# These lines can be re-ordered; they are executed from top to bottom.
#
# If you remove a line here THAT COMMIT WILL BE LOST.
#
# However, if you remove everything, the rebase will be aborted.
#
```

여기서 한 가지 기억할 점은 `git log` 등 커밋 내역을 확인하는 명령어를 입력했을 때는 최신 커밋이 최상단에 존재하지만 'rebase -i <커밋>' 명령어를 실행했을 때 최상단에 표시되는 커밋은 가장 과거의 커밋이라는 것입니다. 즉, 과거순으로 커밋이 나열됩니다.

'#'으로 시작되는 부분은 `git rebase -i` 명령어를 실행한 후 이 명령어의 기능 및 사용법에 대한 설명입니다. 여기서 중점적으로 살펴볼 부분은 pick으로 시작되는 커밋 내역입니다. **pick은 현재 커밋을 말하며 커밋을 그대로 유지하는 것을 의미합니다.** 즉, 편집기가 열렸을 때 'pick'을 그대로 유지한 채로 편집기를 닫으면 아무런 변경 없이 rebase가 종료됩니다.

여기서는 두 번째 커밋과 세 번째 커밋을 합쳐야 합니다. 이 경우에는 fixup이라는 명령어를 사용합니다. **이 명령어가 적용된 커밋은 삭제되면서 바로 이전 커밋과 병합됩니다.**

따라서 다음과 같이 입력합니다. 참고로 fixup의 앞글자인 f만 적어도 같은 명령어로 취급합니다. 변경 사항을 저장한 후 편집기를 닫으면 의도한 작업이 성공적으로 완료됩니다.

```
pick 5df62db Add main commit 2
fixup 98a8bd1 Add main commit 2-2 # f 98a8bd1 …로 입력해도 된다.
pick 2f0d65d abcdefg
pick 3d04d7a Add master commit 3
pick 2e44391 Add main commit 4
```

커밋 내역을 확인하면 다음과 같이 표시됩니다. 커밋 메시지 'Add main commit 2-2'는 사라졌습니다. 메시지는 사라졌지만 내용은 사라지지 않고 두 번째 커밋('Add main commit 2')과 병합된 것입니다.

```
0eeec7e (HEAD -> main) Add main commit 4 # 2e44391 -> 0eeec7e
0152e81 Add master commit 3 # 3d04d7a -> 0152e81
9404499 abcdefg # 2f0d65d -> 9404499
1e15c1e Add main commit 2 # 5df62db ->1e15c1e
2ac0d68 Add main commit 1
```

여기서 한 가지 살펴볼 부분이 있습니다. `git rebase`를 수행하면 해시값이 변화한다고 앞에서 설명한 바 있습니다. 그래서 두 번째 커밋의 해시값이 변경됐는데(5df62db → 1e15c1e), 그뿐만 아니라 편집기에 보였던 커밋 내역 모두 해시값이 바뀌었습니다. 즉, 'git rebase -i <커밋>' 명령어를 실행하고 수정하면 <커밋> 이후의 모든 커밋이 변화합니다. 이 점에 유의해서 사용하길 바랍니다.

2. 커밋 삭제 – drop

다음으로 불필요한 커밋인 네 번째 커밋('abcdefg')을 삭제해보겠습니다.

앞에서 배운 대로 명령어를 다시 입력합니다. `git rebase` 뒤에 삭제하고 싶은 커밋 메시지의 앞 커밋인 1e15c1e 또는 HEAD~3을 입력합니다.

```
$ git rebase -i 1e15c1e
또는
$ git rebase -i HEAD~3
```

편집기가 열리면 삭제하고 싶은 커밋 메시지 앞의 `pick`을 `drop`으로 변경합니다. 마찬가지로 d만 입력해도 됩니다.

```
drop 9404499 abcdefg
pick 0152e81 Add master commit 3
pick 0eeec7e Add main commit 4
```

그리고 저장 후 편집기를 종료합니다. 커밋 내역에서 해당 커밋이 삭제되고 관련 커밋들의 해시값이 바뀐 것을 확인할 수 있습니다.

```
$ git log --oneline
8909053 (HEAD -> main) Add main commit 4 # 0eeec7e -> 89009053
9ecd6d3 Add master commit 3 # 0152e81 -> 9ecd6d3
1e15c1e Add main commit 2
2ac0d68 Add main commit 1
```

3. 커밋 메시지 변경 – reword

마지막으로 다섯 번째 커밋의 master를 main으로 변경해보겠습니다. 커밋 메시지를 변경하는 명령어는 reword입니다. 다음과 같이 명령어를 실행합니다.

```
$ git rebase -i HEAD~2
또는
$ git rebase -i 1e15c1e
```

이때 편집기가 열리고 나면 주의할 점이 있습니다. 편집기에서 커밋 메시지를 바로 변경하고 종료하면 수정될 것 같지만 그렇지 않습니다. 여기서는 **reword 명령어만 입력하고 저장 후 종료를 해야 합니다.**

```
# 메시지를 수정해도 변화가 없으니 수정하지 않고 그대로 저장
reword 9ecd6d3 Add master commit 3
pick 8909053 Add main commit 4
```

편집기를 종료하고 나면 바로 또 하나의 편집기가 열립니다. 여기서 커밋 메시지를 수정해야 합니다. 기존에 'Add master commit 3'으로 돼 있는 메시지의 master를 main으로 변경합니다. 저장 후 종료합니다.

```
Add main commit 3 # master를 main으로 변경

# Please enter the commit message for your changes. Lines starting
# with '#' will be ignored, and an empty message aborts the commit.
#
...
```

다음과 같이 커밋 내역을 살펴보면 메시지가 변경된 것을 확인할 수 있습니다.

```
$ git log --oneline
b03e761 (HEAD -> main) Add main commit 4 # 89009053 -> b03e761
8e4c074 Add main commit 3 # 9ecd6d3 ->8e4c074
1e15c1e Add main commit 2
2ac0d68 Add main commit 1
```

7.7.3 한꺼번에 처리하기

앞에서는 명령어를 하나씩 소개하면서 활용해 봤는데, 여러 작업을 한꺼번에 처리할 수도 있습니다. 다음과 같이 fixup과 drop을 동시에 입력하고 저장한 후 종료하면 변경 사항이 한번에 적용됩니다.

다만 reword는 한꺼번에 처리할 수 없습니다. git rebase를 수행하는 과정에서 편집기를 다시 열고 메시지를 수정하는 추가 작업이 필요하기 때문입니다.

```
pick 5df62db Add main commit 2
fixup 98a8bd1 Add main commit 2-2
drop 2f0d65d abcdefg
pick 3d04d7a Add master commit 3
pick 2e44391 Add main commit 4

# Rebase 1045cdc..a898513 onto 1045cdc (2 commands)
...
```

> ✅ **Check, git rebase --abort와 git rebase --continue**
> git cherry-pick과 마찬가지로 git rebase 명령어를 사용할 때도 충돌이 자주 일어나기 때문에 충돌 해결 과정에서 abort와 continue를 활용할 수 있습니다.
> - git rebase --abort: rebase를 중단한다.
> - git rebase --continue: 충돌 해결 후 다음 단계로 넘어간다.

✓ Check, 자주 사용하는 git rebase -i 명령어 정리

- `pick`: 커밋을 그대로 유지한다.
- `reword`: 커밋 메시지를 변경한다.
- `fixup`: 이전 커밋과 병합 후 현재 커밋을 삭제한다.
- `squash`: fixup과 동일하게 이전 커밋에 병합 후 현재 커밋이 삭제된다. 차이점은 새로운 커밋 메시지를 작성할 수 있는 편집기가 열린다. `fixup`한 이후에 커밋을 `reword`한 것으로 이해하면 된다.
- `drop`: 커밋을 삭제한다.
- `edit`: rebase 도중 지정한 커밋을 수정할 수 있다.

7.8 Git의 모든 동작이 기록된 곳: git reflog

> [사전 실습]
> 1. 로컬에 리포지터리를 만들고 Git이 관찰할 수 있게 초기화하세요.
> 2. `main` 브랜치에 최초의 커밋 'Add commit1'을 생성하세요.
> 3. 이후 'Add commit2'를 생성하세요.

앞에서 살펴본 명령어 중 `git reset`, `git rebase` 등과 같은 명령어를 사용했을 때 주의할 점이 있었습니다. 바로 커밋이 유실될 수 있다는 가능성입니다. 문제는 유실된 커밋을 되돌릴 수 없다고 생각하기 쉽지만 꼭 그렇지만은 않습니다. 지금 소개할 `git reflog` 명령어가 있기 때문입니다.

`git reflog` 명령어는 다음과 같이 사용할 수 있습니다. 이 명령어를 사용하면 `git init`을 실행한 이후의 모든 동작(커밋, 브랜치 이동 등)의 기록을 보여줍니다.

```
$ git reflog
# 사전 실습을 진행했다면 다음과 같이 내역이 나옵니다.
bbabbb4 (HEAD -> main) HEAD@{0}: commit: Add commit2
2482b29 HEAD@{1}: commit (initial): Add commit1
```

Git과 관련된 모든 기록을 보여준다는 것은 무엇을 의미하는 걸까요? 그 기록을 꺼내서 살펴볼 수 있고, 다시 원래 있던 자리로 되돌리는 등 여러 유용한 작업을 할 수 있다는 말입니다. 이 같은 `git reflog` 명령어를 이용하면 실수로 삭제한 커밋도 다시 복구할 수 있습니다.

사전 실습의 커밋 내역을 확인하기 위해 `git log --oneline`을 입력해 봅시다.

```
$ git log --oneline
bbabbb4 (HEAD -> main) Add commit 2
2482b29 Add commit 1
```

여기서 'git reset --hard 2482b29' 명령어를 입력해 첫 번째 커밋으로 되돌아가 봅시다. 그런 다음 커밋 내역을 확인하면 다음과 같습니다. 즉, 두 번째 커밋이 삭제됐습니다.

```
2482b29 (HEAD -> main) Add commit 1
```

여기서 `git reflog` 명령어를 입력하면 다음과 같이 Git과 관련된 모든 기록이 표시됩니다. 방금 `git reset` 명령어를 입력하면서 삭제한 bbabbb4 커밋도 보입니다. 이 커밋을 복구하는 것은 간단합니다.

```
$ git reflog
2482b29 (HEAD -> main) HEAD@{0}: reset: moving to 2482b29
bbabbb4 HEAD@{1}: commit: Add commit 2
2482b29 (HEAD -> main) HEAD@{2}: commit (initial): Add commit 1
```

다음과 같이 앞에서 사용해본 `git reset`을 활용해 bbabbb4 커밋을 되돌릴 수 있습니다.

```
$ git reset --hard bbabbb4
```

이후 커밋 내역을 살펴보면 처음 커밋 내역과 동일하게 복구된 것을 확인할 수 있습니다.

```
bbabbb4 (HEAD -> main) Add commit 2
2482b29 Add commit 1
```

그뿐만 아니라 git reflog를 살펴보면 방금 bbabbb4를 reset한 내역도 기록된 것을 확인할 수 있습니다.

```
$ git reflog
bbabbb4 (HEAD -> main) HEAD@{0}: reset: moving to bbabbb4
2482b29 HEAD@{1}: reset: moving to 2482b29
bbabbb4 (HEAD -> main) HEAD@{2}: commit: Add commit 2
2482b29 HEAD@{3}: commit (initial): Add commit 1
```

정리하면, Git에서 수행하는 모든 작업 기록을 보여주는 `git reflog`를 활용하면 작업 과정에서 발생한 실수를 방지하고 삭제된 작업도 복구할 수 있습니다.

그림과 실습으로 배우는
깃&깃허브 입문
처음부터 제대로 배우는
개발자 필수 도구 Git/GitHub

03부

GUI편

마지막 3부 GUI편에서는 Git의 기초와 실전을 다뤘던 1, 2부에서 배운 내용들을 GUI를 통해 효과적으로 활용해 보겠습니다. 특히 깃허브 데스크톱(GitHub Desktop)을 사용해 Git을 더 쉽고 직관적으로 관리하는 방법에 중점을 둡니다.

GUI의 개념을 이해하고 대표적인 Git의 GUI인 깃허브 데스크톱을 설치하고 여러 인터페이스를 살펴봅니다. 이후 앞서 배웠던 Git 명령어를 깃허브 데스크톱으로 사용해 봅니다.

이를 통해 Git 환경에서 개발 작업을 진행할 때 더욱 쉽고 간편하게 Git을 활용할 수 있게 될 것입니다.

8 GUI와 깃허브 데스크톱

9 깃허브 데스크톱으로 협업하기

8

GUI와 깃허브 데스크톱

GUI(Graphical User Interface)란 사용자와 컴퓨터 간의 상호작용을 그래픽으로 이뤄지게 하는 도구를 일컫습니다. 앞에서 배운 CLI(Command Line Interface)와는 상반된 개념이기도 한데, **CLI가 텍스트 및 명령어 중심의 인터페이스라면 GUI는 그래픽 중심의 사용자 친화적인 인터페이스**라고 할 수 있습니다.

오늘날 사용자가 컴퓨터를 통해 마주하는 프로그램들은 대부분 GUI 환경입니다. 대표적으로 운영체제인 윈도우, macOS, 그리고 모바일 운영체제인 Android, iOS 등이 GUI 기반의 운영체제라고 할 수 있습니다. 또한 크롬, 사파리 등의 웹 브라우저, 그래픽 편집 도구인 포토샵, 오피스 프로그램인 마이크로소프트 오피스도 GUI 기반의 소프트웨어입니다.

Git과 관련된 대표적인 GUI 도구로는 소스트리(Sourcetree), 깃크라켄(GitKraken), 깃허브 데스크톱(GitHub Desktop)이 있습니다. 이 책에서 살펴볼 GUI 도구는 깃허브에 특화된 무료 GUI 도구인 깃허브 데스크톱입니다.

8.1 깃허브 데스크톱이란?

깃허브 데스크톱[1]은 깃허브에서 제공하는 공식 Git GUI 도구입니다. 깃허브 데스크톱은 Git과 깃허브를 사용하는 프로세스를 단순화한 프로그램입니다. 윈도우와 macOS에서 모두 사용할 수 있으며, 사용자 친화적이고 직관적인 사용 경험을 제공하기 위해 제작됐습니다.

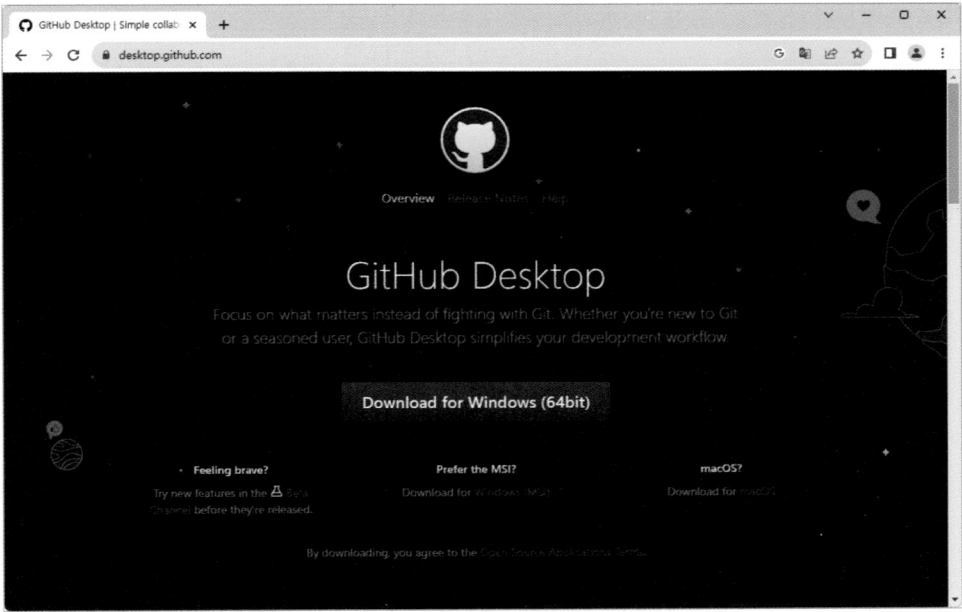

그림 8.1 깃허브 데스크톱 홈페이지

깃허브 데스크톱은 Git이나 깃허브에 익숙하지 않거나 CLI 환경을 낯설고 불편하게 느끼는 사람들에게 유용합니다. '처음부터 깃허브 데스크톱 같은 GUI로 Git과 깃허브를 알려주면 되지 않나요?'라고 생각할 수도 있을 텐데, 실제로 시중에는 그러한 형태의 책들도 꽤 있는 것으로 보입니다.

---

1 https://desktop.github.com

그러나 저는 Git의 기본적인 개념과 흐름을 이해하지 않은 상태에서 GUI를 먼저 배우는 것은 건물의 기초 없이 벽을 세우는 것과 비슷하다고 생각합니다. 그래서 가장 마지막 장인 3부에서 GUI를 소개하게 되었습니다.

그럼 먼저 깃허브 데스크톱을 설치하는 방법을 알아보겠습니다.

8.2 깃허브 데스크톱 설치

검색 엔진에서 ❶ 'github desktop'을 검색합니다. 검색 결과 중 ❷ 'GitHub Desktop | Simple collaboration from your desktop'을 클릭합니다. 또는 다음 주소로 이동합니다.

- 깃허브 데스크톱 홈페이지: https://desktop.github.com

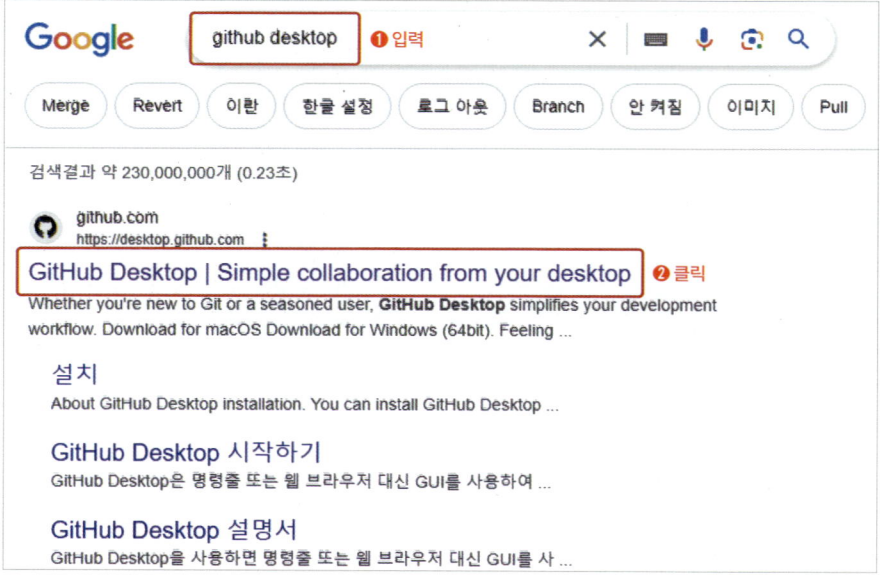

그림 8.2 구글에서 'github desktop' 검색

깃허브 데스크톱 홈페이지의 중앙에 자신의 컴퓨터 운영체제에 해당하는 설치 프로그램을 다운로드하는 버튼이 있습니다. 만약 사용 중인 운영체제가 윈도우라면 [Download for Windows] 버튼을 클릭해 깃허브 데스크톱 설치 파일을 다운로드합니다.

그림 8.3 깃허브 데스크톱 다운로드 버튼

내려받은 설치 프로그램을 실행합니다. 그럼 다음과 같이 깃허브 계정을 연결 화면이 나옵니다. 이 책의 실습을 따라 했다면 이미 앞에서 깃허브 계정을 생성했을 것이므로 왼쪽의 파란 버튼인 [Sign in to GitHub.com]을 클릭합니다.

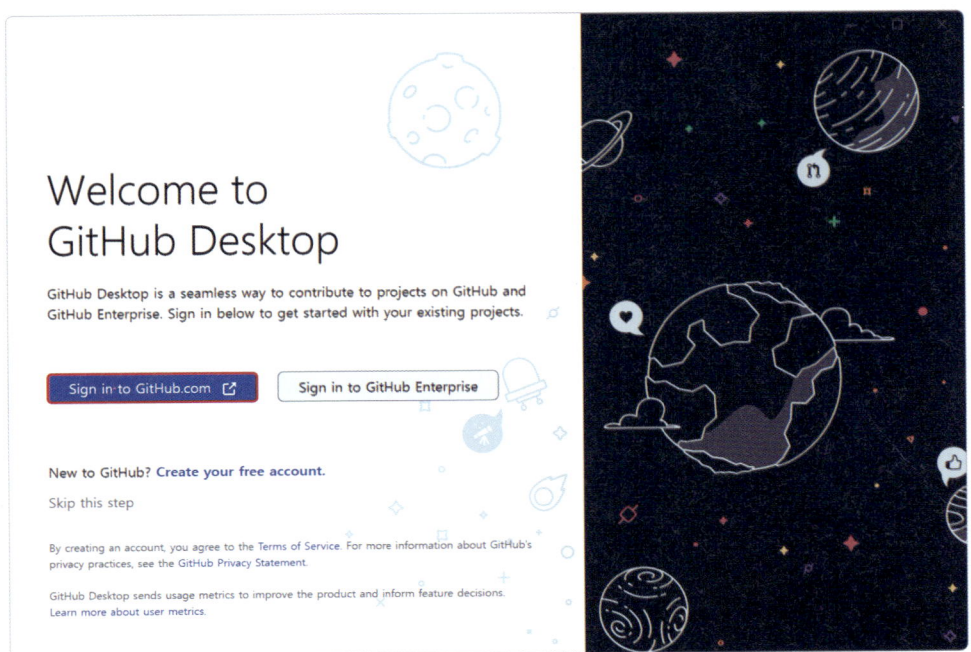

그림 8.4 깃허브 데스크톱과 깃허브 계정 연결

그럼 다음과 같은 깃허브 로그인 화면이 나옵니다. 깃허브 계정 정보를 입력하고 [Sign in] 버튼을 클릭해 로그인합니다.

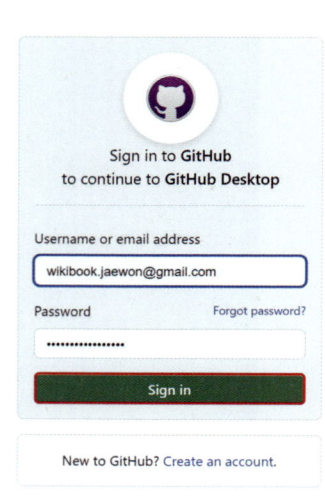

그림 8.5 깃허브 로그인

마지막으로 인증 화면이 나오면 인증 확인을 위해 [Authorize desktop] 버튼을 클릭합니다.

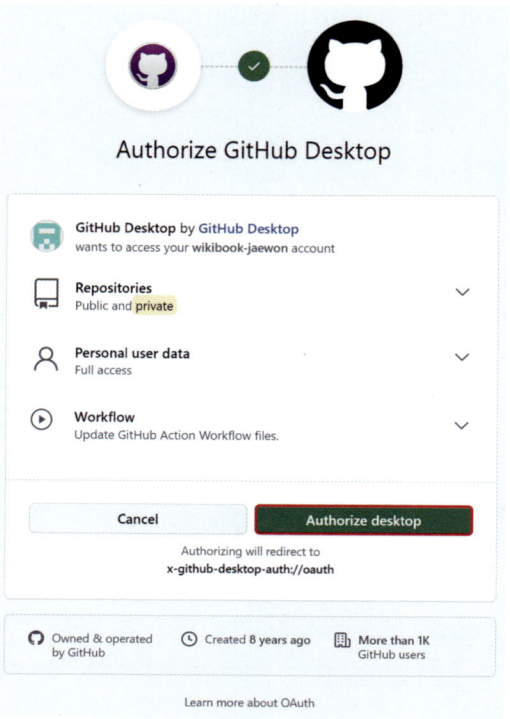

그림 8.6 깃허브 데스크톱 실행을 위한 인증

인증이 완료되면 다음과 같은 화면이 표시됩니다. 이곳에서 Git에서 커밋할 때 사용되는 이름과 이메일 주소를 설정할 수 있습니다. 처음에 자동으로 생성된 이메일 주소가 선택돼 있을 수도 있는데, 이메일 주소를 ❶ 자신이 사용하는 깃허브 계정의 이메일로 변경한 후 ❷ [Finish] 버튼을 클릭합니다.

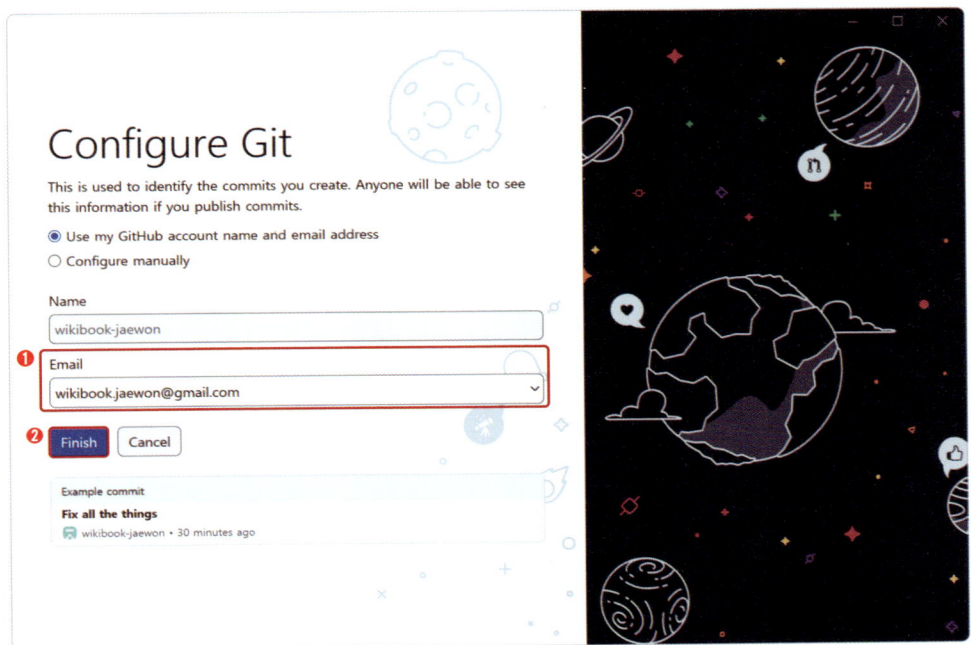

그림 8.7 커밋할 때 사용할 이름과 이메일을 설정

축하합니다! 깃허브 데스크톱 설치가 완료됐습니다.

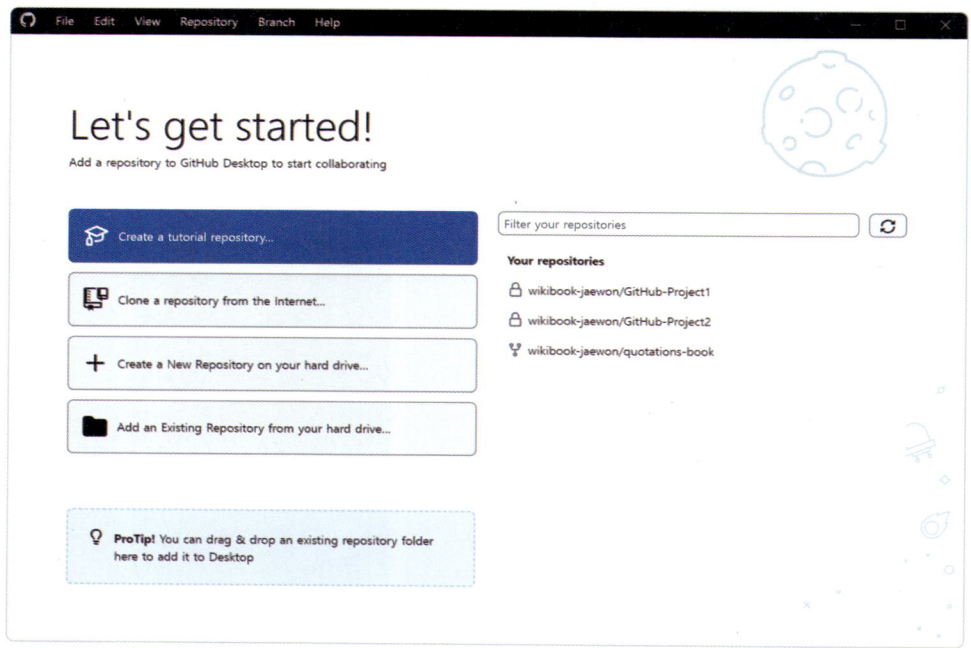

그림 8.8 데스크톱의 메인 화면

8.3 깃허브 데스크톱 살펴보기

설치를 완료하면 앞의 그림 8.8과 같이 'Let's get started!'라는 제목과 함께 깃허브 데스크톱의 메인 화면이 표시됩니다. 그럼 그림 8.9와 같이 깃허브 데스크톱의 메인 화면을 구성하는 영역을 크게 3개로 나눠서 각 구성 항목들을 간략하게 살펴보겠습니다.

8. GUI와 깃허브 데스크톱

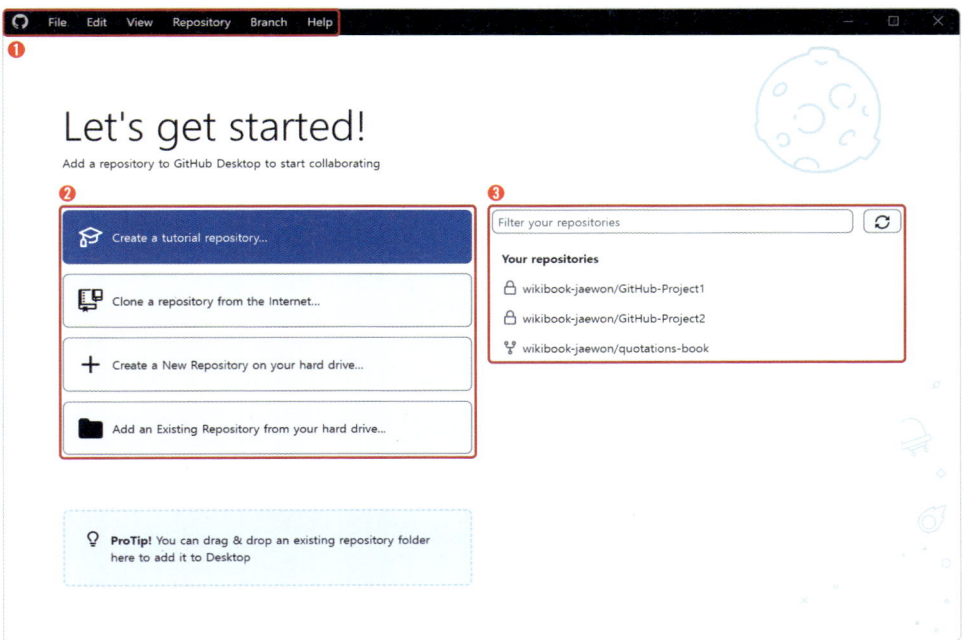

그림 8.9 깃허브 데스크톱의 메인 화면 구성

❶ 깃허브 데스크톱의 상단 메뉴바입니다. 상단 메뉴바를 통해 여러 기능과 설정에 접근할 수 있습니다. 이를 통해 새로운 리포지터리 생성, 관리, 변경 사항 추적, 브랜치 작업 등 다양한 작업을 수행할 수 있습니다.

❷ 초기 설정 및 프로젝트 관리 작업을 시작할 수 있는 기능을 제공합니다.

- Create a tutorial repository…: 깃허브 데스크톱의 기능을 안내하는 튜토리얼 리포지터리를 생성합니다.
- Clone a repository from the internet…: 깃허브에 있는 리포지터리를 복제합니다.
- Create a New Repository on your hard drive…: 자신의 컴퓨터, 즉 로컬에 새로운 리포지터리를 생성합니다.
- Add an Existing Repository from your hard drive…: 로컬에 이미 존재하는 기존 리포지터리를 추가합니다.

❸ 사용자 계정의 깃허브 리포지터리들이 표시됩니다. 그중 하나를 클릭하면 하단의 [Clone] 버튼이 활성화됩니다(그림 8.10). 그럼 깃허브에 존재하는 리포지터리를 로컬로 복제할 수 있습니다.

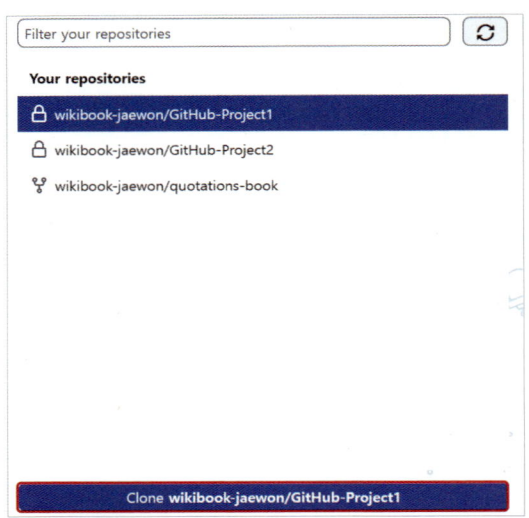

그림 8.10 깃허브의 리포지터리를 클릭했을 때 활성화되는 [Clone] 버튼

8.4 로컬에 새로운 리포지터리 만들기

이제 깃허브 데스크톱을 이용해 로컬에 새로운 리포지터리를 생성해보겠습니다. 깃허브 데스크톱의 메인 화면에서 [Create a New Repository on your hard drive...]를 클릭합니다.

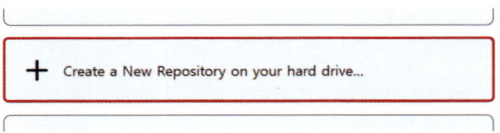

그림 8.11 로컬에 새 리포지터리 생성

또는 상단 메뉴바에서 [File] → [New repository...]를 차례로 선택하거나 단축키 [Ctrl + N]을 누릅니다.

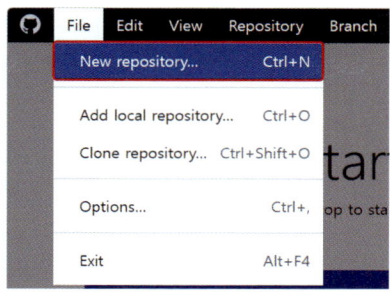

그림 8.12 메뉴를 통해 새 리포지터리 생성

그럼 다음과 같이 새 리포지터리를 생성하는 창이 열립니다.

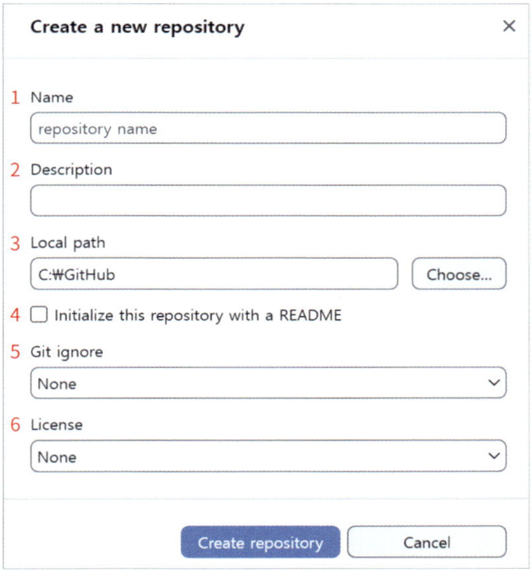

그림 8.13 새 리포지터리 생성 화면

각 항목을 하나씩 살펴봅시다.

1. Name: 리포지터리의 이름

2. Description: 리포지터리에 대한 설명(선택 사항)

3. Local path: 리포지터리가 위치할 경로

4. Initialize this repository with a README: 이 항목을 체크하면 README.md 파일을 생성하고 동시에 초기 커밋을 생성합니다. 리드미 파일은 리포지터리를 설명할 때 사용되므로 체크할 것을 권장합니다.

5. **Git ignore**: 이 항목을 클릭하면 여러 언어(프레임워크 등)가 표시됩니다. 그중 특정 언어를 선택하면 선택한 언어 환경에서 Git이 무시해도 되는 파일들이 기록된 .gitignore 파일이 생성됩니다. 그럼 프로젝트에서 깃허브에 굳이 업로드할 필요가 없는 파일이나 민감한 정보가 담긴 파일 등을 건너뛸 수 있습니다. 특별히 관리할 파일이 없다면 'None'으로 지정합니다.

6. **License**: 리포지터리에 적용할 라이선스. 특별히 적용할 라이선스가 없다면 'None'으로 지정합니다.

여기서는 다음과 같이 필수 항목인 리포지터리 이름을 나타내는 'Name'과 로컬 경로를 나타내는 'Local path', 그리고 리드미 파일을 추가하는 'Initialize this repository with a README' 항목만 체크합니다. 여기서는 리포지터리의 이름을 desktop-test로 지정했습니다. 즉, 다음과 같이 설정을 마친 후 하단의 [Create repository] 버튼을 클릭합니다.

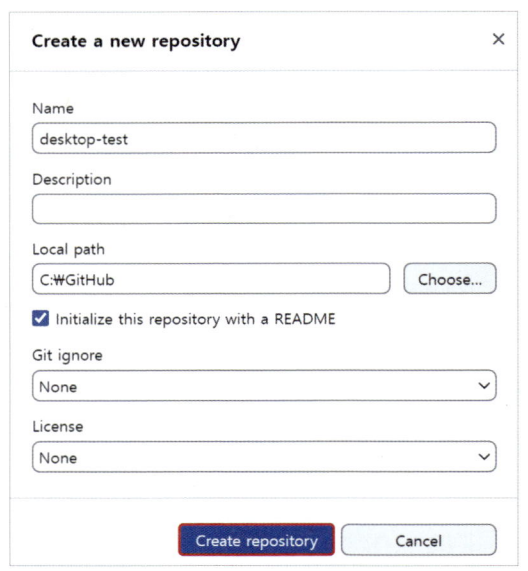

그림 8.14 리포지터리 정보 입력

리포지터리를 생성하고 나면 깃허브 데스크톱이 다음과 같은 모습으로 바뀝니다.

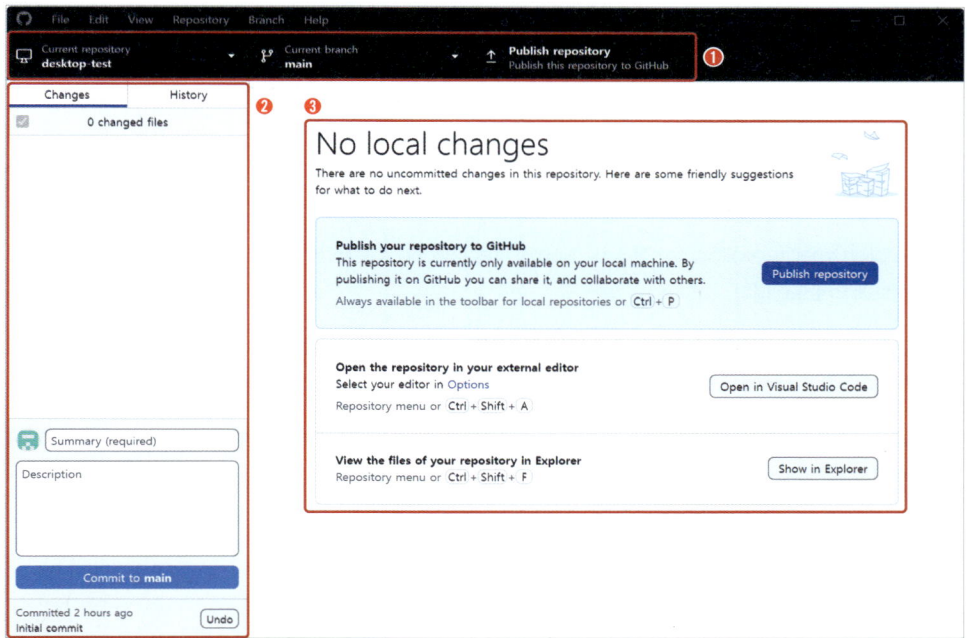

그림 8.15 리포지터리를 생성한 후 표시되는 화면

이번에도 3가지 영역으로 나눠서 하나씩 살펴보겠습니다.

❶ 현재 작업 중인 리포지터리와 브랜치에 대한 정보와 리포지터리(브랜치)에 대해 수행할 수 있는 작업을 보여줍니다.

- Current repository: 현재 작업 중인 리포지터리. 이 항목을 클릭하면 현재 깃허브 데스크톱에 추가된 리포지터리를 모두 확인할 수 있고, 다른 리포지터리로 이동하거나 새로 추가할 수 있습니다.

- Current branch: 현재 작업 중인 브랜치. 이 항목을 클릭하면 깃허브와 로컬에 존재하는 브랜치를 모두 확인할 수 있고, 다른 브랜치로 변경하거나 새 브랜치를 만들 수 있습니다. 또한 깃허브에 생성된 풀 리퀘스트도 확인할 수 있습니다.

- Publish respository(branch): 로컬의 리포지터리 또는 브랜치를 깃허브에 발행(publish)할 수 있습니다. 즉, 이 버튼을 클릭하면 깃허브의 리포지터리 또는 브랜치로 변경 사항이 업로드됩니다.

❷ 변경 사항과 변경 이력 등을 보여줍니다.

- Changes: 현재 리포지터리에서 변화가 감지된 파일의 목록. 각 파일의 어떤 부분이 수정되거나 삭제됐는지 등을 파악할 수 있습니다.

- History: 커밋 내역. 각 커밋의 변경 사항을 확인할 수 있습니다.
- Commit Message: 이곳에 커밋 메시지와 설명을 작성할 수 있습니다. 커밋 메시지를 작성하고 [Commit to 〈브랜치명〉] 버튼을 클릭하면 커밋이 생성됩니다.

❸ 리포지터리와 관련된 작업이 표시됩니다.

- Publish your repository to GitHub: [Publish repository] 버튼을 클릭하면 새로 만든 리포지터리를 깃허브에 업로드합니다.
- Open the repository in your external editor: [Open in Visual Studio Code] 버튼을 클릭하면 리포지터리가 VS Code에서 열립니다.
- View the files of your repository in Explorer: [Show in Explorer] 버튼을 클릭하면 리포지터리가 탐색기에서 열립니다.

8.5 로컬 리포지터리를 깃허브에 업로드하기

이번에는 앞에서 생성한 로컬 리포지터리를 발행해 깃허브에 원격 리포지터리를 생성해 보겠습니다. 그림 8.15의 ❶번 영역에 있는 [Publish repository] 버튼을 누르거나 ❸번 영역의 [Publish repository] 버튼을 클릭합니다. 그림 다음과 같이 대화상자가 나타납니다. 다른 설정을 그대로 유지한 채로 하단의 [Publish repository] 버튼을 클릭합니다.

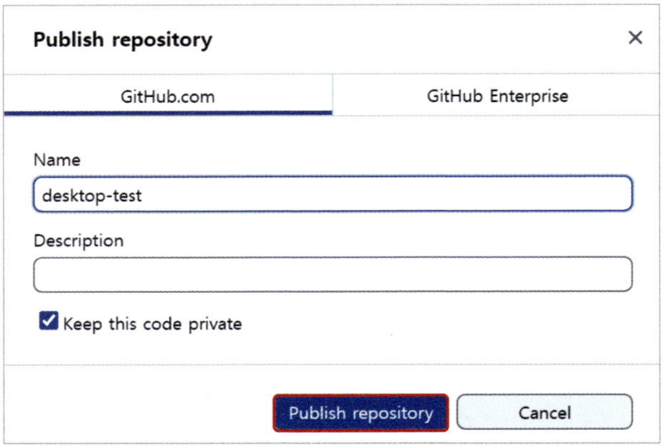

그림 8.16 리포지터리 발행

몇 초 뒤에 대화상자가 닫히고 깃허브 데스크톱이 다음과 같이 바뀝니다. 즉, 목록에서 'Publish your repository to GitHub'가 사라지고 맨 아래에 'Open the repository page on GitHub in your browser'라는 항목이 생깁니다. 이곳에 있는 [View on GitHub]를 클릭해 보겠습니다.

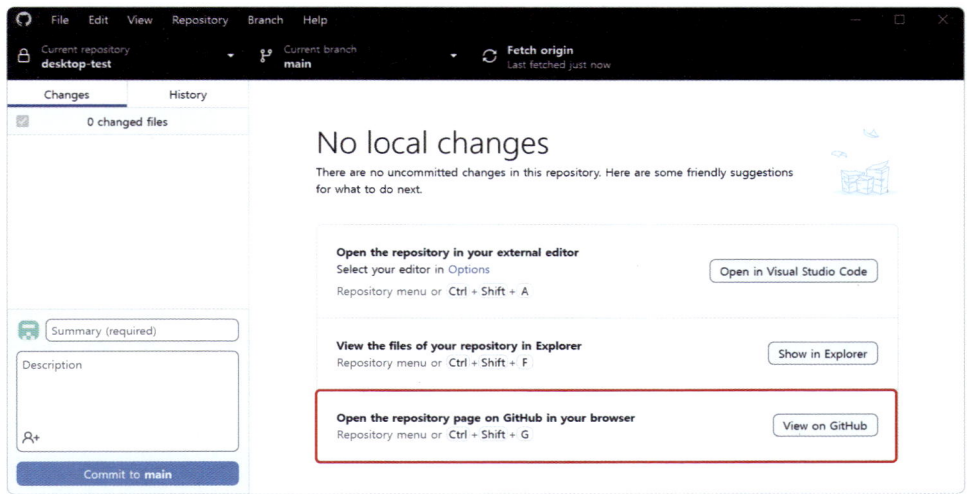

그림 8.17 리포지터리를 발행한 후 변경된 깃허브 데스크톱 화면

그럼 다음과 같이 웹브라우저가 열리고 깃허브의 `desktop-test` 원격 리포지터리로 이동합니다. 즉, 로컬에서 생성한 `desktop-test` 리포지터리가 정상적으로 깃허브에 발행되면서 원격 리포지터리가 생성된 것을 확인할 수 있습니다.

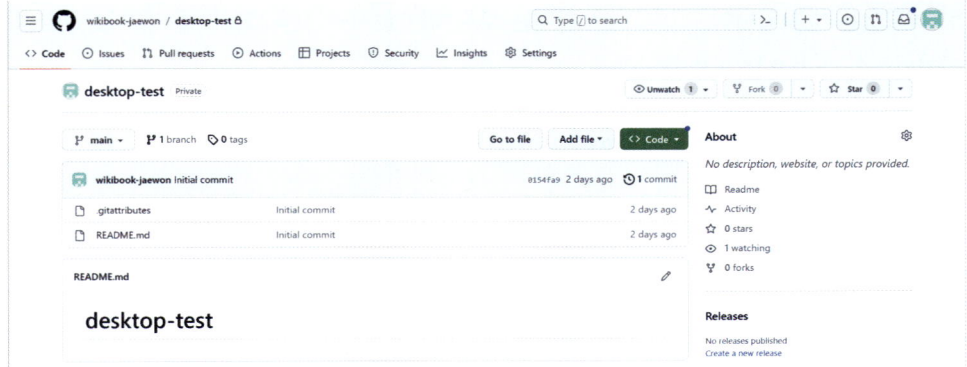

그림 8.18 로컬에서 생성한 리포지터리를 깃허브에 발행

9

깃허브 데스크톱으로
협업하기

이번 장에서는 깃허브 데스크톱으로 로컬과 깃허브 사이에 이뤄지는 작업 과정을 살펴보겠습니다.

9.1 리포지터리를 가져오는 2가지 방법

8장에서는 새로운 로컬 리포지터리를 생성한 후 깃허브에 발행하는 방법을 배웠습니다. 이번 장에서는 리포지터리를 깃허브 데스크톱으로 가져오는 2가지 방법을 알아보겠습니다. 첫 번째는 기존에 이미 생성된 로컬 리포지터리가 있을 때 그것을 깃허브 데스크톱으로 가져오는 방법입니다. 그리고 두 번째는 로컬에는 없지만 깃허브에는 존재하는 원격 리포지터리를 가져오는 방법입니다.

1. 로컬에 있는 기존 리포지터리 가져오기

먼저 로컬에 리포지터리가 이미 있을 때 이를 가져오는 방법을 알아보겠습니다. 앞서 깃허브 데스크톱 화면에서 이어서 진행하겠습니다. 깃허브 데스크톱의 상단 메뉴에서 [File] → [Add local repository…]를 차례로 선택합니다(단축키: Ctrl + O).

9. 깃허브 데스크톱으로 협업하기 | 261

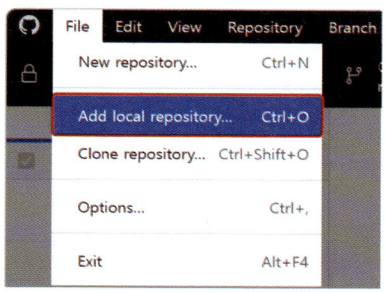

그림 9.1 로컬 리포지터리 추가

그럼 다음과 같은 대화상자가 나타납니다. 이곳에서 깃허브 데스크톱으로 가져올 리포지터리를 선택하기 위해 [Choose...] 버튼을 클릭합니다.

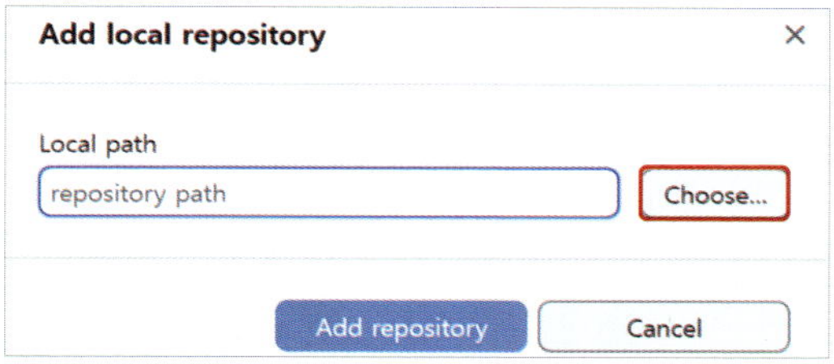

그림 9.2 로컬 리포지터리 경로 선택

그동안 실습하면서 만들었던 리포지터리가 많이 보이는데, 여기서는 그중 5장의 실습을 진행하면서 깃허브에 연결했던 GitHub-Project2 디렉터리를 선택하겠습니다. GitHub-Project2 디렉터리를 선택하고 [폴더 선택]을 클릭합니다.

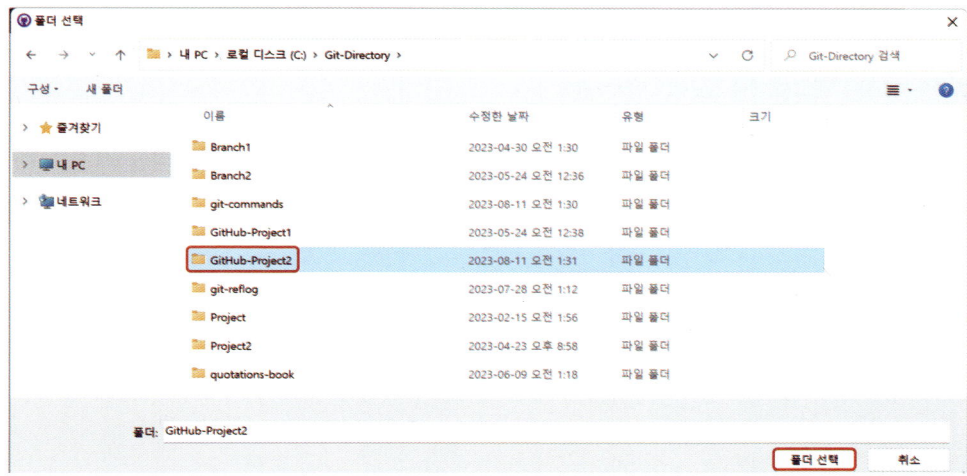

그림 9.3 기존 리포지터리 선택

'Add local repository' 대화상자의 [Add repository] 버튼이 활성화됩니다. 이 버튼을 클릭해 리포지터리를 추가합니다.

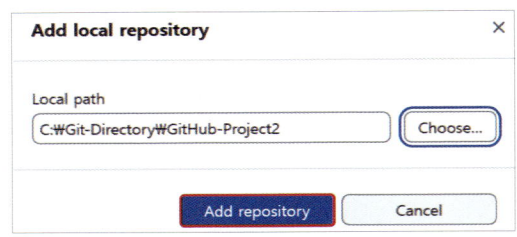

그림 9.4 활성화된 [Add repository] 버튼을 클릭해 리포지터리를 추가

이렇게 해서 깃허브 데스크톱에 `GitHub-Project2` 리포지터리를 추가했습니다. 깃허브 데스크톱 상단의 'Current repository' 항목이 'GitHub-Project2'로 바뀐 것을 확인할 수 있으며, 이를 클릭하면 깃허브 데스크톱에 추가한 모든 리포지터리를 확인할 수 있습니다.

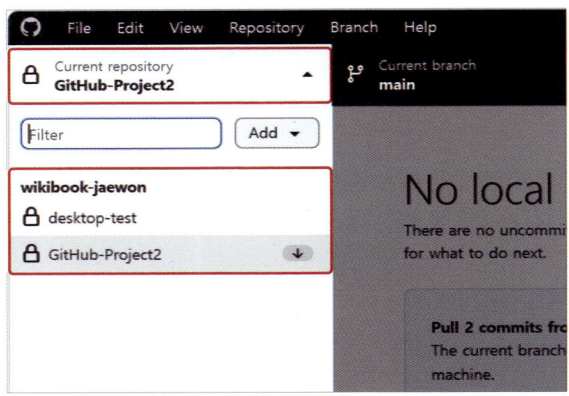

그림 9.5 깃허브 데스크톱에 추가된 리포지터리 목록

참고로 이 방법이 다소 번거롭다면 깃허브 데스크톱 창에 추가할 리포지터리를 직접 드래그 앤 드롭해서 추가할 수도 있습니다.

2. 깃허브의 원격 리포지터리 가져오기

이번에는 깃허브에 있는 원격 리포지터리를 로컬로 가져오는 방법을 알아보겠습니다. 먼저 깃허브에서 새로운 리포지터리를 생성합니다. 이 과정은 앞에서 다뤘기 때문에 생략합니다. 여기서는 'github-desktop'이라는 이름의 비공개 리포지터리를 'Add a README file' 항목을 체크해서 생성하겠습니다.

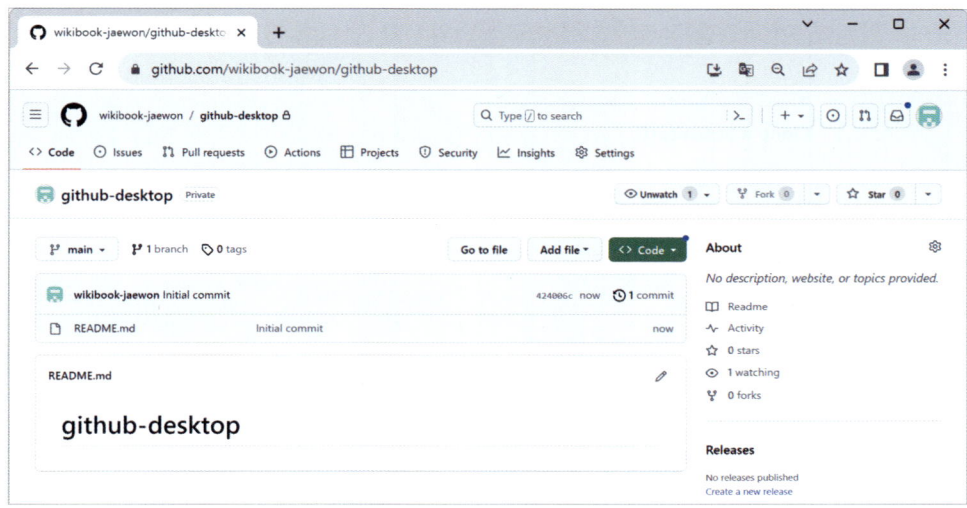

그림 9.6 깃허브에서 새로운 리포지터리인 github-desktop을 생성

이제 이 리포지터리를 로컬로 가져와야 합니다. 깃허브에 있는 원격 리포지터리를 로컬로 가져오는 방법 2가지를 살펴보겠습니다.

첫 번째는 깃허브 데스크톱에서 가져오는 방법입니다. 깃허브 데스크톱의 상단 메뉴에서 [File] → [Clone repository...]를 차례로 선택합니다(단축키: Ctrl + Shift + O).

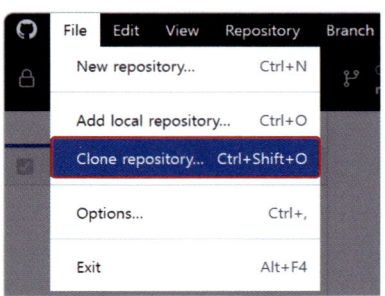

그림 9.7 깃허브 리포지터리 복제

그럼 다음과 같이 'Clone a repository' 대화상자가 열립니다. 깃허브 데스크톱이 이미 깃허브 계정과 연결된 상태이므로 깃허브에서 생성한 `github-desktop` 리포지터리가 화면에 표시됩니다. 이 항목을 선택하고 하단의 [Clone] 버튼을 클릭하면 리포지터리를 로컬로 가져올 수 있는데, 이 과정을 잠깐만 보류하고 상단의 URL 탭으로 이동해 봅시다.

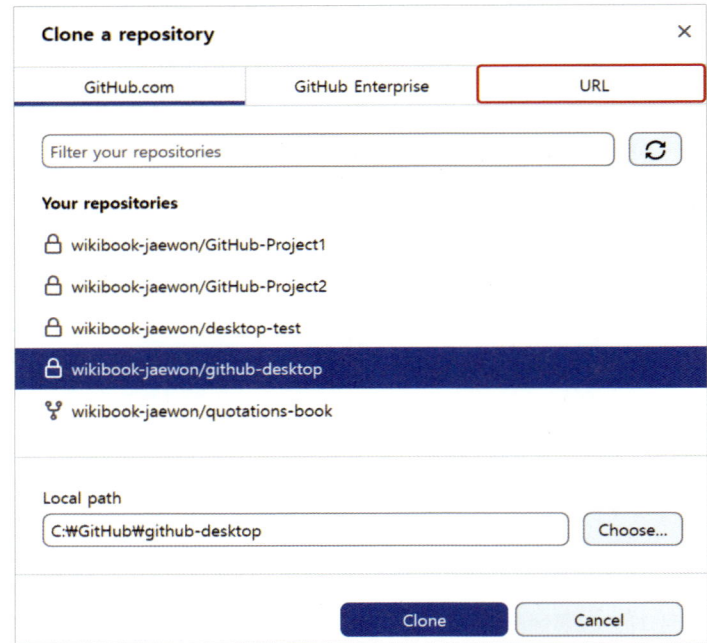

그림 9.8 깃허브에 존재하는 리포지터리 목록

깃허브를 통해 협업하다 보면 자신이 생성하지 않은 리포지터리를 로컬로 가져와야 하는 경우가 있습니다. 이때는 아래와 같이 URL 탭에서 직접 리포지터리의 URL을 입력하거나 <사용자명>/<리포지터리> 형식으로 입력해서 가져올 수 있습니다.

그림 9.9 'Clone a repository' 대화상자의 URL 탭

이 탭에서 직접 <username>/<repository> 형식으로 지정해 리포지터리를 가져올 수도 있습니다. 또는 깃허브의 원격 리포지터리에서 다음 그림과 같이 [Code] 버튼을 클릭한 후 [HTTPS] 탭의 링크를 복사한 후

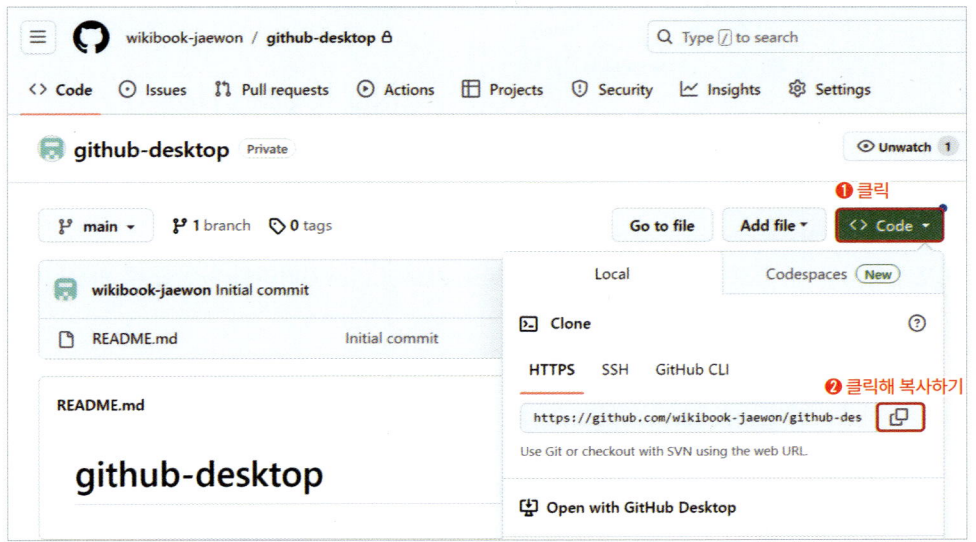

그림 9.10 깃허브에 생성된 리포지터리의 링크 복사

'Clone a repository' 대화상자에 붙여넣은 뒤 하단의 [Clone] 버튼을 클릭해 가져올 수도 있습니다.

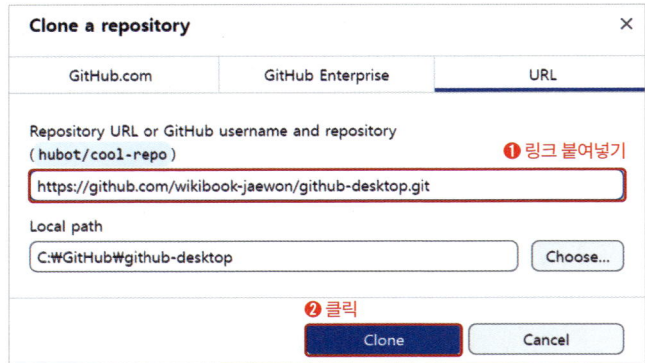

그림 9.11 깃허브에서 복사한 리포지터리 링크 붙여넣기

그럼 다음과 같이 깃허브 데스크톱에 리포지터리가 복제됩니다.

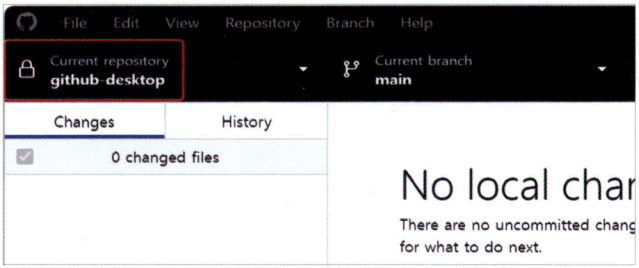

그림 9.12 깃허브 데스크톱으로 복제된 github-desktop 리포지터리

리포지터리를 가져오면서 설정했던 로컬 경로로 가보면 리포지터리를 확인할 수 있습니다.

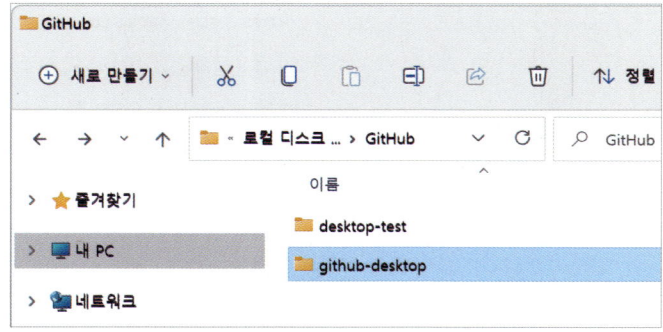

그림 9.13 로컬에 복제된 github-desktop 리포지터리

두 번째 방법은 좀 더 간단한 방법입니다. 앞에서 복제한 리포지터리를 삭제한 후 같은 작업을 다시 진행해보겠습니다. 리포지터리를 삭제하기 위해 깃허브 데스크톱의 상단 메뉴에서 [Repository] → [Remove...]를 차례로 선택합니다(단축키: Ctrl + Backspace).

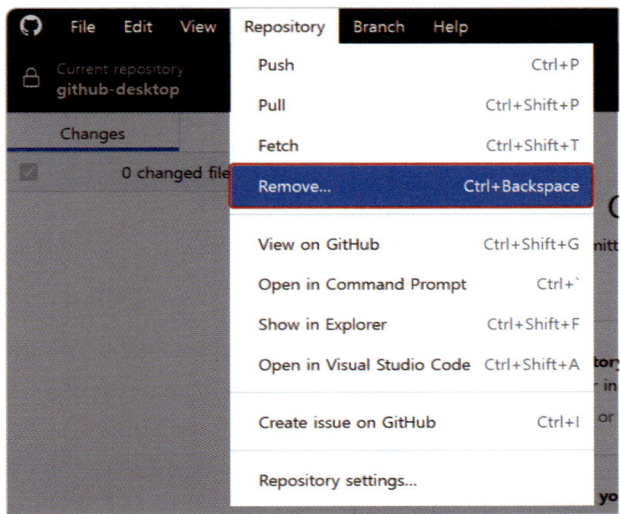

그림 9.14 리포지터리 삭제

다음과 같이 'Remove repository' 대화상자가 나타납니다. 여기서 바로 [Remove] 버튼을 클릭하면 깃허브 데스크톱에서 리포지터리는 삭제되지만 실제 로컬에는 리포지터리가 남아 있게 됩니다. 그러나 이 대화상자에서 하단의 'Also move this repository to Recycle Bin'을 체크하면 로컬에 있는 리포지터리도 삭제됩니다. 이 항목을 체크하고 [Remove] 버튼을 클릭합니다.

그림 9.15 'Also move this repository to Recycle Bin' 항목을 체크하고 리포지터리를 삭제

리포지터리가 삭제되면 이제 깃허브의 리포지터리를 가져오는 두 번째 방법을 실습해보겠습니다. 먼저 웹브라우저에서 깃허브의 복제하고 싶은 리포지터리로 이동합니다. 그런 다음, ❶ [Code] 버튼을 클릭하면 아래에 ❷ [Open with GitHub Desktop]이라는 항목이 보일 것입니다. 리포지터리를 깃허브 데스크톱으로 열겠다는 뜻입니다. 이 항목을 클릭합니다.

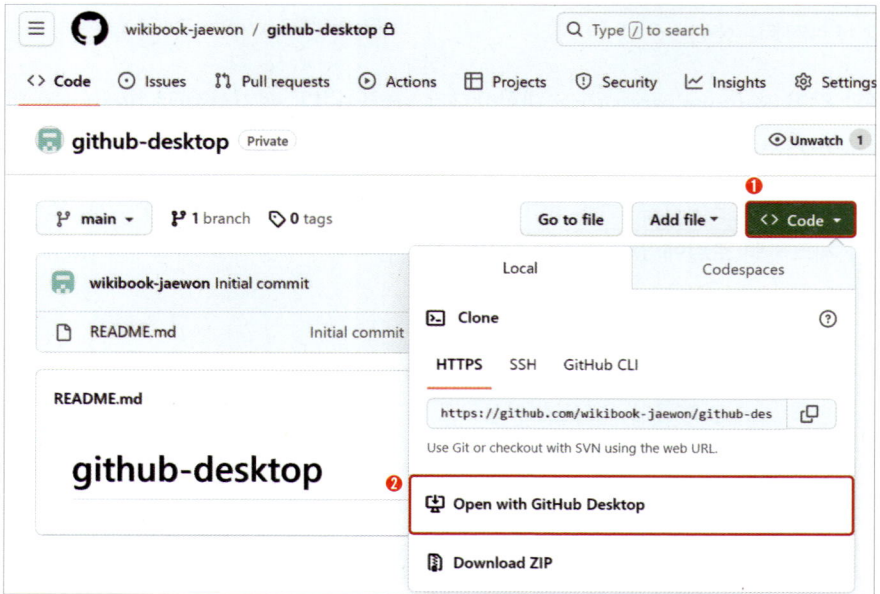

그림 9.16 깃허브 리포지터리를 깃허브 데스크톱에서 열기

자동으로 깃허브 데스크톱이 열리고 그림 9.11과 동일하게 'Clone a repository' 대화상자의 URL 탭이 열립니다. 이후 과정은 동일합니다. [Clone] 버튼을 클릭하면 리포지터리가 로컬에 복제됩니다.

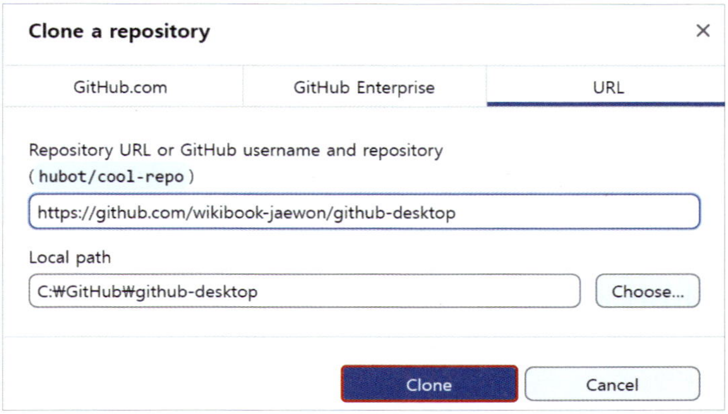

그림 9.17 'Clone a repository' 대화상자

9.2 새로운 변경 사항 가져오기

앞에서 깃허브에 있는 원격 리포지터리를 로컬의 깃허브 데스크톱으로 가져왔습니다. 다음으로 깃허브의 새로운 변경 사항을 깃허브 데스크톱을 사용해 가져오는 방법을 알아봅시다.

먼저 연결된 리포지터리인 github-desktop에 커밋을 하나 생성해보겠습니다. 깃허브 리포지터리의 메인 화면에 있는 리드미 파일을 수정하기 위해 README.md 화면 오른쪽의 연필 아이콘을 클릭합니다.

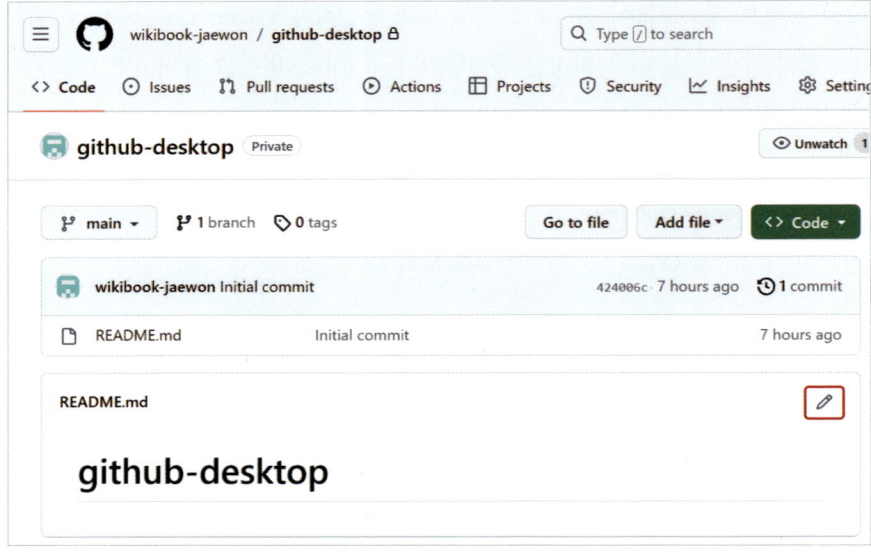

그림 9.18 깃허브 리포지터리에서 파일 수정

그럼 다음과 같이 수정 화면으로 이동합니다. 여기서는 간단하게 ❶ '- fetch test'라고 작성해 변경 사항을 만듭니다. 그러고 나서 ❷ [Commit changes...] 버튼을 클릭합니다.

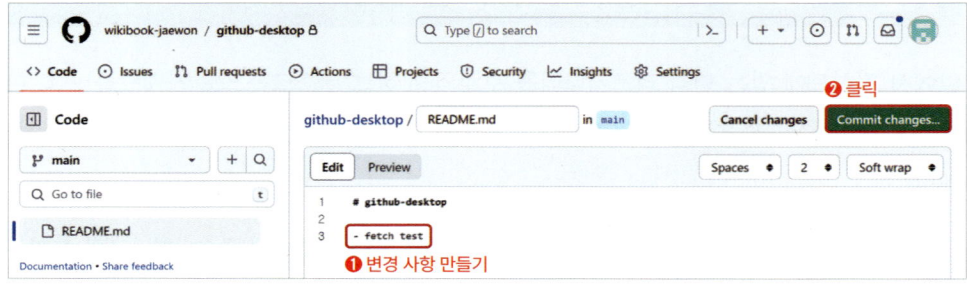

그림 9.19 깃허브에서 변경 사항을 만들고 커밋 생성

다음과 같이 커밋 메시지와 설명을 작성할 수 있는 대화상자가 열리면 그대로 하단의 [Commit changes] 버튼을 클릭합니다.

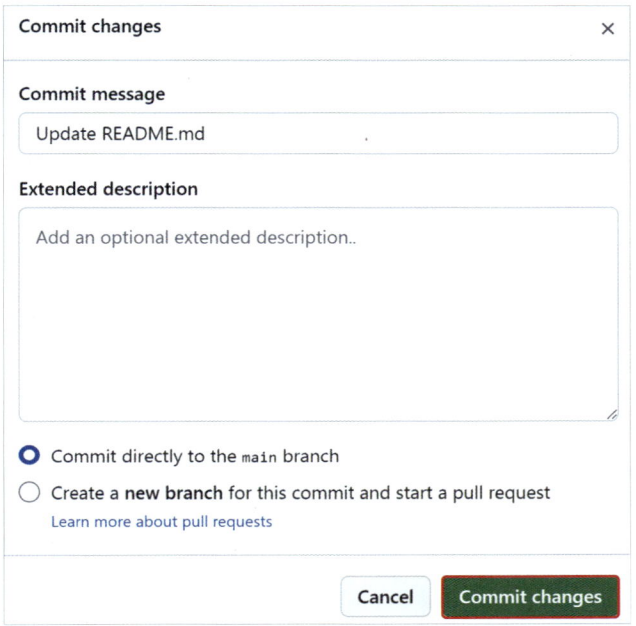

그림 9.20 깃허브에서 커밋 생성

다시 깃허브 데스크톱으로 이동합니다. 깃허브 데스크톱 상단에 [Fetch origin]이라는 항목이 보일 것입니다. 이 버튼은 origin, 즉 연결된 원격 깃허브 리포지터리의 새로운 변경 사항을 확인해 가져오는 역할을 합니다. 이 버튼을 클릭합니다.

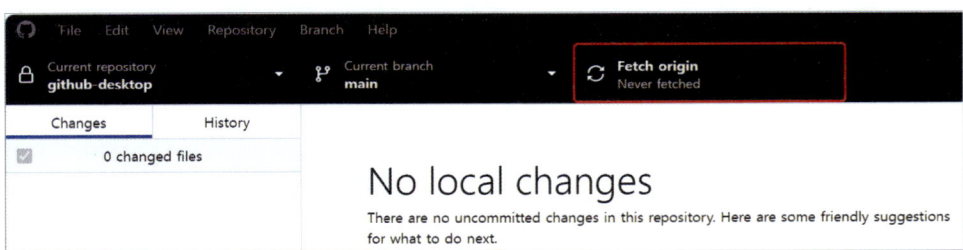

그림 9.21 깃허브 데스크톱에서 [Fetch origin] 버튼 클릭

다음과 같이 [Fetch origin]이 [Pull origin]으로 바뀌었습니다. 그리고 오른쪽에 숫자 1이 보입니다. 이 숫자는 한 개의 변경 사항이 있음을 나타냅니다. [Fetch origin] 버튼을 클릭했을 때는 아직 변경 사항이 로컬에 완전히 병합된 것이 아닙니다. [Pull origin] 버튼을 클릭해야 비로소 깃허브에서 생성한 커밋이 로컬에 병합됩니다. 이 버튼을 클릭합니다.

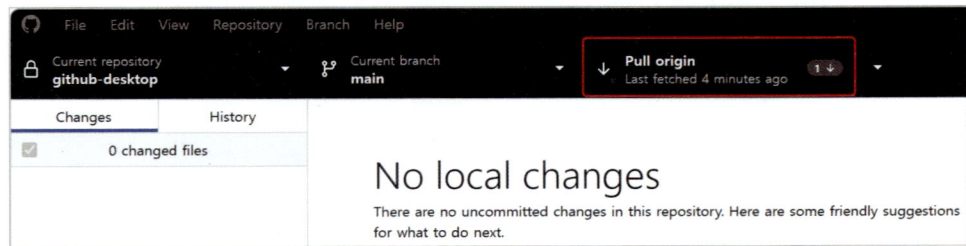

그림 9.22 깃허브 데스크톱에서 [Pull origin] 버튼 클릭

이후에 [History] 탭을 확인하면 깃허브에서 생성한 커밋이 반영된 것을 확인할 수 있습니다. 또한 어떤 파일이 어떻게 수정됐는지도 확인할 수 있습니다.

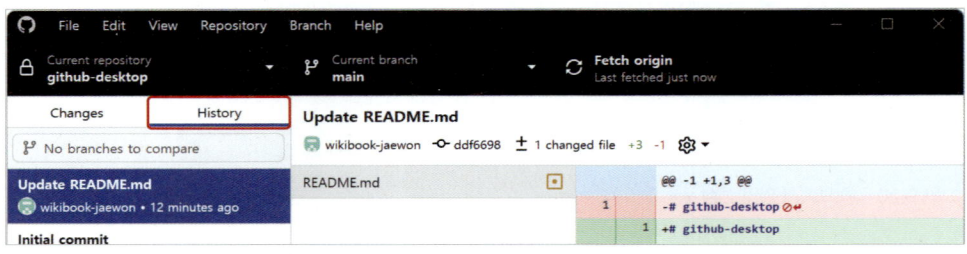

그림 9.23 History 탭에 깃허브에서 생성한 커밋이 반영된 모습

9.3 새로운 브랜치 생성하기

이번에는 새로운 브랜치를 생성하는 방법을 알아보겠습니다. 이 역시 매우 간단합니다. 깃허브 데스크톱 상단 메뉴바에서 [Branch] → [New Branch…]를 차례로 선택합니다(단축키: Ctrl + Shift + N).

9. 깃허브 데스크톱으로 협업하기 | 273

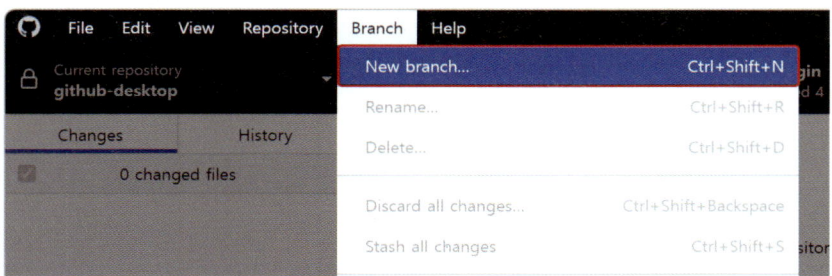

그림 9.24 새 브랜치 생성

다음과 같이 브랜치를 생성할 수 있는 'Create a branch' 대화상자가 열립니다. 생성할 브랜치명으로 'feature'라고 입력하고 [Create branch] 버튼을 클릭합니다.

그림 9.25 'Crate a branch' 대화상자

그럼 feature 브랜치 생성과 동시에 해당 브랜치로 이동합니다. 그리고 깃허브 데스크톱 상단의 오른쪽 항목이 'Publish branch'라는 항목으로 변경됐습니다. 현재는 로컬에서 브랜치를 생성했기 때문에 깃허브 원격 리포지터리에는 브랜치가 존재하지 않습니다. 그래서 브랜치를 깃허브에 업로드할 수 있는 버튼이 표시되는 것입니다. 아직은 버튼을 클릭하지 않겠습니다.

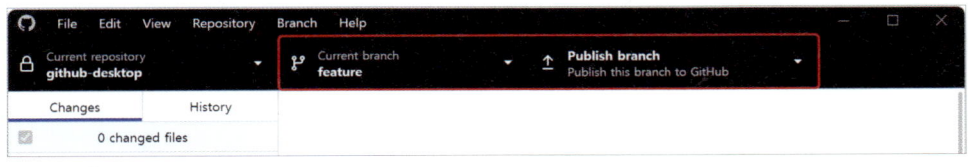

그림 9.26 브랜치 생성 후 변경된 [Current branch]와 [Publish branch] 버튼

여기서 [Current branch] 버튼을 클릭합니다. 이 버튼을 클릭하면 현재 위치한 브랜치 및 깃허브와 로컬에 생성된 브랜치를 모두 확인할 수 있습니다.

또한 여기서 [New branch] 버튼을 클릭해 새 브랜치를 생성할 수도 있고, 다른 브랜치를 클릭해 이동할 수도 있습니다.

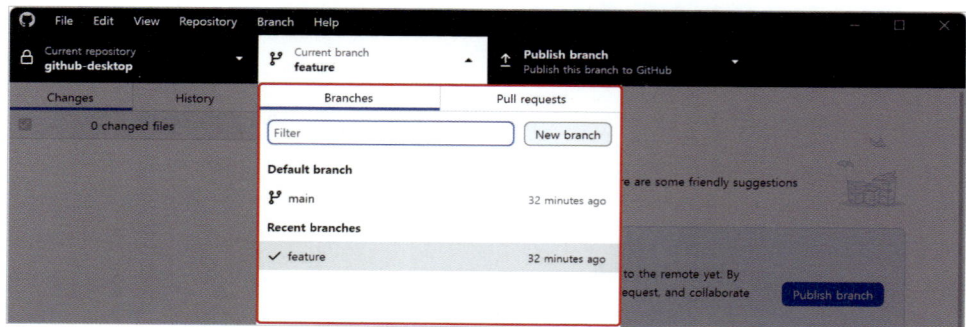

그림 9.27 [Current branch]를 클릭했을 때

9.4 커밋하고 PR 생성하기

이제 로컬에서 새로운 커밋을 생성하고 깃허브에 업로드하는 과정을 깃허브 데스크톱을 통해 진행하겠습니다. VS Code를 통해 새로운 변경 사항을 만들기 위해 깃허브 데스크톱에서 [Open in Visual Studio Code] 버튼을 클릭합니다.

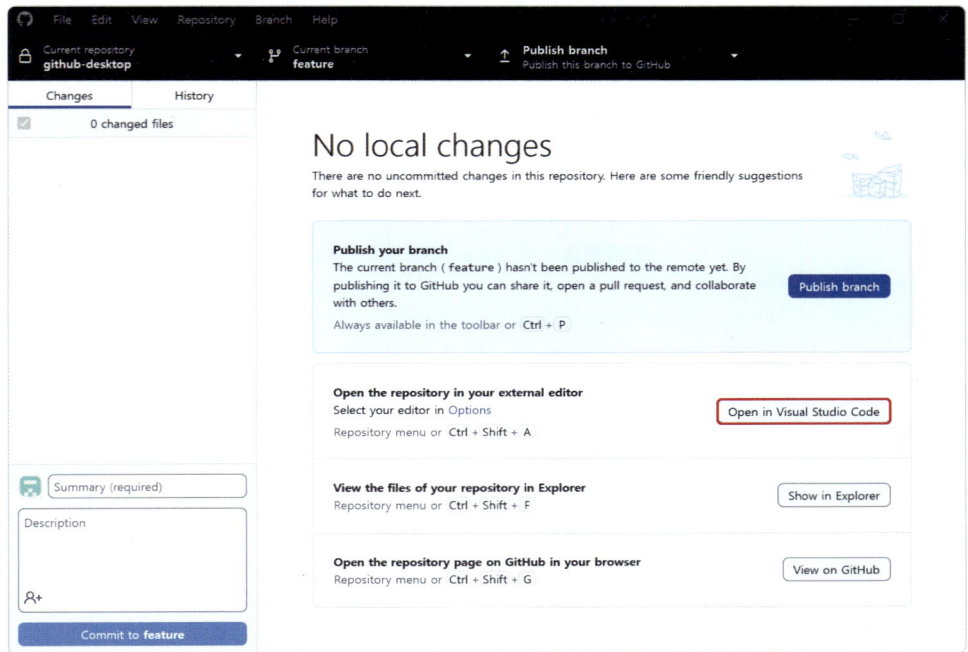

그림 9.28 [Open in Visual Studio Code] 버튼 클릭

VS Code가 실행됩니다. 여기서 새로운 커밋 생성을 위해 파일을 수정하겠습니다. 기존 리드미 파일에서 '- publish test'라는 텍스트를 입력하고 저장합니다.

그림 9.29 새로운 변경 사항으로 리드미 파일을 수정

그런 다음, 다시 깃허브 데스크톱으로 돌아옵니다. [Changes] 탭에 감지된 변경 사항이 보입니다. 리드미 파일이 바뀌었고 바뀐 내역도 확인할 수 있습니다.

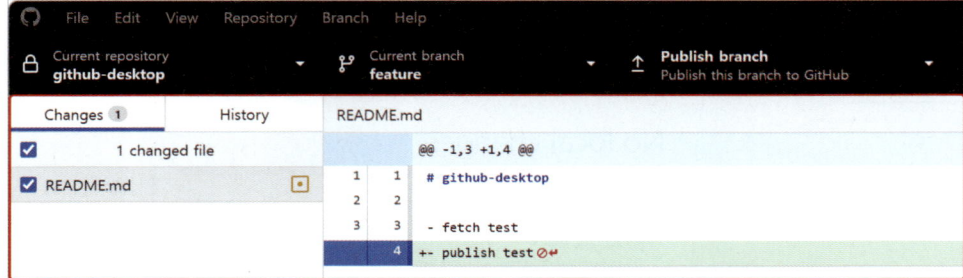

그림 9.30 [Changes] 탭에서 변화를 감지한 파일과 변경된 내역을 확인

여기서 커밋 생성을 위해 아래에 커밋 메시지를 입력합니다. 'Add publish test'라고 입력하고 [Commit to feature] 버튼을 클릭합니다.

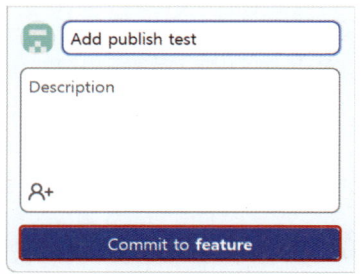

그림 9.31 커밋 메시지 작성 후 [Commit to feature] 버튼을 클릭

마찬가지로 [History] 탭을 보면 생성한 커밋과 내역을 확인할 수 있습니다.

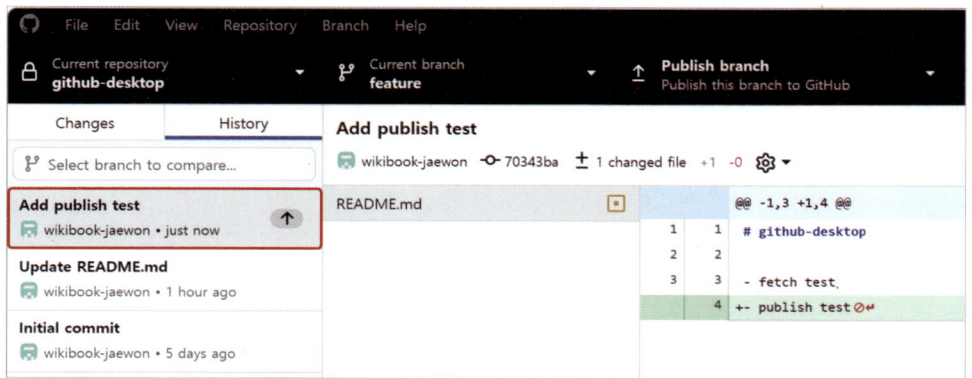

그림 9.32 커밋 생성 후 [History] 탭에서 커밋 내역을 확인

새롭게 생성된 커밋이 생겼으니 이제 브랜치를 깃허브에 업로드해보겠습니다. 깃허브 데스크톱에서 [Publish branch] 버튼을 클릭합니다. 이 버튼은 상단에도 있고 메인 화면 중앙에도 'Publish your branch' 항목에 동일한 이름의 버튼이 있습니다. 둘 다 동일한 기능입니다.

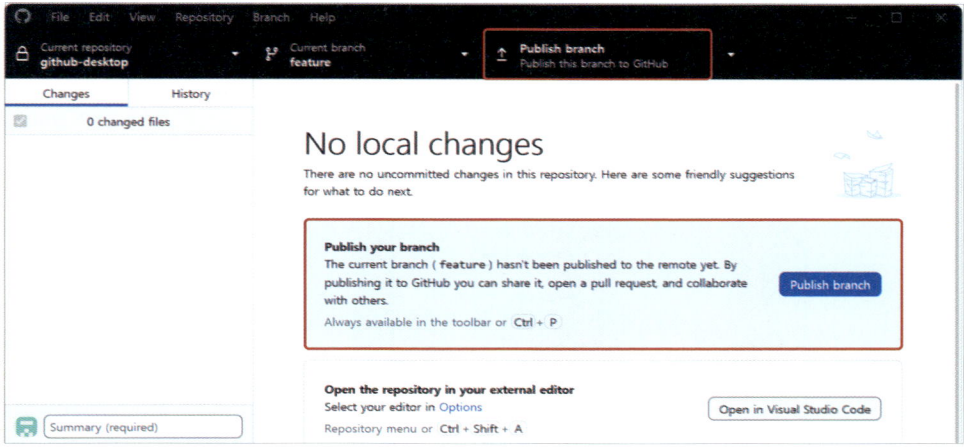

그림 9.33 깃허브 데스크톱에서 브랜치 업로드

버튼을 클릭하면 깃허브 데스크톱 화면이 다음과 같이 바뀝니다. 'Preview the Pull Request from your current branch'라는 항목이 새로 생겼습니다. [Preview Pull Request] 버튼은 PR 생성 전에 현재 브랜치 항목을 미리 볼 수 있는 기능인데, 이 버튼을 클릭합니다. 또는 상단 메뉴에서 [Branch] → [Preview pull request]를 선택해도 됩니다 (단축키: Ctrl + Alt + P).

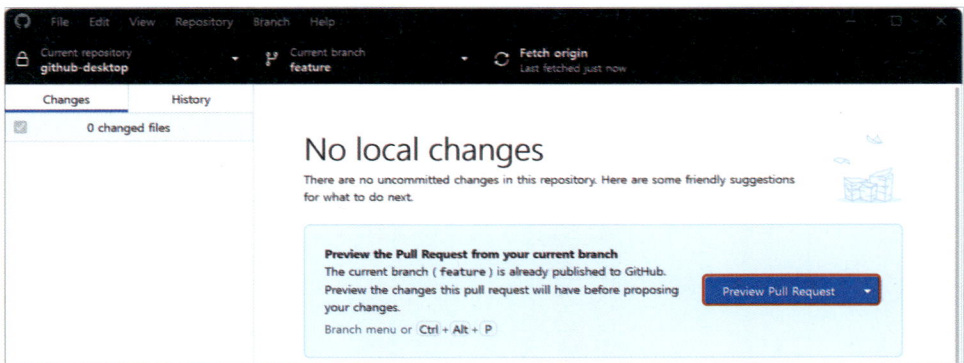

그림 9.34 [Preview Pull Request] 버튼 클릭

다음과 같이 'Open a pull request' 대화상자가 열립니다. 여기서 브랜치의 커밋 내역을 한 번 더 확인할 수 있습니다. 그리고 PR 생성을 위해 병합할 대상인 base 브랜치를 설정할 수 있습니다. 기본은 main으로 지정돼 있고 상황에 따라 변경하면 됩니다.

이 실습에서는 특별히 변경할 부분이 없기 때문에 하단의 [Create pull request] 버튼을 클릭합니다.

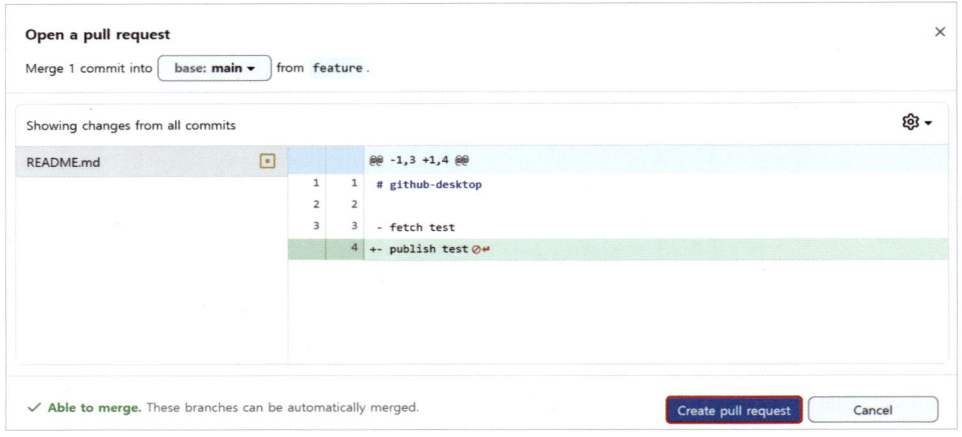

그림 9.35 'Open a pull request' 대화상자에서 [Create pull request] 버튼을 클릭해 PR을 생성

만약 'Preview Pull Request' 과정을 제외하고 바로 PR을 생성하고 싶다면 깃허브 데스크톱 상단 메뉴에서 [Branch] → [Create pull request]를 선택해 과정을 생략할 수 있습니다.

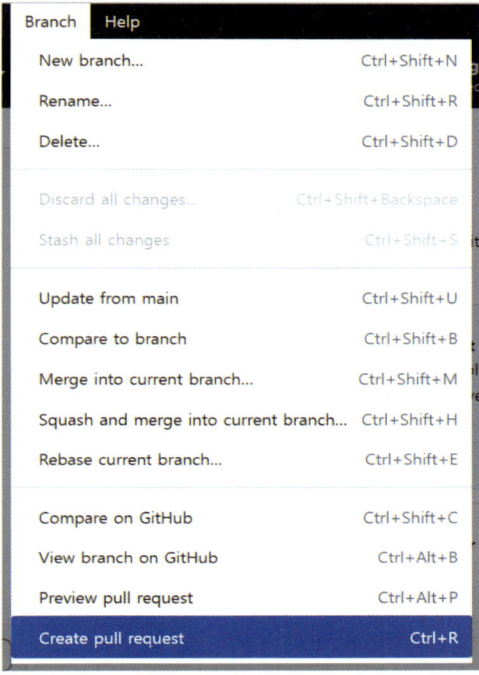

그림 9.36 'Preview Pull Request' 과정을 생략하고 바로 PR을 생성

[Create pull request] 버튼을 클릭하면 브라우저가 열리면서 깃허브의 PR 생성 화면이 표시됩니다. 이후 과정은 앞서 1부에서 자세히 다뤘으니 여기서는 바로 [Create pull request] 버튼을 클릭해 PR을 생성하고 병합까지 완료하겠습니다.

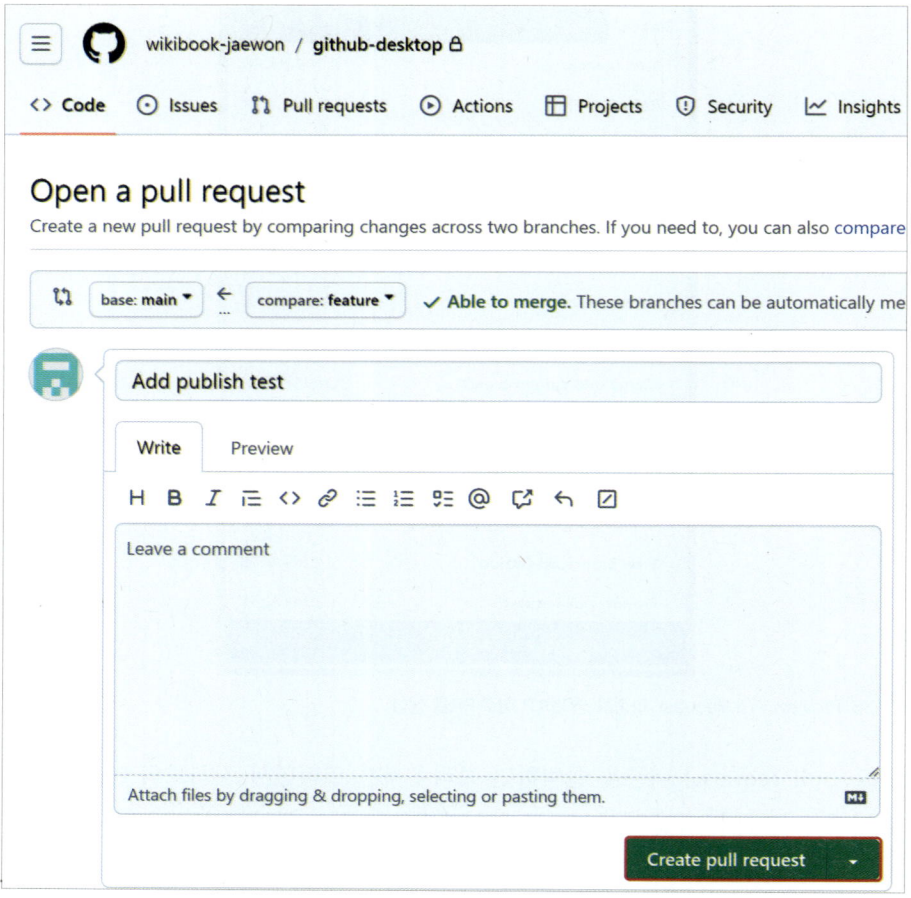

그림 9.37 PR 생성

feature 브랜치가 main 브랜치로 최종 병합되고 변경 사항이 반영된 것을 확인할 수 있습니다.

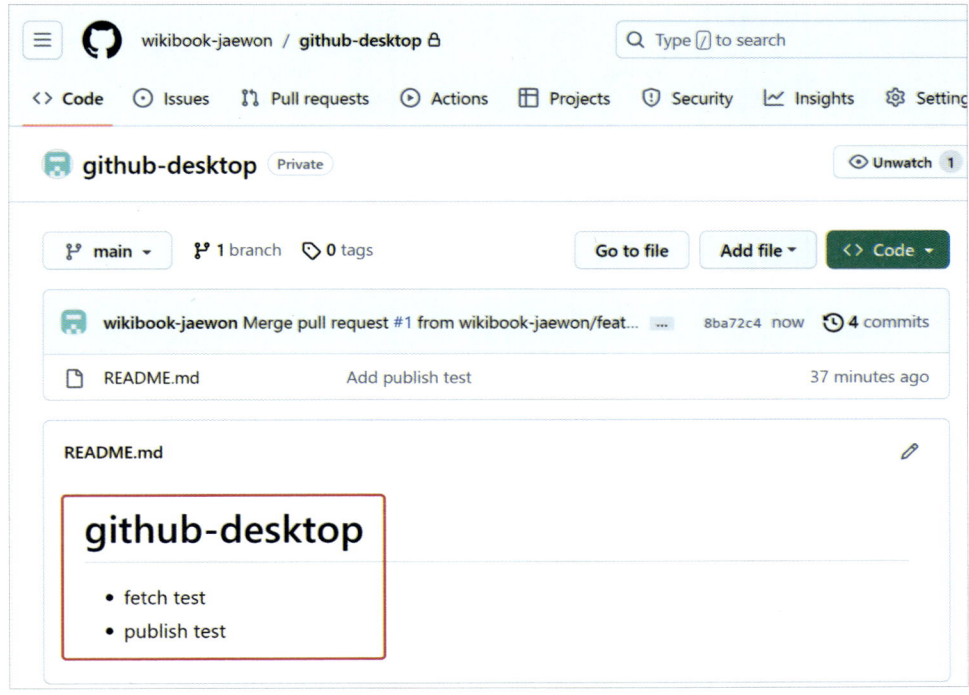

그림 9.38 PR 이후 feature 브랜치가 main 브랜치로 최종 병합된 모습

9.5 Git 명령어 손쉽게 사용하기

깃허브 데스크톱을 이용하면 명령어를 입력하지 않고도 몇 번의 클릭만으로 Git과 관련된 다양한 작업을 처리할 수 있습니다. 이번 절에서는 2부에서 배운 Git 명령어 몇 가지를 깃허브 데스크톱을 통해 사용하는 방법을 알아봅니다.

실습을 진행하기에 앞서 먼저 실습 환경을 만들기 위해 다음과 같은 사전 실습을 먼저 진행합니다.

[사전 실습]
1. 깃허브에서 새로운 리포지터리를 생성하세요.('Add a README file'을 체크).
2. 생성된 리포지터리를 깃허브 데스크톱과 연결해서 로컬로 가져오세요.

3. 'Initial commit' 이후에 '1st commit', '2nd commit', '3rd commit'이라는 3개의 커밋을 생성하세요.

4. 총 4개의 커밋이 생성된 시점에서 다음과 같이 총 5개의 브랜치를 생성하세요.
   - `amend`
   - `home-cherry`
   - `sub-cherry`
   - `revert`
   - `rebase`

5. `sub-cherry` 브랜치로 이동한 후 '4th commit', '5th commit'이라는 2개의 커밋을 추가로 생성하세요.

사전 실습을 완료했다면 이어서 깃허브 데스크톱에서 Git 명령어를 수행하는 방법을 하나씩 살펴봅시다.

1. 최신 커밋 메시지 수정하기 – git commit --amend

최신 커밋 메시지를 수정하거나 덮어씌우는 `git commit --amend` 명령어를 깃허브 데스크톱에서 수행해 봅시다.

먼저 사전 실습에서 만든 `amend` 브랜치로 이동합니다. 다음과 같이 깃허브 데스크톱의 [History] 탭에는 4개의 커밋 내역이 있을 텐데, 이곳에서 가장 최근 커밋인 '3rd commit'의 메시지를 수정해보겠습니다. 커밋 메시지를 클릭합니다.

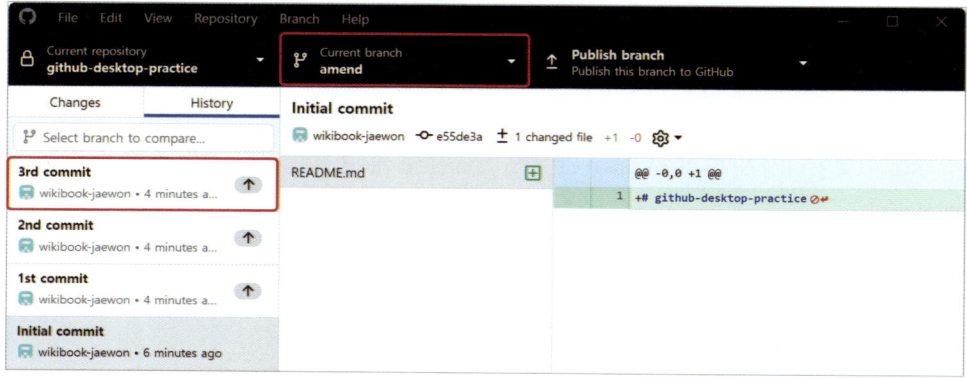

그림 9.39 최신 커밋 메시지 선택

그러고 나서 마우스 오른쪽 버튼을 클릭한 후 [Amend commit...]을 선택합니다.

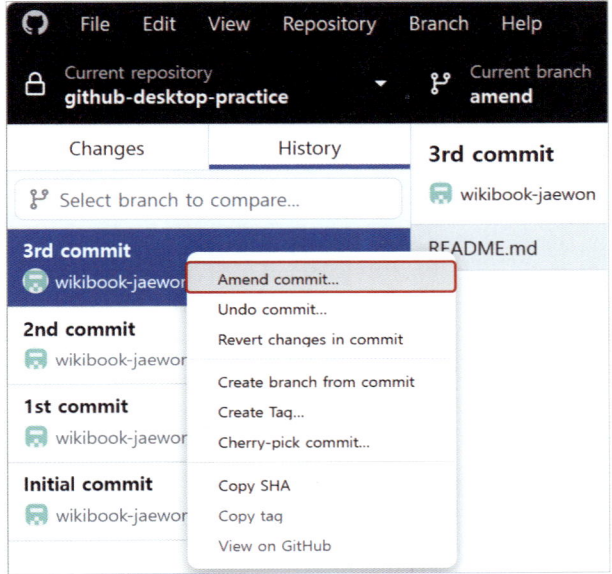

그림 9.40 커밋 메시지를 대상으로 [Amend commit...] 실행

그럼 다음과 같이 깃허브 데스크톱 화면이 메인 화면으로 이동하고 커밋 메시지를 입력하는 곳의 버튼이 [Amend last commit]으로 바뀐 것을 확인할 수 있습니다. ❶ 커밋 메시지인 '3rd commit' 뒤에 '– amend'를 추가해 메시지를 수정하고 ❷ [Amend last commit] 버튼을 클릭합니다.

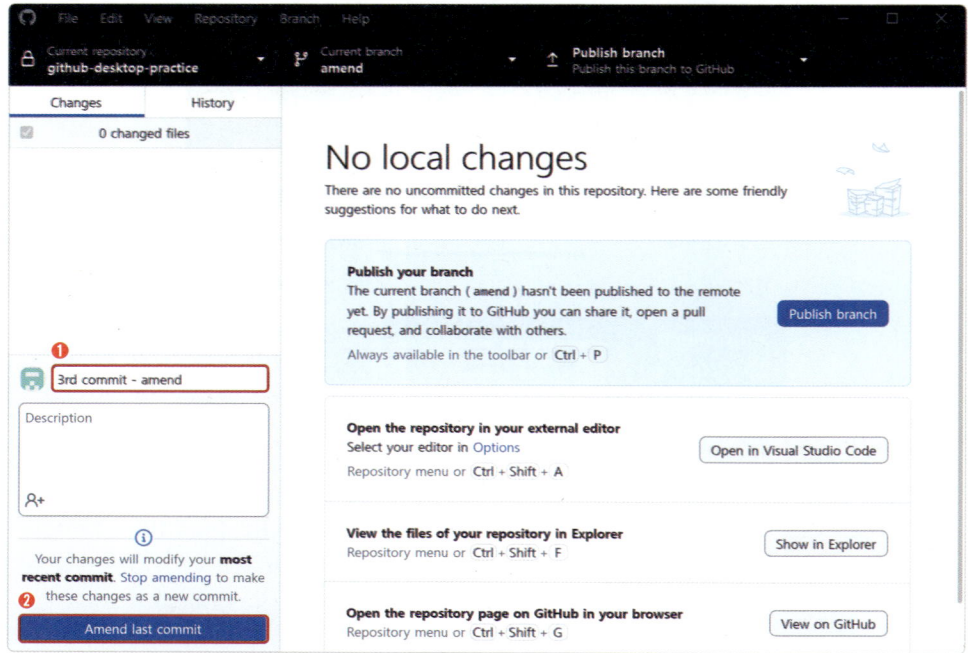

그림 9.41 커밋 메시지 수정

그리고 나서 [History] 탭을 확인하면 최신 커밋 메시지가 수정된 것을 확인할 수 있습니다.

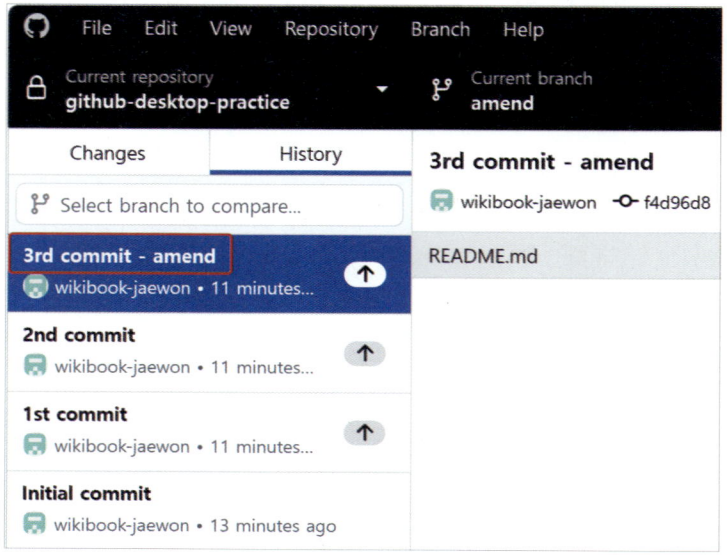

그림 9.42 수정된 커밋 메시지

`git commit --amend`를 수행할 때 현재 작업 환경에서 변경된 파일이 있다면 이를 체크해서 해당 내용과 함께 최신 커밋 메시지를 수정할 수 있습니다. 이 경우에는 최신 커밋 메시지에 체크한 변경 사항이 추가됩니다.

정리하면, 기존의 최신 커밋 메시지가 삭제되고 새로운 커밋 메시지가 생성되면서 삭제된 커밋 메시지에 체크한 변경 사항이 포함됩니다. 만약 이를 원치 않으면 체크를 해제하고 커밋 메시지만 수정하면 됩니다.

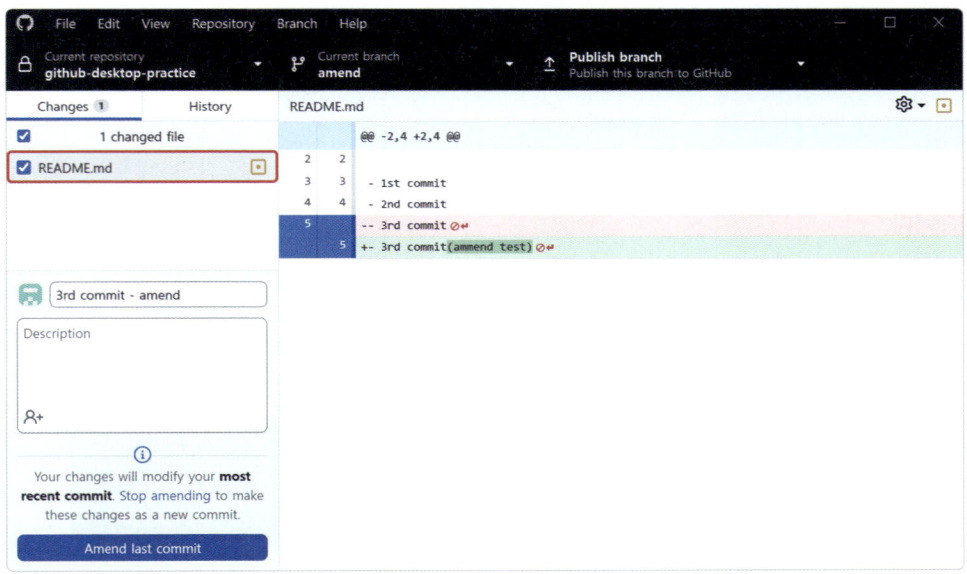

그림 9.43 변경 사항을 포함해서 `git commit --amend` 명령어 사용하기

다음은 변경 사항을 포함해서 `git commit --amend`를 수행한 결과입니다. 다음과 같이 최신 커밋에 변경 사항도 포함된 것을 확인할 수 있습니다.

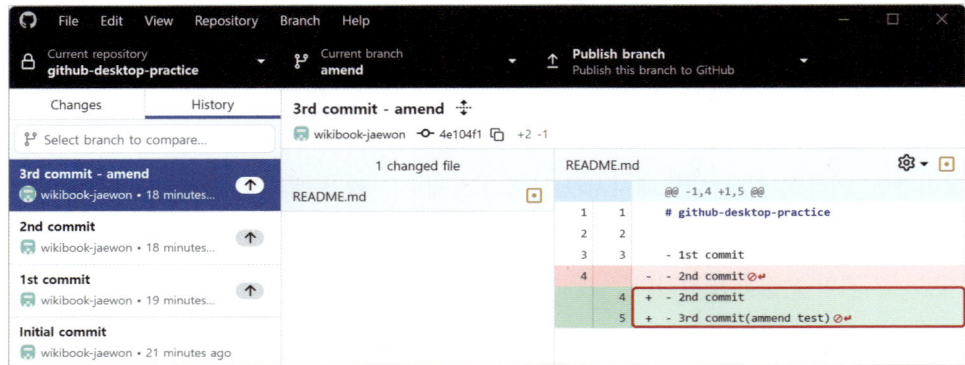

그림 9.44 변경 사항이 포함된 최신 커밋

2. 커밋 떼내어 가져오기 – git cherry-pick

이번에는 특정 커밋을 떼내어 다른 브랜치로 이동시키는 `git cherry-pick`을 알아보겠습니다.

먼저 다음과 같이 sub-cherry 브랜치로 이동합니다. sub-cherry 브랜치의 커밋인 '4th commit'을 home-cherry 브랜치로 이동시키는 `git cherry-pick`을 수행해 보겠습니다.

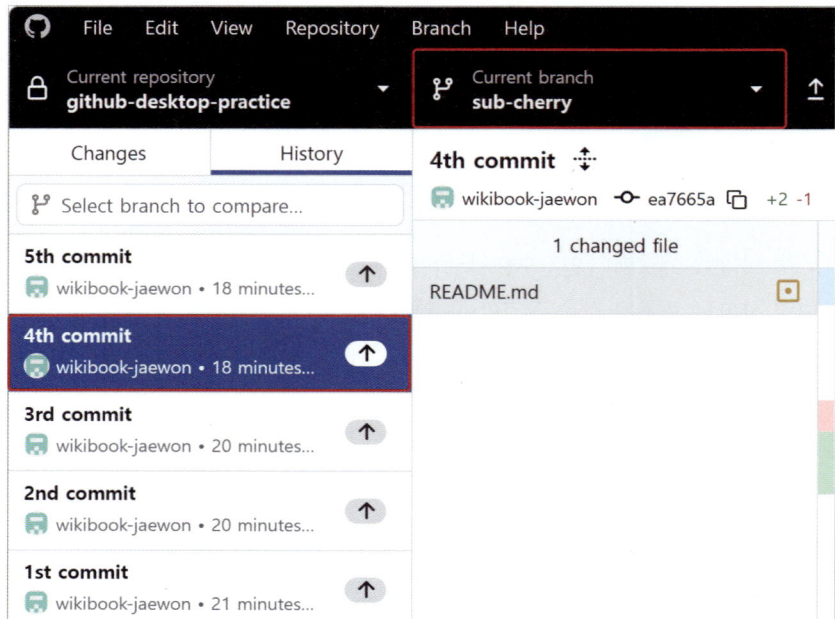

그림 9.45 sub-cherry 브랜치

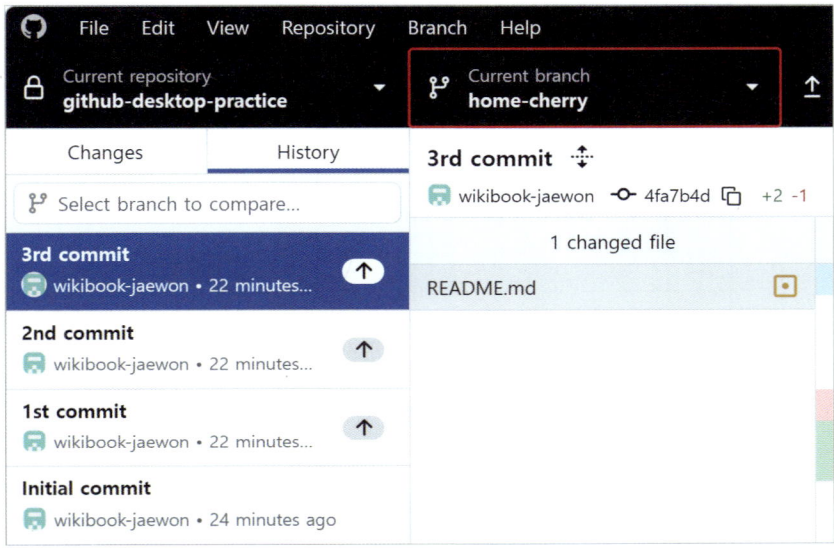

그림 9.46 home-cherry 브랜치

먼저 `git cherry-pick`을 수행할 커밋을 대상으로 마우스 오른쪽 버튼을 클릭합니다. 메뉴에서 [Cherry-pick commit...]을 클릭합니다.

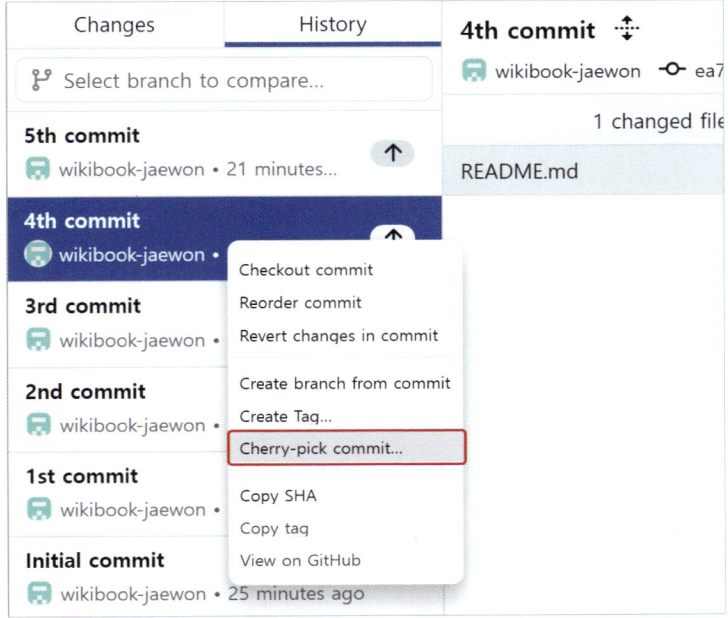

그림 9.47 [Cherry-pick commit...] 선택

그럼 다음과 같이 어떤 브랜치로 `git cherry-pick`을 수행할지 선택하는 대화상자가 나타납니다. ❶ home-cherry 브랜치를 선택하고 ❷ [Cherry-pick 1 commit to home-cherry...] 버튼을 클릭합니다.

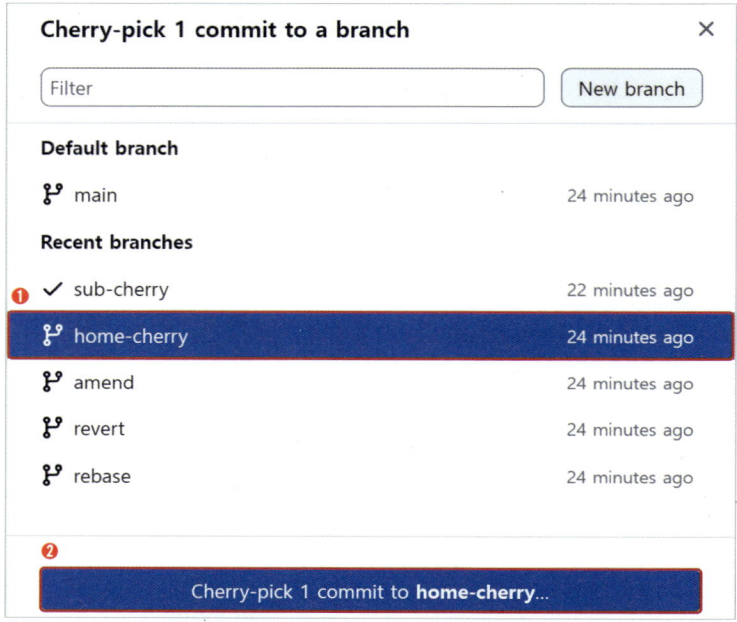

그림 9.48 `git cherry-pick`을 수행할 브랜치 선택

home-cherry 브랜치에 `git cherry-pick`이 성공적으로 수행된 것을 확인할 수 있습니다.

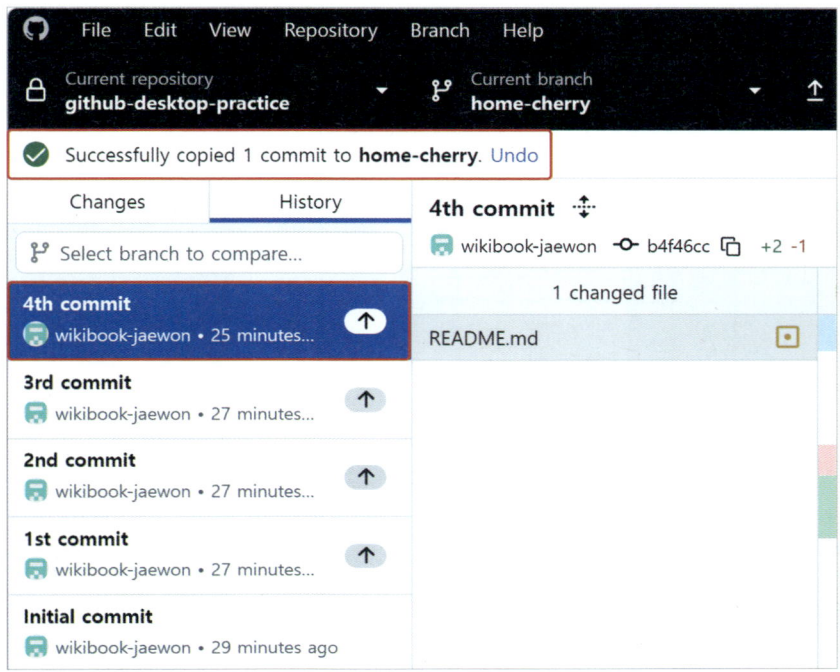

그림 9.49 '4th commit'이 home-cherry 브랜치에 cherry-pick된 모습

깃허브 데스크톱에서 git cherry-pick을 수행하는 다른 방법을 살펴보겠습니다. 다시 sub-cherry 브랜치로 이동해서 '5th commit'을 대상으로 git cherry-pick을 수행해보겠습니다. 이 방법은 훨씬 더 간단합니다. 먼저 sub-cherry의 [History] 탭을 클릭합니다.

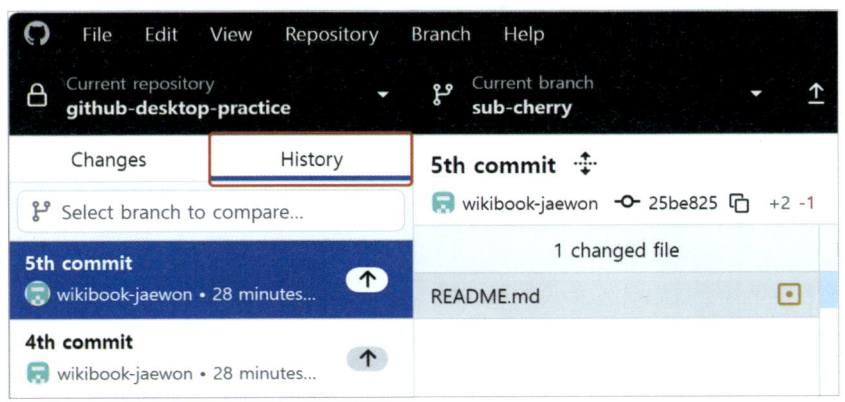

그림 9.50 sub-cherry 브랜치에서 [History] 탭 클릭

이후 `git cherry-pick`을 수행할 커밋을 상단의 ❶ 'Current branch' 쪽으로 끌어옵니다. 그러면 다음과 같이 브랜치 항목이 열리며 모든 브랜치를 확인할 수 있습니다. ❷ 여기서 `git cherry-pick`을 수행하려는 `home-cherry` 브랜치에 커서를 옮긴 후 마우스 버튼을 뗍니다.

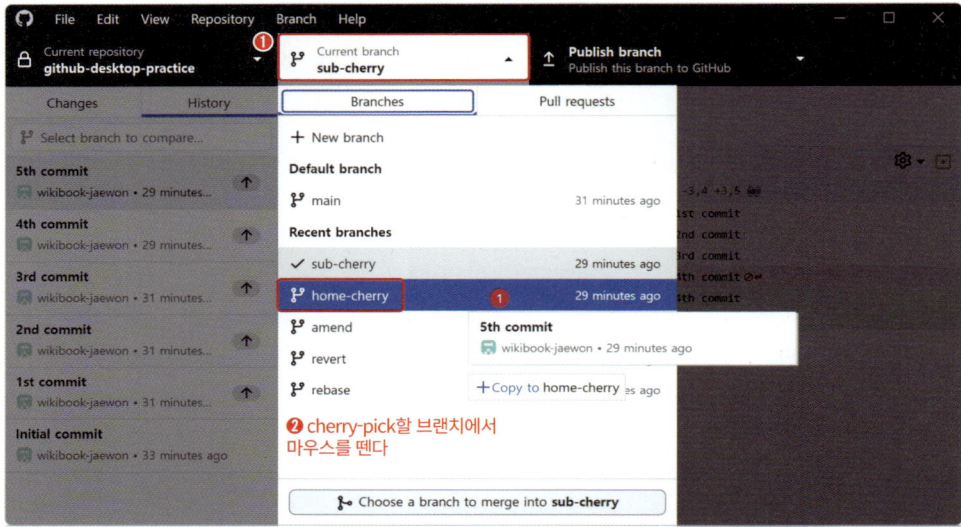

그림 9.51 `git cherry-pick`을 수행하고자 하는 브랜치로 커밋을 드래그 앤드 드롭

그럼 다음과 같이 커밋이 `home-cherry` 브랜치로 이동하면서 `cherry-pick`이 성공적으로 완료됩니다.

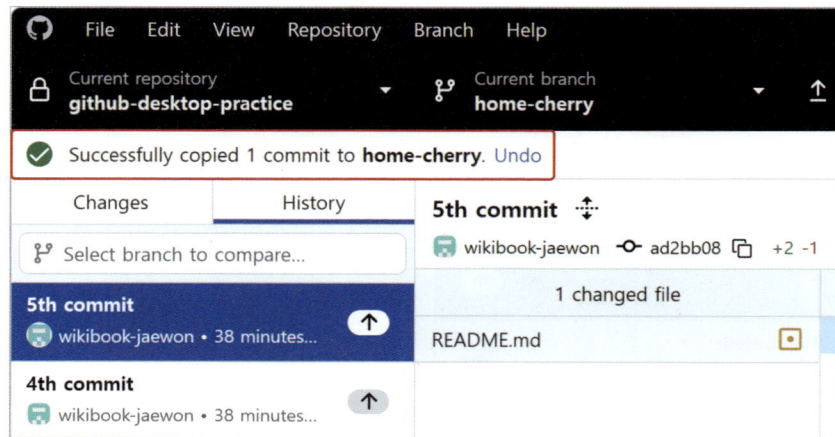

그림 9.52 `home-cherry` 브랜치에 성공적으로 `git cherry-pick`이 수행된 모습

3. 커밋 되돌리기 - git revert

특정 커밋을 취소하고 되돌아가는 `git revert` 기능도 깃허브 데스크톱에서 수행할 수 있습니다. 이번에도 실습을 위해 revert 브랜치로 이동합니다. 여기서 '3rd commit' 커밋을 대상으로 `git revert`를 수행해 보겠습니다.

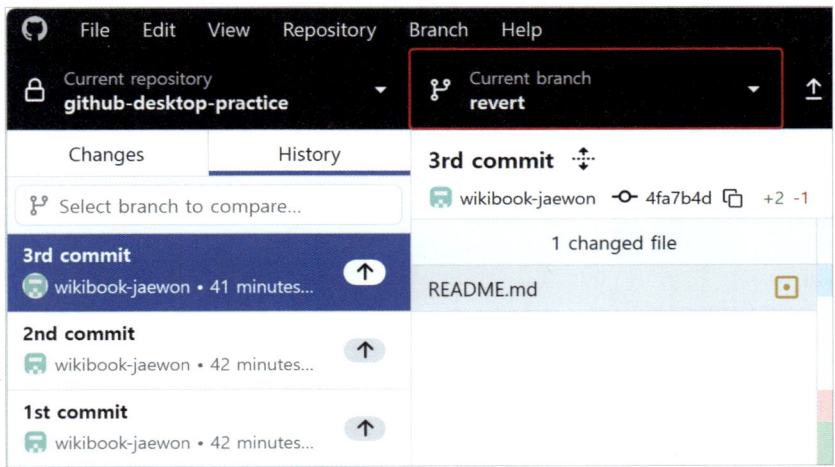

그림 9.53 revert 브랜치로 이동

`git revert`를 수행할 커밋에 마우스 오른쪽 버튼을 클릭하고 [Revert changes in commit]을 선택합니다.

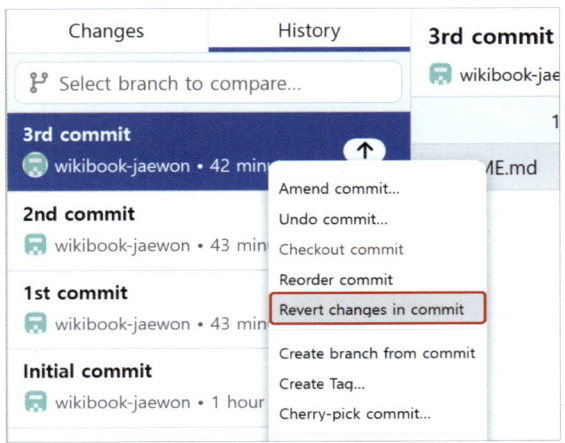

그림 9.54 [Revert changes in commit] 선택

끝입니다! 간단하게 git revert가 완료됐습니다. 그 과정에서 새 커밋이 생성되고 기존 커밋은 취소된 것을 확인할 수 있습니다.

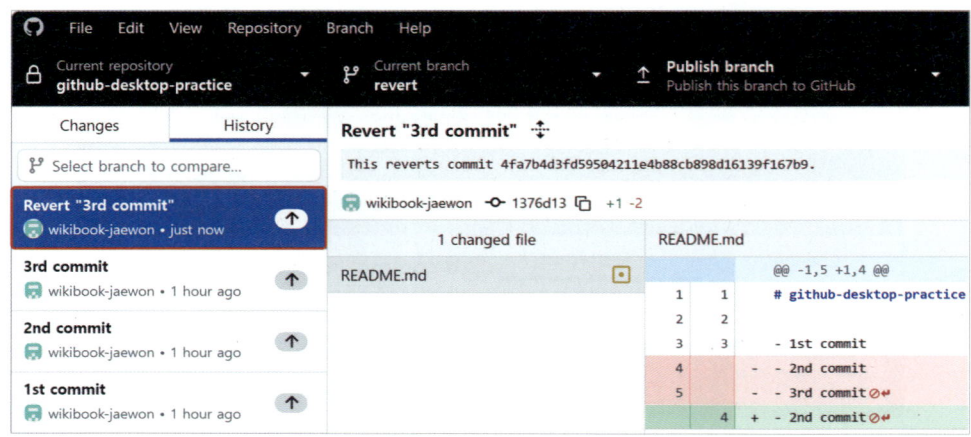

그림 9.55 git revert 수행 후 취소된 커밋 내역 확인

4. 커밋 순서 바꾸기

이번에는 커밋의 순서를 변경해봅시다. 커밋 순서를 변경하는 것은 자주 있는 일은 아니지만 상황에 따라 유용할 수 있습니다. 다만 커밋 순서를 변경할 경우 충돌이 발생할 수 있기 때문에 신중해야 하며, 충돌 발생 시 충돌을 해결한 후에 다음 단계를 진행해야 합니다.

이번에는 실습을 위해 rebase 브랜치로 이동합니다.

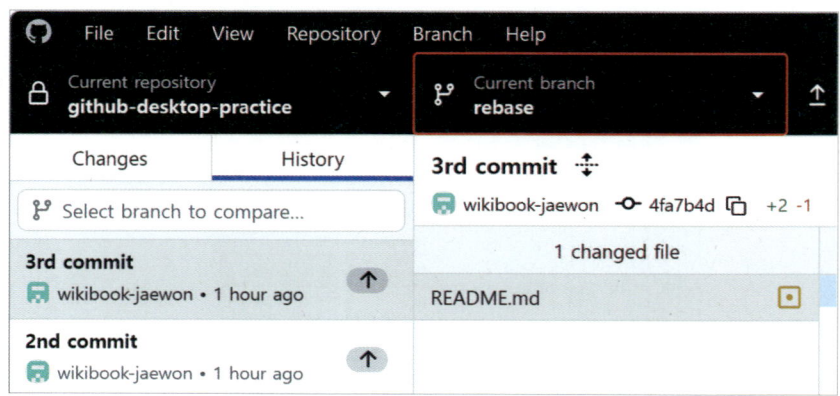

그림 9.56 rebase 브랜치

커밋 순서를 변경하는 방법은 간단합니다. 순서를 변경하려는 커밋을 드래그해서 적절한 위치에 드롭하기만 하면 됩니다. 여기서는 '3rd commit' 커밋의 순서를 '1st commit' 커밋 다음으로 변경해보겠습니다.

마우스 커서로 '3rd commit' 커밋을 끌어서 '1st commit'과 '2nd commit' 사이로 옮기면 다음과 같이 파란색 줄이 생깁니다. 이후에 마우스를 뗍니다.

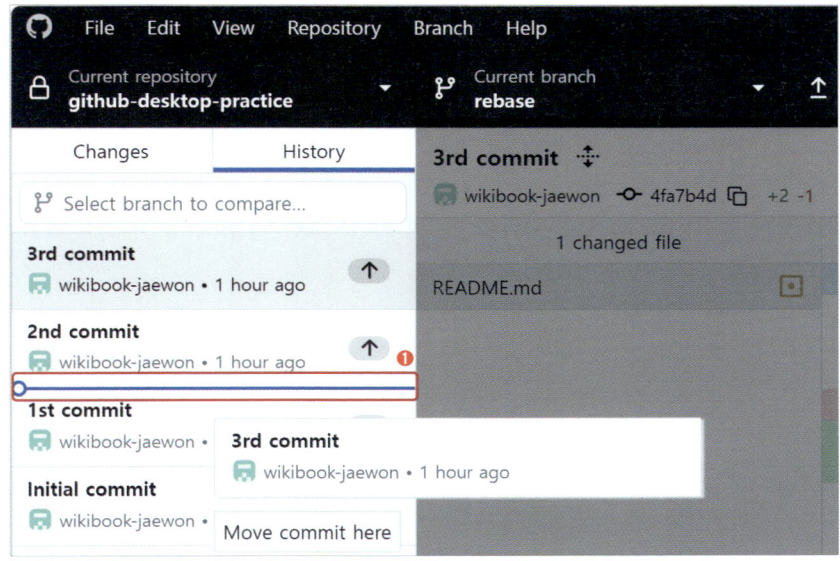

그림 9.57 커밋 순서 변경을 위해 커밋 이동시키기

특별한 문제가 없다면 커밋 순서가 성공적으로 바뀝니다. 충돌이 발생한 경우 다음과 같은 대화상자가 열리는데, 여기서 [Abort reorder] 버튼을 클릭하면 해당 작업을 취소할 수 있습니다.

여기서는 커밋 순서를 변경해야 하므로 충돌을 해결해 보겠습니다. 먼저 [Open in Visual Studio Code]를 클릭해 VS Code를 실행합니다.

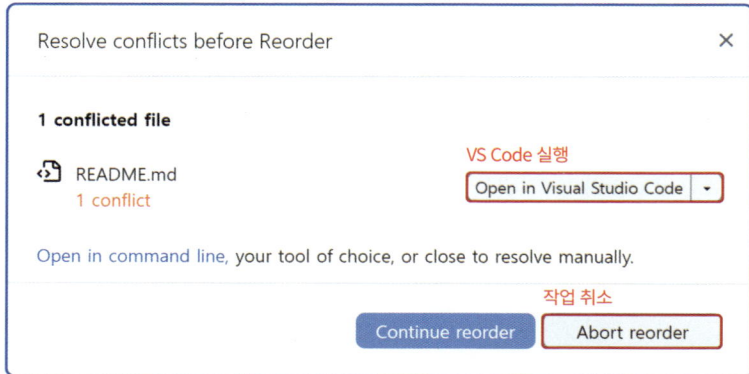

그림 9.58 충돌 발생 시 열리는 대화상자

VS Code가 실행되고 충돌 내역을 확인할 수 있습니다. [Accept Incoming Change]를 클릭해 새로 들어온 커밋으로 작업 내역을 변경합니다. 그런 다음, 저장 후 깃허브 데스크톱으로 돌아옵니다.

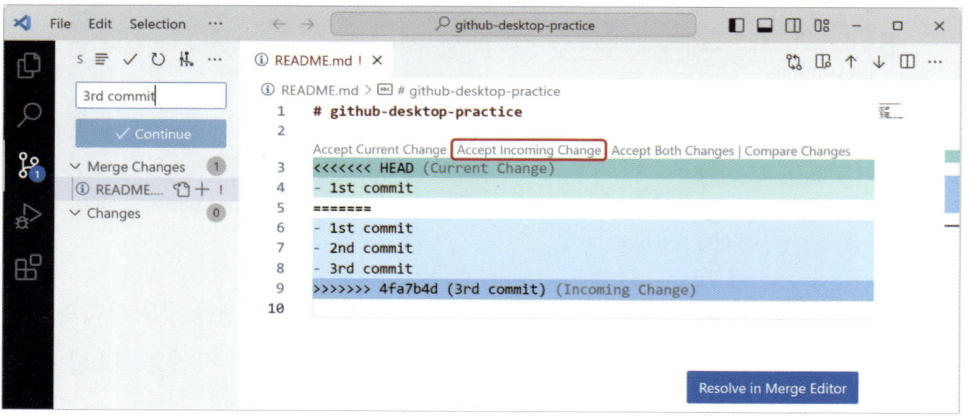

그림 9.59 VS Code에서 충돌 해결하기

다음과 같이 더 이상 충돌이 없다는 내용으로 바뀌고 [Continue reorder] 버튼이 활성화됩니다. 이 버튼을 클릭해 충돌을 해결합니다.

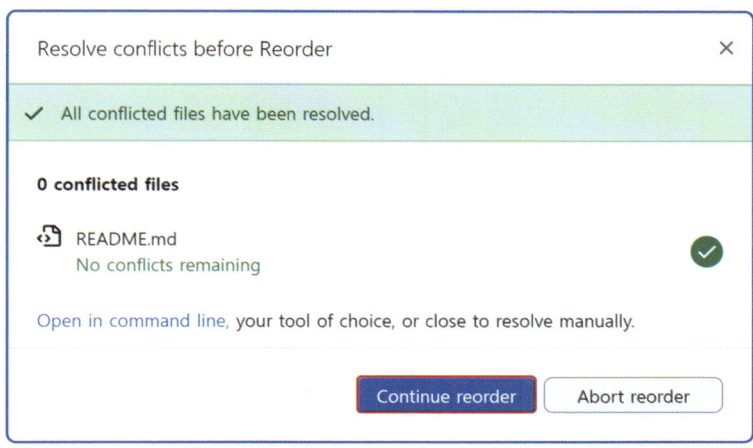

그림 9.60 충돌을 해결한 후 활성화된 [Continue reorder] 버튼

충돌을 해결하고 [Continue reorder] 버튼을 클릭하면 다음 단계로 이어지는데, 상황에 따라 여러 개의 충돌을 해결해야 할 수 있습니다. 커밋에 다른 충돌은 없는지 확인하고 마찬가지로 충돌이 있다면 앞선 과정을 반복합니다. 이 과정이 모두 끝나면 충돌이 해결됩니다.

충돌을 완전히 해결한 후에는 커밋 순서가 변경된 모습을 확인할 수 있습니다.

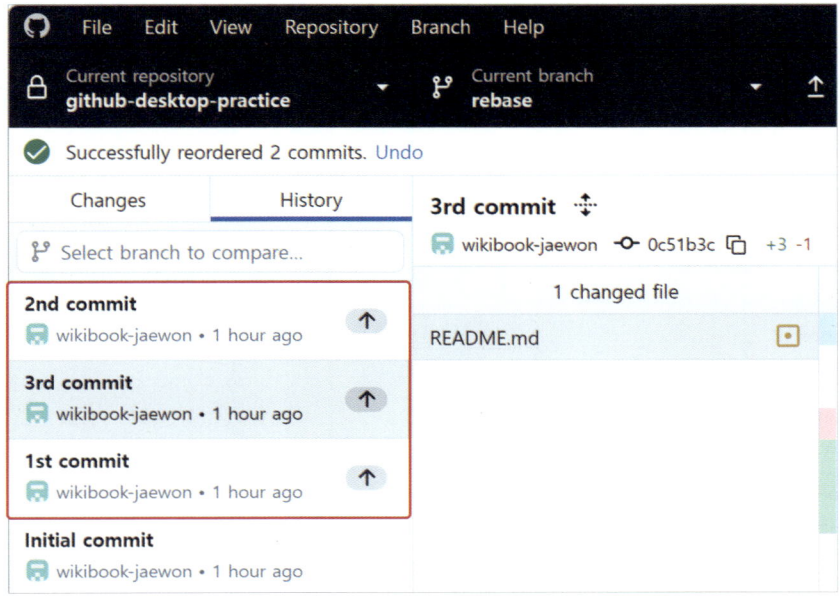

그림 9.61 커밋 순서가 변경된 모습

다른 방법으로는 다음과 같이 순서를 변경하고 싶은 커밋에 마우스 오른쪽 버튼을 클릭한 후 [Reorder commit]을 선택하는 방법이 있습니다.

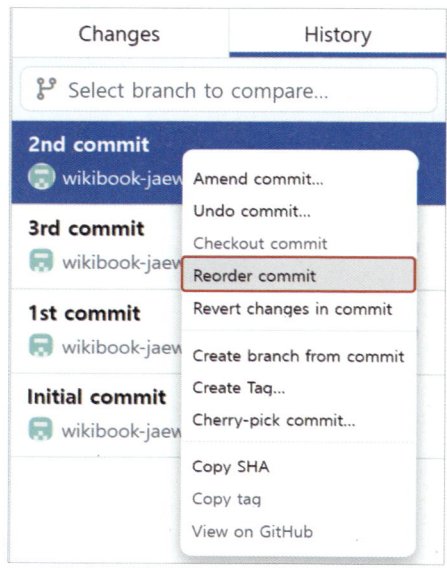

그림 9.62 [Reorder commit] 선택

키보드의 위/아래 화살표를 눌러 재배치하고 싶은 위치로 커밋을 이동할 수 있습니다. 이동하고 싶은 지점에서 엔터를 누르면 그 지점으로 커밋이 이동하게 됩니다.

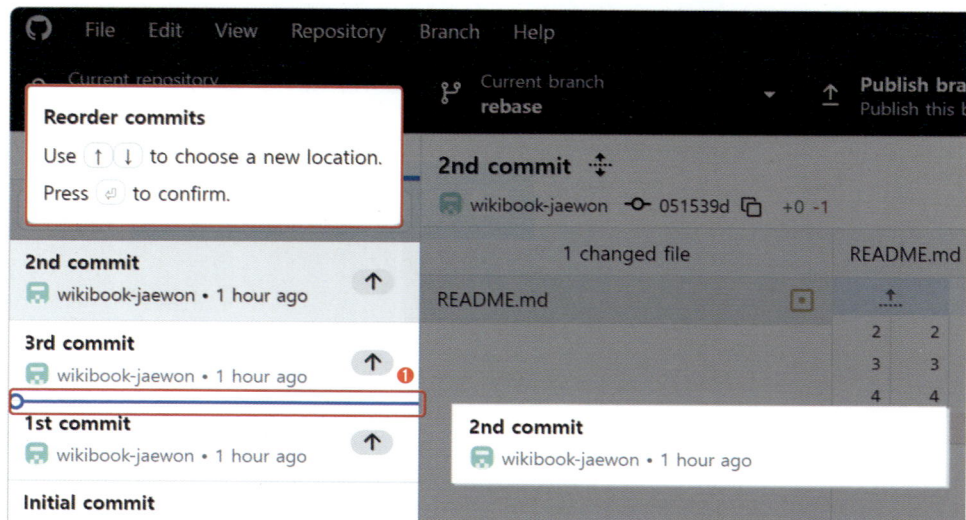

그림 9.63 키보드 화살표로 커밋 순서를 재배치

부록

개발자로서 Git을 잘 알고 활용하는 것은 코드를 관리하고 다른 사람과 함께 일하는 데 매우 중요합니다. 부록에서는 앞에서 배운 Git 명령어를 빠르게 참고할 수 있도록 정리했습니다. 또한 각 명령어가 자주 활용되는 상황도 함께 제시합니다. 이로 인해 명령어를 필요한 상황에 빠르게 활용할 수 있습니다.

부록

Git 명령어 노트

A.1 설정 명령어

Git을 사용하기 전에 미리 알아두면 유용한 명령어를 소개합니다.

현재 리포지터리의 사용자 이메일 확인

```
$ git config user.email
```

현재 작업 중인 리포지터리에 설정된 이메일 주소를 확인합니다. `config` 뒤에 `--global`을 추가하면 전역[1]으로 설정된 사용자 이메일 주소를 확인할 수 있습니다.

현재 리포지터리의 사용자 이메일 설정

```
$ git config user.email <이메일 주소>
```

현재 작업 중인 리포지터리의 사용자 이메일 주소를 설정합니다. `config` 뒤에 `--global`을 추가하면 모든 리포지터리에서 동일한 이메일 주소를 설정할 수 있습니다.

> [유용한 상황] 회사 계정과 개인 계정을 구분할 때

---

[1] 사용자의 컴퓨터 시스템에 설치된 모든 Git 리포지터리에 대한 공통 설정을 의미합니다.

현재 리포지터리의 사용자 이름 확인

```
$ git config user.name
```

현재 작업 중인 리포지터리에 설정된 사용자 이름을 확인합니다. `config` 뒤에 `--global`을 추가하면 전역으로 설정된 사용자 이름을 확인할 수 있습니다.

현재 리포지터리의 사용자 이름 설정

```
$ git config user.name <사용자 이름>
```

현재 작업 중인 리포지터리의 사용자 이름을 설정합니다. `config` 뒤에 `--global`을 추가하면 모든 리포지터리에서 동일한 사용자 이름을 설정할 수 있습니다.

> [유용한 상황] 회사 계정과 개인 계정을 구분할 때

Git 명령어 줄이기

```
$ git config --global alias.<줄인 명령어> "기존 명령어"
```

기존 명령어를 `<줄인 명령어>`로 설정합니다. 예를 들어, `git config --global alias.s "status"`라고 입력하면 `git status` 명령어 대신 `git s`만 입력해도 동일한 기능을 사용할 수 있습니다.

> [유용한 상황] 자주 사용하지만 길게 작성하는 Git 명령어를 짧게 줄여서 사용하고 싶을 때

VS Code를 Git의 기본 편집기로 설정

```
$ git config --global core.editor "code --wait"
```

Git에서 편집기를 사용할 때 Vim이 아닌 VS Code로 설정합니다. 이 설정을 사용하려면 VS Code가 미리 설치돼 있어야 합니다.

A.2 기본 명령어

Git을 접한다면 거의 매일 사용한다고 해도 과언이 아닌 기본 명령어들을 소개합니다. 자주 사용하는 만큼 Git을 배웠다면 필수적으로 알아야 할 명령어입니다.

Git 리포지터리 생성

```
$ git init
```

특정 디렉터리에 이 명령어를 입력하면 Git 리포지터리가 생성됩니다. 이제 Git이 디렉터리 내의 모든 변경 사항을 관찰하게 됩니다.

스테이징 영역에 추가

```
$ git add <파일>
```

리포지터리 내부의 변경 사항이 포함된 특정 파일을 스테이징 영역에 추가합니다. 비유하면 물품을 장바구니에 넣은 것과 같습니다.

모든 파일을 스테이징 영역에 추가

```
$ git add .
```

리포지터리 내부의 변경 사항이 포함된 모든 파일을 스테이징 영역에 추가합니다.

변경 사항 커밋

```
$ git commit -m "메시지"
```

스테이징 영역에 있는 변경 사항을 커밋합니다. 커밋 메시지는 -m 옵션 뒤에 따옴표를 열어 작성합니다.

현재 상태 확인

```
$ git status
```

현재 작업 중인 리포지터리의 상태를 파악합니다. 변경된 파일, 스테이징된 파일, 커밋되지 않은 파일 등의 상태를 확인할 수 있습니다.

커밋 로그 확인

```
$ git log
```

현재 브랜치의 커밋 목록을 확인합니다. 커밋한 사람, 커밋한 날짜, 커밋 메시지 내용 등을 확인할 수 있습니다.

커밋 로그를 한 줄로 확인

```
$ git log --oneline
```

현재 브랜치의 커밋 목록을 한 줄로 확인합니다. 간소화된 해시값과 커밋 메시지 제목 등을 확인할 수 있습니다.

현재 로컬에 생성한 브랜치 확인

```
$ git branch
```

현재 로컬에서 작업 중인 리포지터리의 브랜치를 모두 확인합니다. HEAD에 위치한 브랜치는 별표(*)로 표시됩니다.

브랜치 생성

```
$ git branch <브랜치명>
```

새로운 브랜치를 생성합니다. 명령어를 입력한 브랜치에서 분기되어 생성합니다.

브랜치 삭제

```
$ git branch -d <브랜치명>
```

기존 브랜치를 삭제합니다. 브랜치 삭제를 강제로 수행하려면 -d 대신 대문자 -D를 지정합니다.

> [유용한 상황] 작업이 끝나고 이미 병합된 브랜치를 삭제할 때

브랜치 이름 변경

```
$ git branch -m <변경할 브랜치명>
```

현재 위치한 브랜치의 이름을 변경합니다. 또는 git branch -m <A> <B> 형태로 작성해서 현재 위치와 상관없이 기존 브랜치의 이름 A를 B로 변경합니다.

브랜치 전환

```
$ git switch <브랜치명>
```

지정한 브랜치로 전환합니다. 전환할 브랜치는 리포지터리에 존재해야 합니다. git checkout <브랜치명>과 동일한 기능입니다.

이전 브랜치로 돌아가기

```
$ git switch -
```

바로 이전에 작업했던 브랜치로 이동합니다. git checkout -와 동일한 기능입니다.

브랜치를 생성하고 해당 브랜치로 전환

```
$ git switch -c <브랜치명>
```

새 브랜치를 생성함과 동시에 해당 브랜치로 전환합니다. git checkout -b <브랜치명>과 동일한 기능입니다.

브랜치 병합

```
$ git merge <브랜치명>
```

현재 위치한 브랜치에 <브랜치명>에 해당하는 브랜치를 병합합니다.

원격 리포지터리 복제

```
$ git clone <URL>
```

원격 리포지터리의 사본을 로컬에 생성합니다.

브랜치를 원격 리포지터리로 푸시

```
$ git push origin <로컬 브랜치명>
```

연결된 원격 리포지터리 origin에 로컬에 존재하는 브랜치를 업로드합니다.

원격 리포지터리에 있는 브랜치를 로컬로 가져와 병합

```
$ git pull origin <원격 브랜치명>
```

연결된 원격 리포지터리 origin에 존재하는 브랜치를 로컬로 가져와 현재 브랜치에 병합합니다. 병합 대신 가져오기만 하고 싶다면 `git fetch origin <원격 브랜치명>`을 실행합니다.

A.3 응용 명령어

기본 명령어만큼 많이 사용되진 않지만 자주 활용되는 명령어를 소개합니다. 활용 방법에 따라 응용 명령어 또한 기본 명령어만큼 자주 사용될 수 있으니 숙지할 필요가 있습니다.

작업 중인 변경 사항을 임시 저장

```
$ git stash
```

현재 작업 중인 변경 사항을 임시 저장소에 보관합니다. 이를 통해 현재 위치에 커밋하지 않고도 다른 브랜치로 전환하거나 다른 작업을 수행할 수 있습니다.

> [유용한 상황] A 브랜치에서 작업하던 도중 B 브랜치를 확인하기 위해 현재 작업 사항을 잠시 보관하고 싶을 때

작업 중인 변경 사항을 메시지와 함께 임시 저장

```
$ git stash push -m "메시지"
```

현재 작업 중인 변경 사항을 임시 저장소에 보관할 때 메시지 내용을 포함해 보관합니다. push를 뺀 git stash -m "메시지"와 git stash save "메시지"도 동일한 기능입니다.

임시 저장한 변경 사항 확인

```
$ git stash list
```

git stash 명령어로 임시 저장한 목록을 확인합니다.

임시 저장한 변경 사항 가져오기

```
$ git stash apply "stash@{n}"   # n은 숫자
```

git stash 명령어로 임시 저장한 변경 사항 중 stash@{n}에 해당하는 항목을 가져옵니다. stash@{n}은 git stash list를 입력했을 때 확인할 수 있습니다. git stash apply <n>도 동일한 기능을 수행합니다. git stash apply까지만 작성할 경우 가장 최근에 임시 저장한 변경 사항을 가져옵니다.

임시 저장한 변경 사항을 가져오고 목록에서 삭제

```
$ git stash pop "stash@{n}"   # n은 숫자
```

git stash 명령어로 임시 저장한 변경 사항 중 stash@{n}에 해당하는 항목을 가져옵니다. 대신 그 항목은 git stash list를 입력했을 때 목록에서 제거됩니다. git stash pop <n>도 동일한 기능을 합니다.

git stash pop까지만 작성할 경우 가장 최근에 임시 저장한 변경 사항을 가져오고 해당 변경 사항이 목록에서 제거됩니다.

최신 커밋을 덮어씌우고 수정

```
$ git commit --amend -m "메시지"
```

가장 최근에 생성한 커밋을 메시지 내용으로 덮어씌웁니다. 스테이징 영역에 변경 사항이 없을 경우 커밋 메시지만 변경됩니다. 변경 사항이 존재할 경우 해당 변경 사항도 포함되어 수정됩니다. 커밋이 덮어씌워지면서 해시값이 변경됩니다.

> [유용한 상황] 방금 커밋한 커밋 메시지를 잘못 작성했을 때

메시지를 변경하지 않고 최신 커밋을 덮어씌우고 수정

```
$ git commit --amend --no-edit
```

가장 최근에 생성한 커밋을 메시지를 변경하지 않고 덮어씌웁니다. 커밋의 해시값이 변경됩니다.

> [유용한 상황] 작업한 내용이 방금 커밋한 메시지의 기능에 해당할 경우 메시지는 변경하지 않고 작업한 내용을 방금 커밋에 합치고 싶을 때

특정 커밋을 현재 브랜치로 가져오기

```
$ git cherry-pick <커밋 해시값>
```

특정 커밋을 현재 브랜치로 가져옵니다. `git cherry-pick <해시값A> <해시값B> ...`과 같이 여러 커밋을 가져올 수도 있습니다. 해시값이 변경됩니다.

> [유용한 상황 1] A 브랜치에서 작업한 특정 커밋이 B 브랜치에 포함되는 게 적합하다고 판단했을 때
>
> [유용한 상황 2] C 브랜치에 포함된 작업 내용이 너무 많아서 D, E로 나눠야 하는 상황에서 D, E에 맞춰 커밋들을 분리할 때

특정 커밋으로 되돌리기

```
$ git reset HEAD~<n>
```

현재 HEAD가 위치한 커밋에서 n번째 커밋으로 돌아갑니다. `git reset <해시값>`과 동일한 기능이며, 이 명령어에는 돌아갈 지점의 커밋 해시값을 입력합니다. HEAD부터 돌아간 지점의 커밋 사이 커밋은 모두 삭제됩니다. 그러나 삭제된 커밋의 작업 내용은 작업 디렉터리에 남아 있습니다.

특정 커밋으로 완전히 되돌리기

```
$ git reset --hard HEAD~<n>
```

현재 HEAD가 위치한 커밋에서 n번째 커밋으로 돌아갑니다. `git reset --hard <해시값>`과 동일한 기능이며, 이 명령어에는 되돌아갈 지점의 커밋 해시값을 입력합니다. HEAD부터 되돌아갈 지점의 커밋 사이의 커밋은 작업 디렉터리에 남아 있지 않고 완전히 삭제됩니다. --hard 대신 --soft를 입력할 경우 사이에 위치한 커밋들은 스테이징 영역에 남게 됩니다.

특정 커밋을 취소

```
$ git revert HEAD~<n>
```

현재 HEAD가 위치한 커밋에서 n번째 커밋의 작업 내용을 취소합니다. `git revert <해시값>`과 동일한 기능이며, 이 명령어에는 취소할 커밋의 해시값을 입력합니다. 취소한 커밋은 삭제되지 않으며, 취소했음을 알리는 새 커밋이 생성됩니다.

브랜치를 재배치하기

```
$ git rebase <기준 브랜치>
```

현재 위치한 브랜치를 <기준 브랜치>의 상위에 재배치합니다. 재배치된 브랜치에 속한 커밋들의 해시값이 변경됩니다.

> [유용한 상황] 현재 브랜치가 깃허브에 푸시되지 않은 상태에서 Git 히스토리를 깔끔하게 정리하고 싶을 때 (병합할 경우에는 병합 커밋이 생기므로)

Git 히스토리 편집

```
$ git rebase -i HEAD~<n>
```

현재 HEAD가 위치한 커밋에서 n번째 커밋 지점으로 이동하며, 그 사이의 커밋들을 편집할 수 있는 편집기가 열립니다. 자주 사용하는 명령어는 다음과 같으며, 각 명령어의 앞 글자만 입력해도 적용됩니다. 해당 커밋들은 모두 해시값이 변경됩니다.

- pick: 커밋 유지
- reword: 커밋 메시지 변경
- fixup: 이전 커밋과 병합 후 해당 커밋 삭제
- squash: fixup과 reword를 합친 명령어
- drop: 커밋 삭제
- edit: rebase 도중 지정한 커밋 수정

Git에 등록된 모든 기록 확인

```
$ git reflog
```

Git과 관련된 모든 기록을 확인합니다. 이 명령어로 해시값을 확인한 후 `git reset`, `git revert` 등의 명령어를 활용해 이전 기록을 되살리는 등의 작업을 수행할 수 있습니다.

[유용한 상황] 더 이상 불필요한 커밋이라 삭제했는데 다시 필요해져서 복구하고 싶을 때

찾아보기

기호

.gitignore	143

A – G

Add	175
Chore	175
CLI	21
develop	107
Docs	175
drop	238
Feat	175
feature	107
Fix	175
fixup	237
Git	2, 7, 34
Git 브랜치 전략	107
Git 워크플로	55
Git 플로우 전략	107
git add	35, 41, 45
git add .	42
git branch	72, 199
git branch -a	203
git branch -d	201
git branch -m	201
git branch -r	202
git checkout	89, 204
git checkout -b	204
git cherry-pick	214, 286
git cherry-pick --abort	216
git cherry-pick --continue	216
git cherry-pick --no-commit	217
git clone	120, 142
git commit	35, 42, 46, 176
git commit --amend	208, 213, 282
git config --global user.email	24
git config --global user.name	24
git diff	152
git fetch	120, 148
Git Graph	48
GitHub	111
git init	20
git log	43, 177
git log --oneline	74
git merge	79, 154
git pull	118, 120, 155
git push	117, 144
git rebase	230
git rebase --abort	240
git rebase --continue	240
git rebase -i	235
git reflog	241
git remote	135
git remote add	136
git reset	223
git restore	207
git revert	226, 291
git stash	217
git stash apply	219
git stash drop	222
git stash list	218

git stash pop	221
git stash push -m	218
git status	40, 44
git switch	73, 89, 207
git switch -c	76
Graphical User Interface	246
GUI	246

H – Z

HEAD	59, 61, 62
hotfix	107
INSERT 모드	176
main	107
main 브랜치	57, 61
pick	237
PR	109, 158
Pull Request	158
README 파일	143
README.md	184
Refactor	175
release	107
Remove	175
reword	239
Style	175
Test	175
Vim 편집기	209, 211
Visual Studio Code	14
VS Code	14

ㄱ – ㅇ

계약	20
깃크라켄	246
깃허브	109, 111, 113
깃허브 데스크톱	246
깃허브 플로우 전략	109
로컬 리포지터리	117
롤백	38
리포지터리	34, 35
리포지터리 생성	254
명령줄 인터페이스	21
명령 프롬프트	21
명언 백과사전	183
버전 관리 시스템	7
병합	59
브랜치	53, 54, 188
소스코드 호스팅 서비스	111
소스트리	246
스태시	217
스테이징 영역	34, 35, 36
오픈소스 프로젝트	114, 183
원격 리포지터리	117
원자적	38
이력	158

ㅈ – ㅎ

작업 디렉터리	34, 35
추적	158
커밋	35, 37

커밋 메시지	174
커밋 메시지 본문	176
커밋 메시지 제목	175
컨트리뷰터	114, 183
코드 리뷰	158
터미널	23
통합	158
패스트 포워드 머지	80
포크	185
풀 리퀘스트	109, 157, 158
해시	38
협업	158
홈브루	11